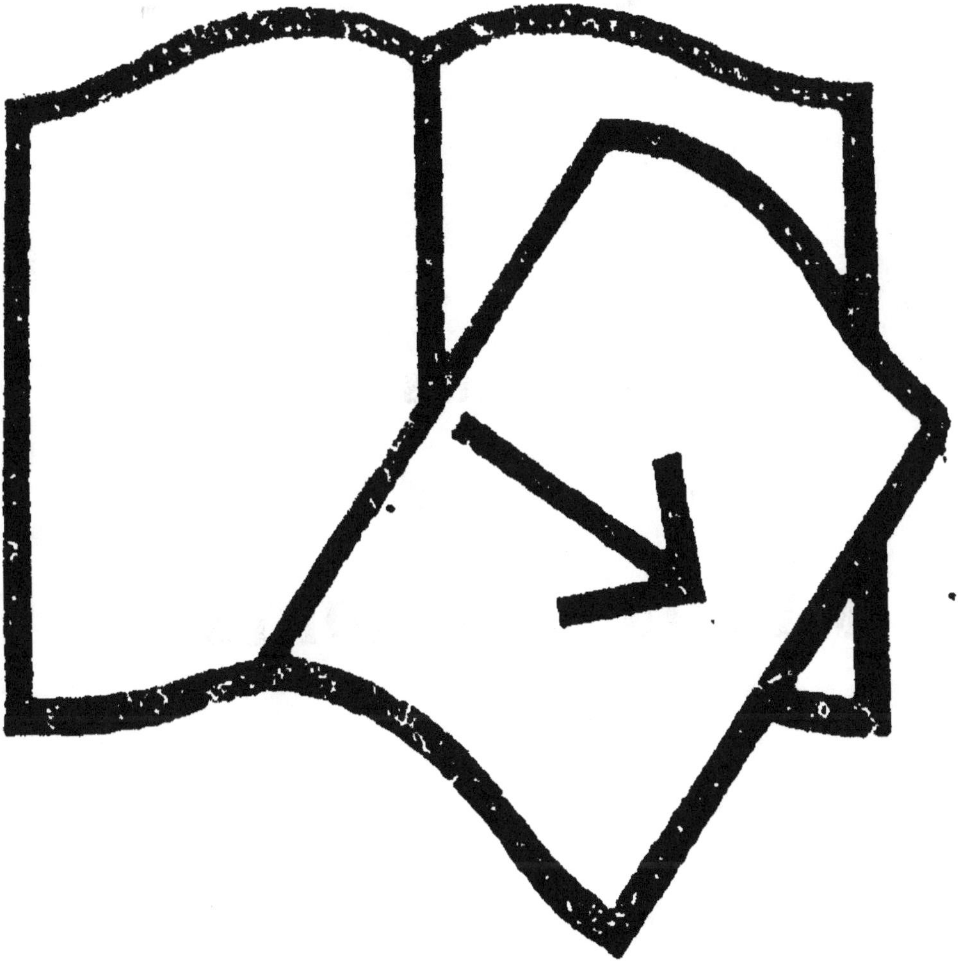

Couvertures supérieure et inférieure manquantes

SOUVENIRS

DE LA

MAISON DES MORTS

L'auteur et les éditeurs déclarent réserver leurs droits de traduction et de reproduction à l'étranger.

Ce volume a été déposé au ministère de l'intérieur (section de la librairie) en juin 1880.

DU MÊME AUTEUR :

Le Crime et le châtiment. Deux vol. in-18 Prix... 7 fr.
Humiliés et offensés. Un vol. in-18. Prix......... 3 fr. 50

TH. DOSTOIEVSKY

SOUVENIRS

DE LA

MAISON DES MORTS

TRADUIT DU RUSSE PAR M. NEYROUD

PRÉFACE PAR LE Vte E. MELCHIOR DE VOGÜÉ

PARIS
LIBRAIRIE PLON
E. PLON, NOURRIT ET Cie, IMPRIMEURS-ÉDITEURS
RUE GARANCIÈRE, 10

Tous droits réservés

AVERTISSEMENT

On vient enfin de traduire les *Souvenirs de la maison des morts,* par le romancier russe Dostoïevsky. De courtes indications seront peut-être utiles pour préciser l'origine et la signification de ce livre.

Le public français connaît déjà Dostoïevsky par un de ses romans les plus caractéristiques, *le Crime et le châtiment.* Ceux qui ont lu cette œuvre ont dû prendre leur parti d'aimer ou de haïr le singulier écrivain. On va nous donner des traductions de ses autres romans. Elles continueront de plaire à quelques curieux, aux esprits qui courent le monde en quête d'horizons nouveaux. Elles achèveront de scandaliser la raison commune, celle qu'on se procure dans les maisons de confections philosophiques; car ce temps est merveilleux pour tailler aux intelligences comme aux corps des vêtements uniformes, décents, à la portée de tous, un peu étriqués peut-être, mais qui évitent les tracas de la recherche et de l'invention. Ceux qui n'ont pas eu le courage d'aborder le monstre sont néanmoins renseignés sur sa façon de souffrir et de faire souffrir.

On a beaucoup parlé de Dostoïevsky, depuis un an; un critique a expliqué en deux mots la supériorité du romancier russe. — « Il possède deux facultés qui « sont rarement réunies chez nos écrivains : la faculté « d'évoquer et celle d'analyser; »

Oui, avec cela tout le principal est dit. Prenez chez nous Victor Hugo et Sainte-Beuve comme les représentants extrêmes de ces deux qualités littéraires; derrière l'un ou l'autre, vous pourrez ranger, en deux familles intellectuelles, presque tous les maîtres qui ont travaillé sur l'homme. Les premiers le projettent dans l'action, ils ont toute puissance pour rendre sensible le drame extérieur, mais ils ne savent pas nous faire voir les mobiles secrets qui ont décidé le choix de l'âme dans ce drame. Les seconds étudient ces mobiles avec une pénétration infinie, ils sont incapables de reconstruire pour le mouvement tragique l'organisme délicat qu'ils ont démonté. Il y aurait une exception à faire pour Balzac; quant à Flaubert, il faudrait entrer dans des distinctions et des réserves sacrilèges; gardons-les pour le jour où l'on mettra le dieu de Rouen au Panthéon. Toujours est-il que, dans le pays de Tourguénef, de Tolstoï et de Dostoïevsky, les deux qualités contradictoires se trouvent souvent réunies; cette alliance se paye, il est vrai, au prix de défauts que nous supportons malaisément : la lenteur et l'obscurité.

Mais ce n'est point des romans que je veux parler aujourd'hui. Les *Souvenirs de la maison des morts* n'empruntent rien à la fiction, sauf quelques précautions de mise en scène, nécessitées par des causes étrangères à l'art. Ce livre est un fragment d'autobiographie, mêlé d'observations sur un monde spécial, de descriptions et de récits très-simples; c'est le journal du bagne, un album de croquis rassemblés dans les casemates de Sibérie. Avant de vous récrier sur l'éloge d'un galérien, écoutez comment Dostoïevsky fut précipité dans cette infâme condition.

Il avait vingt-sept ans en 1848, il commençait à écrire avec quelque succès. Sa vie, pauvre et solitaire, allait par de mauvais chemins; misère, maladie, tout lui donnait sur le monde des vues noires; ses nerfs d'épileptique lui étaient déjà de cruels ennemis. Avec cela, un malheureux cœur plein de pitié, d'où est sorti le meilleur de son talent; cette sensibilité contenue, vite aigrie, qui se change en folles colères devant les aspects d'injustice de l'ordre social. Il regardait autour de lui, cherchant l'idéal, le progrès, les moyens de se dévouer; il voyait la triste Russie, bien froide, bien immobile, bien dure, tout ulcérée de maux anciens. Sur cette Russie, les idées généreuses du moment passaient et ramassaient à coup sûr de telles âmes. Le jeune écrivain fut entraîné, avec beaucoup d'autres de sa génération littéraire, dans les conciliabules présidés par Pétrachevsky. Cette sédition intellectuelle n'alla pas bien loin; des récriminations, des menaces vagues, de beaux projets d'utopie. Il y a impropriété de mot à appeler cette effervescence d'idées, comme on le fait habituellement, la conspiration de Pétrachevsky; de conspiration, il n'y en eut pas, au sens terrible que ce terme a reçu depuis lors en Russie. En tout cas, Dostoïevsky y prit la moindre part; toute sa faute ne fut qu'un rêve défendu; l'instruction ne put relever contre lui aucune charge effective. Chez nous, il eût été au centre gauche; en Russie, il alla au bagne.

Englobé dans l'arrêt commun qui frappa ses complices, il fut jeté à la citadelle, condamné à mort, gracié sur l'échafaud, conduit en Sibérie; il y purgea quatre ans de fers dans la « section réservée », celle des criminels d'État. Le romancier y laissa des illusions, mais rien de son honneur; vingt ans après, en des temps meilleurs, les condamnés et leurs juges parlaient de ces souvenirs avec une égale tristesse, la main dans la main; l'ancien forçat a fait une carrière glorieuse, remplie de beaux livres, et terminée récemment par un deuil quasi officiel. Il était nécessaire de préciser ces points, pour qu'on ne fît pas confusion d'époques; il n'y eut rien de commun entre le proscrit de 1848 et les redoutables ennemis contre lesquels le gouvernement russe sévit aujourd'hui de la même façon, mais à plus juste titre.

Un des compagnons d'infortune de l'exilé, Yastrjemsky, a consigné dans ses Mémoires le récit d'une rencontre avec Dostoïevsky, au début de leur pénible voyage. Le hasard les réunit une nuit dans la prison d'étapes de Tobolsk, où ils trouvèrent aussi un de leurs complices les plus connus, Dourof. Ce récit peint sur le vif l'influence bienfaisante du romancier.

« On nous conduisit dans une salle étroite, froide
« et sombre. Il y avait là des lits de planches avec des
« sacs bourrés de foin. L'obscurité était complète.

« Derrière la porte, sur le seuil, on entendait le pas
« lourd de la sentinelle, qui marchait en long et en
« large par un froid de 40 degrés.

« Dourof s'étendit sur le lit de camp, je me pelo-
« tonnai sur le plancher à côté de Dostoïevsky. A tra-
« vers la mince cloison, un tapage infernal arrivait
« jusqu'à nous : un bruit de tasses et de verres, les cris
« de gens qui jouaient aux cartes, des injures, des
« blasphèmes. Dourof avait les doigts des pieds et des
« mains gelés; ses jambes étaient blessées par les fers.
« Dostoïevsky souffrait d'une plaie qui lui était venue
« au visage dans la casemate de la citadelle, à Péters-
« bourg. Pour moi, j'avais le nez gelé. — Dans cette
« triste situation, je me rappelai ma vie passée, ma jeu-
« nesse écoulée au milieu de mes chers camarades de
« l'Université; je pensai à ce qu'aurait dit ma sœur,
« si elle m'eût aperçu dans cet état. Convaincu qu'il
« n'y avait plus rien à espérer pour moi, je résolus
« de mettre fin à mes jours... Si je m'appesantis sur
« cette heure douloureuse, c'est uniquement parce
« qu'elle me donna l'occasion de connaître de plus près
« la personnalité de Dostoïevsky. Sa conversation
« amicale et secourable me sauva du désespoir; elle
« réveilla en moi l'énergie.

« Contre toute espérance, nous parvînmes à nous
« procurer une chandelle, des allumettes et du thé
« chaud qui nous parut plus délicieux que le nectar.
« La plus grande partie de la nuit s'écoula dans un
« entretien fraternel. La voix douce et sympathique de
« Dostoïevsky, sa sensibilité, sa délicatesse de senti-

« ment, ses saillies enjouées, tout cela produisait sur moi
« une impression d'apaisement. Je renonçai à ma réso-
« lution désespérée. Au matin, Dostoïevsky, Dourof et
« moi, nous nous séparâmes dans cette prison de
« Tobolsk, nous nous embrassâmes les larmes aux yeux,
« et nous ne nous revîmes plus.

« Dostoïevsky appartenait à la catégorie de ces êtres
« dont Michelet a dit que, tout en étant les plus forts
« mâles, ils ont beaucoup de la nature féminine. Par là
« s'explique tout un côté de ses œuvres, où l'on
« aperçoit la cruauté du talent et le besoin de faire
« souffrir. Étant donné cette nature, le martyre cruel
« et immérité qu'un sort aveugle lui envoya devait pro-
« fondément modifier son caractère. Rien d'étonnant à
« ce qu'il soit devenu nerveux et irritable au plus haut
« degré. Mais je ne crois pas risquer un paradoxe en
« disant que son talent bénéficia de ses souffrances,
« qu'elles développèrent en lui le sens de l'analyse
« psychologique. »

C'était l'opinion de l'écrivain lui-même, non-seulement au point de vue de son talent, mais de toute la
suite de sa vie morale. Il parlait toujours avec grati-
tude de cette épreuve, où il disait avoir tout appris.
Encore une leçon sur la vanité universelle de nos
calculs ! A quelques degrés de longitude plus à l'ouest,
à Francfort ou à Paris, cette incartade révolutionnaire
eût réussi à Dostoïevsky, elle l'eût porté sur les bancs
d'un Parlement, où il eût fait de médiocres lois ; sous un
ciel plus rigoureux, la politique le perd, le déporte en
Sibérie ; il en revient avec des œuvres durables, un

grand renom, et l'assurance intime d'avoir été remis malgré lui dans sa voie. Le destin rit sur nos revers et nos réussites ; il culbute nos combinaisons et nous dispense le bien ou le mal en raison inverse de notre raison. Quand on écoute ce rire perpétuel, dans l'histoire de chaque homme et de chaque jour, on se trouve niais de souhaiter quelque chose.

Pourtant l'épreuve était cruelle, on le verra de reste en lisant les pages qui la racontent. Notre auteur feint d'avoir trouvé ce récit dans les papiers d'un ancien déporté, criminel de droit commun, qu'il nous représente comme un repenti digne de toute indulgence. Plusieurs des personnages qu'il met en scène appartiennent à la même catégorie. C'étaient là des concessions obligées à l'ombrageuse censure du temps ; cette censure n'admettait pas qu'il y eût des condamnés politiques en Russie. Il faut tenir compte de cette fiction, il faut se souvenir en lisant que le narrateur et quelques-uns de ses codétenus sont des gens d'honneur, de haute éducation. Cette transposition, que le lecteur russe fait de lui-même, est indispensable pour rendre tout leur relief aux sentiments, aux contrastes des situations. Ce qui n'est pas un hommage à la censure, mais un tour d'esprit particulier à l'écrivain, c'est la résignation, la sérénité, parfois même le goût de la souffrance avec lesquels il nous décrit ses tortures. Pas un mot enflé ou frémissant, pas une invective devant les atrocités physiques et morales où l'on attend que l'indignation éclate ; toujours le ton d'un fils soumis, châtié par un père barbare, et qui murmure à peine : « C'est bien dur! » On appréciera ce qu'une telle contention ajoute d'épouvante à l'horreur des choses dépeintes.

Ah! il faudra bander ses nerfs et cuirasser son cœur pour achever quelques-unes de ces pages! Jamais plus âpre réalisme n'a travaillé sur des sujets plus repoussants. Ressuscitez les pires visions de Dante, rappelez-vous, si vous avez pratiqué cette littérature, le *Malleus maleficorum*, les procès-verbaux de questions extraordinaires rapportés par Llorente, vous serez encore mal préparé à la lecture de certains chapitres; néanmoins, je conseille aux dégoûtés d'avoir bon courage et d'attendre l'impression d'ensemble; ils seront étonnés de trouver cette impression consolante, presque douce. Voici, je crois, le secret de cette apparente contradiction.

A son entrée au bagne, l'infortuné se replie sur lui-même : du monde ignoble où il est précipité, il n'attend que désespoir et scandale. Mais peu à peu, il regarde dans son âme et dans les âmes qui l'entourent, avec la minutieuse patience d'un prisonnier. Il s'aperçoit que la fatigue physique est saine, que la souffrance morale est salutaire, qu'elle fait germer en lui d'humbles petites fleurs aux bons parfums, la semence de vertu qui ne levait pas au temps du bonheur. Surtout il examine de très-près ses grossiers compagnons; et voici que, sous les physionomies les plus sombres, un rayon transparaît qui les embellit et les réchauffe. C'est l'accoutumance d'un homme jeté dans les ténèbres : il apprend à voir, et jouit vivement des pâles clartés reconquises. Chez toutes ces bêtes fauves qui l'effrayaient d'abord, il dégage des parties humaines, et dans ces parties humaines des parcelles divines. Il se simplifie au contact de ces natures simples, il s'attache à quelques-unes, il apprend d'elles à supporter ses maux avec la soumission héroïque des humbles. Plus il avance dans son étude, plus il rencontre parmi ces malheureux d'excellents exemplaires de l'homme. L'horreur du supplice passe bientôt au second plan, adoucie et noyée dans ce large courant de pitié, de fraternité : que de bonnes choses ressuscitées dans la maison des morts ! Insensiblement, l'enfer se transforme et prend jour sur le ciel. Il semble que l'auteur ait prévu cette transformation morale, quand il disait au début de son récit, en décrivant le préau de la forteresse : « Par les fentes « de la palissade,... on aperçoit un petit coin de ciel, « non plus de ce ciel qui est au-dessus de la prison, « mais d'un autre ciel, lointain et libre. »

On comprend maintenant pourquoi cette douloureuse lecture laisse une impression consolante ; beaucoup plus, je vous assure, que tels livres réputés très-gais, qui font rire en maint endroit, et qu'on referme avec une incommensurable tristesse ; car ceux-ci nous montrent, dans l'homme le plus heureux, une bête désolée et stupide, ravalée à terre pour y jouir sans but. Dans un autre art, regardez le *Martyre de saint Sébastien* et l'*Orgie romaine* de Couture : quel est celui des deux tableaux qui vous attriste le plus ? C'est que la joie et la peine ne résident pas dans les faits extérieurs, mais dans la disposition d'esprit de l'artiste qui les envisage ; c'est qu'il n'y a qu'un seul malheur véritable, celui de manquer de foi et d'espérance. De ces trésors, Dostoïevsky avait assez pour enrichir toute la chiourme. Il les puisait dans l'unique livre qu'il posséda durant quatre ans, dans le petit évangile que lui avait donné la fille d'un proscrit; il vous racontera comment il apprenait à lire à ses compagnons sur les pages usées. Et l'on dirait, en effet, que les *Souvenirs* ont été écrits sur les marges de ce volume; un seul mot définit bien le caractère de l'œuvre et l'esprit de celui qui la conçut : c'est l'esprit évangélique. La plupart de ces écrivains russes en sont pénétrés, mais nul ne l'est au même degré que Dostoïevsky; assez indifférent aux conséquences dogmatiques, il ne retient que la source de vie morale; tout lui vient de cette source, même le talent d'écrire, c'est-à-dire de communiquer son cœur aux hommes, de leur répondre quand ils demandent un peu de lumière et de compassion.

En insistant sur ce trait capital, je dois mettre le lecteur en garde contre une assimilation trompeuse. Quelques-uns diront peut-être : Tout ceci n'est pas nouveau, c'est la fantaisie romantique sur laquelle nous vivons depuis soixante ans, la réhabilitation du forçat, une génération de plus dans la nombreuse famille qui va de Claude Gueux à Jean Valjean. — Qu'on regarde de plus près; il n'y a rien de commun entre les deux conceptions. Chez nous, ce parti pris est trop souvent un jeu d'antithèses qui nous laisse l'impression de quelque chose d'artificiel et de faux; car on grandit le forçat au détriment des honnêtes gens, comme la courtisane aux dépens des honnêtes femmes. Chez l'écrivain russe, pas l'ombre d'une antithèse ; il ne sacrifie personne à ses clients, il ne fait pas d'eux des héros ; il nous les montre ce qu'ils sont, pleins de vices et de misères ; seulement, il persiste à chercher en eux le reflet divin, à les traiter en frères déchus, dignes encore de charité. Il ne les voit pas dans un mirage, mais sous le jour simple de la réalité ; il les dépeint avec l'accent de la vérité vivante, avec cette juste mesure qu'on ne définit point à l'avance, mais qui s'impose peu à peu au lecteur et contente la raison.

Une autre catégorie de modèles pose devant le peintre : les autorités du bagne, fonctionnaires et gens de police, les tristes maîtres de ce triste peuple. On retrouvera dans leurs portraits la même sobriété d'indignation, la même équanimité. Rien ne trahit chez Dostoïevsky l'ombre d'un ressentiment personnel, ni ce que nous appellerions l'esprit d'opposition. Il explique, il excuse presque la brutalité et l'arbitraire de ces hommes par la perversion fatale qu'entraîne le pouvoir absolu. Il dit quelque part : « Les instincts d'un bourreau « existent en germe dans chacun de nos contempo- « rains. » L'habitude et l'absence de frein développent ces instincts, parallèlement à des qualités qui forcent la sympathie. Il en résulte un bourreau bon garçon, une réduction de Néron, c'est-à-dire un type foncièrement vrai. On remarquera dans ce genre l'officier Smékalof, qui prend tant de plaisir à voir administrer les verges ; les forçats raffolent de lui, parce qu'il les fustige drôlement.

— C'est un farceur, un cœur d'or, disent-ils à l'envi.

Qui expliquera les folles contradictions de l'homme, surtout de l'homme russe, instinctif, prime-sautier, plus près qu'un autre de la nature?

J'ai rencontré un de ces tyranneaux des mines sibériennes. Au mois d'octobre 1878, je me trouvais au célèbre couvent de Saint-Serge, près de Moscou. Des religieux erraient indolemment dans les cours, sous la robe noire des basiliens. Mon guide, un petit frère lai très-dégourdi, m'indiqua, avec une nuance de respect, un vieux moine accoudé sur la galerie du réfectoire, d'où il émiettait le reste de son pain de seigle aux pigeons qui s'abattaient des bouleaux voisins. — « C'est le père un tel, un ancien maître de police en Sibérie. » — Je m'approchai du cénobite. Il reconnut un étranger et m'adressa la parole en français. Sa conversation, bien que très-réservée, dénotait une ouverture d'horizon fort rare dans le monde où il vivait. Je laissai tomber le nom d'un des proscrits de décembre 1825, dont l'histoire m'était familière. « L'auriez-vous rencontré en Sibérie? demandai-je à mon interlocuteur. —Comment donc, il a été sous ma juridiction. » J'étais fixé. Je savais ce qu'avait été cette juridiction. Peu d'hommes dans tout l'empire eussent pu trouver dans leur mémoire les lourds secrets et les douloureuses images qui devaient hanter la conscience de ce moine. Quelle impulsion mystérieuse l'avait amené dans ce couvent, où il psalmodiait paisiblement les litanies depuis de longues années? Était-ce piété, remords, lassitude? — « En voilà un qui a beaucoup à expier, dis-je à mon guide : il a vu et fait des choses terribles; le repentir l'a poussé ici, peut-être! » — Le petit frère convers me regarda d'un air étonné; évidemment, la vocation de son ancien ne s'était jamais présentée à son esprit sous ce point de vue. — « Nous sommes tous pécheurs! » répondit-il. Il ajouta, en clignant de l'œil vers le vieillard avec une nuance encore plus marquée de respect et d'admiration : « Sans doute, qu'il se repent : on raconte qu'il a beaucoup aimé les femmes. »

Dostoïevsky parcourt en tous sens ces âmes complexes. Le grand intérêt de son livre, pour les lettrés curieux de formes nouvelles, c'est qu'ils sentiront les mots leur manquer, quand ils voudront appliquer nos formules usuelles aux diverses faces de ce talent. Au premier abord, ils feront appel à toutes les règles de notre catéchisme littéraire, pour y emprisonner ce réaliste, cet impassible, cet impressionniste; ils continueront, croyant l'avoir saisi, et Protée leur échappera; son réalisme farouche découvrira une recherche inquiète de l'idéal, son impassibilité laissera deviner une flamme intérieure; cet art subtil épuisera des pages pour fixer un trait de physionomie et ramassera en une ligne tout le dessin d'un âme. Il faudra s'avouer vaincu, égaré sur des eaux troubles et profondes, dans un grand courant de vie qui porte vers l'aurore.

Je ne me dissimule point les défauts de Dostoïevsky, la lenteur habituelle du trait, le désordre et l'obscurité de la narration, qui revient sans cesse sur elle-même, l'acharnement de myope sur le menu détail, et parfois la complaisance maladive pour le détail répugnant.

Plus d'un lecteur en sera rebuté, s'il n'a pas la flexibilité d'esprit nécessaire pour se plier aux procédés du génie russe, assez semblables à ceux du génie anglais. A l'inverse de notre goût, qui exige des effets rapides, pressés, pas bien profonds par exemple, ces consciencieux ouvriers du Nord, un Thackeray ou un Dostoïevsky, accumulent de longues pages pour préparer un effet tardif. Mais aussi quelle intensité dans cet effet, quand on a la patience de l'attendre! Comme le boulet est chassé loin par cette pesante charge de poudre, tassée grain à grain! Je crois pouvoir promettre de délicates émotions à ceux qui auront cette patience de lecture, si difficile à des Français.

Il y a bien un moyen d'apprivoiser le public; on ne l'emploie que trop. C'est d'étrangler les traductions de ces œuvres étrangères, de les « adapter » à notre goût. On a impitoyablement écarté plusieurs de ces fantaisies secourables, on a attendu, pour nous offrir les *Souvenirs de la maison des morts*, une version qui fût du moins un décalque fidèle du texte russe. Eût-il été possible, tout en satisfaisant à ce premier devoir du traducteur, de donner au récit et surtout aux dialogues une allure plus conforme aux habitudes de notre langue? C'est un problème ardu que je ne veux pas examiner, n'ayant pas mission de juger ici la traduction de M. Neyroud. Je viens de parler de l'écrivain russe d'après les impressions que m'a laissées son œuvre originale; je n'ose espérer que ces impressions soient aussi fortes sur le lecteur qui va les recevoir par intermédiaire.

Mais j'ai hâte de laisser la parole à Dostoïevsky. Quelle que soit la fortune de ses *Souvenirs*, je ne regretterai pas d'avoir plaidé pour eux. C'est si rare et si bon de recommander un livre où l'on est certain que pas une ligne ne peut blesser une âme, que pas un mot ne risque d'éveiller une passion douteuse; un livre que chacun fermera avec une idée meilleure de l'humanité, avec un peu moins de sécheresse pour les misères d'autrui, un peu plus de courage contre ses propres misères. Voilà, si l'on veut bien y réfléchir, un divin mystère de solidarité. Une affreuse souffrance fut endurée, il y a trente ans, par un inconnu, dans une geôle de Sibérie, presque à nos antipodes; conservée en secret depuis lors, elle vit, elle sert, elle vient de si loin assainir et fortifier d'autres hommes. C'est la plante aux sucs amers, morte depuis longtemps dans quelque vallée d'un autre hémisphère, et dont l'essence recueillie guérit les plaies de gens qui ne l'ont jamais vue fleurir. Oui, nulle souffrance ne se perd, toute douleur fructifie, il en reste un arome subtil qui se répand indéfiniment dans le monde. Je ne donne point cette vérité pour une découverte; c'est tout simplement l'admirable doctrine de l'Église sur le trésor des souffrances des saints. Ainsi de bien d'autres inventions qui procurent beaucoup de gloire à tant de beaux esprits; changez les mots, grattez le vernis de « psychologie expérimentale », reconnaissez la vieille vérité sous la rouille théologique; des philosophes vêtus de bure avaient aperçu tout cela, il y a quelques centaines d'années, en se relevant la nuit dans un cloître pour interroger leur conscience.

Enfin, ce n'est pas d'eux qu'il s'agit, mais de ce forçat sibérien, de ce petit apôtre laïque au corps ravagé, à l'âme endolorie, toujours agité entre d'atroces visions et de doux rêves. Je crois le voir encore dans ses accès de zèle patriotique, déblatérant contre l'abomination de l'Occident et la corruption française. Comme la plupart des écrivains étrangers, il nous jugeait sur les grimaces littéraires que nous leur montrons quelquefois. On l'eût bien étonné, si on lui eût prédit qu'il irait un matin dans Paris pour y réciter son étrange martyrologe! — Allez et ne craignez rien, Féodor Michaïlovitch. Quelque mal qu'on ait pu vous dire de notre ville, vous verrez comme on s'y fait entendre en lui parlant simplement, avec la vérité qu'on tire de son cœur.

Vicomte E. M. DE VOGÜÉ.

SOUVENIRS
DE LA
MAISON DES MORTS

PREMIÈRE PARTIE

Au milieu des steppes, des montagnes ou des forêts impraticables des contrées reculées de la Sibérie, on rencontre, de loin en loin, de petites villes d'un millier ou deux d'habitants, entièrement bâties en bois, fort laides, avec deux églises, — l'une au centre de la ville, l'autre dans le cimetière, — en un mot, des villes qui ressemblent beaucoup plus à un bon village de la banlieue de Moscou qu'à une ville proprement dite. La plupart du temps, elles sont abondamment pourvues de maîtres de police, d'assesseurs et autres employés subalternes. S'il fait froid en Sibérie, le service du gouvernement y est en revanche extraordinairement avantageux. Les habitants sont des gens simples, sans idées libérales; leurs mœurs sont antiques, solides et consacrées par le temps. Les fonctionnaires, qui forment à bon droit la noblesse sibérienne, sont ou des gens du pays, Sibériens enracinés, ou des arrivants de Russie. Ces derniers viennent tout droit des capitales, séduits par la haute paye, par la subvention extraordinaire pour frais de voyage et par d'autres espérances non moins tentantes pour l'avenir. Ceux qui savent résoudre le problème de la vie restent presque toujours en Sibérie et s'y fixent définitivement. Les fruits abondants et savoureux qu'ils récoltent plus tard les dédommagent amplement; quant aux autres, gens légers et qui ne savent pas résoudre ce problème, ils s'ennuient bientôt en Sibérie et se demandent avec regret pourquoi ils ont fait la bêtise d'y venir. C'est avec impatience qu'ils tuent les trois ans, — terme légal de leur séjour; — une fois leur engagement expiré, ils sollicitent leur retour et reviennent chez eux en dénigrant la Sibérie et en s'en moquant. Ils ont tort, car c'est un pays de béatitude, non-seulement en ce qui concerne le service public, mais encore à bien d'autres points de vue. Le climat est excellent; les marchands sont riches et hospitaliers; les Européens aisés y sont nombreux. Quant aux jeunes filles, elles ressemblent à des roses fleuries; leur moralité est irréprochable. Le gibier court dans les rues et vient se jeter contre le chasseur. On y boit du champagne en quantité prodigieuse; le caviar est étonnant; la récolte rend quelquefois quinze pour un. En un mot, c'est une terre bénie dont il faut seulement savoir profiter, et l'on en profite fort bien!

C'est dans l'une de ces petites villes, — gaies et parfaitement satisfaites d'elles-mêmes, dont l'aimable population m'a laissé un souvenir ineffaçable, — que je rencontrai un exilé, Alexandre Pétrovitch Goriantchikof, ci-devant gentilhomme-propriétaire en Russie. Il avait été condamné aux travaux forcés de la deuxième catégorie, pour avoir assassiné sa femme. Après avoir subi sa condamnation, — dix ans de travaux forcés, — il demeurait tranquille et inaperçu en qualité de colon dans la petite ville de K... A vrai dire, il était inscrit dans un des cantons environnants, mais il vivait à K..., où il trouvait à gagner sa vie en donnant des leçons aux enfants. On rencontre souvent dans les villes de Sibérie des déportés qui s'occupent d'enseignement. On ne les dédaigne pas, car ils enseignent la langue française, si nécessaire dans la vie, et dont on n'aurait pas la moindre idée sans eux, dans les parties reculées de la Sibérie. Je vis Alexandre Pétrovitch pour la première fois chez un fonctionnaire, Ivan Ivanytch Gvosdikof, respectable vieillard fort hospitalier, père de cinq filles qui donnaient les plus belles espérances. Quatre fois par semaine, Alexandre Pétrovitch leur donnait des leçons à raison de trente kopeks (argent) la leçon. Son extérieur m'intéressa. C'était un homme excessivement pâle et maigre, jeune encore, — âgé de trente-cinq ans environ, — petit et débile, toujours fort proprement habillé à l'européenne. Quand vous lui parliez, il vous fixait d'un air très-attentif, écoutait chacune de vos paroles avec une stricte politesse et d'un air réfléchi, comme si vous lui aviez posé un problème ou que vous vouliez lui extorquer un secret. Il vous répondait nettement et brièvement, mais en pesant tellement chaque mot, que l'on se sentait tout à coup mal à son aise, sans savoir pourquoi, et que l'on se félicitait de voir la conversation terminée. Je questionnai Ivan Ivanytch à son sujet ; il m'apprit que Goriantchikof était de mœurs irréprochables, sans quoi, lui, Ivan Ivanytch, ne lui aurait pas confié l'instruction de ses filles, mais que c'était un terrible misanthrope, qui se tenait à l'écart de tous, fort instruit, lisant beaucoup, parlant peu et se prêtant assez mal à une conversation à cœur ouvert.

Certaines personnes affirmaient qu'il était fou, mais on trouvait que ce n'était pas un défaut si grave ; aussi les gens les plus considérables de la ville étaient-ils prêts à témoigner des égards à Alexandre Pétrovitch, car il pouvait être fort utile, au besoin, pour écrire des placets. On croyait qu'il avait une parenté fort honorable en Russie, — peut-être même dans le nombre y avait-il des gens haut placés, — mais on n'ignorait pas que depuis son exil il avait rompu toutes relations avec elle. En un mot, il se faisait du tort à lui-même. Tout le monde connaissait son histoire et savait qu'il avait tué sa femme par jalousie, — moins d'un an après son mariage, — et qu'il s'était livré lui-même à la justice, ce qui avait beaucoup adouci sa condamnation. Des crimes semblables sont toujours regardés comme des malheurs, dont il faut avoir pitié. Néanmoins, cet original se tenait obstinément à l'écart et ne se montrait que pour donner des leçons.

Tout d'abord je ne fis aucune attention à lui; puis sans que j'en sus moi-même la cause, il m'intéressa : il était quelque peu énigmatique. Causer avec lui était de toute impossibilité. Certes, il répondait à toutes mes questions : il semblait même s'en faire un devoir, mais une fois qu'il m'avait répondu, je n'osais l'interroger plus longtemps; après de semblables conversations, on voyait toujours sur son visage une sorte de souffrance et d'épuisement. Je me souviens que par une belle soirée d'été, je sortis avec lui de chez Ivan Ivanytch. Il me vint brusquement à l'idée de l'inviter à entrer chez moi, pour fumer une cigarette; je ne saurais décrire l'effroi qui se peignit sur son visage; il se troubla tout à fait, marmotta des mots incohérents, et soudain, après m'avoir regardé d'un air courroucé, il s'enfuit dans une direction opposée. J'en fus fort étonné. Depuis, lorsqu'il me rencontrait, il semblait éprouver à ma vue une sorte de frayeur, mais je ne me décourageai pas. Il avait quelque chose qui m'attirait; un mois après, j'entrai moi-même chez Goriantchikof, sans aucun prétexte. Il est évident que j'agis alors sottement et sans la moindre délicatesse. Il demeurait à l'une des extrémités de la ville, chez une vieille bourgeoise dont la fille était poitrinaire. Celle-ci avait une petite enfant naturelle âgée de dix ans, fort jolie et très-joyeuse. Au moment où j'entrai, Alexandre Pétrovitch était assis auprès d'elle et lui enseignait à lire. En me voyant, il se troubla, comme si je l'avais surpris en flagrant délit. Tout éperdu, il se leva brusquement et me regarda fort étonné. Nous nous assîmes enfin; il suivait attentivement chacun de mes regards, comme s'il m'eût soupçonné de quelque intention mystérieuse. Je devinai qu'il était horriblement méfiant. Il me regardait avec dépit, et il ne tenait à rien qu'il me demandât : — Ne t'en iras-tu pas bientôt?

Je lui parlai de notre petite ville, des nouvelles courantes; il se taisait ou souriait d'un air mauvais : je pus constater qu'il ignorait absolument ce qui se faisait dans notre ville et qu'il n'était nullement curieux de l'apprendre. Je lui parlai ensuite de notre contrée, de ses besoins : il m'écoutait toujours en silence en me fixant d'un air si étrange que j'eus honte moi-même de notre conversation. Je faillis même le fâcher en lui offrant, encore non coupés, les livres et les journaux que je venais de recevoir par la dernière poste. Il jeta sur eux un regard avide, mais il modifia aussitôt son intention et déclina mes offres, prétextant son manque de loisir. Je pris enfin congé de lui; en sortant, je sentis comme un poids insupportable tomber de mes épaules. Je regrettais d'avoir harcelé un homme dont le goût était de se tenir à l'écart de tout le monde. Mais la sottise était faite. J'avais remarqué qu'il possédait fort peu de livres; il n'était donc pas vrai qu'il lût beaucoup. Néanmoins, à deux reprises, comme je passais en voiture fort tard devant ses fenêtres, je vis de la lumière dans son logement. Qu'avait-il donc à veiller jusqu'à l'aube? Écrivait-il, et, si cela était, qu'écrivait-il?

Je fus absent de notre ville pendant trois mois environ. Quand je revins chez moi, en hiver, j'appris qu'Alexandre Pétrovitch était mort et qu'il n'avait pas même appelé un médecin. On l'avait déjà presque oublié. Son logement était inoccupé. Je fis aussitôt la connaissance de son hôtesse, dans l'intention d'apprendre d'elle ce que faisait son locataire et s'il écrivait. Pour vingt kopeks, elle m'apporta une corbeille pleine de papiers laissés par le défunt et m'avoua qu'elle avait déjà employé deux cahiers à allumer son feu. C'était une vieille femme morose et taciturne ; je ne pus tirer d'elle rien d'intéressant. Elle ne sut rien me dire au sujet de son locataire. Elle me raconta pourtant qu'il ne travaillait presque jamais et qu'il restait des mois entiers sans ouvrir un livre ou toucher une plume : en revanche, il se promenait toute la nuit en long et en large dans sa chambre, livré à ses réflexions ; quelquefois même, il parlait tout haut. Il aimait beaucoup sa petite fille Katia, surtout quand il eut appris son nom ; le jour de la Sainte-Catherine, il faisait dire à l'église une messe de *Requiem* pour l'âme de quelqu'un. Il détestait qu'on lui rendît des visites et ne sortait que pour donner ses leçons : il regardait même de travers son hôtesse, quand, une fois par semaine, elle venait mettre sa chambre en ordre ; pendant les trois ans qu'il avait demeuré chez elle, il ne lui avait presque jamais adressé la parole. Je demandai à Katia si elle se souvenait de son maître. Elle me regarda en silence et se tourna du côté de la muraille pour pleurer. Cet homme s'était pourtant fait aimer de quelqu'un !

J'emportai les papiers et je passai ma journée à les examiner. La plupart n'avaient aucune importance : c'étaient des exercices d'écoliers. Enfin je trouvai un cahier assez épais, couvert d'une écriture fine, mais inachevé. Il avait peut-être été oublié par son auteur. C'était le récit — incohérent et fragmentaire — des dix années qu'Alexandre Pétrovitch avait passées aux travaux forcés. Ce récit était interrompu çà et là, soit par une anecdote, soit par d'étranges, d'effroyables souvenirs, jetés convulsivement, comme arrachés à l'écrivain. Je relus quelquefois ces fragments et je me pris à douter s'ils avaient été écrits dans un moment de folie. Mais ces mémoires d'un forçat, *Souvenirs de la maison des morts,* comme il les intitule lui-même quelque part dans son manuscrit, ne me semblèrent pas privés d'intérêt. Un monde tout à fait nouveau, inconnu jusqu'alors, l'étrangeté de certains faits, enfin quelques remarques singulières sur ce peuple déchu, — il y avait là de quoi me séduire, et je lus avec curiosité. Il se peut que je me sois trompé : je publie quelques chapitres de ce récit : que le public juge...

I

LA MAISON DES MORTS.

Notre maison de force se trouvait à l'extrémité de la citadelle, derrière le rempart. Si l'on regarde par les fentes de la palissade, espérant voir quelque chose, — on n'aperçoit qu'un petit coin de ciel et un haut rempart de terre, couvert des grandes herbes de la steppe. Nuit et jour, des sentinelles s'y promènent en long et en large; on se dit alors que des années entières s'écouleront et que l'on verra, par la même fente de palissade, toujours le même rempart, toujours les mêmes sentinelles et le même petit coin de ciel, non pas de celui qui se trouve au-dessus de la prison, mais d'un autre ciel, lointain et libre. Représentez-vous une grande cour, longue de deux cents pas et large de cent cinquante, enceinte d'une palissade hexagonale irrégulière, formée de pieux étançonnés et profondément enfoncés en terre : voilà l'enceinte extérieure de la maison de force. D'un côté de la palissade est construite une grande porte, solide et toujours fermée, que gardent constamment des factionnaires, et qui ne s'ouvre que quand les condamnés vont au travail. Derrière cette porte se trouvaient la lumière, la liberté; là vivaient des gens libres. En deçà de la palissade on se représentait ce monde merveilleux, fantastique comme un conte de fées : il n'en était pas de même du nôtre, — tout particulier, car il ne ressemblait à rien; il avait ses mœurs, son costume, ses lois spéciales :

c'était une maison morte-vivante, une vie sans analogue et des hommes à part. C'est ce coin que j'entreprends de décrire.

Quand on pénètre dans l'enceinte, on voit quelques bâtiments. De chaque côté d'une cour très-vaste s'étendent deux constructions de bois, faites de troncs équarris et à un seul étage : ce sont les casernes des forçats. On y parque les détenus, divisés en plusieurs catégories. Au fond de l'enceinte on aperçoit encore une maison, la cuisine, divisée en deux chambrées (*artel*[1]); plus loin encore se trouve une autre construction qui sert tout à la fois de cave, de hangar et de grenier. Le centre de l'enceinte, complétement nu, forme une place assez vaste. C'est là que les détenus se mettent en rang. On y fait la vérification et l'appel trois fois par jour : le matin, à midi et le soir, et plusieurs fois encore dans la journée, si les soldats de garde sont défiants et habiles à compter. Tout autour, entre la palissade et les constructions, il reste une assez grande surface libre où quelques détenus misanthropes ou de caractère sombre aiment à se promener, quand on ne travaille pas : ils ruminent là, à l'abri de tous les regards, leurs pensées favorites. Lorsque je les rencontrais pendant ces promenades, j'aimais à regarder leurs visages tristes et stigmatisés, et à deviner leurs pensées. Un des forçats avait pour occupation favorite, dans les moments de liberté que nous laissaient les travaux, de compter les pieux de la palissade. Il y en avait quinze cents, il les avait tous comptés et les connaissait même par cœur. Chacun d'eux représentait un jour de réclusion : il décomptait quotidiennement un pieu et pouvait, de cette façon, connaître exactement le nombre de jours qu'il devait encore passer dans la maison de force. Il était sincèrement heureux quand il avait achevé un des côtés de l'hexagone : et pourtant, il devait attendre sa libération pendant de

[1] Association coopérative d'artisans possédant un fonds commun.

longues années; mais on apprend la patience à la maison de force. Je vis un jour un détenu qui avait subi sa condamnation et que l'on mettait en liberté, prendre congé de ses camarades. Il avait été vingt ans aux travaux forcés. Plus d'un forçat se souvenait de l'avoir vu arriver jeune, insouciant, ne pensant ni à son crime ni au châtiment : c'était maintenant un vieillard à cheveux gris, au visage triste et morose. Il fit en silence le tour de nos six casernes. En entrant dans chacune d'elles, il priait devant l'image sainte, saluait profondément ses camarades, en les priant de ne pas garder un mauvais souvenir de lui. Je me rappelle aussi qu'un soir on appela vers la porte d'entrée un détenu qui avait été dans le temps un paysan sibérien fort aisé. Six mois auparavant, il avait reçu la nouvelle que sa femme s'était remariée, ce qui l'avait fort attristé. Ce soir-là, elle était venue à la prison, l'avait fait appeler pour lui donner une aumône. Ils s'entretinrent deux minutes, pleurèrent tous deux et se séparèrent pour ne plus se revoir. Je vis l'expression du visage de ce détenu quand il rentra dans la caserne... Là, en vérité, on peut apprendre à tout supporter.

Quand le crépuscule commençait, on nous faisait rentrer dans la caserne, où l'on nous enfermait pour toute la nuit. Il m'était toujours pénible de quitter la cour pour la caserne. Qu'on se figure une longue chambre, basse et étouffante, éclairée à peine par des chandelles et dans laquelle traînait une odeur lourde et nauséabonde. Je ne puis comprendre maintenant comment j'y ai vécu dix ans entiers. Mon lit de camp se composait de trois planches : c'était toute la place dont je pouvais disposer. Dans une seule chambre on parquait plus de trente hommes. C'était surtout en hiver qu'on nous enfermait de bonne heure; il fallait attendre quatre heures au moins avant que tout le monde fût endormi, aussi était-ce un tumulte, un vacarme de rires, de jurons, de chaînes qui sonnaient, une vapeur infecte, une fumée épaisse, un brouhaha de têtes rasées, de fronts stigmatisés, d'habits en lambeaux, tout cela encanaillé, dégoûtant ; oui, l'homme est un animal vivace ! on pourrait le définir : un être qui s'habitue à tout, et ce serait peut-être là la meilleure définition qu'on en ait donnée.

Nous étions en tout deux cent cinquante dans la maison de force. Ce nombre était presque invariable, car lorsque les uns avaient subi leur peine, d'autres criminels arrivaient, il en mourait aussi. Et il y avait là toute sorte de gens. Je crois que chaque gouvernement, chaque contrée de la Russie avait fourni son représentant. Il y avait des étrangers et même des montagnards du Caucase. Tout ce monde se divisait en catégories différentes, suivant l'importance du crime et par conséquent la durée du châtiment. Chaque crime, quel qu'il soit, y était représenté. La population de la maison de force était composée en majeure partie de déportés aux travaux forcés de la catégorie civile (*fortement condamnés*, comme disaient les détenus). C'étaient des criminels privés de tous leurs droits civils, membres réprouvés de la société, vomis par elle, et dont le visage marqué au fer devait éternellement témoigner de leur opprobre. Ils étaient incarcérés dans la maison de force pour un laps de temps qui variait de huit à douze ans ; à l'expiration de leur peine, on les envoyait dans un canton sibérien en qualité de colons. Quant aux criminels de la section militaire, ils n'étaient pas privés de leurs droits civils, — c'est ce qui a lieu d'ordinaire dans les compagnies de discipline russes, — et n'étaient envoyés que pour un temps relativement court. Une fois leur condamnation purgée, ils retournaient à l'endroit d'où ils étaient venus, et entraient comme soldats dans les bataillons de ligne sibériens [1]. Beaucoup d'entre eux nous revenaient bientôt pour des crimes graves, seulement ce n'était plus pour un petit nombre d'années, mais pour vingt

---

[1] Dostoïevski devint lui-même soldat en Sibérie quand il eut subi sa peine.

ans au moins; ils faisaient alors partie d'une section qui se nommait « à perpétuité ». Néanmoins, les *perpétuels* n'étaient pas privés de leurs droits. Il existait encore une section assez nombreuse, composée des pires malfaiteurs, presque tous vétérans du crime, et qu'on appelait la « section particulière ». On envoyait là des condamnés de toutes les Russies. Ils se regardaient à bon droit comme détenus à perpétuité, car le terme de leur réclusion n'avait pas été indiqué. La loi exigeait qu'on leur donnât des tâches doubles et triples. Ils restèrent dans la prison jusqu'à ce qu'on entreprît en Sibérie les travaux de force les plus pénibles. « Vous n'êtes ici que pour un temps fixe, disaient-ils aux autres forçats; nous, au contraire, nous y sommes pour toute notre vie. » J'ai entendu dire plus tard que cette section a été abolie. On a éloigné en même temps les condamnés civils, pour ne conserver que les condamnés militaires que l'on organisa en compagnie de discipline unique. L'administration a naturellement été changée. Je décris, par conséquent, les pratiques d'un autre temps et des choses abolies depuis longtemps...

Oui, il y a longtemps de cela; il me semble même que c'est un rêve. Je me souviens de mon entrée à la maison de force, un soir de décembre, à la nuit tombante. Les forçats revenaient des travaux : on se préparait à la vérification. Un sous-officier moustachu m'ouvrit la porte de cette maison étrange où je devais rester tant d'années, endurer tant d'émotions dont je ne pourrais me faire une idée même approximative si je ne les avais pas ressenties. Ainsi, par exemple, aurais-je jamais pu m'imaginer la souffrance poignante et terrible qu'il y a à ne jamais être seul même une minute pendant dix ans? Au travail sous escorte, à la caserne en compagnie de deux cents *camarades*, jamais seul, jamais! Du reste, il fallait que je m'y fisse.

Il y avait là des meurtriers par imprudence, des meurtriers de métier, des brigands et des chefs de brigands, de simples filous, maîtres dans l'industrie de trouver de l'argent dans la poche des passants ou d'enlever n'importe quoi sur une table. Il aurait pourtant été difficile de dire pourquoi et comment certains détenus se trouvaient à la maison de force. Chacun d'eux avait son histoire, confuse et lourde, pénible comme un lendemain d'ivresse. Les forçats parlaient généralement fort peu de leur passé, qu'ils n'aimaient pas à raconter; ils s'efforçaient même de n'y plus penser. Parmi mes camarades de chaîne j'ai connu des meurtriers qui étaient si gais et si insouciants qu'on pouvait parier à coup sûr que jamais leur conscience ne leur avait fait le moindre reproche; mais il y avait aussi des visages sombres, presque toujours silencieux. Il était bien rare que quelqu'un racontât son histoire, car cette curiosité-là n'était pas à la mode, n'était pas d'usage; disons d'un seul mot que cela n'était pas reçu. Il arrivait pourtant de loin en loin que par désœuvrement un détenu racontât sa vie à un autre forçat qui l'écoutait froidement. Personne, à vrai dire, n'aurait pu étonner son voisin. « Nous ne sommes pas des ignorants, nous autres! » disaient-ils souvent avec une suffisance cynique. Je me souviens qu'un jour un brigand ivre (on pouvait s'enivrer quelquefois aux travaux forcés) raconta comment il avait tué et taillé un enfant de cinq ans : il l'avait d'abord attiré avec un joujou, puis il l'avait emmené dans un hangar où il l'avait dépecé. La caserne tout entière, qui, d'ordinaire, riait de ses plaisanteries, poussa un cri unanime; le brigand fut obligé de se taire. Si les forçats l'avaient interrompu, ce n'était nullement parce que son récit avait excité leur indignation, mais parce qu'il n'était pas reçu de parler de *cela*. Je dois dire ici que les détenus avaient un certain degré d'instruction. La moitié d'entre eux, — si ce n'est plus, — savaient lire et écrire. Où trouvera-t-on, en Russie, dans n'importe quel groupe populaire, deux cent cinquante hommes sachant lire et écrire? Plus tard, j'ai entendu dire et même conclure, grâce à ces données, que l'instruction démoralisait le peuple. C'est une erreur :

l'instruction est tout à fait étrangère à cette décadence morale. Il faut néanmoins convenir qu'elle développe l'esprit de résolution dans le peuple, mais c'est loin d'être un défaut. — Chaque section avait un costume différent : l'une portait une veste de drap moitié brune, moitié grise, et un pantalon dont un canon était brun, l'autre gris. Un jour, comme nous étions au travail, une petite fille qui vendait des navettes de pain blanc (*kalatchi*) s'approcha des forçats; elle me regarda longtemps, puis éclata de rire : — « Fi! comme ils sont laids! s'écria-t-elle. Ils n'ont pas même eu assez de drap gris ou de drap brun pour faire leurs habits. » D'autres forçats portaient une veste de drap gris uni, mais dont les manches étaient brunes. On rasait aussi les têtes de différentes façons; le crâne était mis à nu tantôt en long, tantôt en large, de la nuque au front ou d'une oreille à l'autre.

Cette étrange famille avait un air de ressemblance prononcé que l'on distinguait du premier coup d'œil; même les personnalités les plus saillantes, celles qui dominaient involontairement les autres forçats, s'efforçaient de prendre le ton général de la maison. Tous les détenus, — à l'exception de quelques-uns qui jouissaient d'une gaieté inépuisable et qui, par cela même, s'attiraient le mépris général, — tous les détenus étaient moroses, envieux, effroyablement vaniteux, présomptueux, susceptibles et formalistes à l'excès. Ne s'étonner de rien était à leurs yeux une qualité primordiale, aussi se préoccupaient-ils fort d'avoir de la tenue. Mais souvent l'apparence la plus hautaine faisait place, avec la rapidité de l'éclair, à une plate lâcheté. Pourtant il y avait quelques hommes vraiment forts : ceux-là étaient naturels et sincères, mais, chose étrange! ils étaient le plus souvent d'une vanité excessive et maladive. C'était toujours la vanité qui était au premier plan. La majorité des détenus était dépravée et pervertie, aussi les calomnies et les commérages pleuvaient-ils comme grêle. C'était un enfer, une damnation que notre vie, mais personne n'aurait osé s'élever contre les règlements intérieurs de la prison et contre les habitudes reçues ; aussi s'y soumettait-on bon gré, mal gré. Certains caractères intraitables ne pliaient que difficilement, mais pliaient tout de même. Des détenus qui, encore libres, avaient dépassé toute mesure, qui, souvent poussés par leur vanité surexcitée, avaient commis des crimes affreux, inconsciemment, comme dans un délire, et qui avaient été l'effroi de villes entières, étaient matés en peu de temps par le régime de notre prison. Le *nouveau* qui cherchait à s'orienter remarquait bien vite qu'ici il n'étonnerait personne ; insensiblement il se soumettait, prenait le ton général, une sorte de dignité personnelle dont presque chaque détenu était pénétré, absolument comme si la dénomination de forçat eût été un titre honorable. Pas le moindre signe de honte ou de repentir, du reste, mais une sorte de soumission extérieure, en quelque sorte officielle, qui raisonnait paisiblement la conduite à tenir. « Nous sommes des gens perdus, disaient-ils, nous n'avons pas su vivre en liberté, maintenant nous devons parcourir de toutes nos forces *la rue verte*[1], et nous faire compter et recompter comme des bêtes. » « Tu n'as pas voulu obéir à ton père et à ta mère, obéis maintenant à la peau d'âne ! » « Qui n'a pas voulu broder, casse des pierres à l'heure qu'il est. » Tout cela se disait et se répétait souvent en guise de morale, comme des sentences et des proverbes, sans qu'on les prît toutefois au sérieux. Ce n'étaient que des mots en l'air. Y en avait-il un seul qui s'avouât son iniquité ? Qu'un étranger, — pas un forçat, — essaye de reprocher à un détenu son crime ou de l'insulter, les injures de part et d'autre n'auront pas de fin. Et quels raffinés que les forçats

[1] Allusion aux deux rangées de soldats armés de verges vertes entre lesquelles devaient et doivent passer les forçats condamnés aux verges. Ce châtiment n'existe plus que pour les condamnés privés de tous leurs droits civils.

en ce qui concerne les injures! Ils insultent finement, en artistes. L'injure était une vraie science; ils ne s'efforçaient pas tant d'offenser par l'expression que par le sens, l'esprit d'une phrase envenimée. Leurs querelles incessantes contribuaient beaucoup au développement de cet art spécial.

Comme ils ne travaillaient que sous la menace du bâton, ils étaient paresseux et dépravés. Ceux qui n'étaient pas encore corrompus en arrivant à la maison de force, s'y pervertissaient bientôt. Réunis malgré eux, ils étaient parfaitement étrangers les uns aux autres. — « Le diable a usé trois paires de *lapti*[1] avant de nous rassembler », disaient-ils. Les intrigues, les calomnies, les commérages, l'envie, les querelles, tenaient le haut bout dans cette vie d'enfer. Pas une méchante langue n'aurait été en état de tenir tête à ces meurtriers, toujours l'injure à la bouche.

Comme je l'ai dit plus haut, parmi eux se trouvaient des hommes au caractère de fer, endurcis et intrépides, habitués à se commander. Ceux-là, on les estimait involontairement; bien qu'ils fussent fort jaloux de leur renommée, ils s'efforçaient de n'obséder personne, et ne s'insultaient jamais sans motif; leur conduite était en tous points pleine de dignité; ils étaient raisonnables et presque toujours obéissants, non par principe ou par conscience de leurs devoirs, mais comme par une convention mutuelle entre eux et l'administration, convention dont ils reconnaissaient tous les avantages. On agissait du reste prudemment avec eux. Je me rappelle qu'un détenu, intrépide et résolu, connu pour ses penchants de bête fauve, fut appelé un jour pour être fouetté. C'était pendant l'été; on ne travaillait pas. L'adjudant, chef direct et immédiat de la maison de force, était arrivé au corps de garde, qui se trouvait à côté de la grande porte, pour assister à la punition. (Ce

---

[1] Chaussure légère en écorce de tilleul que portent les paysans de la Russie centrale et septentrionale.

major était un être fatal pour les détenus, qu'il avait réduits à trembler devant lui. Sévère à en devenir insensé, il se « jetait » sur eux, disaient-ils; mais c'était surtout son regard, aussi pénétrant que celui du lynx, que l'on craignait. Il était impossible de rien lui dissimuler. Il voyait, pour ainsi dire, sans même regarder. En entrant dans la prison, il savait déjà ce qui se faisait à l'autre bout de l'enceinte; aussi les forçats l'appelaient-ils « l'homme aux huit yeux ». Son système était mauvais, car il ne parvenait qu'à irriter des gens déjà irascibles; sans le commandant, homme bien élevé et raisonnable, qui modérait les sorties sauvages du major, celui-ci aurait causé de grands malheurs par sa mauvaise administration. Je ne comprends pas comment il put prendre sa retraite sain et sauf; il est vrai qu'il quitta le service après qu'il eut été mis en jugement.)

Le détenu blêmit quand on l'appela. D'ordinaire, il se couchait courageusement et sans proférer un mot, pour recevoir les terribles verges, après quoi, il se relevait en se secouant. Il supportait ce malheur froidement, en philosophe. Il est vrai qu'on ne le punissait qu'à bon escient, et avec toutes sortes de précautions. Mais cette fois, il s'estimait innocent. Il blêmit, et tout en s'approchant doucement de l'escorte de soldats, il réussit à cacher dans sa manche un tranchet de cordonnier. Il était pourtant sévèrement défendu aux détenus d'avoir des instruments tranchants, des couteaux, etc. Les perquisitions étaient fréquentes, inattendues et des plus minutieuses; toutes les infractions à cette règle étaient sévèrement punies; mais comme il est difficile d'enlever à un criminel ce qu'il veut cacher, et que, du reste, des instruments tranchants se trouvaient nécessairement dans la prison, ils n'étaient jamais détruits. Si l'on parvenait à les ravir aux forçats, ceux-ci s'en procuraient bien vite de nouveaux. Tous les détenus se jetèrent contre la palissade, le cœur palpitant, pour regarder à travers les fentes. On savait que cette fois-ci,

Pétrof refuserait de se laisser fustiger et que la fin du major était venue. Mais au moment décisif, ce dernier monta dans sa voiture et partit, confiant le commandement de l'exécution à un officier subalterne : « Dieu l'a sauvé! » dirent plus tard les forçats. Quant à Pétrof, il subit tranquillement sa punition; une fois le major parti, sa colère était tombée. Le détenu est soumis et obéissant jusqu'à un certain point, mais il y a une limite qu'il ne faut pas dépasser. Rien n'est plus curieux que ces étranges boutades d'emportement et de désobéissance. Souvent un homme qui supporte pendant plusieurs années les châtiments les plus cruels, se révolte pour une bagatelle, pour un rien. On pourrait même dire que c'est un fou... C'est du reste ce que l'on fait.

J'ai déjà dit que pendant plusieurs années je n'ai pas remarqué le moindre signe de repentance, pas le plus petit malaise du crime commis, et que la plupart des forçats s'estimaient dans leur for intérieur en droit d'agir comme bon leur semblait. Certainement la vanité, les mauvais exemples, la vantardise ou la fausse honte y étaient pour beaucoup. D'autre part, qui peut dire avoir sondé la profondeur de ces cœurs livrés à la perdition et les avoir trouvés fermés à toute lumière? Enfin il semble que durant tant d'années, j'eusse dû saisir quelque indice, fût-ce le plus fugitif, d'un regret, d'une souffrance morale. Je n'ai positivement rien aperçu. On ne saurait juger le crime avec des opinions toutes faites, et sa philosophie est un peu plus compliquée qu'on ne le croit. Il est avéré que ni les maisons de force, ni les bagnes, ni le système des travaux forcés, ne corrigent le criminel; ces châtiments ne peuvent que le punir et rassurer la société contre les attentats qu'il pourrait commettre. La réclusion et les travaux excessifs ne font que développer chez ces hommes une haine profonde, la soif des jouissances défendues et une effroyable insouciance. D'autre part, je suis certain que le célèbre système cellulaire n'atteint qu'un but apparent et trompeur. Il soutire du criminel toute sa force et son énergie, énerve son âme qu'il affaiblit et effraye, et montre enfin une momie desséchée et à moitié folle comme un modèle d'amendement et de repentir. Le criminel qui s'est révolté contre la société, la hait et s'estime toujours dans son droit : la société a tort, lui non. N'a-t-il pas du reste subi sa condamnation? aussi est-il absous, acquitté à ses propres yeux. Malgré les opinions diverses, chacun reconnaîtra qu'il y a des crimes qui partout et toujours, sous n'importe quelle législation, seront indiscutablement crimes et que l'on regardera comme tels tant que l'homme sera homme. Ce n'est qu'à la maison de force que j'ai entendu raconter, avec un rire enfantin à peine contenu, les forfaits les plus étranges, les plus atroces. Je n'oublierai jamais un parricide, — ci-devant noble et fonctionnaire. Il avait fait le malheur de son père. Un vrai fils prodigue. Le vieillard essayait en vain de le retenir par des remontrances sur la pente fatale où il glissait. Comme il était criblé de dettes et qu'on soupçonnait son père d'avoir, — outre une ferme, — de l'argent caché, il le tua pour entrer plus vite en possession de son héritage. Ce crime ne fut découvert qu'au bout d'un mois. Pendant tout ce temps, le meurtrier, qui du reste avait informé la justice de la disparition de son père, continua ses débauches. Enfin, pendant son absence, la police découvrit le cadavre du vieillard dans un canal d'égout recouvert de planches. La tête grise était séparée du tronc et appuyée contre le corps, entièrement habillé; sous la tête, comme par dérision, l'assassin avait glissé un coussin. Le jeune homme n'avoua rien : il fut dégradé, dépouillé de ses priviléges de noblesse et envoyé aux travaux forcés pour vingt ans. Aussi longtemps que je l'ai connu, je l'ai toujours vu d'humeur très-insouciante. C'était l'homme le plus étourdi et le plus inconsidéré que j'aie rencontré, quoiqu'il fût loin d'être sot. Je ne remarquai jamais en lui une cruauté excessive. Les autres détenus le méprisaient, non pas à cause de son crime, dont il n'était jamais question, mais parce qu'il manquait de tenue. Il parlait quelquefois de son père. Ainsi un jour, en vantant la robuste complexion héréditaire dans sa famille, il ajouta : « — Tenez, *mon père*, par exemple, jusqu'à *sa mort*, n'a jamais été malade. » Une insensibilité animale portée à un aussi haut degré semble impossible : elle est par trop phénoménale. Il devait y avoir là un défaut organique, une monstruosité physique et morale inconnue jusqu'à présent à la science, et non un simple délit. Je ne croyais naturellement pas à un crime aussi atroce, mais des gens de la même ville que lui, qui connaissaient tous les détails de son histoire, me la racontèrent. Les faits étaient si clairs, qu'il aurait été insensé de ne pas se rendre à l'évidence. Les détenus l'avaient entendu crier une fois, pendant son sommeil : « — Tiens-le! tiens-le! coupe-lui la tête! la tête! la tête! »

Presque tous les forçats rêvaient à haute voix ou déliraient pendant leur sommeil; les injures, les mots d'argot, les couteaux, les haches revenaient le plus souvent dans leurs songes. « Nous sommes des gens broyés, disaient-ils, nous n'avons plus d'entrailles, c'est pourquoi nous crions la nuit. »

Les travaux forcés dans notre forteresse n'étaient pas une occupation, mais une obligation : les détenus accomplissaient leur tâche ou travaillaient le nombre d'heures fixé par la loi, puis retournaient à la maison de force. Ils avaient du reste ce labeur en haine. Si le détenu n'avait pas un travail personnel auquel il se livre volontairement avec toute son intelligence, il lui serait impossible de supporter sa réclusion. De quelle façon ces gens, tous d'une nature fortement trempée, qui avaient largement vécu et désiraient vivre encore, qui avaient été réunis contre leur volonté, après que la société les avait rejetés, auraient-ils pu vivre d'une façon normale et naturelle?

Grâce à la seule paresse, les instincts les plus criminels, dont le détenu n'aurait jamais même conscience, se développeraient en lui.

L'homme ne peut exister sans travail, sans propriété légale et normale; hors de ces conditions il se pervertit et se change en bête fauve. Aussi chaque forçat, par une exigence toute naturelle et par instinct de conservation, avait-il chez nous un métier, une occupation quelconque. Les longues journées d'été étaient prises presque tout entières par les travaux forcés; la nuit était si courte qu'on avait juste le temps de dormir. Il n'en était pas de même en hiver; suivant le règlement, les détenus devaient être renfermés dans la caserne, à la tombée de la nuit. Que faire pendant les longues et tristes soirées, sinon travailler? Aussi chaque caserne, bien que fermée aux verrous, prenait-elle l'apparence d'un vaste atelier. A vrai dire, le travail n'était pas défendu, mais il était interdit d'avoir des outils, sans lesquels il est tout à fait impossible. On travaillait en cachette, et l'administration, semble-t-il, fermait les yeux. Beaucoup de détenus arrivaient à la maison de force sans rien savoir faire de leurs dix doigts, ils apprenaient un métier quelconque de leurs camarades, et, une fois libérés, devenaient d'excellents ouvriers. Il y avait là des cordonniers, des bottiers, des tailleurs, des sculpteurs, des serruriers et des doreurs. Un Juif même, Içaï Boumstein, était en même temps bijoutier et usurier. Tout le monde travaillait et gagnait ainsi quelques sous, car il venait beaucoup de commandes de la ville. L'argent est une liberté sonnante et trébuchante, inestimable pour un homme entièrement privé de la vraie liberté. S'il se sent quelque monnaie en poche, il se console de sa position, même quand il ne pourrait pas la dépenser. (Mais on peut partout et toujours dépenser son argent, d'autant plus que le fruit défendu est doublement savoureux. On peut se procurer de l'eau-de-vie même dans la maison de force.) Bien que les pipes fussent sévèrement prohibées, tout le monde fumait. L'argent et le tabac préservaient les forçats du scorbut, comme le travail les sauvait du crime : sans lui, ils se seraient mutuellement détruits, comme des araignées enfermées dans un bocal de verre. Le travail et l'argent n'en étaient pas moins interdits : on pratiquait fréquemment pendant la nuit de sévères perquisitions, durant lesquelles on confisquait tout ce qui n'était pas légalement autorisé. Si adroitement que fussent cachés les pécules, il arrivait cependant qu'on les découvrait. C'était là une des raisons pour lesquelles on ne les conservait pas longtemps : on les échangeait bientôt contre de l'eau-de-vie; ce qui explique comment celle-ci avait dû s'introduire dans la maison de force. Le délinquant était non-seulement privé de son pécule, mais encore cruellement fustigé !

Peu de temps après chaque perquisition, les forçats se procuraient de nouveau les objets qui avaient été confisqués, et tout marchait comme ci-devant. L'administration le savait, et bien que la condition des détenus fût assez semblable à celle des habitants du Vésuve, ils ne murmuraient jamais contre les punitions infligées pour ces peccadilles. Qui n'avait pas d'industrie manuelle, commerçait d'une manière quelconque. Les procédés d'achat et de vente étaient assez originaux. Les uns s'occupaient de brocantage et revendaient parfois des objets que personne autre qu'un forçat n'aurait jamais eu l'idée de vendre ou d'acheter, voire même de regarder comme ayant une valeur quelconque. Le moindre chiffon avait pourtant son prix et pouvait servir. Par suite de la pauvreté même des forçats, l'argent acquérait un prix supérieur à celui qu'il a en réalité. De longs et pénibles travaux, quelquefois fort compliqués, ne se payaient que quelques kopeks. Plusieurs prisonniers prêtaient à la petite semaine et y trouvaient leur compte. Le détenu, panier percé ou ruiné, portait à l'usurier les rares objets qui lui appartenaient et les engageait pour quelques liards qu'on lui prêtait à un taux fabuleux. S'il ne les rachetait pas au terme fixé, l'usurier les vendait impitoyablement aux enchères, et cela sans retard. L'usure florissait si bien dans notre maison de force qu'on prêtait même sur des objets appartenant à l'État : linge, bottes, etc., choses à chaque instant indispensables. Lorsque le prêteur sur gages acceptait de semblables dépôts, l'affaire prenait souvent une tournure inattendue : le propriétaire allait trouver, aussitôt après avoir reçu son argent, le sous-officier (surveillant en chef de la maison de force) et lui dénonçait le recel d'objets appartenant à l'État, que l'on enlevait à l'usurier, sans même juger le fait digne d'être rapporté à l'administration supérieure. Mais jamais aucune querelle, — c'est ce qu'il y a de plus curieux, — ne s'élevait entre l'usurier et le propriétaire; le premier rendait silencieusement, d'un air morose, les effets qu'on lui réclamait, comme s'il s'y attendait depuis longtemps. Peut-être s'avouait-il qu'à la place du nantisseur, il n'aurait pas agi autrement. Aussi, si l'on s'insultait après cette perquisition, c'était moins par haine que par simple acquit de conscience.

Les forçats se volaient mutuellement sans pudeur. Chaque détenu avait son petit coffre, muni d'un cadenas, dans lequel il serrait les effets confiés par l'administration. Quoiqu'on eût autorisé ces coffres, cela n'empêchait nullement les vols. Le lecteur peut s'imaginer aisément quels habiles voleurs se trouvaient parmi nous. Un détenu qui m'était sincèrement dévoué, — je le dis sans prétention, — me vola ma Bible, le seul livre qui fût permis dans la maison de force; le même jour, il me l'avoua, non par repentir, mais parce qu'il eut pitié de me voir la chercher longtemps. Nous avions au nombre de nos camarades de chaîne plusieurs forçats, dits « cabaretiers », qui vendaient de l'eau-de-vie, et s'enrichissaient relativement à ce métier-là. J'en parlerai plus loin, car ce trafic est assez curieux pour que je m'y arrête. Un grand nombre de détenus étaient déportés pour contrebande, ce qui explique comment on pouvait apporter clandestinement de l'eau-de-vie dans la maison de force, sous une surveillance aussi sévère qu'était la nôtre, et malgré les escortes inévitables. Pour le dire en passant, la contrebande constitue un crime à part. Se figurerait-on que l'argent, le bénéfice réel de l'affaire, n'a souvent qu'une importance secondaire pour le contrebandier? C'est pourtant un fait authentique. Il *travaille* par vocation : dans son genre, c'est un poëte. Il risque tout ce qu'il possède, s'expose à des dangers terribles, ruse, invente, se dégage, se débrouille, agit même quelquefois avec une sorte d'inspiration. Cette passion est aussi violente que celle du jeu. J'ai connu un détenu de stature colossale, qui était bien l'homme le plus doux, le plus paisible et le plus soumis qu'il fût possible de voir. On se demandait comment il avait pu être déporté : son caractère était si doux, si sociable, que pendant tout le temps qu'il passa à la maison de force, il n'eut jamais de querelle avec personne. Originaire de la Russie occidentale, dont il habitait la frontière, il avait été envoyé aux travaux forcés pour contrebande. Comme de juste, il ne résista pas au désir de transporter de l'eau-de-vie dans la prison. Que de fois ne fut-il pas puni pour cela, et Dieu sait quelle peur il avait des verges! Ce métier si dangereux ne lui rapportait qu'un bénéfice dérisoire : c'était l'entrepreneur qui s'enrichissait à ses dépens. Chaque fois qu'il avait été puni, il pleurait comme une vieille femme et jurait ses grands dieux qu'on ne l'y reprendrait plus. Il tenait bon pendant tout un mois, mais il finissait par céder de nouveau à sa passion... Grâce à ces amateurs de contrebande, l'eau-de-vie ne manquait jamais dans la maison de force.

Un autre genre de revenu, qui, sans enrichir les détenus, n'en était pas moins constant et bienfaisant, c'était l'aumône. Les classes élevées de notre société russe ne savent pas combien les marchands, les bourgeois et tout notre peuple en général a de soins pour les « malheureux[1] ». L'aumône ne faisait jamais défaut et consistait toujours en petits pains blancs, quelquefois en argent, — mais très-rarement. — Sans les aumônes, l'existence des forçats, et surtout celle des prévenus, qui sont fort mal nourris, serait par trop pénible. L'aumône se partage également entre tous les détenus. Si l'aumône ne suffit pas, on divise les petits pains par la moitié et quelquefois même en six morceaux, afin que chaque forçat en ait sa part. Je me souviens de la première aumône, — une petite pièce de monnaie, — que je reçus. Peu de temps après mon arrivée, un matin, en revenant du travail seul avec un soldat d'escorte, je croisai une mère et sa fille, une enfant de dix ans, jolie comme un ange. Je les avais déjà vues une fois. (La mère était veuve d'un pauvre soldat qui, jeune encore, avait passé au conseil de guerre et était mort dans l'infirmerie de la maison de force, alors que je m'y trouvais. Elles pleuraient à chaudes larmes quand elles étaient venues toutes deux lui faire leurs adieux.) En me voyant, la petite fille rougit et murmura quelques mots à l'oreille de sa mère, qui s'arrêta et prit dans un panier un quart de kopek qu'elle remit à la petite fille. Celle-ci courut après moi : — « Tiens, malheureux, me dit-elle, prends ce kopek au nom du Christ ! » — Je pris la monnaie qu'elle me glissait dans la main ; la petite fille retourna tout heureuse vers sa mère. Je l'ai conservé longtemps, ce kopek-là !

[1] C'est ainsi que le peuple appelle les condamnés aux travaux forcés et les exilés.

II

PREMIÈRES IMPRESSIONS.

Les premières semaines et en général les commencements de ma réclusion se présentent vivement à mon imagination. Au contraire, les années suivantes se sont fondues et ne m'ont laissé qu'un souvenir confus. Certaines époques de cette vie se sont même tout à fait effacées de ma mémoire; je n'en ai gardé qu'une impression unique, toujours la même, pénible, monotone, étouffante.

Ce que j'ai vu et éprouvé pendant ces premiers temps de ma détention, il me semble que tout cela est arrivé hier. Il devait en être ainsi.

Je me rappelle parfaitement que, tout d'abord, cette vie m'étonna par cela même qu'elle ne présentait rien de particulier, d'extraordinaire, ou pour mieux m'exprimer, d'inattendu. Plus tard seulement, quand j'eus vécu assez longtemps dans la maison de force, je compris tout l'exceptionnel, l'inattendu d'une existence semblable, et je m'en étonnai. J'avouerai que cet étonnement ne m'a pas quitté pendant tout le temps de ma condamnation; je ne pouvais décidément me réconcilier avec cette existence.

J'éprouvai tout d'abord un répugnance invincible en arrivant à la maison de force, mais, chose étrange! la vie m'y sembla moins pénible que je ne me l'étais figuré en route.

En effet, les détenus, bien qu'embarrassés par leurs fers, allaient et venaient librement dans la prison; ils s'injuriaient, chantaient, travaillaient, fumaient leur pipe et buvaient de l'eau-de-vie (les buveurs étaient pourtant assez rares); il s'organisait même de nuit des parties de cartes en règle. Les travaux ne me parurent pas très-pénibles; il me semblait que ce n'était pas la vraie *fatigue* du bagne. Je ne devinai que longtemps après pourquoi ce travail était dur et excessif; c'était moins par sa difficulté que parce qu'il était *forcé*, contraint, obligatoire, et qu'on ne l'accomplissait que par crainte du bâton. Le paysan travaille certainement beaucoup plus que le forçat, car pendant l'été il peine nuit et jour; mais c'est dans son propre intérêt qu'il se fatigue, son but est raisonnable, aussi endure-t-il moins que le condamné qui exécute un travail forcé dont il ne retire aucun profit. Il m'est venu un jour à l'idée que si l'on voulait réduire un homme à néant, le punir atrocement, l'écraser tellement que le meurtrier le plus endurci tremblerait lui-même devant ce châtiment et s'effrayerait d'avance, il suffirait de donner à son travail un caractère de complète inutilité, voire même d'absurdité. Les travaux forcés tels qu'ils existent actuellement ne présentent aucun intérêt pour les condamnés, mais ils ont au moins leur raison d'être : le forçat fait des briques, creuse la terre, crépit, construit; toutes ces occupations ont un sens et un but. Quelquefois même le détenu s'intéresse à ce qu'il fait. Il veut alors travailler plus adroitement, plus avantageusement; mais qu'on le contraigne, par exemple, à transvaser de l'eau d'une tine dans une autre, et *vice versâ*, à concasser du sable ou à transporter un tas de terre d'un endroit à un autre pour lui ordonner ensuite la réciproque, je suis persuadé qu'au bout de quelques jours le détenu s'étranglera ou commettra mille crimes comportant la peine de mort plutôt que de vivre dans un tel abaissement et de tels tourments. Il va de soi qu'un châtiment semblable serait plutôt une torture, une vengeance atroce qu'une correction; il serait absurde, car il n'atteindrait aucun but sensé.

Je n'étais, du reste, arrivé qu'en hiver, au mois de décembre; les travaux avaient alors peu d'importance dans notre forteresse. Je ne me faisais aucune idée du travail d'été, cinq fois plus fatigant. Les détenus, pendant la saison rigoureuse, démolissaient sur l'Irtych de vieilles barques appartenant à l'État, travaillaient dans les ateliers, enlevaient la neige amassée par les ouragans contre les constructions, ou brûlaient et concassaient de l'albâtre, etc. Comme le jour était très-court, le travail cessait de bonne heure, et tout le monde rentrait à la maison de force où il n'y avait presque rien à faire, sauf le travail supplémentaire que s'étaient créé les forçats.

Un tiers à peine des détenus travaillaient sérieusement : les autres fainéantaient et rôdaient sans but dans les casernes, intriguant, s'injuriant. Ceux qui avaient quelque argent s'enivraient d'eau-de-vie ou perdaient au jeu leurs économies; tout cela par fainéantise, par ennui, par désœuvrement. J'appris encore à connaître une souffrance qui peut-être est la plus aiguë, la plus douloureuse qu'on puisse ressentir dans une maison de détention, à part la privation de liberté : je veux parler de la *cohabitation forcée*. La cohabitation est plus ou moins forcée partout et toujours, mais nulle part elle n'est aussi horrible que dans une prison : il y a là des hommes avec lesquels personne ne voudrait vivre. Je suis certain que chaque condamné, — inconsciemment peut-être, — en a souffert.

La nourriture des détenus me parut passable. Ces derniers affirmaient même qu'elle était incomparablement meilleure que dans n'importe quelle prison de Russie. Je ne saurais toutefois le certifier, car je n'ai jamais été incarcéré ailleurs. Beaucoup d'entre nous avaient, du reste, la faculté de se procurer la nourriture qui leur convenait; quoique la viande ne coûtât que trois kopeks, ceux-là seuls qui avaient toujours de l'argent se permettaient le luxe d'en manger : la majorité des détenus se contentaient de la ration réglementaire. Quand ils vantaient la nourriture de la maison de force, ils n'avaient en vue que le pain, que l'on distribuait par chambrée et non pas individuellement et au poids. Cette dernière condition aurait effrayé les forçats, car un tiers au moins d'entre eux, dans ce cas, aurait constamment souffert de la faim, tandis qu'avec le système en vigueur, chacun était content. Notre pain était particulièrement savoureux et même renommé en ville : on attribuait sa bonne qualité à une heureuse construction des fours de la prison. Quant à notre soupe de chou aigre (*chtchi*), qui se cuisait dans un grand chaudron et qu'on épaississait de farine, elle était loin d'avoir bonne mine. Les jours ouvriers, elle était fort claire et maigre ; mais ce qui m'en dégoûtait surtout, c'était la quantité de cancrelats qu'on y trouvait. Les détenus n'y faisaient toutefois aucune attention.

Les trois jours qui suivirent mon arrivée, je n'allai pas au travail : on donnait toujours quelque répit aux nouveaux déportés, afin de leur permettre de se reposer de leurs fatigues. Le lendemain, je dus sortir de la maison de force pour être *ferré*. Ma chaîne n'était pas « d'uniforme », elle se composait d'anneaux qui rendaient un son clair : c'est ce que j'entendis dire aux autres détenus. Elle se portait extérieurement, par-dessus le vêtement, tandis que mes camarades avaient des fers formés non d'anneaux, mais de quatre tringles épaisses comme le doigt et réunies entre elles par trois anneaux qu'on portait sous le pantalon. A l'anneau central s'attachait une courroie, nouée à son tour à une ceinture bouclée sur la chemise.

Je revois nettement la première matinée que je passai dans la maison de force. Le tambour battit la diane au corps de garde, près de la grande porte de l'enceinte ; au bout de dix minutes le sous-officier de planton ouvrit les casernes. Les détenus s'éveillaient les uns après les autres et se levaient en tremblant de froid de leurs lits de planches, à la lumière terne d'une chandelle.

Presque tous étaient moroses. Ils bâillaient et s'étiraient, leurs fronts marqués au fer se contractaient ; les uns se signaient ; d'autres commençaient à dire des bêtises. La touffeur était horrible. L'air froid du dehors s'engouffrait aussitôt qu'on ouvrait la porte et tourbillonnait dans la caserne. Les détenus se pressaient autour des seaux pleins d'eau : les uns après les autres prenaient de l'eau dans la bouche, ils s'en lavaient la figure et les mains. Cette eau était apportée de la veille par le *parachnik*, détenu qui, d'après le règlement, devait nettoyer la caserne. Les condamnés le choisissaient eux-mêmes. Il n'allait pas au travail, car il devait examiner les lits de camp et les planchers, apporter et emporter le baquet pour la nuit, remplir d'eau fraîche les seaux de sa chambrée. Cette eau servait le matin aux ablutions; pendant la journée c'était la boisson ordinaire des forçats. Ce matin-là, des disputes s'élevèrent aussitôt au sujet de la cruche.

— Que fais-tu là, front marqué? grondait un détenu de haute taille, sec et basané.

Il attirait l'attention par les protubérances étranges dont son crâne était couvert. Il repoussa un autre forçat tout rond, tout petit, au visage gai et rougeaud.

— Attends donc!

— Qu'as-tu à crier! tu sais qu'on paye chez nous quand on veut faire attendre les autres. File toi-même. Regardez ce beau monument, frères,... non, il n'a point de *farticultiapnost*[1].

Ce mot *farticultiapnost* fit son effet : les détenus éclatèrent de rire, c'était tout ce que désirait le joyeux drille, qui tenait évidemment le rôle de bouffon dans la caserne. L'autre forçat le regarda d'un air de profond mépris.

— Hé! la petite vache!... marmotta-t-il, voyez-vous comme le pain blanc de la prison l'a engraissée.

— Pour qui te prends-tu? pour un bel oiseau?

— Parbleu! comme tu le dis.

— Dis-nous donc quel bel oiseau tu es.

— Tu le vois.

---

[1] Ce mot ne signifie rien ; le forçat a défiguré le mot de *particularité*, qu'il emploie à tort dans le sens de *savoir-vivre*.

— Comment ? je le vois !
— Un oiseau, qu'on te dit !
— Mais lequel ?

Ils se dévoraient des yeux. Le petit attendait une réponse et serrait les poings, en apparence prêt à se battre. Je pensais qu'une rixe s'ensuivrait. Tout cela était nouveau pour moi, aussi regardai-je cette scène avec curiosité. J'appris plus tard que de semblables querelles étaient fort innocentes et qu'elles servaient à l'ébaudissement des autres forçats, comme une comédie amusante : on n'en venait presque jamais aux mains. Cela caractérisait clairement les mœurs de la prison.

Le détenu de haute taille restait tranquille et majestueux. Il sentait qu'on attendait sa réponse ; sous peine de se déshonorer, de se couvrir de ridicule, il devait soutenir ce qu'il avait dit, montrer qu'il était un oiseau merveilleux, un personnage. Aussi jeta-t-il un regard de travers sur son adversaire avec un mépris inexprimable, s'efforçant de l'irriter en le regardant par-dessus l'épaule, de haut en bas, comme il aurait fait pour un insecte, et lentement, distinctement, il répondit :

— Un *kaghane !*

C'est-à-dire qu'il était un oiseau *kaghane* [1]. Un formidable éclat de rire accueillit cette saillie et applaudit à l'ingéniosité du forçat.

— Tu n'es pas un *kaghane*, mais une canaille, hurla le petit gros qui se sentait battu à plates coutures ; furieux de sa défaite, il se serait jeté sur son adversaire, si ses camarades n'avaient entouré les deux parties de crainte qu'une querelle sérieuse ne s'engageât.

— Battez-vous plutôt que de vous piquer avec la langue, cria de son coin un spectateur.

---

[1] Il n'existe aucun oiseau de ce nom : le forçat, pour se tirer d'embarras, invente un nom d'oiseau. Toute cette conversation est littéralement intraduisible en français.

— Oui! retenez-les! lui répondit-on, ils vont se battre. Nous sommes des gaillards, nous autres, un contre sept nous ne boudons pas.

— Oh! les beaux lutteurs! L'un est ici pour avoir chipé une livre de pain; l'autre est un voleur de pots; il a été fouetté par le bourreau, parce qu'il avait volé une terrine de lait caillé à une vieille femme.

— Allons! allons! assez! cria un invalide dont l'office était de maintenir l'ordre dans la caserne et qui dormait dans un coin, sur une couchette particulière.

— De l'eau, les enfants! de l'eau pour Névalide[1] Pétrovitch, de l'eau pour notre petit frère Névalide Pétrovitch! il vient de se réveiller.

— Ton frère... Est-ce que je suis ton frère? Nous n'avons pas bu pour un rouble d'eau-de-vie ensemble! marmotta l'invalide en passant les bras dans les manches de sa capote.

On se prépara à la vérification, car il faisait déjà clair; les détenus se pressaient en foule dans la cuisine. Ils avaient revêtu leurs demi-pelisses (*polouchoubki*) et recevaient dans leur bonnet bicolore le pain que leur distribuait un des cuisiniers « cuiseurs de gruau », comme on les appelait. Ces cuisiniers, comme les *parachniki*, étaient choisis par les détenus eux-mêmes : — il y en avait deux par cuisine, en tout quatre pour la maison de force. — Ils disposaient de l'unique couteau de cuisine autorisé dans la prison, qui leur servait à couper le pain et la viande.

Les détenus se dispersaient dans les coins et autour des tables, en bonnets, en pelisses, ceints de leur courroie, tout prêts à se rendre au travail. Quelques forçats avaient devant eux du *kvass*[2] dans lequel ils émiettaient leur pain et qu'ils avalaient ensuite.

---

[1] Les forçats ont fait du mot *invalide* un prénom qu'ils donnent par moquerie au vieux soldat.
[2] Bière de seigle.

Le tapage était insupportable; plusieurs forçats, cependant, causaient dans les coins d'un air posé et tranquille.

— Salut et bon appétit, père Antonytch! dit un jeune détenu, en s'asseyant à côté d'un vieillard édenté et refrogné.

— Si tu ne plaisantes pas, eh bien, salut! fit ce dernier sans lever les yeux, tout en s'efforçant de mâcher son pain avec ses gencives édentées.

— Et moi qui pensais que tu étais mort, Antonytch; vrai!...

— Meurs le premier, je te suivrai...

Je m'assis auprès d'eux. A ma droite, deux forçats d'importance avaient lié conversation, et tâchaient de conserver leur dignité en parlant.

— Ce n'est pas moi qu'on volera, disait l'un, je crains plutôt de voler moi-même...

— Il ne ferait pas bon me voler, diable! il en cuirait.

— Et que ferais-tu donc? Tu n'es qu'un forçat... Nous n'avons pas d'autre nom... Tu verras qu'elle te volera, la coquine, sans même te dire merci. J'en ai été pour mon argent. Figure-toi qu'elle est venue il y a quelques jours. Où nous fourrer? Bon! je demande la permission d'aller chez Théodore le bourreau; il avait encore sa maison du faubourg, celle qu'il avait achetée de Salomon le galeux, tu sais, ce Juif qui s'est étranglé, il n'y a pas longtemps...

— Oui, je le connais, celui qui était cabaretier ici, il y a trois ans et qu'on appelait Grichka — le cabaret borgne, je sais...

— Eh bien! non, tu ne sais pas... d'abord c'est un autre cabaret...

— Comment, un autre! Tu ne sais pas ce que tu dis. Je t'amènerai autant de témoins que tu voudras.

— Ouais! c'est bien toi qui les amèneras! Qui es-tu, toi? sais-tu à qui tu parles?

— Parbleu!

— Je t'ai assez souvent rossé, bien que je ne m'en vante pas. Ne fais donc pas tant le fier!

— Tu m'as rossé? Qui me rossera n'est pas encore né, et qui m'a rossé est maintenant à six pieds sous terre.

— Pestiféré de Bender!

— Que la lèpre sibérienne te ronge d'ulcères!

— Qu'un Turc fende ta chienne de tête!

Les injures pleuvaient.

— Allons! les voilà en train de brailler. Quand on n'a pas su se conduire, on reste tranquille... ils sont trop contents d'être venus manger le pain du gouvernement, ces gaillards-là!

On les sépara aussitôt. Qu'on « se batte de la langue » tant qu'on veut, cela est permis, car c'est une distraction pour tout le monde, mais pas de rixes! ce n'est que dans les cas extraordinaires que les ennemis se battent. Si une rixe survient, on la dénonce au major, qui ordonne des enquêtes, s'en mêle lui-même, — et alors tout va de travers pour les détenus; aussi mettent-ils tout de suite le holà à une querelle sérieuse. Et puis, les ennemis s'injurient plutôt par distraction, par exercice de rhétorique. Ils se montent, la querelle prend un caractère furieux, féroce : on s'attend à les voir s'égorger, il n'en est rien; une fois que leur colère a atteint un certain diapason, ils se séparent aussitôt. Cela m'étonnait fort, et si je raconte quelques-unes des conversations des forçats, c'est avec intention. Me serais-je figuré que l'on pût s'injurier par plaisir, y trouver une jouissance quelconque? Il ne faut pas oublier la vanité caressée : un dialecticien qui sait injurier en artiste est respecté. Pour peu on l'applaudirait comme un acteur.

Déjà, la veille au soir, j'avais remarqué quelques regards de travers à mon adresse. Par contre, plusieurs forçats rôdaient autour de moi, soupçonnant que j'avais apporté de l'argent; ils cherchèrent à entrer dans mes bonnes grâces, en m'enseignant à porter mes fers sans en être gêné; ils me fournirent aussi, — à prix d'argent, bien entendu, — un coffret avec une serrure pour y serrer les objets qui m'avaient été remis par l'administration et le peu de linge qu'on m'avait permis d'apporter avec moi dans la maison de force. Pas plus tard que le lendemain, ces mêmes détenus me volèrent mon coffre et burent l'argent qu'ils en avaient retiré. L'un d'eux me devint fort dévoué par la suite, bien qu'il me volât toutes les fois que l'occasion s'en présentait. Il n'était pas le moins du monde confus de ses vols, car il commettait ces délits presque inconsciemment, comme par devoir; aussi ne pouvais-je lui garder rancune.

Ces forçats m'apprirent que l'on pouvait avoir du thé et que je ferais bien de me procurer une théière; ils m'en trouvèrent une que je louai pour un certain temps; ils me recommandèrent aussi un cuisinier qui, pour trente kopeks par mois, m'accommoderait les mets que je désirerais, si seulement j'avais l'intention d'acheter des provisions et de me nourrir à part... Comme de juste, ils m'empruntèrent de l'argent; le jour de mon arrivée, ils vinrent m'en demander jusqu'à trois fois.

Les ci-devant nobles [1] incarcérés dans la maison de force étaient mal vus de leurs codétenus. Quoiqu'ils fussent déchus de tous leurs droits, à l'égal des autres forçats, — ceux-ci ne les reconnaissaient pas pour des camarades. Il n'y avait dans cet éloignement instinctif aucune part de raisonnement. Nous étions toujours pour eux des gentilshommes, bien qu'ils se moquassent souvent de notre abaissement.

— Eh, eh! c'est fini! La voiture de Mossieu écrasait autrefois du monde à Moscou, maintenant Mossieu corde du chanvre.

Ils jouissaient de nos souffrances que nous dissimulions le plus possible. Ce fut surtout quand nous travaillâmes en

---

[1] Les nobles condamnés aux travaux forcés perdent leurs priviléges. Ce n'est que par une grâce de l'Empereur qu'ils peuvent être réintégrés dans leurs droits.

commun que nous eûmes beaucoup à endurer, car nos forces n'égalaient pas les leurs, et nous ne pouvions vraiment les aider. Rien n'est plus difficile que de gagner la confiance du peuple, à plus forte raison celle de gens pareils, et de mériter leur affection.

Il n'y avait que quelques ci-devant nobles dans toute la maison de force. D'abord cinq Polonais, — dont je parlerai plus loin en détail, — que les forçats détestaient, plus peut-être que les gentilshommes russes. Les Polonais (je ne parle que des condamnés politiques) étaient toujours avec eux sur un pied de politesse contrainte et offensante, ne leur adressaient presque jamais la parole et ne cachaient nullement le dégoût qu'ils ressentaient en pareille compagnie; les forçats le comprenaient parfaitement et les payaient de la même monnaie.

Il me fallut près de deux ans pour gagner la bienveillance de certains de mes compagnons, mais la majeure partie d'entre eux m'aimait et déclarait que j'étais un brave homme.

Nous étions en tout, — en me comptant, — cinq nobles russes dans la maison de force. J'avais entendu parler de l'un d'eux, même avant mon arrivée, comme d'une créature vile et basse, horriblement corrompue, faisant métier d'espion et de délateur; aussi, dès le premier jour, me refusai-je à entrer en relation avec cet homme. Le second était le parricide dont j'ai parlé dans ces mémoires. Quant au troisième, il se nommait Akim Akimytch : j'ai rarement rencontré un original pareil, le souvenir qu'il m'a laissé est encore vivant.

Grand, maigre, faible d'esprit et terriblement ignorant, il était raisonneur et minutieux comme un Allemand. Les forçats se moquaient de lui, mais ils le craignaient à cause de son caractère susceptible, exigeant et querelleur. Dès son arrivée, il s'était mis sur un pied d'égalité avec eux, il les injuriait et les battait. D'une honnêteté phénoménale, il lui suffisait de remarquer une injustice pour qu'il se mêlât d'une affaire qui ne le regardait pas. Il était en outre excessivement naïf; dans ses querelles avec les forçats, il leur reprochait d'être des voleurs et les exhortait sincèrement à ne plus dérober. Il avait servi en qualité de sous-lieutenant au Caucase. Je me liai avec lui dès le premier jour, et il me raconta aussitôt son *affaire*. Il avait commencé par être *junker* (volontaire avec le grade de sous-officier) dans un régiment de ligne. Après avoir attendu longtemps sa nomination de sous-lieutenant, il la reçut enfin et fut envoyé dans les montagnes commander un fortin. Un petit prince tributaire du voisinage mit le feu à cette forteresse et tenta une attaque nocturne qui n'eut aucun succès. Akim Akimytch usa de finesse à son égard et fit mine d'ignorer qu'il fût l'auteur de l'attaque : on l'attribua à des insurgés qui rôdaient dans la montagne. Au bout d'un mois, il invita amicalement le prince à venir lui faire visite. Celui-ci arriva à cheval, sans se douter de rien; Akim Akimytch rangea sa garnison en bataille et découvrit devant les soldats la félonie et la trahison de son visiteur; il lui reprocha sa conduite, lui prouva qu'incendier un fort était un crime honteux, lui expliqua minutieusement les devoirs d'un tributaire; puis, en guise de conclusion à cette harangue, il fit fusiller le prince; il informa aussitôt ses supérieurs de cette exécution avec tous les détails nécessaires. On instruisit le procès d'Akim Akimytch; il passa en conseil de guerre et fut condamné à mort; on commua sa peine, on l'envoya en Sibérie comme forçat de la deuxième catégorie, c'est-à-dire, condamné à douze ans de forteresse. Il reconnaissait volontiers qu'il avait agi illégalement, que le prince devait être jugé civilement, et non par une cour martiale. Néanmoins, il ne pouvait comprendre que son action fût un crime.

— Il avait incendié mon fort, que devais-je faire ? l'en remercier? — répondait-il à toutes mes objections.

Bien que les forçats se moquassent d'Akim Akimytch et prétendissent qu'il était un peu fou, ils l'estimaient pourtant à cause de son adresse et de son exactitude.

Il connaissait tous les métiers possibles, et faisait ce que vous vouliez : cordonnier, bottier, peintre, doreur, serrurier. Il avait acquis ces talents à la maison de force, car il lui suffisait de voir un objet pour l'imiter. Il vendait en ville, ou plutôt, faisait vendre des corbeilles, des lanternes, des joujoux.

Grâce à son travail, il avait toujours quelque argent, qu'il employait immédiatement à acheter du linge, un oreiller, etc.; il s'était arrangé un matelas. Comme il couchait dans la même caserne que moi, il me fut fort utile au commencement de ma réclusion.

Avant de sortir de prison pour se rendre au travail, les forçats se mettaient sur deux rangs devant le corps de garde : des soldats d'escorte les entouraient, le fusil chargé. Un officier du génie arrivait alors avec l'intendant des travaux et quelques soldats qui surveillaient les terrassements. L'intendant comptait les forçats et les envoyait par bandes aux endroits où ils devaient s'occuper.

Je me rendis, ainsi que d'autres détenus, à l'atelier du génie, maison de briques fort basse, construite au milieu d'une grande cour encombrée de matériaux. Il y avait là une forge, des ateliers de menuiserie, de serrurerie, de peinture. Akim Akimytch travaillait dans ce dernier : il cuisait de l'huile pour ses vernis, broyait ses couleurs, peignait des tables et d'autres meubles en faux noyer.

En attendant qu'on me mît de nouveaux fers, je lui communiquai mes premières impressions.

— Oui, dit-il, ils n'aiment pas les nobles, et surtout les condamnés politiques : ils sont heureux de leur nuire. N'est-ce pas compréhensible au fond ? vous n'êtes pas des leurs, vous ne leur ressemblez pas : ils ont tous été serfs ou soldats.

Dites-moi, quelle sympathie peuvent-ils avoir pour vous? La vie est dure ici, mais ce n'est rien en comparaison des compagnies de discipline en Russie. On y souffre l'enfer. Ceux qui en viennent vantent même notre maison de force; c'est un paradis en comparaison de ce purgatoire. Ce n'est pas que le travail soit plus pénible. On dit qu'avec les forçats de la première catégorie, l'administration, — elle n'est pas exclusivement militaire comme ici, — agit tout autrement qu'avec nous. Ils ont leur petite maison (on me l'a raconté, je ne l'ai pas vu); ils ne portent pas d'uniforme, on ne leur rase pas la tête; du reste, à mon avis, l'uniforme et les têtes rasées ne sont pas de mauvaises choses; c'est plus ordonné, et puis c'est plus agréable à l'œil! Seulement, ils n'aiment pas ça, *eux*. Et regardez-moi quelle Babel! des enfants de troupe, des Tcherkesses, des vieux croyants, des orthodoxes, des paysans qui ont quitté femme et enfants, des Juifs, des Tsiganes, enfin des gens venus de Dieu sait où! Et tout ce monde doit faire bon ménage, vivre côte à côte, manger à la même écuelle, dormir sur les mêmes planches. Pas un instant de liberté : on ne peut se régaler qu'à la dérobée, il faut cacher son argent dans ses bottes... et puis, toujours la maison de force et la maison de force!... Involontairement, des bêtises vous viennent en tête.

Je savais déjà tout cela. J'étais surtout curieux de questionner Akim Akimytch sur le compte de notre major. Il ne me cacha rien, et l'impression que me laissa son récit fut loin d'être agréable.

Je devais vivre pendant deux ans sous l'autorité de cet officier. Tout ce que me raconta sur lui Akim Akimytch n'était que la stricte vérité. C'était un homme méchant et désordonné, terrible surtout parce qu'il avait un pouvoir presque absolu sur deux cents êtres humains. Il regardait les détenus comme ses ennemis personnels, première faute très-grave. Ses rares capacités, et peut-être même ses bonnes qualités, étaient perverties par son intempérance et sa méchanceté. Il arrivait quelquefois comme une bombe dans les casernes, au milieu de la nuit; s'il remarquait un détenu endormi sur le dos ou sur le côté gauche, il le réveillait pour lui dire : « Tu dois dormir comme je l'ai ordonné. » Les forçats le détestaient et le craignaient comme la peste. Sa mauvaise figure cramoisie faisait trembler tout le monde. Chacun savait que le major était entièrement entre les mains de son brosseur Fedka et qu'il avait failli devenir fou quand son chien Trésor tomba malade; il préférait ce chien à tout le monde. Quand Fedka lui apprit qu'un forçat, vétérinaire de hasard, faisait des cures merveilleuses, il fit appeler sur-le-champ ce détenu et lui dit :

— Je te confie mon chien; si tu guéris Trésor, je te récompenserai royalement.

L'homme, un paysan sibérien fort intelligent, était en effet un excellent vétérinaire, mais avant tout un rusé moujik. Il raconta à ses camarades sa visite chez le major, quand cette histoire fut oubliée.

— Je regarde son Trésor; il était couché sur un divan, la tête sur un coussin tout blanc; je vois tout de suite qu'il a une inflammation et qu'il faut le saigner; je crois que je l'aurais guéri, mais je me dis : — Qu'arrivera-t-il, s'il crève? ce sera ma faute. — Non, Votre Haute Noblesse, que je lui dis, vous m'avez fait venir trop tard; si j'avais vu votre chien hier ou avant-hier, il serait maintenant sur pied; à l'heure qu'il est je n'y peux rien : il crèvera!

Et Trésor creva.

On me raconta un jour qu'un forçat avait voulu tuer le major. Ce détenu, depuis plusieurs années, s'était fait remarquer par sa soumission et aussi par sa taciturnité : on le tenait même pour fou. Comme il était quelque peu lettré, il passait ses nuits à lire la Bible. Quand tout le monde était endormi, il se relevait, grimpait sur le poêle, allumait un cierge d'église, ouvrait son Évangile et lisait. C'est de cette façon qu'il vécut toute une année.

Un beau jour, il sortit des rangs et déclara qu'il ne voulait pas aller au travail. On le dénonça au major, qui s'emporta et vint immédiatement à la caserne. Le forçat se rua sur lui, et lui lança une brique qu'il avait préparée à l'avance, mais il le manqua. On empoigna le détenu, on le jugea, on le fouetta; ce fut l'affaire de quelques instants; transporté à l'hôpital, il y mourut trois jours après. Il déclara pendant son agonie qu'il n'avait de haine pour personne, mais qu'il avait voulu souffrir. Il n'appartenait pourtant à aucune secte de dissidents. Quand on parlait de lui dans les casernes, c'était toujours avec respect.

On me mit enfin mes nouveaux fers. Pendant qu'on les soudait, des marchandes de petits pains blancs entrèrent dans la forge, l'une après l'autre. C'étaient pour la plupart de toutes petites filles, qui venaient vendre les pains que leurs mères cuisaient. Quand elles avançaient en âge, elles continuaient à rôder parmi nous, mais elles n'apportaient plus leur marchandise. On en rencontrait toujours quelqu'une. Il y avait aussi des femmes mariées. Chaque petit pain coûtait deux kopeks; presque tous les détenus en achetaient.

Je remarquai un forçat menuisier, déjà grisonnant, à la figure empourprée et souriante. Il plaisantait avec les marchandes de petits pains. Avant leur arrivée, il s'était noué un mouchoir rouge autour du cou. Une femme grasse, très-grêlée, posa son panier sur l'établi du menuisier. Ils causèrent :

— Pourquoi n'êtes-vous pas venue hier? lui demanda le forçat, avec un sourire satisfait.

— Je suis venue, mais vous aviez décampé, répondit hardiment la femme.

— Oui, on nous avait fait partir d'ici, sans quoi nous nous serions certainement vus... Avant-hier, elles sont toutes venues me voir.

— Et qui donc?

— Parbleu! Mariachka, Khavroschka, Tchekoundà... La Dvougrochevaïa (Quatre-Kopeks) était aussi ici.

— Eh quoi, demandai-je à Akim Akimytch, est-il possible que...?

— Oui, cela arrive quelquefois, répondit-il en baissant les yeux, car c'était un homme fort chaste.

Cela arrivait quelquefois, mais très-rarement et avec des difficultés inouïes. Les forçats aimaient mieux employer leur argent à boire, malgré tout l'accablement de leur vie comprimée. Il était fort malaisé de joindre ces femmes; il fallait convenir du lieu, du temps, fixer un rendez-vous, chercher la solitude, et ce qui était le plus difficile, éviter les escortes, chose presque impossible, et dépenser des sommes folles — relativement. — J'ai été cependant quelquefois témoin de scènes amoureuses. Un jour, nous étions trois occupés à chauffer une briqueterie, dans un hangar au bord de l'Irtych; les soldats d'escorte étaient de bons diables. Deux *souffleuses* (c'est ainsi qu'on les appelait) apparurent bientôt.

— Où êtes-vous restées si longtemps? leur demanda un détenu qui certainement les attendait; n'est-ce pas chez les Zvierkof que vous vous êtes attardées?

— Chez les Zvierkof? Il fera beau temps et les poules auront des dents quand j'irai chez eux, répondit gaiement une d'elles.

C'était bien la fille la plus sale qu'on pût imaginer; on l'appelait Tchekoundà; elle était arrivée en compagnie de son amie la Quatre-Kopeks (*Dvougrochevaïa*), qui était au-dessous de toute description.

— Hein! il y a joliment longtemps qu'on ne vous voit plus, dit le galant en s'adressant à la Quatre-Kopeks, on dirait que vous avez maigri.

— Peut-être; — avant j'étais belle, grasse, tandis que maintenant on dirait que j'ai avalé des aiguilles.

— Et vous allez toujours avec les soldats, n'est-ce pas?

— Voyez les méchantes gens qui nous calomnient. Eh bien, quoi? après tout; quand on devrait me rouer de coups, j'aime les petits soldats!

— Laissez-les, vos soldats; c'est nous que vous devez aimer, nous avons de l'argent...

Représentez-vous ce galant au crâne rasé, les fers aux chevilles, en habit de deux couleurs et sous escorte...

Comme je pouvais retourner à la maison de force, — on m'avait mis mes fers, — je dis adieu à Akim Akimytch et je m'en allai, escorté d'un soldat. Ceux qui travaillent à la tâche reviennent les premiers; aussi, quand j'arrivai dans notre caserne, y avait-il déjà des forçats de retour.

Comme la cuisine n'aurait pu contenir toute une caserne à la fois, on ne dînait pas ensemble; les premiers arrivés mangeaient leur portion. Je goûtai la soupe aux choux aigres (*chtchi*), mais par manque d'habitude je ne pus la manger et je me préparai du thé. Je m'assis au bout d'une table avec un forçat, ci-devant gentilhomme comme moi.

Les détenus entraient et sortaient. Ce n'était pas la place qui manquait, car ils étaient encore peu nombreux; cinq d'entre eux s'assirent à part, auprès de la grande table. Le cuisinier leur versa deux écuelles de soupe aigre, et leur apporta une lèchefrite de poisson rôti. Ces hommes célébraient une fête en se régalant. Ils nous regardaient de travers. Un des Polonais entra et vint s'asseoir à nos côtés.

— Je n'étais pas avec vous, mais je sais que vous faites ripaille, cria un forçat de grande taille en entrant, et en enveloppant d'un regard ses camarades.

C'était un homme d'une cinquantaine d'années, maigre et musculeux. Sa figure dénotait la ruse et aussi la gaieté; la lèvre inférieure, charnue et pendante, lui donnait une expression comique.

— Eh bien! avez-vous bien dormi? Pourquoi ne dites-vous pas bonjour? Eh bien, mes amis de Koursk, dit-il en s'asseyant auprès de ceux qui festinaient : bon appétit! je vous amène un nouveau convive.

— Nous ne sommes pas du gouvernement de Koursk.

— Alors! amis de Tambof.

— Nous ne sommes pas non plus de Tambof. Tu n'as rien à venir nous réclamer; si tu veux faire bombance, adresse-toi à un riche paysan.

— J'ai aujourd'hui Ivane Taskoune et Maria Ikotichna (*ikote*, le hoquet) dans le ventre, autrement dit je crève de faim; mais où loge-t-il, votre paysan?

— Tiens, parbleu! Gazine; va-t'en vers lui.

— Gazine boit aujourd'hui, mes petits frères, il mange son capital.

— Il a au moins vingt roubles, dit un autre forçat; ça rapporte d'être cabaretier.

— Allons! vous ne voulez pas de moi? mangeons alors la cuisine du gouvernement.

— Veux-tu du thé? Tiens, demandes-en à ces seigneurs qui en boivent!

— Où voyez-vous des seigneurs? ils ne sont plus nobles, ils ne valent pas mieux que nous, dit d'une voix sombre un forçat assis dans un coin, et qui n'avait pas risqué un mot jusqu'alors.

— Je boirais bien un verre de thé, mais j'ai honte d'en demander, car nous avons de l'amour-propre, dit le forçat à grosse lèvre, en nous regardant d'un air de bonne humeur.

— Je vous en donnerai, si vous le désirez, lui dis-je en l'invitant du geste; en voulez-vous?

— Comment? si j'en veux? qui n'en voudrait pas? fit-il en s'approchant de la table.

— Voyez-vous ça! chez lui, quand il était libre, il ne mangeait que de la soupe aigre et du pain noir, tandis qu'en prison il lui faut du thé! comme un vrai gentilhomme! continua le forçat à l'air sombre.

— Est-ce que personne ici ne boit du thé? demandai-je à

ce dernier; mais il ne me jugea pas digne d'une réponse.

— Des pains blancs! des pains blancs! étrennez le marchand!

Un jeune détenu apportait en effet, passée dans une ficelle, toute une charge de kalatchi qu'il vendait dans les casernes. Sur dix pains vendus, la marchande lui en abandonnait un pour sa peine, c'était précisément sur ce dixième qu'il comptait pour son dîner.

— Des petits pains! des petits pains! criait-il en entrant dans la cuisine. Des petits pains de Moscou tout chauds! Je les mangerais bien tous, mais il faut de l'argent, beaucoup d'argent. Allons! enfants, il n'en reste plus qu'un! que celui de vous qui a eu une mère...!

Cet appel à l'amour filial égaya tout le monde; on lui acheta quelques pains blancs.

— Eh bien, dit-il, Gazine fait une telle ribote, que c'est un vrai péché! Il a joliment choisi son moment, vrai Dieu! Si *l'homme aux huit yeux* (le major) arrive...

— On le cachera... Est-il saoûl?

— Oui, mais il est méchant, il se rebiffe.

— Pour sûr on en viendra aux coups...

— De qui parlent-ils? demandai-je au Polonais, mon voisin.

— De Gazine; c'est un détenu qui vend de l'eau-de-vie. Quand il a gagné quelque argent dans son commerce, il le boit jusqu'au dernier kopek. Une bête cruelle et méchante, quand il a bu! A jeun, il se tient tranquille; mais quand il est ivre, il se montre tel qu'il est : il se jette sur les gens avec un couteau jusqu'à ce qu'on le lui arrache.

— Comment y arrive-t-on?

— Dix hommes se jettent sur lui et le battent comme plâtre, atrocement, jusqu'à ce qu'il perde connaissance. Quand il est à moitié mort de coups, on le couche sur son lit de planches et on le couvre de sa pelisse.

— Mais on pourrait le tuer!

— Un autre en mourrait, lui non ! Il est excessivement robuste, c'est le plus fort de tous les détenus. Sa constitution est si solide que le lendemain il se relève parfaitement sain.

— Dites-moi ! je vous prie, continuai-je en m'adressant au Polonais, voilà des gens qui mangent à part, et qui pourtant ont l'air de m'envier le thé que je bois.

— Votre thé n'y est pour rien. C'est à vous qu'ils en veulent : n'êtes vous pas gentilhomme ? vous ne leur ressemblez pas ; ils seraient heureux de vous chercher chicane pour vous humilier. Vous ne savez pas quels ennuis vous attendent. C'est un martyre pour nous autres que de vivre ici. Car notre vie est doublement pénible. Il faut une grande force de caractère pour s'y habituer. On vous fera bien des avanies et des désagréments à cause de votre nourriture et de votre thé, et pourtant ceux qui mangent à part et boivent quotidiennement du thé sont assez nombreux. Ils en ont le droit, vous, non.

Il s'était levé et avait quitté la table. Quelques instants plus tard ses prédictions se confirmaient déjà...

III

PREMIÈRES IMPRESSIONS (*Suite*).

A peine M—cki (le Polonais auquel j'avais parlé) fut-il sorti, que Gazine, complétement ivre, se précipita comme une masse dans la cuisine.

Voir un forçat ivre en plein jour, alors que tout le monde devait se rendre au travail, — étant donné la sévérité bien connue du major qui d'un instant à l'autre pouvait arriver à la caserne, la surveillance du sous-officier qui ne quittait pas d'une semelle la prison, la présence des invalides et des factionnaires, — tout cela déroutait les idées que je m'étais faites sur notre maison de force; il me fallut beaucoup de temps pour comprendre et m'expliquer des faits qui de prime abord me semblaient énigmatiques.

J'ai déjà dit que tous les forçats avaient un travail quelconque et que ce travail était pour eux une exigence naturelle et impérieuse. Ils aiment passionnément l'argent et l'estiment plus que tout, presque autant que la liberté. Le déporté est à demi consolé, si quelques kopeks sonnent dans sa poche. Au contraire, il est triste, inquiet et désespéré s'il n'a pas d'argent, il est prêt alors à commettre n'importe quel délit pour s'en procurer. Pourtant, malgré l'importance que lui donnent les forçats, cet argent ne reste jamais longtemps dans la poche de son propriétaire, car il est difficile de le conserver. On le confisque ou on le leur vole. Quand le major, dans ses perquisitions soudaines, découvrait un petit pécule péniblement amassé, il le confisquait; il se peut qu'il l'employât à l'amélioration de la nourriture des détenus, car on lui remettait tout l'argent enlevé aux prisonniers. Mais le plus souvent, on le volait; impossible de se fier à qui que ce soit. On découvrit cependant un moyen de préservation; un vieillard, Vieux-croyant originaire de Starodoub, se chargeait de cacher les économies des forçats. Je ne résiste pas au désir de dire quelques mots de cet homme, bien que cela me détourne de mon récit. Ce vieillard avait soixante ans environ, il était maigre, de petite taille et tout grisonnant. Dès le premier coup d'œil il m'intrigua fort, car il ne ressemblait nullement aux autres; son regard était si paisible et si doux que je voyais toujours avec plaisir ses yeux clairs et limpides, entourés d'une quantité de petites rides. Je m'entretenais souvent avec lui, et rarement j'ai vu un être aussi bon, aussi bienveillant. On l'avait envoyé aux travaux forcés pour un crime grave. Un certain nombre de Vieux-croyants de Starodoub (province de Tchernigoff) s'étaient convertis à l'orthodoxie. Le gouvernement avait tout fait pour les encourager dans cette voie et engager les autres dissidents à se convertir de même. Le vieillard et quelques autres fanatiques avaient résolu de « défendre la foi ». Quand on commença à bâtir dans leur ville une église orthodoxe, ils y mirent le feu. Cet attentat avait valu la déportation à son auteur. Ce bourgeois aisé (il s'occupait de commerce) avait quitté une femme et des enfants chéris, mais il était parti courageusement en exil, estimant dans son aveuglement qu'il souffrait « pour la foi ». Quand on avait vécu quelque temps aux côtés de ce doux vieillard, on se posait involontairement la question : — Comment avait-il pu se révolter ! — Je l'interrogeai à plusieurs reprises sur « sa foi ». Il ne relâchait rien de ses convictions, mais je ne remarquai jamais la moindre haine dans ses répliques. Et pourtant il avait détruit une église, ce qu'il ne désavouait nullement : il semblait qu'il fût convaincu que son crime et ce qu'il appelait son « martyre » étaient des actions glorieuses. Nous avions encore d'autres forçats Vieux-croyants, Sibériens pour la plupart, très-développés, rusés comme de vrais paysans. Dialecticiens à leur manière, ils suivaient aveuglément leur loi, et aimaient fort à discuter. Mais ils avaient de grands défauts ; ils étaient hautains, orgueilleux et fort intolérants. Le vieillard ne leur ressemblait nullement ; très-fort, plus fort même en exégèse que ses coreligionnaires, il évitait toute controverse. Comme il était d'un caractère expansif et gai, il lui arrivait de rire, — non pas du rire grossier et cynique des autres forçats, — mais d'un rire doux et clair, dans lequel on sentait beaucoup de simplicité enfantine et qui s'harmonisait parfaitement avec sa tête grise. (Peut-être fais-je erreur, mais il me semble qu'on peut connaître un homme rien qu'à son rire ; si le rire d'un inconnu vous semble sympathique, tenez pour certain que c'est un brave homme.) Ce vieillard s'était acquis le respect unanime des prisonniers, il n'en tirait pas vanité. Les détenus l'appelaient grand-père et ne l'offensaient jamais. Je compris alors quelle influence il avait pu prendre sur ses coreligionnaires. Malgré la fermeté avec laquelle il supportait la vie de la maison de force, on sentait qu'il cachait une tristesse profonde, inguérissable. Je couchais dans la même caserne que lui. Une nuit, vers trois heures du matin, je me réveillai; j'entendis un sanglot lent, étouffé. Le vieillard était assis sur le poêle (à la place même où priait auparavant le forçat qui avait voulu tuer le major) et lisait son eucologe manuscrit. Il pleurait, je l'entendais répéter : « Seigneur, ne m'abandonne pas! Maître! fortifie-moi! Mes pauvres petits enfants! mes chers petits enfants! nous ne nous reverrons plus. » Je ne puis dire combien je me sentis triste.

Nous remettions donc notre argent à ce vieillard. Dieu sait pourquoi le bruit s'était répandu dans notre caserne qu'on ne pouvait le voler; on savait bien qu'il cachait quelque part l'épargne qu'on lui confiait, mais personne n'avait pu découvrir son secret. Il nous le révéla, aux Polonais et à moi.

L'un des pieux de la palissade avait une branche qui, en apparence, tenait fortement à l'arbre, mais qu'on pouvait enlever, puis remettre adroitement en place. On découvrait alors un vide; c'était la cachette en question.

Je reprends le fil de mon récit. Pourquoi le détenu ne garde-t-il pas son argent? Non-seulement il lui est difficile de le garder, mais encore la prison est si triste! Le forçat, par sa nature même, a une telle soif de liberté! Par sa position sociale, c'est un être si insouciant, si désordonné, que l'idée d'engloutir son capital dans une ribote, de s'étourdir par le tapage et la musique, lui vient tout naturellement à l'esprit, ne fût-ce que pour oublier une minute son chagrin. Il était étrange de voir certains individus courbés sur leur travail, dans le seul but de dépenser en un jour tout leur gain jusqu'au dernier kopek; puis, ils se remettaient au travail jusqu'à une nouvelle bamboche, attendue pendant plusieurs mois. — Certains forçats aimaient les habits neufs plus ou moins singuliers, comme des pantalons de fantaisie, des gilets, des sibériennes ; mais c'était surtout pour les chemises d'indienne que les détenus avaient un goût prononcé, ainsi que pour les ceinturons à boucle de métal.

Les jours de fête, les élégants s'endimanchaient : il fallait les voir se pavaner dans toutes les casernes. Le contentement de se sentir bien mis allait chez eux jusqu'à l'enfantillage. Du reste, pour beaucoup de choses, les forçats ne sont que de grands enfants. Ces beaux vêtements disparaissaient bien vite, souvent le soir même du jour où ils avaient été achetés, leurs propriétaires les engageaient ou les revendaient pour une bagatelle. Les bamboches revenaient presque toujours à époque fixe ; elles coïncidaient avec les solennités religieuses ou avec la fête patronale du forçat en ribote. Celui-ci plaçait un cierge devant l'image, en se levant, faisait sa prière, puis il s'habillait et commandait son dîner. Il avait fait acheter d'avance de la viande, du poisson, des petits pâtés ; il s'empiffrait comme un bœuf, presque toujours seul ; il était bien rare qu'un forçat invitât son camarade à partager son festin. C'est alors que l'eau-de-vie faisait son apparition : le forçat buvait comme une semelle de botte et se promenait dans les casernes titubant, trébuchant ; il avait à cœur de bien montrer à tous ses camarades qu'il était ivre, qu'il « balladait », et de mériter par là une considération particulière.

Le peuple russe ressent toujours une certaine sympathie pour un homme ivre ; chez nous, c'était une véritable estime. Dans la maison de force, une ribote était en quelque sorte une distinction aristocratique.

Une fois qu'il se sentait gai, le forçat se procurait un musicien ; nous avions parmi nous un petit Polonais, ancien déserteur, assez laid, mais qui possédait un violon dont il savait jouer. Comme il n'avait aucun métier, il s'engageait à suivre le forçat en liesse, de caserne en caserne, en lui raclant des danses de toutes ses forces. Souvent son visage exprimait la lassitude et le dégoût que lui causait cette musique éternellement la même, mais au cri que poussait le détenu : « Joue, puisque tu as reçu de l'argent pour cela ! » il se remettait à écorcher son violon de plus belle. Ces ivrognes étaient assurés qu'on veillerait sur eux, et que dans le cas où le major arriverait, on les cacherait à ses regards. Ce service était du reste tout désintéressé. De leur côté, le sous-officier et les invalides qui demeuraient dans la prison pour maintenir l'ordre étaient parfaitement tranquilles : l'ivrogne ne pouvait occasionner aucun désordre. A la moindre tentative de révolte ou de tapage, on l'aurait apaisé, ou même lié; aussi l'administration subalterne (surveillants, etc.) fermait-elle les yeux. Elle savait que si l'eau-de-vie était interdite, tout irait de travers. — Comment se procurait-on cette eau-de-vie?

On l'achetait dans la maison de force même, chez les *cabaretiers*, comme les forçats appelaient ceux qui s'occupaient de ce commerce, — fort avantageux, du reste, bien que les buveurs et les bambocheurs fussent peu nombreux, car toute bombance coûtait cher, étant donné les maigres gains des clients. Le commerce commençait, continuait et finissait d'une manière assez originale. Un détenu qui ne connaissait aucun métier, ne voulait pas travailler, et qui pourtant désirait s'enrichir rapidement, se décidait, quand il possédait quelque argent, à acheter et revendre de l'eau-de-vie. L'entreprise était hardie : elle réclamait une grande audace, car on y risquait sa peau, sans compter la marchandise. Mais le cabaretier ne recule pas devant ces obstacles. Au début, comme il n'a que peu d'argent, il apporte lui-même l'eau-de-vie à la prison et s'en défait d'une façon avantageuse. Il répète cette opération une seconde, une troisième fois; s'il n'est pas découvert par l'administration, il possède bientôt un pécule qui lui permet de donner de l'extension à son commerce; il devient entrepreneur, capitaliste : il a des agents et des aides; il hasarde beaucoup moins et gagne beaucoup plus. Ses aides risquent pour lui.

La prison est toujours abondamment peuplée de détenus ruinés et sans métier, mais doués d'audace et d'adresse. Leur unique capital est leur dos; ils se décident souvent à le mettre en circulation, et proposent au cabaretier d'introduire de l'eau-de-vie dans les casernes. Il se trouve toujours en ville un soldat, un bourgeois ou même une fille, qui, pour un bénéfice convenu, — en général assez maigre, — achète de l'eau-de-vie avec l'argent du cabaretier et la cache dans un endroit connu du forçat-contrebandier, près du chantier où travaille celui-ci. Le fournisseur goûte presque toujours, en route, le précieux liquide et remplace impitoyablement ce qui manque par de l'eau pure, — c'est à prendre ou à laisser; le cabaretier ne peut pas faire le difficile; il doit s'estimer heureux si on ne lui a pas volé son argent et s'il reçoit de l'eau-de-vie telle quelle. — Le porteur, auquel le cabaretier a indiqué l'endroit du rendez-vous, arrive auprès du fournisseur avec des boyaux de bœuf, qui ont été préalablement lavés, puis remplis d'eau, et qui conservent ainsi leur souplesse et leur moiteur. Une fois les boyaux pleins, le contrebandier les enroule et les cache dans les parties les plus secrètes de son corps. C'est là que se montrent toute la ruse, toute l'adresse de ces hardis forçats. Son honneur est piqué au vif, il faut duper l'escorte et le corps de garde : il les dupera. Si le porteur est fin, son soldat d'escorte (c'est quelquefois une recrue) ne voit que du feu dans son manége. Car le détenu l'a étudié à fond; il a en outre combiné l'heure et le lieu du rendez-vous. Si le déporté, — un briquetier, par exemple, — grimpe sur le four qu'il chauffe, le soldat d'escorte ne grimpera certainement pas avec lui pour surveiller ses mouvements. Qui donc verra ce qu'il fait? En approchant de la maison de force, il prépare à tout hasard une pièce de quinze ou vingt kopeks et attend à la porte le caporal de garde. Celui-ci examine, tâte et fouille chaque forçat à sa rentrée dans la caserne, puis lui ouvre la porte. Le porteur d'eau-de-vie espère qu'on aura honte de l'examiner et de le tâter trop en détail en certains endroits. Mais si le caporal est un rusé compère, c'est justement les places délicates qu'il tâte, et il trouve l'eau-de-vie apportée en contrebande. Il ne reste plus au forçat qu'une seule chance de salut : il glisse à la dérobée dans la main du sous-officier la piécette qu'il tient, et souvent, par suite d'une pareille manœuvre, l'eau-de-vie arrive sans encombre dans les mains du cabaretier. Mais quelquefois le truc ne réussit pas, et c'est alors que l'unique capital du contrebandier entre vraiment en circulation. On fait un rapport au major, qui ordonne de fustiger d'importance le capital malchanceux. Quant à l'eau-de-vie, elle est confisquée. Le contrebandier subit sa punition sans trahir l'entrepreneur, non parce que cette dénonciation le déshonorerait, mais parce qu'elle ne lui rapporterait rien : on le fouetterait tout de même; la seule consolation qu'il pourrait avoir, c'est que le cabaretier partagerait son châtiment; mais comme il a besoin de ce dernier, il ne le dénonce pas, quoiqu'il ne reçoive aucun salaire, s'il s'est laissé surprendre.

Du reste, la délation fleurit dans la maison de force. Loin de se fâcher contre un espion ou de le tenir à l'écart, on en fait souvent son ami; si quelqu'un s'était mis en tête de prouver aux forçats toute la bassesse qu'il y a à se dénoncer mutuellement, personne, dans la prison, ne l'aurait compris. Le ci-devant gentilhomme dont j'ai déjà parlé, cette lâche et vile créature avec laquelle j'avais rompu dès mon arrivée à la forteresse, était l'ami de Fedka, le brosseur du major; il lui racontait tout ce qui se faisait dans la maison de force; celui-ci s'empressait naturellement de rapporter à son maître ce qu'il avait entendu. Tout le monde le savait, mais personne n'aurait eu l'idée de le châtier pour cela ou de lui reprocher sa conduite.

Quand l'eau-de-vie arrivait sans encombre à la maison de force, l'entrepreneur payait le contrebandier et faisait son compte. Sa marchandise lui coûtait déjà fort cher; aussi, pour que le bénéfice fût plus grand, il la transvasait en l'additionnant d'une moitié d'eau pure : il était prêt et n'avait plus qu'à attendre les acheteurs. Au premier jour de fête, voire même pendant la semaine, arrive un forçat : il a travaillé comme un nègre, pendant plusieurs mois, pour économiser, kopek par kopek, une petite somme qu'il se décide à dépenser d'un seul coup. Depuis longtemps ce jour de bombance est prévu et fixé : il en a rêvé pendant les longues nuits d'hiver, pendant ses durs travaux, et cette perspective l'a soutenu dans son lourd labeur. L'aurore de ce jour si impatiemment attendu vient de luire : il a son argent dans sa poche, on ne le lui a ni volé ni confisqué; il est libre de le dépenser, il porte ses économies au cabaretier, qui, tout d'abord, lui donne de l'eau-de-vie presque pure, — elle n'a été baptisée que deux fois; — mais, à mesure que la bouteille se vide, il la remplit avec de l'eau. Aussi le forçat paye-t-il une tasse d'eau-de-vie cinq ou six fois plus cher que dans un cabaret. On peut penser combien il faut de ces tasses et surtout combien le forçat doit dépenser d'argent avant d'être ivre. Cependant, comme il a perdu l'habitude de la boisson, le peu d'alcool qui se trouve dans le liquide l'enivre assez rapidement. Il boit alors jusqu'à ce qu'il ne reste plus rien : il engage ou vend tous ses effets neufs, — le cabaretier est en même temps prêteur sur gages; — mais comme ses vêtements personnels sont peu nombreux, il engage bientôt les effets que lui fournit le gouvernement. Quand l'ivrogne a bu sa dernière chemise, son dernier chiffon, il se couche et se réveille le lendemain matin avec un fort mal de tête. Il supplie en vain le cabaretier de lui donner à crédit une goutte d'eau-de-vie pour dissiper ce malaise, il essuie tristement un refus; le jour même il se remet au travail. Pendant plusieurs mois de suite, il va s'échiner, tout en rêvant au bienheureux jour de ribote qui vient de disparaître dans le passé; peu à peu il reprend courage et attend un jour pareil, qui est encore bien loin, mais qui arrivera.

Quant au cabaretier, s'il a gagné une forte somme, — quelques dizaines de roubles, — il fait apporter de l'eau-de-vie, mais celle-là, il ne la baptise pas, car il se la destine : assez de trafic! il est temps de s'amuser! Il boit, mange, se paye de la musique. Ses moyens lui permettent de graisser la patte aux employés subalternes de la maison de force. Cette fête dure quelquefois plusieurs jours.

Quand sa provision d'eau-de-vie est épuisée, il s'en va boire chez les autres cabaretiers, qui s'y attendent : il boit alors son dernier kopek. Quelque minutieuse que soit l'attention des forçats à surveiller leurs camarades en goguettes, il arrive cependant que le major ou l'officier de garde s'aperçoivent du désordre. On entraîne alors l'ivrogne au corps de garde; on lui confisque son capital, — s'il a de l'argent sur lui, — et on le fouette. Le forçat se secoue comme un chien crotté, rentre dans la caserne et reprend son métier de cabaretier au bout de quelques jours.

Il se trouve quelquefois parmi les déportés des amateurs du beau sexe : pour une assez forte somme, ils parviennent, accompagnés d'un soldat qu'ils ont corrompu, à se glisser à la dérobée hors de la forteresse, dans un faubourg, au lieu d'aller au travail. Là, dans une maisonnette d'apparence tranquille, il se fait un festin où l'on dépense d'assez fortes sommes. L'argent des forçats n'est pas à dédaigner, aussi les soldats arrangent-ils parfois à l'avance de ces fugues, sûrs d'être généreusement récompensés. En général, ces soldats sont de futurs candidats aux travaux forcés. Ces escapades restent presque toujours secrètes. Je dois avouer qu'elles sont fort rares, car elles coûtent beaucoup, et les amateurs du beau sexe recourent à d'autres moyens moins onéreux.

Au commencement de mon séjour, un jeune détenu au visage régulier excita vivement ma curiosité. Son nom était Sirotkine : c'était un être énigmatique à beaucoup d'égards. Sa figure m'avait frappé ; il n'avait pas plus de vingt-trois ans et appartenait à la section particulière, c'est-à-dire qu'il était condamné aux travaux forcés à perpétuité : on devait le regarder comme un des criminels militaires les plus dangereux. Doux et tranquille, il parlait peu et riait rarement. Ses yeux bleus, son teint pur, ses cheveux blond clair lui donnaient une expression douce que ne gâtait même pas son crâne rasé. Quoiqu'il n'eût aucun métier, il se procurait de temps à autre de l'argent par petites sommes. Par exemple, il était remarquablement paresseux et toujours vêtu comme un souillon. Si quelqu'un lui faisait généreusement cadeau d'une chemise rouge, il ne se sentait pas de joie d'avoir un vêtement neuf, il le promenait partout. Sirotkine ne buvait ni ne jouait, et ne se querellait presque jamais avec les autres forçats. Il se promenait toujours les mains dans les poches, paisiblement, d'un air pensif. A quoi il pouvait penser, je n'en sais rien. Quand on l'appelait pour lui demander quelque chose, il répondait aussitôt avec déférence, nettement, sans bavarder comme les autres : il vous regardait toujours avec les yeux naïfs d'un enfant de dix ans. Quand il avait de l'argent, il n'achetait rien de ce que les autres estimaient indispensable ; sa veste avait beau être déchirée, il ne la faisait pas raccommoder, pas plus qu'il n'achetait des bottes neuves. Ce qui lui plaisait, c'étaient les petits pains, les pains d'épice : il les croquait avec le plaisir d'un bambin de sept ans. Lorsqu'on ne travaillait pas, il errait habituellement dans les casernes. Quand tout le monde était occupé, il restait les bras ballants. Si on le plaisantait ou qu'on se moquât de lui, — ce qui arrivait assez souvent, — il tournait sur ses talons sans mot dire, et s'en allait ailleurs. Si la plaisanterie était trop forte, il rougissait. Je me demandais souvent pour quel crime il avait pu être envoyé aux travaux forcés. Un jour que j'étais malade et couché à l'hôpital, Sirotkine se trouvait étendu sur un grabat non loin de moi; je liai conversation avec lui; il s'anima et me raconta inopinément comment on l'avait fait soldat, comment sa mère l'avait accompagné en pleurant et quels tourments il avait endurés au service militaire. Il ajouta qu'il n'avait pu se faire à cette vie : tout le monde était sévère et courroucé pour un rien, ses supérieurs étaient presque toujours mécontents de lui...

— Mais pourquoi t'a-t-on envoyé ici? Et encore dans la section particulière. Ah! Sirotkine! Sirotkine!

— Oui, Alexandre Pétrovitch! je n'ai été en tout qu'une année au bataillon : on m'a envoyé ici pour avoir tué mon capitaine, Grigori Pétrovitch.

— J'ai entendu raconter cela, mais je ne l'ai pas cru. Comment as-tu pu le tuer?

— Tout ce qu'on vous a dit est vrai. La vie m'était trop lourde.

— Mais les autres conscrits la supportent bien, cette vie! Bien sûr, c'est un peu dur au commencement, mais on s'y habitue, et l'on devient un excellent soldat. Ta mère a dû te gâter et te dorloter; je suis sûr qu'elle t'a nourri de pain d'épice et de lait de poule jusqu'à l'âge de dix-huit ans!

— Ma mère, c'est vrai, m'aimait beaucoup. Quand je suis parti, elle s'est mise au lit et elle y est restée... Comme alors la vie de soldat m'était pénible! tout allait à l'envers. On ne cessait de me punir, et pourquoi? J'obéissais à tout le monde, j'étais exact, soigneux, je ne buvais pas, je n'empruntais à personne, — c'est mauvais, quand un homme commence à emprunter. Et pourtant tout le monde autour de moi était si cruel, si dur! Je me fourrais quelquefois dans un coin et je sanglotais, je sanglotais. Un jour, ou plutôt une nuit, j'étais de garde. C'était l'automne, il ventait fort et il faisait si sombre qu'on ne voyait pas un chat. Et j'étais si triste, si triste! J'enlève la baïonnette de mon fusil et je la pose à côté de moi ; puis j'appuie le canon contre ma poitrine, et avec le gros orteil du pied, — j'avais ôté ma botte, — je presse la détente. Le coup rate : j'examine mon fusil, je mets une charge de poudre fraîche, enfin je casse un coin de mon briquet et je redresse le canon contre ma poitrine. Eh bien ! le coup rate de nouveau. — Que faire ? me dis-je ; je remets ma botte, j'ajuste de nouveau ma baïonnette et je me promène de long en large, le fusil sur l'épaule. Qu'on m'envoie où l'on voudra, mais je ne veux plus être soldat. Au bout d'une demi-heure, arrive le capitaine qui faisait la grande ronde. Il vient droit sur moi : — « Est-ce qu'on se tient comme ça quand on est de garde ? » J'empoigne mon fusil et je lui plante la baïonnette dans le corps. On m'a fait faire quatre mille verstes à pied... C'est comme ça que je suis arrivé dans la section particulière.

Il ne mentait pas ; je ne comprends pourtant pas pourquoi on l'y avait envoyé. Des crimes semblables entraînaient un châtiment beaucoup moins sévère. — Sirotkine était le seul des forçats qui fût vraiment beau ; quant à ses camarades de la section particulière, — au nombre de quinze, — ils étaient horribles à voir ; des physionomies hideuses, dégoûtantes. Les têtes grises étaient nombreuses. Je parlerai plus loin de cette bande. Sirotkine était souvent en bonne amitié avec Gazine, — le cabaretier dont j'ai parlé au commencement de ce chapitre.

Ce Gazine était un être terrible. L'impression qu'il produisait sur tout le monde était effrayante, troublante. Il me semblait qu'il ne pouvait exister une créature plus féroce, plus monstrueuse que lui. J'ai pourtant vu à Tobolsk Kamenef, le brigand, qui s'est rendu célèbre par ses crimes. Plus tard, j'ai vu Sokolof, forçat évadé, ancien déserteur, et qui était un féroce meurtrier. Mais ni l'un ni l'autre ne m'inspirèrent autant de dégoût que Gazine. Je croyais avoir sous les yeux une araignée énorme, gigantesque, de la taille d'un homme. Il était Tartare ; il n'y avait pas de forçat qui fût plus fort que lui. C'étaient moins par sa taille élevée et sa constitution herculéenne, que par sa tête énorme et difforme qu'il inspirait la terreur. Les bruits les plus étranges couraient sur son compte : il avait été soldat, disait-on; d'autres prétendaient qu'il s'était évadé de Nertchinsk, qu'il avait été exilé plusieurs fois en Sibérie, mais qu'il s'était toujours enfui. Échoué enfin dans notre bagne, il y faisait partie de la section des perpétuels. A ce qu'il paraît, il aimait à tuer les petits enfants qu'il parvenait à attirer dans un endroit écarté; il effrayait alors le bambin, le tourmentait, et après avoir pleinement joui de l'effroi et des palpitations du pauvre petit, il le tuait lentement, posément, avec délices. On avait peut-être imaginé ces horreurs, par suite de la pénible impression que produisait ce monstre, mais elles étaient vraisemblables et cadraient avec sa physionomie. Cependant lorsque Gazine n'était pas ivre, il se conduisait fort convenablement. Il était toujours tranquille, ne se querellait jamais, évitait les disputes par mépris pour son entourage, absolument comme s'il avait eu une haute opinion de lui-même. Il parlait fort peu. Tous ses mouvements étaient mesurés, tranquilles, résolus. Son regard ne manquait pas d'intelligence, mais l'expression en était cruelle et railleuse, comme son sourire. De tous les forçats marchands d'eau-de-vie, il était le plus riche. Deux fois par an il s'enivrait complétement, et c'est alors que se trahissait toute sa féroce brutalité. Il s'animait peu à peu, et taquinait les détenus de railleries envenimées, aiguisées longtemps à l'avance; enfin, quand il était tout à fait soûl, il avait des accès de rage furieuse; il empoignait un couteau et se ruait sur ses camarades. Les forçats, qui connaissaient sa vigueur d'Hercule, l'évitaient et se garaient, car il se jetait sur le premier venu. On trouva pourtant un moyen de le museler. Une dizaine de détenus s'élançaient tout à coup sur Gazine et lui portaient des coups atroces dans le creux de l'estomac, dans le ventre, sous le cœur, jusqu'à ce qu'il perdît connaissance. On aurait tué n'importe qui avec un pareil traitement, mais Gazine en réchappait. Quand on l'avait bien roué de coups, on l'enveloppait dans sa pelisse et on le jetait sur son lit de planches. — « Qu'il cuve son eau-de-vie ! » — Le lendemain, il se réveillait presque bien portant; il allait alors au travail, silencieux et sombre. Chaque fois que Gazine s'enivrait, tous les détenus savaient comment la journée finirait pour lui. Il le savait également, mais il buvait tout de même. Quelques années s'écoulèrent de la sorte. On remarqua que Gazine avait jeté sa gourme et qu'il commençait à faiblir. Il ne faisait que geindre, se plaignant de différentes maladies. Ses visites à l'hôpital étaient de plus en plus fréquentes. « Il se soumet enfin », disaient les détenus.

Ce jour-là, Gazine était entré dans la cuisine suivi du petit Polonais qui raclait du violon, et que les forçats en goguettes louaient pour égayer leur orgie. Il s'arrêta au milieu de la salle, silencieux, examinant du regard tous ses camarades, l'un après l'autre. Personne ne souffla mot. Quand il m'aperçut avec mon compagnon, il nous regarda de son air méchamment railleur et sourit, horriblement, de l'air d'un homme satisfait d'une bonne farce qu'il vient d'imaginer. Il s'approcha de notre table en trébuchant :

— Pourrais-je savoir, dit-il, d'où vous tenez les revenus qui vous permettent de boire ici du thé?

J'échangeai un regard avec mon voisin; je compris que le mieux était de nous taire et de ne rien répondre. La moindre contradiction aurait mis Gazine en fureur.

— Il faut que vous ayez de l'argent..., continua-t-il, il faut que vous en ayez gros pour boire du thé; mais, dites donc! êtes-vous aux travaux forcés pour boire du thé? Hein! êtes-vous venus ici pour en boire? Dites? Répondez un peu pour voir, que je vous...

Comprenant que nous nous taisions et que nous avions résolu de ne pas faire attention à lui, il accourut, livide et tremblant de rage. A deux pas se trouvait une lourde caisse, qui servait à mettre le pain coupé pour le dîner et le souper des forçats; son contenu suffisait pour le repas de la moitié des détenus. En ce moment elle était vide. Il l'empoigna des deux mains et la brandit au-dessus de nos têtes. Bien qu'un meurtre ou une tentative de meurtre fût une source inépuisable de désagréments pour les déportés (car alors les enquêtes, les contre-enquêtes et les perquisitions ne cessaient pas), et que ceux-ci empêchassent les querelles dont les suites auraient pu être fâcheuses, tout le monde se tut et attendit...

Pas un mot en notre faveur! Pas un cri contre Gazine! — La haine des détenus contre les gentilshommes était si grande, que chacun d'eux jouissait évidemment de nous voir, de nous sentir en danger... Un incident heureux termina cette scène qui aurait pu devenir tragique; Gazine allait lâcher l'énorme caisse qu'il faisait tournoyer, quand un forçat accourut de la caserne où il dormait et cria :

— Gazine, on t'a volé ton eau-de-vie!

L'affreux brigand laissa choir la caisse avec un horrible juron et se précipita hors de la cuisine. — Allons! Dieu les a sauvés! — dirent entre eux les détenus; ils le répétèrent longtemps.

Je n'ai jamais pu savoir si on lui avait volé son eau-de-vie, ou si ce n'était qu'une ruse inventée pour nous sauver...

Ce même soir, avant la fermeture des casernes, comme il faisait déjà sombre, je me promenais le long de la palissade. Une tristesse écrasante me tombait sur l'âme; de tout le temps que j'ai passé dans la maison de force, je ne me suis jamais senti aussi misérable que ce soir-là. Le premier jour de réclusion est toujours le plus dur, où que ce soit, aux travaux forcés ou au cachot... Une pensée m'agitait, qui ne m'a pas laissé de répit pendant ma déportation, — question insoluble alors et insoluble maintenant encore. —

Je réfléchissais à l'inégalité du châtiment pour les mêmes crimes. On ne saurait, en effet, comparer un crime à un autre, même par à peu près. Deux meurtriers tuent chacun un homme, les circonstances dans lesquelles ces deux crimes ont été commis sont minutieusement examinées et pesées. On applique à l'un et à l'autre le même châtiment, et pourtant quel abîme entre les deux actions ! L'un a assassiné pour une bagatelle, pour un oignon, — il a tué sur la grande route un paysan qui passait et n'a trouvé sur lui qu'un oignon.

— Eh bien, quoi ! on m'a envoyé aux travaux forcés pour un paysan qui n'avait qu'un oignon.

— Imbécile que tu es ! un oignon vaut un kopek. Si tu avais tué cent paysans, tu aurais cent kopeks, un rouble, quoi ! — Légende de prison.

L'autre criminel a tué un débauché qui tyrannisait ou déshonorait sa femme, sa sœur, sa fille. Un troisième, vagabond, à demi mort de faim, traqué par toute une escouade de police, a défendu sa liberté, sa vie. Sera-t-il l'égal du brigand qui assassine des enfants par jouissance, pour le plaisir de sentir couler leur sang chaud sur ses mains, de les voir frémir dans une dernière palpitation d'oiseau, sous le couteau qui déchire leur chair ? Eh bien ! les uns et les autres iront aux travaux forcés. La condamnation n'aura peut-être pas une durée égale, mais les variétés de peines sont peu nombreuses, tandis qu'il faut compter les espèces de crimes par milliers. Autant de caractères, autant de crimes différents. Admettons qu'il soit impossible de faire disparaître cette première inégalité du châtiment, que le problème est insoluble, et qu'en matière de pénalité, c'est la quadrature du cercle. Admettons cela. Même si l'on ne tient pas compte de cette inégalité, il y en a une autre : celle des conséquences du châtiment... Voici un homme qui se consume, qui fond comme une bougie. En voilà au contraire un autre qui ne se doutait même pas, avant d'être exilé, qu'il pût exister une vie si gaie, si fainéante, — où il trouverait un cercle aussi agréable d'amis. Des individus de cette dernière catégorie se rencontrent aux travaux forcés. Prenez maintenant un homme de cœur, d'un esprit cultivé et d'une conscience affinée. Ce qu'il ressent le tue plus douloureusement que le châtiment matériel. Le jugement qu'il a prononcé lui-même sur son crime est plus impitoyable que celui du plus sévère tribunal, de la loi la plus draconienne. Il vit côte à côte avec un autre forçat qui n'a pas réfléchi une seule fois au meurtre qu'il expie, pendant tout le temps de son séjour au bagne, qui, peut-être, se croit innocent. — N'y a-t-il pas aussi de pauvres diables qui commettent des crimes afin d'être envoyés aux travaux forcés et d'échapper ainsi à une liberté incomparablement plus pénible que la réclusion? La vie est misérable ; on n'a peut-être jamais mangé à sa faim ; on se tue de travail pour enrichir son patron...; au bagne, le travail sera moins ardu, moins pénible, on mangera tout son soûl, mieux qu'on ne peut l'espérer maintenant. Les jours de fête, on aura de la viande, et puis il y a les aumônes, le travail du soir qui fournira quelque argent. Et la société qu'on trouve à la maison de force, la comptez-vous pour rien? Les forçats sont des gens habiles, rusés, qui savent tout. C'est avec une admiration non déguisée que le nouveau venu regardera ses camarades de chaîne, il n'a rien vu de pareil, aussi s'estimera-t-il dans la meilleure compagnie du monde.

Est-il possible que ces hommes si divers ressentent également le châtiment infligé? Mais à quoi bon s'occuper de questions insolubles? Le tambour bat, il faut rentrer à la caserne...

IV

PREMIÈRES IMPRESSIONS (*Suite*).

On nous contrôla encore une fois, puis on ferma les portes des casernes, chacune avec un cadenas particulier, et les détenus restèrent enfermés jusqu'à l'aube.

Le contrôle était fait par un sous-officier, accompagné de deux soldats. Quand, par hasard, un officier y assistait, on faisait ranger les forçats dans la cour; mais, le plus ordinairement, on les vérifiait dans les bâtiments mêmes. Comme les soldats se trompaient souvent, ils sortaient et rentraient pour nous recompter un à un, jusqu'à ce que leur compte fût exact. Ils fermaient alors les casernes. Chacune d'elles contenait environ trente détenus, aussi était-on fort à l'étroit sur les lits de camp. Comme il était trop tôt pour dormir, les forçats se mirent au travail.

Outre l'invalide dont j'ai parlé, qui couchait dans notre dortoir et représentait pendant la nuit l'administration de la prison, il y avait dans chaque caserne un « ancien » désigné par le major en récompense de sa bonne conduite. Il n'était pourtant pas rare que les *anciens* eux-mêmes commissent des délits pour lesquels ils subissaient la peine du fouet; ils perdaient alors leur rang et se voyaient immédiatement remplacés par ceux de leurs camarades dont la conduite était satisfaisante. Notre *ancien* était précisément Akim Akimytch; à mon grand étonnement, il tançait vertement les détenus, mais ceux-ci ne répondaient à ses remontrances que par des railleries. L'invalide, plus avisé, ne se mêlait de rien, et s'il ouvrait la bouche, ce n'était jamais que par respect des convenances, par acquit de conscience. Il restait assis, silencieux, sur sa couchette, occupé à rapetasser de vieilles bottes.

Ce jour-là, je fis une remarque dont je pus constater l'exactitude par la suite ; c'est que tous ceux qui ne sont pas forçats et qui ont affaire à ces derniers, quels qu'ils soient, — à commencer par les soldats d'escorte et les factionnaires, — considèrent les forçats d'un point de vue faux et exagéré ; ils s'attendent à ce que pour un oui, pour un non, ceux-ci se jettent sur eux, un couteau à la main. Les détenus, parfaitement conscients de la crainte qu'ils inspirent, montrent une certaine arrogance. Aussi le meilleur chef de prison est-il précisément celui qui n'éprouve aucune émotion en leur présence. Malgré les airs qu'ils se donnent, les forçats eux-mêmes préfèrent qu'on ait confiance en eux. On peut même se les attacher en agissant ainsi. J'ai eu plus d'une fois l'occasion de remarquer leur étonnement lors de l'entrée d'un chef sans escorte dans leur prison, et certainement cet étonnement n'a rien que de flatteur : un visiteur intrépide impose le respect aux gens du bagne ; si un malheur arrive, ce ne sera jamais en sa présence. La terreur qu'inspirent les forçats est générale, et pourtant je n'y vois aucun fondement ; est-ce l'aspect du prisonnier, sa mine de franc bandit, qui causent une certaine répulsion ? Ne serait-ce pas plutôt le sentiment qui vous assaille, dès votre entrée dans la prison, à savoir que malgré tous les efforts, toutes les mesures prises, il est impossible de faire d'un homme vivant un cadavre, d'étouffer ses sentiments, sa soif de vengeance et de vie, ses passions et le besoin impérieux de les satisfaire ? Quoi qu'il en soit, j'affirme qu'il n'y a pas lieu de craindre les forçats. Un homme ne se jette ni si vite ni si facilement sur son semblable, un couteau à la main. Si des accidents arrivent quelquefois, ils sont tellement rares qu'on peut déclarer le danger nul. Je ne parle bien entendu que des détenus déjà condamnés, qui subissent leur peine, et dont quelques-uns sont presque heureux de se trouver enfin au bagne : tant une nouvelle forme de vie a toujours d'attrait pour l'homme ! Ceux-là vivent tranquilles et soumis. Quant aux turbulents, les forçats les maintiennent eux-mêmes en repos, et leur arrogance ne va jamais trop loin. Le détenu, si hardi et audacieux qu'il soit, a peur de tout en prison. Il n'en est pas de même du prévenu dont le sort n'est pas décidé. Celui-ci est parfaitement capable de se jeter sur n'importe qui, sans motif de haine, uniquement parce qu'il doit être fouetté le lendemain ; en effet, s'il commet un nouveau crime, son affaire se complique, le châtiment est retardé, il gagne du temps. Cette agression s'explique, car elle a une cause, un but ; le forçat, coûte que coûte, veut « changer son sort », et cela tout de suite. A ce propos, j'ai été témoin d'un fait psychologique bien étrange.

Dans la section des condamnés militaires se trouvait un ancien soldat envoyé pour deux ans aux travaux forcés, fieffé fanfaron et couard en même temps. — En général, le soldat russe n'est guère vantard, car il n'en a pas le temps, alors même qu'il le voudrait. Quand il s'en trouve un dans le nombre, c'est toujours un lâche et un fripon. — Doutof, — c'était le nom du détenu dont je parle, — subit sa peine et rentra de nouveau dans un bataillon de ligne ; mais comme tous ceux qu'on envoie se corriger à la maison de force, il s'y était complétement perverti. Ces *chevaux de retour* reviennent au bagne après deux ou trois semaines de liberté, non plus pour un temps relativement court, mais pour quinze ou vingt ans. Ainsi arriva-t-il pour Doutof. Trois semaines après sa mise en liberté, il vola avec effraction l'un de ses camarades et fit l'indiscipliné. Il passa en jugement, fut condamné à une sévère punition corporelle. Horriblement effrayé, comme un lâche qu'il était, par le châtiment prochain, il s'élança un couteau à la main sur l'officier de garde qui entrait dans son cachot, la veille du jour où il devait passer par les baguettes de sa compagnie. Il comprenait parfaitement que, par là, il aggravait son crime et augmentait la durée de sa condamnation. Mais tout ce qu'il voulait, c'était reculer de quelques jours, de quelques heures au moins, l'effroyable minute du châtiment. Il était si lâche qu'il ne blessa même pas l'officier avec le couteau qu'il brandissait; il n'avait commis cette agression que pour ajouter à son dossier un nouveau crime, lequel nécessiterait sa remise en jugement.

L'instant qui précède la punition est terrible pour le condamné aux verges. J'ai vu beaucoup de prévenus, la veille du jour fatal. Je les rencontrais d'ordinaire à l'hôpital quand j'étais malade, ce qui m'arrivait souvent. En Russie, les gens qui montrent le plus de compassion pour les forçats sont bien certainement les médecins; ils ne font jamais entre les détenus les distinctions dont sont coupables les autres personnes en rapport direct avec ceux-ci. Seul, peut-être, le peuple lutte de compassion avec les docteurs, car il ne reproche jamais au criminel le délit qu'il a commis, quel qu'il soit; il le lui pardonne en faveur de la peine subie.

Ce n'est pas en vain que le peuple, dans toute la Russie, appelle le crime un *malheur* et le criminel un *malheureux*. Cette définition est expressive, profonde, et d'autant plus importante qu'elle est inconsciente, instinctive. — Les médecins sont donc le recours naturel des forçats, surtout quand ceux-ci ont à subir une punition corporelle... Le prévenu qui a passé en conseil de guerre sait à peu près à quel moment la sentence sera exécutée; pour y échapper, il se fait envoyer à l'hôpital, afin de reculer de quelques jours la terrible minute. Quand il se déclare rétabli, il n'ignore pas que, le lendemain de sa sortie de l'hôpital, cette minute arrivera; aussi les forçats sont-ils toujours émus ce jour-là. Quelques-uns, il est vrai, cherchent par amour-propre à cacher leur émotion, mais personne ne se laisse tromper par ce faux semblant de courage. Chacun comprend la cruauté de ce moment, et se tait par humanité! J'ai connu un tout jeune forçat, ex-soldat condamné pour meurtre, qui devait recevoir le maximum de coups de verges. La veille du jour où il devait être fouetté, il résolut de boire une bouteille d'eau-de-vie, dans laquelle il avait fait infuser du tabac à priser. — Le détenu condamné aux verges a toujours bu, avant le moment critique, de l'eau-de-vie, qu'il s'est procurée longtemps à l'avance, souvent à un prix fabuleux : il se priverait du nécessaire pendant six mois plutôt que de ne pas en avaler un quart de litre avant l'exécution. Les forçats sont convaincus qu'un homme ivre souffre moins des coups de bâton ou de fouet que s'il est de sang-froid. — Je reviens à mon récit. Le pauvre diable tomba malade quelques instants après avoir bu sa bouteille d'eau-de-vie : il vomit du sang et fut emporté sans connaissance à l'hôpital. Sa poitrine fut si déchirée par cet accident qu'une phthisie se déclara et emporta le soldat au bout de quelques mois. Les docteurs qui le soignaient ne surent jamais la cause de sa maladie.

Si les exemples de pusillanimité ne sont pas rares parmi les détenus, il faut ajouter aussi qu'on en trouve dont l'intrépidité étonne. Je me souviens de plusieurs traits de fermeté qui allaient jusqu'à l'insensibilité. L'arrivée d'un effroyable bandit à l'hôpital est restée gravée dans ma mémoire. Par un beau jour d'été, le bruit se répandit dans notre infirmerie que le fameux brigand Orlof devait être fustigé le soir même et qu'on l'amènerait ensuite à l'ambulance. Les détenus qui se trouvaient à l'hôpital affirmaient que l'exécution serait cruelle, aussi tout le monde était-il ému; moi-même, je l'avoue, j'attendais avec curiosité l'arrivée de ce brigand dont on racontait des choses inouïes. C'était un malfaiteur comme il y en a peu, capable d'assassiner de sang-froid des vieillards et des enfants; il était doué d'une force de volonté indomptable et plein d'une orgueilleuse conscience de sa force. Comme il était coupable de plusieurs crimes, il avait été condamné à passer par les baguettes. On l'amena ou plutôt on l'apporta vers le soir; la salle était déjà plongée dans l'obscurité, on allumait les chandelles. Orlof était excessivement pâle, presque sans connaissance, avec des cheveux épais et bouclés d'un noir mat, sans reflet. Son dos était tout écorché et enflé, bleu, avec des taches de sang. Les détenus le soignèrent pendant toute cette nuit ; ils lui changèrent ses compresses, le couchèrent sur le côté, lui préparèrent la lotion ordonnée par le médecin, en un mot, ils eurent pour lui autant de sollicitude que pour un parent ou un bienfaiteur.

Le lendemain, il reprit entièrement ses sens, et fit un ou deux tours dans la salle. Cela m'étonna fort, car il était anéanti et sans force quand on l'avait apporté ; il avait reçu la moitié du nombre de coups de baguettes fixé par l'arrêt. Le docteur avait fait cesser l'exécution, convaincu que si on la continuait, la mort d'Orlof devenait inévitable. Ce criminel était de constitution débile, affaibli par une longue réclusion. Qui a vu des détenus condamnés aux verges se souviendra toujours de leurs visages maigres et épuisés, de leurs regards enfiévrés. Orlof fut bientôt rétabli : sa puissante énergie avait évidemment aidé à remonter son organisme ; ce n'était pas un homme ordinaire. Par curiosité je fis sa connaissance et je pus l'étudier à loisir pendant toute une semaine. De ma vie je n'ai rencontré un homme dont la volonté fût plus ferme, plus inflexible. J'avais vu à Tobolsk une célébrité du même genre, un ancien chef de brigands. Celui-là était une véritable bête fauve ; en le frôlant, sans même le connaître, on pressentait en lui une créature dangereuse. Ce qui m'effrayait surtout, c'était sa stupidité ; la matière en lui avait tellement pris le dessus sur l'esprit, qu'on voyait du premier regard que rien n'existait plus pour lui, si ce n'est la satisfaction brutale de ses besoins physiques. Je suis certain pourtant que Korenef, — ainsi s'appelait ce brigand, — se serait évanoui en s'entendant condamner à un châtiment corporel aussi rigoureux que celui d'Orlof ; et il eût égorgé le premier venu sans sourciller. Orlof, au contraire, était une éclatante victoire de l'esprit sur la chair. Cet homme se commandait parfaitement : il n'avait que du mépris pour les punitions et ne craignait rien au monde. Ce qui dominait en lui, c'était une énergie sans bornes, une soif de vengeance, une activité, une volonté inébranlables quand il s'agissait d'atteindre un but. Je fus étonné de son air hautain, il regardait tout du haut de sa grandeur, non pas qu'il prît la peine de poser; cet orgueil était inné en lui. Je ne pense pas que personne ait jamais eu quelque influence sur lui. Il regardait tout d'un œil impassible, comme si rien au monde ne pouvait l'étonner. Il savait fort bien que les autres déportés le respectaient, mais il n'en profitait nullement pour se donner de grands airs. Et pourtant la vanité et l'outrecuidance sont des défauts dont aucun forçat n'est exempt. Il était intelligent; sa franchise étrange ne ressemblait nullement à du bavardage. Il répondit sans détour à toutes les questions que je lui posai : il m'avoua qu'il attendait avec impatience son rétablissement, afin d'en finir avec la punition qu'il devait subir. — « Maintenant, me dit-il en clignant de l'œil, c'est fini! je recevrai mon reste et l'on m'enverra à Nertchinsk avec un convoi de détenus, j'en profiterai pour m'enfuir. Je m'évaderai, pour sûr! Si seulement mon dos se cicatrisait plus vite! » Pendant cinq jours, il brûla d'impatience d'être en état de quitter l'hôpital. Il était quelquefois gai et de bonne humeur. Je profitai de ces éclaircies pour l'interroger sur ses aventures. Il fronçait légèrement les sourcils, mais il répondit toujours avec sincérité à mes questions. Quand il comprit que j'essayais de le pénétrer et de trouver en lui quelques traces de repentir, il me regarda d'un air hautain et méprisant, comme si j'eusse été un gamin un peu bête, auquel il faisait trop d'honneur en causant. Je surpris sur son visage une sorte de compassion pour moi. Au bout d'un instant il se mit à rire à gorge déployée, mais sans la moindre ironie; j'imagine que plus d'une fois, il a dû rire tout haut, quand mes paroles lui revenaient à la mémoire. Il se fit inscrire enfin pour la sortie, bien que son dos ne fût pas entièrement cicatrisé; comme j'étais presque rétabli, nous quittâmes ensemble l'infirmerie : je rentrai à la maison de force, tandis qu'on l'incarcérait au poste où il avait été enfermé auparavant. En me quittant, il me serra la main, ce qui à ses yeux était une marque de haute confiance. Je pense qu'il agit ainsi parce qu'il était bien disposé en ce moment-là. En réalité, il devait me mépriser, car j'étais un être faible, pitoyable sous tous les rapports, et qui se résignait à son sort. Le lendemain, il subit la seconde moitié de sa punition...

Quand on eut fermé sur nous les portes de notre caserne, elle prit, en moins de rien, un tout autre aspect, celui d'une demeure véritable, d'un foyer domestique. Alors seulement je vis mes camarades les forçats chez eux. Pendant la journée, les sous-officiers ou quelque autre supérieur pouvaient arriver à l'improviste, aussi leur contenance était-elle tout autre; toujours sur le qui-vive, ils n'avaient l'air rassuré qu'à demi. Une fois qu'on eut poussé les verrous et fermé la porte au cadenas, chacun s'assit à sa place et se mit au travail. La caserne s'éclaira d'une façon inattendue : chaque forçat avait sa bougie et son chandelier de bois. Les uns piquaient des bottes, les autres cousaient des vêtements quelconques.

L'air déjà méphitique se corrompait de plus en plus. Quelques détenus accroupis dans un coin jouaient aux cartes sur un tapis déroulé. Dans chaque caserne il y avait un détenu qui possédait un tapis long de quatre-vingts centimètres, une chandelle et des cartes horriblement poisseuses et graisseuses. Cela s'appelait « un jeu ». Le propriétaire des cartes recevait des joueurs quinze kopeks par nuit; c'était là son commerce. On jouait d'ordinaire « aux trois feuilles », à la *gorka*, c'est-à-dire à des jeux de hasard. Chaque joueur posait devant lui une pile de monnaie de cuivre, — toute sa fortune, — et ne se relevait que quand il était à sec ou qu'il avait fait sauter la banque. Le jeu se prolongeait fort tard dans la nuit; l'aube se levait quelquefois sur nos joueurs qui n'avaient pas fini leur partie, souvent même elle ne cessait que quelques minutes avant l'ouverture des portes. Dans notre salle il y avait, — comme dans toutes les autres, du reste, — des mendiants ruinés par le jeu et la boisson, ou plutôt des mendiants « innés ». Je dis « innés » et je maintiens mon expression. En effet, dans notre peuple et dans n'importe quelle condition, il y a et il y aura toujours de ces personnalités étranges et paisibles, dont la destinée est de rester toujours mendiants. Ils sont pauvres diables toute leur vie, hébétés et accablés, ils restent sous la domination, sous la tutelle de quelqu'un, principalement des prodigues et des parvenus enrichis. Tout effort, toute initiative est un fardeau pour eux. Ils ne vivent qu'à la condition de ne rien entreprendre eux-mêmes, mais de toujours servir, de toujours vivre par la volonté d'un autre ; ils sont destinés à agir par et pour les autres. Nulle circonstance ne peut les enrichir, même la plus inattendue, ils sont toujours mendiants. J'ai rencontré de ces gens dans toutes les classes de la société, dans toutes les coteries, dans toutes les associations, même dans le monde littéraire. On les trouve dans chaque prison, dans chaque caserne.

Aussitôt qu'un jeu se formait, on appelait un de ces mendiants qui était indispensable aux joueurs; il recevait cinq kopeks argent pour toute une nuit de travail, et quel travail! cela consistait à monter la garde dans le vestibule, par un froid de trente degrés Réaumur, dans une obscurité complète pendant six ou sept heures. Le guetteur épiait là le moindre bruit, car le major ou les officiers de garde faisaient quelquefois leur ronde assez tard dans la nuit. Ils arrivaient en tapinois et surprenaient en flagrant délit de désobéissance les joueurs et les travailleurs, grâce à la lumière des chandelles que l'on pouvait distinguer de la cour. Quand on entendait la clef grincer dans le cadenas qui fermait la porte, il était trop tard pour se cacher, éteindre les chandelles et s'étendre sur les planches. De pareilles surprises étaient fort rares. Cinq kopeks étaient un salaire dérisoire, même dans notre maison de force, et néanmoins l'exigence et la dureté des joueurs m'étonnaient toujours en ce cas, ainsi que dans bien d'autres. — « Tu es payé, tu dois nous servir! » C'était là un argument qui ne souffrait pas de réplique. Il suffisait d'avoir payé quelques sous à quelqu'un pour profiter de lui le plus possible, et même exiger de la reconnaissance. Plus d'une fois, j'eus l'occasion de voir des forçats dépenser leur argent sans compter, à tort et à travers, et tromper leur « serviteur »; j'ai vu cela dans mainte prison à plusieurs reprises.

J'ai déjà dit qu'à part les joueurs tout le monde travaillait : cinq détenus seuls restèrent complétement oisifs, et se couchèrent presque immédiatement. Ma place sur les planches se trouvait près de la porte. Au-dessous de moi, celle d'Akim Akimytch; quand nous étions couchés, nos têtes se touchaient. Il travailla jusqu'à dix ou onze heures à coller une lanterne multicolore qu'un habitant de la ville lui avait commandée et pour laquelle il devait être grassement payé. Il excellait dans ce travail, qu'il exécutait méthodiquement, sans relâche; quand il eut fini, il serra soigneusement ses outils, déroula son matelas, fit sa prière et s'endormit du sommeil du juste. Il poussait l'ordre et la minutie jusqu'au pédantisme, et devait s'estimer dans son for intérieur un homme de tête, comme c'est le cas des gens bornés et médiocres. Il ne me plut pas au premier abord, bien qu'il me donnât beaucoup à penser ce jour-là; je m'étonnais qu'un pareil homme se trouvât dans une maison de force au lieu d'avoir fait une brillante carrière. Je parlerai plus d'une fois d'Akim Akimytch dans la suite de mon récit.

Mais il me faut décrire le personnel de notre caserne.

J'étais appelé à y vivre nombre d'années; ceux qui m'entouraient devaient être mes camarades de toutes les minutes. On conçoit que je les regardais avec une curiosité avide ! A ma gauche, dormait une bande de montagnards du Caucase, presque tous exilés pour leurs brigandages, et condamnés à des peines différentes : il y avait là deux Lezghines, un Tcherkesse et trois Tartares du Daghestan. Le Tcherkesse était un être morose et sombre, qui ne parlait presque jamais et vous regardait en dessous, de son mauvais sourire de bête venimeuse. Un des Lezghines, un vieillard au nez aquilin, long et mince, paraissait un franc bandit. En revanche, l'autre Lezghine, Nourra, fit sur moi l'impression la plus favorable et la plus consolante. De taille moyenne, encore jeune, bâti en Hercule, avec des cheveux blonds et des yeux de pervenche, il avait le nez légèrement retroussé, les traits quelque peu finnois : comme tous les cavaliers, il marchait la pointe des pieds en dedans. Son corps était zébré de cicatrices, labouré de coups de baïonnette et de balles; quoique montagnard soumis du Caucase, il s'était joint aux rebelles, avec lesquels il opérait de continuelles incursions sur notre territoire.

Tout le monde l'aimait dans le bagne à cause de sa gaieté et de son affabilité. Il travaillait sans murmurer, toujours paisible et serein; les vols, les friponneries et l'ivrognerie le dégoûtaient ou le mettaient en fureur; en un mot, il ne pouvait souffrir ce qui était malhonnête; il ne cherchait querelle à personne, il se détournait seulement avec indignation. Pendant sa réclusion, il ne vola ni ne commit aucune mauvaise action. D'une piété fervente, il récitait religieusement ses prières chaque soir, observait tous les jeûnes mahométans, en vrai fanatique, et passait des nuits entières à prier. Tout le monde l'aimait et le tenait pour sincèrement honnête. « Nourra est un lion ! » disaient les forçats. Ce nom de Lion lui resta. Il était parfaitement convaincu qu'une fois sa condamnation purgée, on le renverrait au Caucase : à vrai dire, il ne vivait que de cette espérance : je crois qu'il serait mort, si on l'en avait privé. Je le remarquai le jour même de mon arrivée à la maison de force. Comment n'aurait-on pas distingué cette douce et honnête figure au milieu des visages sombres, rébarbatifs ou sardoniques ? Pendant la première demi-heure, il passa à côté de moi et me frappa doucement l'épaule en me souriant d'un air débonnaire. Je ne compris pas tout d'abord ce qu'il voulait me dire, car il parlait fort mal le russe ; mais bientôt après, il repassa de nouveau et me tapa encore sur l'épaule avec son sourire amical. Pendant trois jours, il répéta cette manœuvre singulière ; comme je le devinai par la suite, il m'indiquait par là qu'il avait pitié de moi et qu'il sentait combien devaient m'être pénibles ces premiers instants : il voulait me témoigner sa sympathie, me remonter le moral et m'assurer de sa protection. Bon et naïf Nourra !

Des trois Tartares du Daghestan, tous frères, les deux aînés étaient des hommes faits, tandis que le cadet, Aléi, n'avait pas plus de vingt-deux ans ; à le voir, on l'aurait cru plus jeune. Il dormait à côté de moi. Son visage intelligent et franc, naïvement débonnaire, m'attira tout d'abord ; je remerciai la destinée de me l'avoir donné pour voisin au lieu de quelque autre détenu. Son âme tout entière se lisait sur sa belle figure ouverte. Son sourire si confiant avait tant de simplicité enfantine, ses grands yeux noirs étaient si caressants, si tendres, que j'éprouvais toujours un plaisir particulier à le regarder, et cela me soulageait dans les instants de tristesse et d'angoisse. Dans son pays, son frère aîné (il en avait cinq, dont deux se trouvaient aux mines en Sibérie) lui avait ordonné un jour de prendre son yatagan, de monter à cheval et de le suivre. Le respect des montagnards pour leurs aînés est si grand que le jeune Aléi n'osa pas demander le but de l'expédition ; il n'en eut peut-être même pas l'idée. Ses frères ne jugèrent pas non plus nécessaire de le lui dire. Ils allaient piller la caravane d'un riche marchand arménien, qu'ils réussirent en effet à mettre en déroute; ils assassinèrent le marchand et dérobèrent ses marchandises. Malheureusement pour eux, leur acte de brigandage fut découvert : on les jugea, on les fouetta, puis on les envoya en Sibérie, aux travaux forcés. Le tribunal n'admit de circonstances atténuantes qu'en faveur d'Aléi, qui fut condamné au minimum de la peine : quatre ans de réclusion. Ses frères l'aimaient beaucoup : leur affection était plutôt paternelle que fraternelle. Il était l'unique consolation de leur exil; mornes et tristes d'ordinaire, ils lui souriaient toujours ; quand ils lui parlaient, — ce qui était fort rare, car ils le tenaient pour un enfant auquel on ne peut rien dire de sérieux, — leur visage rébarbatif s'éclaircissait; je devinais qu'ils lui parlaient toujours d'un ton badin, comme à un bébé; lorsqu'il leur répondait, les frères échangeaient un coup d'œil et souriaient d'un air bonhomme. Il n'aurait pas osé leur adresser la parole, à cause de son respect pour eux. Comment ce jeune homme put conserver son cœur tendre, son honnêteté native, sa franche cordialité sans se pervertir et se corrompre, pendant tout le temps de ses travaux forcés, cela est presque inexplicable. Malgré toute sa douceur, il avait une nature forte et stoïque, comme je pus m'en assurer plus tard. Chaste comme une jeune fille, toute action vile, cynique, honteuse ou injuste, enflammait d'indignation ses beaux yeux noirs, qui en devenaient plus beaux encore. Sans être de ceux qui se seraient laissés impunément offenser, il évitait les querelles, les injures, et conservait toute sa dignité. Avec qui se serait-il querellé du reste? Tout le monde l'aimait et le caressait. Il ne fut tout d'abord que poli avec moi, mais peu à peu nous en vînmes à causer le soir; quelques mois lui avaient suffi pour apprendre parfaitement le russe, tandis que ses frères ne parvinrent jamais à parler correctement cette langue. Je vis en lui un jeune homme extraordinairement intelligent, en même temps que modeste et délicat, et fort raisonnable. Aléi était un être d'exception, et je me souviens toujours de ma rencontre avec lui comme d'une des meilleures fortunes de ma vie. Il y a de ces natures si spontanément belles, et douées par Dieu de si grandes qualités, que l'idée de les voir se pervertir semble absurde. On est toujours tranquille sur leur compte, aussi n'ai-je jamais rien craint pour Aléi. Où est-il maintenant ?

Un jour, assez longtemps après mon arrivée à la maison de force, j'étais étendu sur mon lit de camp; de pénibles pensées m'agitaient. Aléi, toujours laborieux, ne travaillait pas en ce moment. L'heure du sommeil n'était pas encore arrivée. Les frères célébraient une fête musulmane, aussi restaient-ils inactifs. Aléi était couché, la tête entre ses deux mains, en train de rêver. Tout à coup il me demande :

— Eh bien, tu es très-triste ?

Je le regardai avec curiosité; cette question d'Aléi, toujours si délicat, si plein de tact, me parut étrange; mais je l'examinai plus attentivement, je remarquai tant de chagrin, de souffrance intime sur son visage, souffrance éveillée sans doute par les souvenirs qui se présentaient à sa mémoire, que je compris qu'en ce moment lui-même était désolé. Je lui en fis la remarque. Il soupira profondément et sourit d'un air mélancolique. J'aimais son sourire toujours gracieux et cordial : quand il riait, il montrait deux rangées de dents que la première beauté du monde eût pu lui envier.

— Tu te rappelais probablement, Aléi, comment on célèbre cette fête au Daghestan ? hein ? il fait bon là-bas ?

— Oui, fit-il avec enthousiasme, et ses yeux rayonnaient. Comment as-tu pu deviner que je rêvais à cela ?

— Comment ne pas le deviner ? Est-ce qu'il ne fait pas meilleur là-bas qu'ici ?

— Oh ! pourquoi me dis-tu cela ?

— Quelles belles fleurs il y a dans votre pays, n'est-ce pas ? c'est un vrai paradis ?

— Tais-toi! tais-toi! je t'en prie. Il était vivement ému.
— Écoute, Aléi, tu avais une sœur?
— Oui, pourquoi me demandes-tu cela ?
— Elle doit être bien belle, si elle te ressemble.
— Oh ! il n'y a pas de comparaison à faire entre nous deux. Dans tout le Daghestan, on ne trouvera pas une seule fille aussi belle. Quelle beauté que ma sœur ! Je suis sûr que tu n'en as jamais vu de pareille. Et puis, ma mère était aussi très-belle.
— Et ta mère t'aimait ?
— Que dis-tu? Assurément, elle est morte de chagrin ; elle m'aimait tant! J'étais son préféré ; oui, elle m'aimait plus que ma sœur, plus que tous les autres. Cette nuit, en songe, elle est venue vers moi ; elle a versé des larmes sur ma tête.

Il se tut, et de toute la soirée il n'ouvrit pas la bouche ; mais à partir de ce moment il rechercha ma compagnie et ma conversation, bien que, par respect, il ne se permît jamais de m'adresser le premier la parole. En revanche, il était heureux quand je m'entretenais avec lui. Il parlait souvent du Caucase, de sa vie passée. Ses frères ne lui défendaient pas de causer avec moi, je crois même que cela leur était agréable. Quand ils virent que je me prenais d'affection pour Aléi, il devinrent eux-mêmes beaucoup plus affables pour moi.

Aléi m'aidait souvent aux travaux ; à la caserne il faisait ce qu'il croyait devoir m'être agréable et me procurer quelque soulagement ; il n'y avait dans ces attentions ni servilité ni espoir d'un avantage quelconque, mais seulement un sentiment chaleureux et cordial qu'il ne cachait nullement. Il avait une aptitude extraordinaire pour les arts mécaniques ; il avait appris à coudre fort passablement le linge, et à raccommoder les bottes ; il connaissait même quelque peu de menuiserie, — ce qu'on en pouvait apprendre à la maison de force. Ses frères étaient fiers de lui.

— Écoute, Aléi, lui dis-je un jour, pourquoi n'apprends-tu pas à lire et à écrire le russe ? Cela pourrait t'être fort utile plus tard ici en Sibérie.

— Je le voudrais bien, mais qui m'instruira ?

— Ceux qui savent lire et écrire ne manquent pas ici. Si tu veux, je t'instruirai moi-même.

— Oh ! apprends-moi à lire, je t'en prie, fit Aléi en se soulevant. Il joignit les mains en me regardant d'un air suppliant.

Nous nous mîmes à l'œuvre le lendemain soir. J'avais avec moi une traduction russe du Nouveau Testament, l'unique livre qui ne fût pas défendu à la maison de force. Avec ce seul livre, sans alphabet, Aléi apprit à lire en quelques semaines. Au bout de trois mois il comprenait parfaitement le langage écrit, car il apportait à l'étude un feu, un entraînement extraordinaires.

Un jour, nous lûmes ensemble, en entier, le Sermon sur la montagne. Je remarquai qu'il lisait certains passages d'un ton particulièrement pénétré ; je lui demandai alors si ce qu'il venait de lire lui plaisait. Il me lança un coup d'œil, et son visage s'enflamma d'une rougeur subite.

— Oh ! oui, Jésus est un saint prophète, il parle la langue de Dieu. Comme c'est beau !

— Mais dis-moi ce qui te plaît le mieux.

— Le passage où il est dit : « Pardonnez, aimez, aimez vos ennemis, n'offensez pas. » Ah ! comme il parle bien !

Il se tourna vers ses frères, qui écoutaient notre conversation, et leur dit quelques mots avec chaleur. Ils causèrent longtemps, sérieusement, approuvant parfois leur jeune frère d'un hochement de tête, puis, avec un sourire grave et bienveillant, un sourire tout musulman (j'aime beaucoup la gravité de ce sourire), ils m'assurèrent que Isou (Jésus) était un grand prophète. Il avait fait de grands miracles, créé un oiseau d'un peu d'argile sur lequel il avait soufflé la vie, et cet oiseau s'était envolé... Cela était écrit dans leurs livres. Ils étaient convaincus qu'ils me feraient un grand plaisir en louant Isou ; quant à Aléi, il était heureux de voir ses frères m'approuver et me procurer ce qu'il estimait être une satisfaction pour moi. Le succès que j'eus avec mon élève en lui apprenant à écrire fut vraiment admirable. Aléi s'était procuré du papier (à ses frais, car il n'avait pas voulu que je fisse cette dépense), des plumes, de l'encre ; en moins de deux mois, il apprit à écrire. Les frères eux-mêmes furent étonnés d'aussi rapides progrès. Leur orgueil et leur contentement n'avaient plus de bornes ; ils ne savaient trop comment me manifester leur reconnaissance. Au chantier, s'il nous arrivait de travailler ensemble, c'était à qui m'aiderait : ils regardaient cela comme un plaisir. Je ne parle pas d'Aléi ; il nourrissait pour moi une affection aussi profonde que pour ses frères. Je n'oublierai jamais le jour où il fut libéré. Il me conduisit hors de la caserne, se jeta à mon cou et sanglota. Il ne m'avait jamais embrassé, et n'avait jamais pleuré devant moi.

— Tu as tant fait pour moi, tant fait ! disait-il, que ni mon père, ni ma mère n'ont été meilleurs à mon égard : « tu as fait de moi un homme, Dieu te bénira ; je ne t'oublierai jamais, jamais... »

Où est-il maintenant ? Où est mon bon, mon cher, cher Aléi ?...

Outre les Circassiens, nous avions encore dans notre caserne un certain nombre de Polonais qui faisaient bande à part ; ils n'avaient presque pas de rapports avec les autres forçats. J'ai déjà dit que grâce à leur exclusivisme, à leur haine pour les déportés russes, ils étaient haïs de tout le monde ; c'étaient des natures tourmentées, maladives. Ils étaient au nombre de six ; parmi eux se trouvaient des hommes instruits, dont je parlerai plus en détail dans la suite de mon récit. C'est d'eux que pendant les derniers temps de ma réclusion, je tins quelques livres. Le premier ouvrage que je lus me fit une impression étrange, profonde... Je parlerai plus loin de ces sensations, que je considère comme très-curieuses; mais on aura de la peine à les comprendre, j'en suis certain, car on ne peut juger de certaines choses, si on ne les a pas éprouvées soi-même. Il me suffira de dire que les privations intellectuelles sont plus pénibles à supporter que les tourments physiques les plus effroyables. L'homme du peuple envoyé au bagne se retrouve dans sa société, peut-être même dans une société plus développée. Il perd beaucoup son coin natal, sa famille, mais son milieu reste le même. Un homme instruit, condamné par la loi à la même peine que l'homme du peuple, souffre incomparablement plus que ce dernier. Il doit étouffer tous ses besoins, toutes ses habitudes, il faut qu'il descende dans un milieu inférieur et insuffisant, qu'il s'accoutume à respirer un autre air...

C'est un poisson jeté sur le sable. Le châtiment qu'il subit, égal pour tous les criminels, suivant l'esprit de la loi, est souvent dix fois plus douloureux et plus poignant pour lui que pour l'homme du peuple. C'est une vérité incontestable, alors même qu'on ne parlerait que des habitudes matérielles qu'il lui faut sacrifier.

Mais ces Polonais formaient une bande à part. Ils vivaient ensemble; de tous les forçats de notre caserne, ils n'aimaient qu'un Juif, et encore, parce qu'il les amusait. Notre Juif était du reste généralement aimé, bien que tous se moquassent de lui. Nous n'en avions qu'un seul, et maintenant encore je ne puis me souvenir de lui sans rire. Chaque fois que je le regardais, je me rappelais le Juif Iankel que Gogol a dépeint dans *Tarass Boulba,* et qui, une fois déshabillé et prêt à se coucher avec sa Juive, dans une sorte d'armoire, ressemblait fort à un poulet. Içaï Fomitch et un poulet déplumé se ressemblaient comme deux gouttes d'eau. Il était déjà d'un certain âge, — cinquante ans environ, — petit et faible, rusé et en même temps fort bête, hardi, outrecuidant, quoique horriblement couard. Sa figure était criblée de rides; il avait sur le front et les joues les stigmates de la brûlure qu'il avait subie au pilori. Je n'ai jamais pu m'expliquer comment il avait pu supporter soixante coups de fouet, car il était condamné pour meurtre. Il portait sur lui une ordonnance médicale, qui lui avait été remise par d'autres Juifs, aussitôt après son exécution au pilori. Grâce à l'onguent prescrit par cette ordonnance, les stigmates devaient disparaître en moins de deux semaines, mais il n'osait pas l'employer; il attendait l'expiration de ses vingt ans de réclusion après lesquels il devait devenir colon, pour utiliser son bienheureux onguent. — « Sans cela, ze ne pourrais pas me marier, et il faut absolument que ze me marie. » Nous étions de grands amis. Sa bonne humeur était intarissable, la vie de la maison de force ne lui semblait pas trop pénible. Orfèvre de son métier, il était assailli de commandes, car il n'y avait pas de bijoutier dans notre ville; il échappait ainsi aux gros travaux. Comme de juste, il prêtait sur gages, à la petite semaine, aux forçats, qui lui payaient de gros intérêts. Il était arrivé en prison avant moi; un des Polonais me raconta son entrée triomphale. C'est toute une histoire que je rapporterai plus loin, car je reviendrai sur le compte d'Içaï Fomitch.

Quant aux autres prisonniers, c'étaient d'abord quatre Vieux-croyants, parmi lesquels se trouvait le vieillard de Starodoub, deux ou trois Petits-Russiens, gens fort moroses, puis un jeune forçat au visage délicat et au nez fin, âgé de vingt-trois ans, et qui avait déjà commis huit assassinats; ensuite une bande de faux monnayeurs, dont l'un était le bouffon de notre caserne, et enfin quelques condamnés sombres et chagrins, rasés et défigurés, toujours silencieux et pleins d'envie : ils regardaient de travers tout ce qui les entourait et devaient encore regarder et envier, avec le même froncement de sourcils, pendant de longues années. Je ne fis qu'entrevoir tout cela, le soir désolé de mon arrivée à la maison de force, au milieu d'une fumée épaisse, d'un air méphitique, de juruments obscènes accompagnés de bruits de chaînes, d'insultes et de rires cyniques. Je m'étendis sur les planches nues, la tête appuyée sur mon habit roulé (je n'avais pas alors d'oreiller), et je me couvris de ma touloupe; mais par suite des pénibles impressions de cette première journée, je ne pus m'endormir tout de suite. Ma vie nouvelle ne faisait que commencer. L'avenir me réservait beaucoup de choses que je n'avais pas prévues, et auxquelles je n'avais jamais pensé.

V

LE PREMIER MOIS.

Trois jours après mon arrivée, je reçus l'ordre d'aller au travail. L'impression qui m'est restée de ce jour est encore très-nette, bien qu'elle n'ait rien présenté de particulier, si l'on ne prend pas en considération ce que ma position avait en elle-même d'extraordinaire. Mais c'étaient les premières sensations : à ce moment encore, je regardais tout avec curiosité. Ces trois premières journées furent certainement les plus pénibles de ma réclusion. — « Mes pérégrinations sont finies, me disais-je à chaque instant; me voici arrivé au bagne, mon port pour de longues années. C'est ici le coin où je dois vivre; j'y entre le cœur navré et plein de défiance... Qui sait? quand il me faudra le quitter, peut-être le regretterai-je sincèrement », ajoutais-je, poussé par cette maligne jouissance qui vous excite à fouiller votre plaie, comme pour en savourer les souffrances; on trouve quelquefois une jouissance aiguë dans la conscience de l'immensité de son propre malheur. La pensée que je pourrais regretter ce séjour m'effrayait moi-même. Déjà alors je pressentais à quel degré incroyable l'homme est un animal d'accoutumance. Mais ce n'était que l'avenir, tandis que le présent qui m'entourait était hostile et terrible. Il me semblait du moins qu'il en était ainsi.

La curiosité sauvage avec laquelle m'examinaient mes camarades les forçats, leur dureté envers un ex-gentilhomme qui entrait dans leur corporation, dureté qui était parfois de la haine, — tout cela me tourmentait tellement que je désirais moi-même aller au travail, afin de mesurer d'un seul coup l'étendue de mon malheur, de vivre comme les autres et de tomber avec eux dans la même ornière. Beaucoup de faits m'échappaient, et je ne savais pas encore démêler de l'hostilité générale la sympathie que l'on me manifestait. Du reste, l'affabilité et la bienveillance que m'avaient témoignées certains forçats, me rendirent un peu de courage et me ranimèrent. Le plus aimable à mon égard fut Akim Akimytch. Je remarquai bientôt aussi quelques bonnes et douces figures dans la foule sombre et haineuse des autres. — « On trouve partout des méchants, mais, même parmi les méchants, il y a du bon, me hâtai-je de penser en guise de consolation. Qui sait? ces gens ne sont peut-être pas pires que *les autres* qui sont libres. » Tout en pensant ainsi, je hochais la tête, et pourtant, mon Dieu! je ne savais pas combien j'avais raison.

Le forçat Souchiloff par exemple : un homme que je n'appris à connaître que beaucoup plus tard, quoiqu'il fût presque toujours dans mon voisinage pendant tout mon temps. Dès que je parle des forçats qui ne sont pas pires que *les autres,* involontairement je pense à lui. Il me servait, ainsi qu'un autre détenu nommé Osip, qu'Akim Akimytch m'avait recommandé dès mon entrée en prison : pour trente kopeks par mois, cet homme s'engageait à me cuisiner un dîner à part, au cas où l'ordinaire de la prison me dégoûterait et où je pourrais me nourrir à mon compte. Osip était un des quatre cuisiniers désignés par les détenus dans nos deux cuisines : entre parenthèses, ils pouvaient accepter ou refuser ces fonctions et les quitter quand bon leur semblait.

Les cuisiniers n'allaient pas aux travaux de fatigue : leur emploi consistait à cuire le pain et la soupe aux choux aigres. On les appelait *cuisinières*, non par mépris, car c'étaient toujours les hommes les plus intelligents et les plus honnêtes que l'on choisissait, mais par plaisanterie. Ce surnom ne les fâchait nullement. Depuis plusieurs années, Osip avait été constamment choisi comme *cuisinière*; il ne déclinait ses fonctions que quand il s'ennuyait trop ou lorsqu'il voyait une occasion d'apporter de l'eau-de-vie à la caserne. Bien qu'il eût été envoyé à la maison de force pour contrebande, il était d'une honnêteté et d'une débonnaireté rares (j'ai parlé de lui plus haut); horriblement poltron par exemple et craignant les verges sur toutes choses. D'un caractère paisible, patient, affable avec tout le monde, il ne se querellait jamais ; mais, pour rien au monde, il n'aurait pu résister à la tentation d'apporter de l'eau-de-vie, malgré toute sa poltronnerie, par amour pour la contrebande. Comme tous les autres cuisiniers, il faisait le commerce d'eau-de-vie, mais dans une mesure infiniment plus modeste que Gazine, parce qu'il n'osait pas risquer souvent et beaucoup à la fois. Je vécus toujours en bons termes avec Osip.

Pour avoir sa nourriture à part, il ne fallait pas être très-riche : je me nourrissais à raison d'un rouble par mois, sauf, bien entendu, le pain, qui nous était fourni ; quelquefois, quand j'étais très-affamé, je me décidais à manger la soupe aux choux aigres des forçats, malgré le dégoût qu'elle m'inspirait ; plus tard, ce dégoût disparut tout à fait. J'achetais d'ordinaire une livre de viande par jour, qui me coûtait deux kopeks. Les invalides qui surveillaient l'intérieur des casernes consentaient par bienveillance à se rendre journellement au marché pour les achats des forçats : ils ne recevaient aucune rétribution, si ce n'est de loin en loin quelque bagatelle. Ils le faisaient en vue de leur propre tranquillité, car leur vie à la maison de force eût été un tourment perpétuel, s'ils s'y étaient refusés. Ils apportaient du tabac, du thé, de la viande, enfin tout ce qu'on voulait, sauf pourtant de l'eau-de-vie. Du reste, on ne les en priait jamais, bien qu'ils se fissent régaler quelquefois.

Pendant plusieurs années, Osip me prépara le même morceau de viande rôtie; comment il parvenait à la faire cuire, c'était son secret. Ce qu'il y a de plus étrange, c'est que durant tout ce temps, je n'échangeai peut-être pas deux paroles avec lui : je tentai nombre de fois de le faire causer; mais il était incapable de soutenir une conversation; il ne savait que sourire et répondre oui et non à toutes les questions. C'était singulier, cet Hercule qui n'avait pas plus d'intelligence qu'un bambin de sept ans.

Souchiloff était aussi du nombre de ceux qui m'aidaient. Je ne l'avais ni appelé ni cherché. Il s'attacha à ma personne de son propre mouvement, je ne me souviens pas même à quel moment. Il avait pour occupation principale de nettoyer mon linge. — Il y avait à cette intention un bassin au milieu de la cour, autour duquel les forçats lavaient leur linge dans des baquets appartenant à l'État. — Souchiloff avait trouvé le moyen de me rendre une foule de petits services; il faisait bouillir ma théière, courait à droite et à gauche remplir les diverses commissions que je lui confiais; il me procurait tout ce qu'il me fallait, prenait le soin de faire raccommoder ma veste, graissait mes bottes quatre fois par mois. Il faisait tout cela avec zèle, d'un air affairé, comme s'il sentait quelles obligations pesaient sur lui; en un mot, il avait tout à fait lié son sort au mien et se mêlait de tout ce qui me regardait. Il n'aurait jamais dit, par exemple : « Vous avez tant de chemises... votre veste est déchirée », mais bien : « Nous avons tant de chemises... notre veste est déchirée. » Il ne voyait de beau que moi, et je crois même que j'étais devenu le but unique de toute sa vie. Comme il ne connaissait aucun métier, il ne recevait d'autre argent que le mien, une misère, bien entendu, et pourtant il était toujours content, quelque somme que je lui donnasse. Il n'aurait pu vivre sans servir quelqu'un, il m'avait accordé la préférence parce que j'étais plus affable et surtout plus équitable que les autres en matière d'argent. C'était un de ces êtres qui ne s'enrichissent jamais, qui ne font jamais bien leurs affaires; de ces gens que les joueurs louaient pour veiller toute la nuit dans l'antichambre, aux écoutes du moindre bruit qui annoncerait l'arrivée du major; ils recevaient cinq kopeks pour une nuit entière. En cas de perquisition nocturne, ils ne recevaient rien; leur dos répondait au contraire de leur inattention. Ce qui caractérise cette sorte d'hommes, c'est leur absence complète de personnalité : ils la perdent partout et toujours, ils ne sont jamais qu'au second ou au troisième plan. Cela est inné en eux. Souchiloff était un pauvre hère, doux, ahuri; on eût dit qu'il venait d'être battu, il l'était de naissance; et pourtant personne dans notre caserne n'eût porté la main sur lui. J'ai toujours eu pitié de lui sans savoir pourquoi. Je ne pouvais le regarder sans éprouver une profonde compassion. — Pourquoi avais-je pitié de lui? Je ne saurais répondre à cette question. Je ne pouvais pas lui parler, car il ne savait pas causer : il s'animait seulement quand, pour mettre fin à la conversation, je lui donnais quelque chose à faire, quand je le priais de courir quelque part. J'acquis la conviction que je lui causais du plaisir en lui donnant un ordre. Ni grand, ni petit, ni laid, ni beau, ni bête, ni intelligent, ni vieux, ni jeune, il était difficile de dire quelque chose de défini, de certain, de cet homme au visage légèrement grêlé, aux cheveux blonds. Un point seulement me paraissait ressortir : il appartenait, autant que je pus le deviner, à la même compagnie que Sirotkine, il lui appartenait par son ahurissement et son irresponsabilité. Les détenus se moquaient quelquefois de lui parce qu'il s'était *troqué* en route, en venant en Sibérie, et qu'il s'était *troqué* pour une chemise rouge et un rouble d'argent. On riait de la somme infime pour laquelle il s'était vendu. *Se troquer* signifie échanger son nom contre celui d'un autre détenu, et, par conséquent, s'engager à subir la condamnation de ce dernier. Si étrange que cela paraisse, le fait est de toute authenticité : cette coutume, consacrée par les traditions, existait encore parmi les détenus qui m'accompagnaient dans mon exil en Sibérie. Je me refusai tout d'abord à croire à une pareille chose, mais par la suite je dus me rendre à l'évidence.

Voici de quelle façon se pratique ce troc : un convoi de déportés se met en route pour la Sibérie ; il y a là des condamnés de toute catégorie : aux travaux forcés, aux mines, à la simple colonisation. Chemin faisant, quelque part, dans le gouvernement de Perm, par exemple, un déporté désire troquer son sort contre celui d'un autre. Un Mikaïloff, condamné aux travaux forcés pour un crime capital, trouve désagréable la perspective de passer de nombreuses années privé de liberté ; comme il est rusé et déluré, il sait ce qu'il doit faire ; il cherche dans le convoi un camarade simple et bonasse, de caractère tranquille, et dont la peine soit moins rigoureuse ; quelques années de mines et de travaux forcés, ou simplement l'exil. Il trouve enfin un Souchiloff, ancien serf, qui n'est condamné qu'à la colonisation. Celui-ci a fait déjà quinze cents verstes sans un kopek dans sa poche, par la bonne raison qu'un Souchiloff ne peut pas avoir d'argent à lui ; il est fatigué, exténué, car il n'a pour se nourrir que la portion réglementaire, pour se couvrir que l'uniforme des forçats ; il ne peut même pas s'accorder un bon morceau de temps à autre, et sert tout le monde pour quelques liards. Mikaïloff entame conversation avec Souchiloff ; ils se conviennent, ils se lient ; enfin, à une étape quelconque, Mikaïloff enivre son camarade. Puis il lui demande s'il veut « *troquer son sort* ». — « Je m'appelle Mikaïloff, je suis condamné à des travaux forcés qui n'en sont pas, car je dois entrer dans une section particulière. Ce sont bien des travaux forcés, si tu veux, mais pas comme les autres, ma division est particulière, elle doit être probablement meilleure ! »

Avant que la division particulière fût abolie, beaucoup de gens appartenant au monde officiel, voire même à Pétersbourg, ne se doutaient pas de son existence. Elle se trouvait dans un coin si retiré d'une des contrées les plus lointaines de la Sibérie qu'il était difficile d'en connaître l'existence; elle était d'ailleurs insignifiante par le nombre des condamnés (de mon temps, il y en avait en tout soixante-dix). J'ai rencontré plus tard des gens qui avaient servi en Sibérie, connaissaient parfaitement ce pays, et qui entendaient parler pour la première fois d'une « division particulière ». Dans le *Recueil des Lois*, il n'y a en tout que six lignes sur cette institution : « *Il est adjoint à la maison de force de... une division particulière pour les criminels les plus dangereux, en attendant que les travaux les plus pénibles soient organisés.* » Les détenus eux-mêmes ne savaient rien de cette division particulière; était-elle perpétuelle ou temporaire? En réalité, il n'y avait pas de terme fixe, ce n'était qu'un intérim qui devait se prolonger « *jusqu'à l'ouverture des travaux les plus pénibles* », c'est-à-dire pour longtemps. Ni Souchiloff, ni aucun des condamnés au convoi, ni Mikaïloff lui-même ne pouvaient deviner la signification de ces deux mots. Pourtant Mikaïloff soupçonnait le caractère véritable de cette division; il en jugeait par la gravité du crime pour lequel on lui faisait parcourir trois ou quatre mille verstes à pied. Certainement, on ne l'envoyait pas dans un endroit où il serait très-bien. Souchiloff devait être colon : que pouvait désirer de mieux Mikaïloff? — « Ne veux-tu pas te troquer? » Souchiloff est un peu ivre, c'est un cœur simple, plein de reconnaissance pour son camarade qui le régale, il n'ose lui refuser. Il a du reste entendu dire à d'autres condamnés qu'on peut *se troquer*, que d'autres l'ont fait, et qu'il n'y a par conséquent rien d'extraordinaire, d'inouï, dans cette proposition. On tombe d'accord; le rusé Mikaïloff, profitant de la simplicité de Souchiloff, lui achète son nom pour une chemise rouge et un rouble d'argent qu'il lui donne devant témoins. Le lendemain Souchiloff est dégrisé, mais on le fait boire de nouveau, aussi ne peut-il plus refuser : le rouble est bu ; au bout de peu de temps, la chemise rouge a le même sort. — « Si tu ne consens plus au marché, rends-moi l'argent que je t'ai donné ! » dit Mikaïloff. Où Souchiloff prendrait-il un rouble ? S'il ne le rend pas, l'*artel*[1] le forcera à le rendre ; les déportés sont chatouilleux sur ce point-là. Il faut qu'il tienne sa promesse, l'*artel* l'exige, sans quoi, malheur ! on tue le malhonnête homme ou au moins on l'intimide sérieusement.

En effet, que l'*artel* montre une seule fois de l'indulgence pour ceux qui n'exécutent pas leur promesse, et c'en est fait de ces trocs de noms. Si l'on peut renier la parole donnée et rompre le marché conclu, après avoir touché la somme fixée, qui se tiendra lié par les conditions convenues ? En un mot, c'est une question de vie ou de mort pour l'*artel*, une question qui les touche tous ; aussi les déportés se montrent-ils fort sévères dans ce cas. — Souchiloff s'aperçoit enfin qu'il est impossible de reculer, que rien ne le sauvera, aussi consent-il à ce qu'on exige de lui. On annonce alors le marché à tout le convoi, et si l'on craint les dénonciations, on régale convenablement ceux dont on n'est pas sûr. Cela leur est bien égal, aux autres ! que ce soit Mikaïloff ou Souchiloff qui aille au diable ; ils ont bu de l'eau-de-vie, ils ont été régalés, aussi le secret est-il gardé par tous. A l'étape suivante, on fait l'appel ; quand le tour de Mikaïloff arrive, Souchiloff dit : *Présent!* Mikaïloff répond : Présent ! pour Souchiloff, et l'on va plus loin. On ne parle même plus de la chose. A Tobolsk, on trie les prisonniers, Mikaïloff s'en ira coloniser le pays, tandis que Souchiloff est conduit à la *division particulière* sous une double escorte. Impossible de réclamer, de protester, que pourrait-on prouver ? Combien

---

[1] Association coopérative. Le principe en est si répandu en Russie qu'on trouve même chez les forçats des essais embryonnaires d'organisation coopérative.

d'années l'affaire traînerait-elle? Quel bénéfice en retirerait le plaignant? Où sont enfin les témoins? Ils se récuseraient, si même on en trouvait. — Voilà comment Souchiloff, pour un rouble d'argent et une chemise rouge, avait été envoyé à la *section particulière*.

Les détenus se moquaient de lui, non parce qu'il s'était *troqué*, bien qu'en général ils méprisent les sots qui ont eu la bêtise d'échanger un travail plus facile contre un plus pénible, mais parce qu'il n'avait rien reçu pour ce marché qu'une chemise rouge et un rouble, ce qui était une rétribution par trop dérisoire. On se troque d'ordinaire pour de grosses sommes, — relativement aux ressources des forçats; — on reçoit même pour cela quelques dizaines de roubles. Mais Souchiloff était si nul, si impersonnel, si insignifiant, qu'il n'y avait pas moyen de se moquer de lui.

Nous avons vécu longtemps ensemble, lui et moi; j'avais pris l'habitude de cet homme, et il avait conçu de l'attachement pour ma personne. Un jour cependant, — je ne me pardonnerai jamais ce que j'ai fait là, — il n'avait pas exécuté mes ordres; comme il vint me demander de l'argent, j'eus la cruauté de lui dire : « — Vous savez bien demander de l'argent, mais vous ne faites pas ce qu'on vous dit! » Souchiloff se tut et se hâta d'obéir, mais tout à coup devint très-triste. Deux jours se passèrent. Je ne pouvais croire qu'il pût s'affecter si fort de ce que je lui avais dit. Je savais qu'un détenu nommé Vassilief exigeait impérieusement de lui le payement d'une petite dette. Il était probablement à court d'argent, et n'osait pas m'en demander : « — Souchiloff, vous vouliez, je crois, me demander de l'argent pour payer Antône Vassilief, tenez, en voici! » J'étais assis sur mon lit de camp. Souchiloff resta debout devant moi, fort étonné que je lui proposasse moi-même de l'argent et que je me fusse souvenu de sa position épineuse, d'autant plus que dans ces derniers temps, à son idée, il m'avait demandé beaucoup d'avances et qu'il n'osait pas espérer que je lui en donnasse. Il regarda le papier que je lui tendais, me regarda, se tourna brusquement et sortit. Cela m'étonna au dernier point. Je sortis après lui et le trouvai derrière les casernes. Il était debout, la figure appuyée contre la palissade, accoudé sur les pieux.

— Souchiloff, qu'avez-vous donc? lui demandai-je. Il ne me répondit pas, et à ma grande stupéfaction je m'aperçus qu'il était prêt à pleurer.

— Vous... pensez... Alexandre... Pétrovitch... fit-il d'une voix tremblante, en tâchant de ne pas me regarder, que je vous... pour de l'argent... mais moi... je... eh!

Il se tourna de nouveau et frappa la palissade de son front; il se mit à sangloter. C'était la première fois, à la maison de force, que je voyais un homme pleurer. Je le consolai à grand'peine; il me servit désormais avec encore plus de zèle, si c'est possible, il « m'observait »; mais à des indices presque insaisissables, je pus deviner que son cœur ne me pardonnerait jamais mon reproche. Et cependant d'autres se moquaient de lui, le taquinaient chaque fois que l'occasion s'en présentait, l'insultaient même sans qu'il se fâchât; au contraire, il vivait avec eux en bonne amitié. Oui, il est difficile de connaître un homme, même après l'avoir fréquenté de longues années.

Voilà pourquoi la maison de force n'avait pas pour moi au premier abord la signification qu'elle devait prendre plus tard. Voilà pourquoi, malgré mon attention, je ne pouvais démêler beaucoup de faits qui me crevaient les yeux. Ceux qui me frappèrent tout d'abord étaient les plus saillants, mais mon point de vue étant faux, ils ne me laissaient qu'une impression lourde et désespérément triste. Ce qui contribua surtout à ce résultat, ce fut ma rencontre avec A—f, le détenu arrivé au bagne avant moi et qui m'avait si douloureusement étonné les premiers jours. Il empoisonna tout le début de ma réclusion et aggrava encore mes souffrances morales déjà si cruelles.

C'était l'exemple le plus repoussant de l'avilissement et de l'extrême lâcheté où peut glisser un homme dans lequel tout sentiment d'honneur a péri sans lutte et sans repentir. Ce jeune homme, un noble, — j'ai déjà parlé de lui, — rapportait à notre major tout ce qui se faisait dans les casernes, car il était lié avec le brosseur Fedka. Voici son histoire.

Arrivé à Pétersbourg avant d'avoir pu finir ses études, après une querelle avec ses parents, que sa vie débauchée effrayait, il n'avait pas reculé pour se procurer de l'argent devant une dénonciation; il s'était décidé à vendre le sang de dix hommes, pour satisfaire la soif insatiable des plaisirs les plus grossiers et les plus déshonnêtes. Il était devenu si avide de ces jouissances de bas étage, il s'était si complétement perverti dans les tavernes et les maisons mal famées de Pétersbourg, qu'il n'hésita pas à se lancer dans une affaire qu'il savait être insensée, car il ne manquait pas d'intelligence : il fut condamné à l'exil et à dix ans de travaux forcés en Sibérie. Sa vie ne faisait que commencer; il semble que l'effroyable coup dont elle était frappée aurait dû le surprendre, éveiller en lui quelque résistance, provoquer une crise; mais il accepta son nouveau sort sans la moindre confusion; il ne s'effraya même pas : ce qui lui faisait peur, c'était l'obligation de travailler et de quitter pour toujours ses habitudes de débauche. Le nom de forçat n'avait fait que le disposer à de plus grandes bassesses et à des vilenies plus hideuses encore. « Je suis maintenant forçat, je puis donc ramper à mon aise, sans honte. » C'est ainsi qu'il envisageait sa situation. Je me souviens de cette créature dégoûtante comme d'un phénomène monstrueux. Pendant plusieurs années j'ai vécu au milieu de meurtriers, de débauchés et de scélérats avérés, mais de ma vie je n'ai rencontré un cas aussi complet d'abaissement moral, de corruption voulue et de bassesse effrontée. Parmi nous se trouvait un parricide d'origine noble, — j'ai déjà parlé de lui, — mais je pus me convaincre par différents traits que celui-ci était beaucoup plus convenable et plus humain que A—f. Pendant tout le temps de ma condamnation, il n'a jamais été autre chose à mes yeux qu'un morceau de chair, pourvu de dents et d'un estomac, avide des plus sales et des plus féroces jouissances animales, pour la satisfaction desquelles il était prêt à assassiner n'importe qui. Je n'exagère rien, car j'ai reconnu en A—f un des spécimens les plus complets de l'animalité qui n'est contenue par aucun principe, par aucune règle. Combien son sourire éternellement moqueur me dégoûtait! C'était un monstre, un Quasimodo moral. Et il était intelligent, rusé, joli, quelque peu instruit, avec certaines capacités. Non! l'incendie, la peste, la famine, n'importe quel fléau est préférable à la présence d'un tel homme dans la société. J'ai déjà dit que dans la maison de force, l'espionnage et les dénonciations florissaient, comme le produit naturel de l'avilissement, sans que les détenus s'en formalisassent le moins du monde; au contraire, ils étaient en relations amicales avec A—f; on était plus affable pour lui que pour nous. Les bonnes dispositions de notre ivrogne de major à son égard lui donnaient une certaine importance et même une certaine valeur aux yeux des forçats. Plus tard cette lâche créature s'enfuit avec un autre forçat et un soldat d'escorte, mais je raconterai cette évasion en temps et lieu. — Tout d'abord il vint rôder autour de moi, pensant que je ne connaissais pas son histoire. Je le répète, il empoisonna les premiers temps de ma réclusion, à me rendre vraiment désespéré. J'étais effrayé de l'ignoble milieu de bassesse et de lâcheté dans lequel on m'avait jeté. Je supposais que tout était aussi vil et aussi lâche, mais je me trompais quand je jugeais tout le monde semblable à A—f.

Ces trois premières journées, je ne fis que rôder dans la maison de force, quand je ne restais pas étendu sur mon lit de camp. Je confiai à un détenu dont j'étais sûr la toile qui m'avait été délivrée par l'administration, afin qu'il m'en fit quelques chemises. Toujours sur le conseil d'Akim Akimytch, je me procurai un matelas pliant. Il était en feutre, couvert de toile, aussi mince qu'une galette et fort dur pour qui n'y était pas habitué. Akim Akimytch s'engagea à me procurer tous les objets de première nécessité et me fit de ses propres mains une couverture avec des morceaux de vieux drap de l'État, choisis et découpés dans les pantalons et dans les vestes hors d'usage que j'avais achetés à différents détenus. Les effets de l'État, quand ils ont été portés le temps réglementaire, deviennent la propriété des détenus. Ceux-ci les vendent aussitôt, car, si usée que soit une pièce d'habillement, elle a toujours une certaine valeur. Tout cela m'étonnait beaucoup, surtout au début, lors de mes premiers frottements avec ce monde-là. Je devins aussi peuple que mes compagnons, aussi forçat qu'eux. Leurs habitudes, leurs idées, leurs coutumes déteignirent sur moi et devinrent miennes par le dehors, sans pénétrer toutefois dans mon for intérieur. J'étais étonné et confus, comme si je n'eusse jamais entendu parler de tout cela ni soupçonné rien de pareil, et pourtant je savais à quoi m'en tenir, du moins par ce qui m'avait été dit. Mais la réalité produisit une toute autre impression que les ouï-dire. Pouvais-je supposer que des chiffons délabrés eussent encore une valeur? et pourtant ma couverture était cousue tout entière de guenilles! Il était difficile de qualifier le drap employé pour les habits des détenus : il ressemblait au drap gris épais, fabriqué pour les soldats, mais aussitôt qu'il avait été quelque peu porté, il montrait la corde et se déchirait abominablement. Un uniforme devait suffire pour une année entière, mais il ne durait jamais ce temps-là. Le détenu travaille, porte de lourds fardeaux, le drap s'use et se troue vite à ce métier-là. Les touloupes devaient être conservées trois ans; pendant tout ce temps elles servaient de vêtements, de couvertures et de coussins, mais elles étaient solides; à la fin de la troisième année, il n'était pourtant pas rare de les voir raccommodées avec de la toile ordinaire. Bien qu'elles fussent fort usées, on trouvait néanmoins moyen de les vendre à raison de quarante kopeks la pièce. Les mieux conservées allaient même au prix de soixante kopeks, ce qui était une grosse somme dans la maison de force.

L'argent, — je l'ai déjà dit, — a un pouvoir souverain dans la vie du bagne. On peut assurer qu'un détenu qui a quelques ressources souffre dix fois moins que celui qui n'a rien. — « Du moment que l'État subvient à tous les besoins du forçat, pourquoi aurait-il de l'argent? » Ainsi raisonnaient nos chefs. Néanmoins, je le répète, si les détenus avaient été privés de la faculté de posséder quelque chose en propre, ils auraient perdu la raison, ou seraient morts comme des mouches, ils auraient commis des crimes inouïs, — les uns par ennui, par chagrin, — les autres pour être plus vite punis et par suite « changer leur sort », comme ils disaient. Si le forçat qui a gagné quelques kopeks à la sueur sanglante de son corps, qui s'est engagé dans des entreprises périlleuses pour les acquérir, dépense cet argent à tort et à travers, avec une stupidité enfantine, cela ne signifie pas le moins du monde qu'il n'en sache pas le prix, comme on pourrait le croire au premier abord. Le forçat est avide d'argent; il l'est à en perdre le jugement; mais s'il le jette par la fenêtre, c'est pour se procurer ce qu'il préfère à l'argent. Et que met-il au-dessus de l'argent? La liberté, ou du moins un semblant, un rêve de liberté! Les forçats sont tous de grands rêvasseurs. J'en parlerai plus loin, avec plus de détails, mais pour le moment je me bornerai à dire que j'ai vu des condamnés à *vingt ans de travaux forcés* me dire d'un air tranquille : « — Quand je finirai mon temps, si Dieu le veut, alors... » Le nom même de *forçat* indique un homme privé de son libre arbitre; — or, quand cet homme dépense son argent, *il agit à sa guise*. Malgré les stigmates et les fers, malgré la palissade d'enceinte qui cache le monde libre à ses yeux et l'enferme dans une cage comme une bête féroce, il peut se procurer de l'eau-de-vie, une fille de joie, et même quelquefois (pas toujours) corrompre ses surveillants immédiats, les invalides, voire les sous-officiers, qui fermeront les yeux sur les infractions à la discipline; il pourra même, — ce qu'il adore, — fanfaronner devant eux, c'est-à-dire montrer à ses camarades et se persuader à lui-même, *pour un temps*, qu'il jouit de plus de liberté qu'il n'en a en réalité; le pauvre diable veut, en un mot, se convaincre de ce qu'il sait être impossible : c'est la raison pour laquelle les détenus aiment à se vanter, à exagérer comiquement et naïvement leur pauvre personnalité, fût-elle même imaginaire. Enfin, ils risquent quelque chose dans ces bombances, par conséquent c'est un semblant de vie et de liberté, du seul bien qu'ils désirent. Un millionnaire auquel on mettrait la corde au cou ne donnerait-il pas tous ses millions pour une gorgée d'air?

Un détenu a vécu tranquillement pendant plusieurs années consécutives, sa conduite a été si exemplaire qu'on l'a même fait *dizainier;* tout à coup, au grand étonnement de ses chefs, cet homme se mutine, fait le diable à quatre, et ne recule pas devant un crime capital, tel qu'un assassinat, un viol, etc. On s'en étonne. La cause de cette explosion inattendue, chez un homme dont on n'attendait rien de pareil, c'est la manifestation *angoissée, convulsive*, de la personnalité, une mélancolie instinctive, un désir d'affirmer son *moi* avili, sentiments qui obscurcissent le jugement. C'est comme un accès d'épilepsie, un spasme : l'homme enterré vivant et qui se réveille tout à coup doit frapper aussi désespérément le couvercle de son cercueil; il tâche de le repousser, de le soulever, bien que son raisonnement le convainque de l'inutilité de tous ses efforts, mais le raisonnement n'a rien à voir dans ces convulsions. Il ne faut pas oublier que presque toute manifestation volontaire de la personnalité des forçats est considérée comme un crime; aussi, que cette manifestation soit importante ou insigniflante, cela leur est parfaitement indifférent. Débauche pour débauche, risque pour risque, mieux vaut aller jusqu'au bout, voire jusqu'au meurtre. Il n'y a que le premier pas qui coûte; peu à peu l'homme s'affole, s'enivre, on ne le contient plus. C'est pourquoi il vaudrait mieux ne pas le pousser à de pareilles extrémités. Tout le monde serait plus tranquille.

Oui! mais comment y arriver?

VI

LE PREMIER MOIS (*Suite*).

Lors de mon entrée à la maison de force, je possédais une petite somme d'argent, mais je n'en portais que peu sur moi, de peur qu'on ne me le confisquât. J'avais collé quelques assignats dans la reliure de mon évangile (seul livre autorisé au bagne). Cet évangile m'avait été donné à Tobolsk par des personnes exilées depuis plusieurs dizaines d'années et qui s'étaient habituées à voir un frère dans chaque « malheureux ». Il y a en Sibérie des gens qui consacrent leur vie à secourir fraternellement les « malheureux »; ils ont pour eux la même sympathie qu'ils auraient pour leurs enfants; leur compassion est sainte et tout à fait désintéressée. Je ne puis m'empêcher de raconter en quelques mots une rencontre que je fis alors.

Dans la ville où se trouvait notre prison demeurait une veuve, Nastasia Ivanovna. Naturellement, personne de nous n'était en relations directes avec cette femme. Elle s'était donné comme but de son existence de venir en aide à tous les exilés, mais surtout à nous autres forçats. Y avait-il eu dans sa famille un malheur? une des personnes qui lui étaient chères avait-elle subi un châtiment semblable au nôtre? je l'ignore; toujours est-il qu'elle faisait pour nous tout ce qu'elle pouvait. Elle pouvait très-peu, car elle était elle-même fort pauvre.

Mais nous qui étions enfermés dans la maison de force, nous sentions que nous avions au dehors une amie dévouée. Elle nous communiquait souvent des nouvelles dont nous avions grand besoin (nous en étions fort pauvres); quand je quittai le bagne et partis pour une autre ville, j'eus l'occasion d'aller chez elle et de faire sa connaissance. Elle demeurait quelque part dans le faubourg, chez l'un de ses proches parents.

Nastasia Ivanovna n'était ni vieille ni jeune, ni jolie ni laide; il était difficile, impossible même de savoir si elle était intelligente et bien élevée. Seulement dans chacune de ses actions on remarquait une bonté infinie, un désir irrésistible de complaire, de soulager, de faire quelque chose d'agréable. On lisait ces sentiments dans son bon et doux regard. Je passai une soirée entière chez elle avec d'autres camarades de chaîne. Elle nous regardait en face, riait quand nous riions, consentait immédiatement à tout; quoi que nous disions, elle se hâtait d'être de notre avis, et se donnait beaucoup de mouvement pour nous régaler de son mieux.

Elle nous servit du thé et quelques friandises; si elle avait été riche, elle ne s'en fût réjouie, on le devinait, que parce qu'elle eût pu mieux nous agréer et soulager nos camarades, détenus dans la maison de force.

Quand nous prîmes congé d'elle, elle fit cadeau d'un porte-cigare de carton à chacun, en guise de souvenir; elle les avait confectionnés elle-même, — Dieu sait comme, — avec du papier de couleur, de ce papier dont on relie les manuels d'arithmétique pour les écoles. Tout autour, ces porte-cigares étaient ornés d'une mince bordure de papier doré, qu'elle avait peut-être achetée dans une boutique, et qui devait les rendre plus jolis.

— Comme vous fumez, ces porte-cigares vous conviendront peut-être, nous dit-elle en s'excusant timidement de son cadeau.

Il existe des gens qui disent (j'ai lu et entendu cela) qu'un très-grand amour du prochain n'est en même temps qu'un très-grand égoïsme. Quel égoïsme pouvait-il y avoir là? je ne le comprendrai jamais.

Bien que je n'eusse pas beaucoup d'argent quand j'entrai au bagne, je ne pouvais cependant m'irriter sérieusement contre ceux des forçats qui, dès mon arrivée, venaient très-tranquillement, après m'avoir trompé une première fois, m'emprunter une seconde, une troisième et même plus souvent. Mais je l'avoue franchement, ce qui me fâchait fort, c'est que tous ces gens-là, avec leurs ruses naïves, devaient me prendre pour un niais et se moquer de moi, justement parce que je leur prêtais de l'argent pour la cinquième fois. Il devait leur sembler que j'étais dupe de leurs ruses et de leurs tromperies; si au contraire je leur avais refusé et que je les eusse renvoyés, je suis certain qu'ils auraient eu beaucoup plus de respect pour moi; mais, bien qu'il m'arrivât de me fâcher très-fort, je ne savais pas leur refuser.

J'étais quelque peu soucieux pendant les premiers jours de savoir sur quel pied je me mettrais dans la maison de force et quelle règle de conduite je tiendrais avec mes camarades. Je sentais et je comprenais parfaitement que ce milieu était tout à fait nouveau pour moi, que j'y marchais dans les ténèbres, et qu'il serait impossible de vivre dix ans dans les ténèbres. Je décidai d'agir franchement, selon que ma conscience et mes sentiments me l'ordonneraient. Mais je savais aussi que ce n'était qu'un aphorisme bon en théorie, et que la réalité serait faite d'imprévu.

Aussi, malgré tous les soucis de détail que me causait mon établissement dans notre caserne, soucis dont j'ai déjà parlé, et dans lesquels m'engageait surtout Akim Akimytch, une angoisse terrible m'empoisonnait, me tourmentait de plus en plus. « La maison morte! » me disais-je quand la nuit tombait, en regardant quelquefois du perron de notre caserne les détenus revenus de la corvée, qui se promenaient dans la cour, de la cuisine à la caserne et *vice versâ*. Examinant alors leurs mouvements, leurs physionomies, j'essayais de deviner quels hommes c'étaient et quel pouvait être leur caractère. Ils rôdaient devant moi le front plissé ou très-gais, — ces deux aspects se rencontrent et peuvent même caractériser le bagne, — s'injuriaient ou causaient tout simplement, ou bien encore vaguaient solitaires, plongés en apparence dans leurs réflexions; les uns avec un air épuisé et apathique; d'autres avec le sentiment d'une supériorité outrecuidante (eh quoi, même ici!), le bonnet sur l'oreille, la touloupe jetée sur l'épaule, promenant leur regard hardi et rusé, leur persiflage impudemment railleur. — « Voilà mon milieu, mon monde actuel, pensais-je, le monde avec lequel je ne veux pas, mais avec lequel je dois vivre... »

Je tentai de questionner Akim Akimytch, avec lequel j'aimais prendre le thé afin de n'être pas seul, et de l'interroger au sujet des différents forçats. Entre parenthèses, je dirai que le thé, au commencement de ma réclusion, fit presque ma seule nourriture. Akim Akimytch ne me refusait jamais de le prendre en ma compagnie et allumait lui-même notre piteux samovar de fer-blanc, fait à la maison de force et que M... m'avait loué.

Akim Akimytch buvait d'ordinaire un verre de thé (il avait des verres) posément, en silence, me remerciait quand il avait fini et se mettait aussitôt à la confection de ma couverture. Mais il ne put me dire ce que je désirais savoir et ne comprit même pas l'intérêt que j'avais à connaître le caractère des gens qui nous entouraient; il m'écouta avec un sourire rusé que j'ai encore devant les yeux. Non! pensais-je, je dois moi-même tout éprouver et non interroger les autres.

Le quatrième jour, les forçats s'alignèrent de grand matin sur deux rangs, dans la cour devant le corps de garde, près des portes de la prison. Devant et derrière eux, des soldats, le fusil chargé et la baïonnette au canon.

Le soldat a le droit de tirer sur le forçat, si celui-ci essaye de s'enfuir, mais en revanche, il répond de son coup de fusil, s'il ne l'a pas fait en cas de nécessité absolue; il en est de même pour les révoltes de prisonniers; mais qui penserait à s'enfuir ostensiblement?

Un officier du génie arriva accompagné du *conducteur* ainsi que des sous-officiers de bataillons, d'ingénieurs et de soldats préposés aux travaux. On fit l'appel; les forçats qui se rendaient aux ateliers de tailleurs partirent les premiers; ceux-là travaillaient dans la maison de force qu'ils habillaient tout entière. Puis les autres déportés se rendirent dans les ateliers, jusqu'à ce qu'enfin arriva le tour des détenus désignés pour la corvée. J'étais de ce nombre, — nous étions vingt. — Derrière la forteresse, sur la rivière gelée, se trouvaient deux barques appartenant à l'État, qui ne valaient pas le diable et qu'il fallait démonter, afin de ne pas laisser perdre le bois sans profit. A vrai dire, il ne valait pas grand'chose, car dans la ville le bois de chauffage était à un prix insignifiant. Tout le pays est couvert de forêts.

On nous donnait ce travail afin de ne pas nous laisser les bras croisés. On le savait parfaitement, aussi se mettait-on toujours à l'ouvrage avec mollesse et apathie; c'était tout juste le contraire quand le travail avait son prix, sa raison d'être, et quand on pouvait demander une tâche déterminée. Les travailleurs s'animaient alors, et bien qu'ils ne dussent tirer aucun profit de leur besogne, j'ai vu des détenus s'exténuer afin d'avoir plus vite fini; leur amour-propre entrait en jeu.

Quand un travail — comme celui dont je parlais — s'accomplissait plutôt pour la forme que par nécessité, on ne pouvait pas demander de tâche; il fallait continuer jusqu'au roulement du tambour, qui annonçait le retour à la maison de force à onze heures du matin.

La journée était tiède et brumeuse, il s'en fallait de peu que la neige ne fondît. Notre bande tout entière se dirigea vers la berge, derrière la forteresse, en agitant légèrement ses chaînes; cachées sous les vêtements, elles rendaient un son clair et sec à chaque pas. Deux ou trois forçats allèrent chercher les outils au dépôt.

Je marchais avec tout le monde; je m'étais même quelque peu animé, car je désirais voir et savoir ce que c'était que cette corvée. En quoi consistaient les travaux forcés? Comment travaillerai-je pour la première fois de ma vie?

Je me souviens des moindres détails. Nous rencontrâmes en route un bourgeois à longue barbe, qui s'arrêta et glissa sa main dans sa poche. Un détenu se détacha aussitôt de notre bande, ôta son bonnet, et reçut l'aumône, — cinq kopeks, — puis revint promptement auprès de nous. Le bourgeois se signa et continua sa route. Ces cinq kopeks furent dépensés le matin même à acheter des miches de pain blanc, que l'on partagea également entre tous.

Dans mon escouade, les uns étaient sombres et taciturnes, d'autres indifférents et indolents; il y en avait qui causaient paresseusement. Un de ces hommes était extrêmement gai et content, — Dieu sait pourquoi! — il chanta et dansa le long de la route, en faisant résonner ses fers à chaque bond : ce forçat trapu et corpulent était le même qui s'était querellé le jour de mon arrivée à propos de l'eau des ablutions, pendant le lavage général, avec un de ses camarades qui avait osé soutenir qu'il était un oiseau *kaghane*. On l'appelait Skouratoff. Il finit par entonner une chanson joyeuse dont le refrain m'est resté dans la mémoire :

« On m'a marié sans mon consentement,
« Quand j'étais au moulin. »

Il ne manquait qu'une balalaïka [1].

Sa bonne humeur extraordinaire fut comme de juste sévèrement relevée par plusieurs détenus, qui s'en montrèrent offensés.

— Le voilà qui hurle! fit un forçat d'un ton de reproche, bien que cela ne le regardât nullement.

— Le loup n'a qu'une chanson, et ce Touliak (habitant de Toula) la lui a empruntée! ajouta un autre, qu'à son accent on reconnaissait pour un Petit-Russien.

— C'est vrai, je suis de Toula, répliqua immédiatement Skouratoff; — mais vous, dans votre Poltava, vous vous étouffiez de boulettes de pâte à en crever.

— Menteur! Que mangeais-tu toi-même? Des sandales d'écorce de tilleul [2] avec des choux aigres!

— On dirait que le diable t'a nourri d'amandes, ajouta un troisième.

— A vrai dire, camarades, je suis un homme amolli, dit Skouratoff avec un léger soupir et sans s'adresser directement à personne, comme s'il se fût repenti en réalité d'être efféminé. — Dès ma plus tendre enfance, j'ai été élevé dans le luxe, nourri de prunes et de pains délicats; mes frères, à l'heure qu'il est, ont un grand commerce à Moscou; ils sont marchands en gros du vent qui souffle, des marchands immensément riches, comme vous voyez.

— Et toi, que vendais-tu?

— Chacun a ses qualités. Voilà; quand j'ai reçu mes deux cents premiers...

— Roubles? pas possible? interrompit un détenu curieux, qui fit un mouvement en entendant parler d'une si grosse somme.

— Non, mon cher, pas deux cents roubles; deux cents coups de bâton. Louka! eh! Louka!

— Il y en a qui peuvent m'appeler Louka tout court,

---

[1] Instrument de musique.
[2] En temps de disette, les paysans mêlaient de l'écorce de tilleul à leur farine.

mais pour toi je suis Louka Kouzmitch[1], répondit de mauvaise grâce un forçat petit et grêle, au nez pointu.

— Eh bien, Louka Kouzmitch, que le diable t'emporte...

— Non! je ne suis pas pour toi Louka Kouzmitch, mais un petit oncle (forme de politesse encore plus respectueuse).

— Que le diable t'emporte avec ton petit oncle! ça ne vaut vraiment pas la peine de t'adresser la parole. Et pourtant je voulais te parler affectueusement. — Camarades, voici comment il s'est fait que je ne suis pas resté longtemps à Moscou; on m'y donna mes quinze derniers coups de fouet et puis on m'envoya... Et voilà...

— Mais pourquoi t'a-t-on exilé? fit un forçat qui avait écouté attentivement son récit.

— ...Ne demande donc pas des bêtises! Voilà pourquoi je n'ai pas pu devenir riche à Moscou. Et pourtant comme je désirais être riche! J'en avais tellement envie, que vous ne pouvez pas vous en faire une idée.

Plusieurs se mirent à rire, Skouratoff était un de ces boute-en-train débonnaires, de ces farceurs qui prenaient à cœur d'égayer leurs sombres camarades, et qui, bien naturellement, ne recevaient pas d'autre payement que des injures. Il appartenait à un type de gens particuliers et remarquables, dont je parlerai peut-être encore.

— Et quel gaillard c'est maintenant, une vraie zibeline! remarqua Louka Kouzmitch. Rien que ses habits valent plus de cent roubles.

Skouratoff avait la touloupe la plus vieille et la plus usée qu'on pût voir; elle était rapetassée en différents endroits de morceaux qui pendaient. Il toisa Louka attentivement, des pieds à la tête.

— Mais c'est ma tête, camarades, ma tête qui vaut de l'argent! répondit-il. Quand j'ai dit adieu à Moscou, j'étais à

---

[1] Appeler quelqu'un par son seul nom de baptême constitue en Russie une grave impolitesse, surtout dans le peuple. On ajoute le nom du père.

moitié consolé, parce que ma tête devait faire la route sur mes épaules.

Adieu, Moscou! merci pour ton bain, ton air libre, pour la belle raclée qu'on m'a donnée! Quant à ma touloupe, mon cher, tu n'as pas besoin de la regarder.

— Tu voudrais peut-être que je regarde ta tête.

— Si encore elle était à lui! mais on lui en a fait l'aumône, s'écria Louka Kouzmitch. — On lui en a fait la charité à Tumène, quand son convoi a traversé la ville.

— Skouratoff, tu avais un atelier?

— Quel atelier pouvait-il avoir? Il était simple savetier; il battait le cuir sur la pierre, fit un des forçats tristes.

— C'est vrai, fit Skouratoff, sans remarquer le ton caustique de son interlocuteur, j'ai essayé de raccommoder des bottes, mais je n'ai rapiécé en tout qu'une seule paire.

— Eh bien, quoi, te l'a-t-on achetée?

— Parbleu! j'ai trouvé un gaillard qui, bien sûr, n'avait aucune crainte de Dieu, qui n'honorait ni son père ni sa mère : Dieu l'a puni, — il m'a acheté mon ouvrage!

Tous ceux qui entouraient Skouratoff éclatèrent de rire.

— Et puis j'ai travaillé encore une fois à la maison de force, continua Skouratoff avec un sang-froid imperturbable. J'ai remonté l'empeigne des bottes de Stépane Fédorytch Pomortser, le lieutenant.

— Et il a été content?

— Ma foi, non! camarades, au contraire. Il m'a tellement injurié, que cela peut me suffire pour toute ma vie; et puis il m'a encore poussé le derrière avec son genou. Comme il était en colère! — Ah! elle m'a trompé, ma coquine de vie, ma vie de forçat!

Le mari d'Akoulina est dans la cour,
En attendant un peu.

De nouveau il fredonna et se remit à piétiner le sol en gambadant.

— Ouh! qu'il est indécent! marmotta le Petit-Russien qui marchait à côté de moi, en le regardant de côté.

— Un homme inutile! fit un autre d'un ton sérieux et définitif.

Je ne comprenais pas du tout pourquoi l'on injuriait Skouratoff, et pourquoi l'on méprisait les forçats qui étaient gais, comme j'avais pu en faire la remarque ces premiers jours. J'attribuai la colère du Petit-Russien et des autres à une hostilité personnelle, en quoi je me trompais; ils étaient mécontents que Skouratoff n'eût pas cet air gourmé de fausse dignité, dont toute la maison de force était imprégnée, et qu'il fût, selon leur expression, un homme inutile. On ne se fâchait pas cependant contre tous les plaisants et on ne les traitait pas tous comme Skouratoff. Il s'en trouvait qui savaient jouer du bec et qui ne pardonnaient rien : bon gré, mal gré, on devait les respecter. Il y avait justement dans notre bande un forçat de ce genre, un garçon charmant et toujours joyeux; je ne le vis sous son vrai jour que plus tard; c'était un grand gars qui avait bonne façon, avec un gros grain de beauté sur la joue; sa figure avait une expression très-comique, quoique assez jolie et intelligente. On l'appelait « le pionnier », car il avait servi dans le génie : il faisait partie de la section particulière. J'en parlerai encore.

Tous les forçats « sérieux » n'étaient pas, du reste, aussi expansifs que le Petit-Russien, qui s'indignait de voir des camarades gais. Nous avions dans notre maison de force quelques hommes qui visaient à la prééminence, soit en raison de leur habileté au travail, soit à cause de leur ingéniosité, de leur caractère ou de leur genre d'esprit. Beaucoup d'entre eux avaient de l'intelligence, de l'énergie, et atteignaient le but auquel ils tendaient, c'est-à-dire la primauté et l'influence morale sur leurs camarades. Ils étaient souvent ennemis à mort, — et avaient beaucoup d'envieux. Ils regardaient les autres forçats d'un air de dignité plein de condescendance et ne se querellaient jamais inutilement. Bien notés auprès de l'administration, ils dirigeaient en quelque sorte les travaux; aucun d'entre eux ne se serait abaissé à chercher noise pour des chansons; ils ne se ravalaient pas à ce point. Tous ces gens-là furent remarquablement polis envers moi, pendant tout le temps de ma détention, mais très-peu communicatifs. J'en parlerai aussi en détail.

Nous arrivâmes sur la berge. En bas, sur la rivière, se trouvait la vieille barque, toute prise dans les glaçons qu'il fallait démolir. De l'autre côté de l'eau bleuissait la steppe, l'horizon triste et désert. Je m'attendais à voir tout le monde se mettre hardiment au travail; il n'en fut rien. Quelques forçats s'assirent nonchalamment sur des poutres qui gisaient sur le rivage; presque tous tirèrent de leurs bottes des blagues contenant du tabac indigène (qui se vendait en feuilles au marché, à raison de trois kopeks la livre) et des pipes de bois à tuyau court. Ils allumèrent leurs pipes, pendant que les soldats formaient un cercle autour de nous et se préparaient à nous surveiller d'un air ennuyé.

— Qui diable a eu l'idée de mettre bas cette barque? fit un déporté à haute voix, sans s'adresser toutefois à personne. On tient donc bien à avoir des copeaux?

— Ceux qui n'ont pas peur de nous, parbleu, ceux-là ont eu cette belle idée, remarqua un autre.

— Où vont tous ces paysans? fit le premier, après un silence.

Il n'avait même pas entendu la réponse qu'on avait faite à sa demande. Il montrait du doigt, dans le lointain, une troupe de paysans qui marchaient à la file dans la neige vierge. Tous les forçats se tournèrent paresseusement de ce côté, et se mirent à se moquer des passants par désœuvrement. Un de ces paysans, le dernier en ligne, marchait très-drôlement, les bras écartés, la tête inclinée de côté; il portait un bonnet très-haut, ayant la forme d'un gâteau de sarrasin. La silhouette se dessinait vivement sur la neige blanche.

— Regardez comme notre frérot Pétrovitch est habillé! remarqua un de mes compagnons en imitant la prononciation des paysans.

Ce qu'il y avait d'amusant, c'est que les forçats regardaient les paysans du haut de leur grandeur, bien qu'ils fussent eux-mêmes paysans pour la plupart.

— Le dernier surtout..., on dirait qu'il plante des raves.

— C'est un gros bonnet..., il a beaucoup d'argent, dit un troisième.

Tous se mirent à rire, mais mollement, comme de mauvaise grâce. Pendant ce temps, une marchande de pains blancs était arrivée : c'était une femme vive, à la mine éveillée. On lui acheta des miches avec l'aumône de cinq kopeks reçue du bourgeois, et on les partagea par égales parties.

Le jeune gars qui vendait des pains dans la maison de force en prit deux dizaines et entama une vive discussion avec la marchande pour qu'elle lui fît une remise. Mais elle ne consentit pas à cet arrangement.

— Eh bien, et *cela,* tu ne me le donneras pas?

— Quoi?

— Tiens, parbleu, *ce que* les souris ne mangent pas?

— Que la peste t'empoisonne! glapit la femme qui éclata de rire.

Enfin, le sous-officier préposé aux travaux arriva, un bâton à la main.

— Eh! qu'avez-vous à vous asseoir! Commencez!

— Alors, donnez-nous des tâches, Ivane Matvieitch, dit un des « commandants » en se levant lentement.

— Que vous faut-il encore?... Tirez la barque, voilà votre tâche.

Les forçats finirent par se lever et par descendre vers

la rivière, en avançant à peine. Différents « directeurs » apparurent, directeurs en paroles du moins. On ne devait pas démolir la barque à tort et à travers, mais conserver intactes les poutres et surtout les liures transversales, fixées dans toute leur longueur au fond de la barque au moyen de chevilles, — travail long et fastidieux.

— Il faut tirer avant tout cette poutrelle! Allons, enfants! cria un forçat qui n'était ni « directeur » ni « commandant », mais simple ouvrier; cet homme paisible, mais un peu bête, n'avait pas encore dit un mot; il se courba, saisit à deux mains une poutre épaisse, attendant qu'on l'aidât. Mais personne ne répondit à son appel.

— Va-t'en voir! tu ne la soulèveras pas; ton grand-père, l'ours, n'y parviendrait pas, — murmura quelqu'un entre ses dents.

— Eh bien, frères, commence-t-on? Quant à moi, je ne sais pas trop..., dit d'un air embarrassé celui qui s'était mis en avant, en abandonnant la poutre et en se redressant.

— Tu ne feras pas tout le travail à toi seul?... qu'as-tu à t'empresser?

— Mais, camarades, c'est seulement comme ça que je disais..., s'excusa le pauvre diable désappointé.

— Faut-il décidément vous donner des couvertures pour vous réchauffer, ou bien faut-il vous saler pour l'hiver? cria de nouveau le sous-officier commissaire, en regardant ces vingt hommes qui ne savaient trop par où commencer. — Commencez! plus vite!

— On ne va jamais bien loin quand on se dépêche, Ivan Matvieitch!

— Mais tu ne fais rien du tout, eh! Savélief! Qu'as-tu à rester les yeux écarquillés? les vends-tu, par hasard?... Allons, commencez!

— Que ferai-je tout seul?

— Donnez-nous une tâche, Ivan Matvieitch.

— Je vous ai dit que je ne donnerai point de tâches.

Mettez bas la barque; vous irez ensuite à la maison. Commencez !

Les détenus se mirent à la besogne, mais de mauvaise grâce, indolemment, en apprentis. On comprenait l'irritation des chefs en voyant cette troupe de vigoureux gaillards, qui semblaient ne pas savoir par où commencer la besogne. Sitôt qu'on enleva la première liure, toute petite, elle se cassa net.

« Elle s'est cassée toute seule », dirent les forçats au commissaire, en manière de justification; on ne pouvait pas travailler de cette manière; il fallait s'y prendre autrement. Que faire ? Une longue discussion s'ensuivit entre les détenus, peu à peu on en vint aux injures; cela menaçait même d'aller plus loin... Le commissaire cria de nouveau en agitant son bâton, mais la seconde liure se cassa comme la première. On reconnut alors que les haches manquaient et qu'il fallait d'autres instruments. On envoya deux gars sous escorte chercher des outils à la forteresse; en attendant leur retour, les autres forçats s'assirent sur la barque le plus tranquillement du monde, tirèrent leurs pipes et se remirent à fumer.

Finalement, le commissaire cracha de mépris.

— Allons, le travail que vous faites ne vous tuera pas! Oh ! quelles gens ! quelles gens ! — grommela-t-il d'un air de mauvaise humeur; il fit un geste de la main et s'en fut à la forteresse en brandissant son bâton.

Au bout d'une heure arriva le *conducteur*. Il écouta tranquillement les forçats, déclara qu'il donnait comme tâche quatre liures entières à dégager, sans qu'elles fussent brisées, et une partie considérable de la barque à démolir; une fois ce travail exécuté, les détenus pouvaient s'en retourner à la maison. La tâche était considérable, mais, mon Dieu ! comme les forçats se mirent à l'ouvrage ! Où étaient leur paresse, leur ignorance de tout à l'heure ? Les haches entrèrent bientôt en danse et firent sortir les chevilles. Ceux qui n'avaient pas de haches glissaient des perches épaisses sous les llures, et en peu de temps les dégageaient d'une façon parfaite, en véritable artiste. A mon grand étonnement, elles s'enlevaient entières sans se casser. Les détenus allaient vite en besogne. On aurait dit qu'ils étaient devenus tout à coup intelligents. On n'entendait ni conversation ni injures, chacun savait parfaitement ce qu'il avait à dire, à faire, à conseiller, où il devait se mettre. Juste une demi-heure avant le roulement du tambour la tâche donnée était exécutée, et les détenus revinrent à la maison de force, fatigués, mais contents d'avoir gagné une demi-heure de répit sur le laps de temps indiqué par le règlement. Pour ce qui me concerne, je pus observer une chose assez particulière : n'importe où je voulus me mettre au travail et aider aux travailleurs, je n'étais nulle part à ma place, je les gênais toujours; on me chassa de partout en m'insultant presque.

Le premier déguenillé venu, un pitoyable ouvrier qui n'aurait osé souffler mot devant les autres forçats plus intelligents et plus habiles, croyait avoir le droit de jurer contre moi, si j'étais près de lui, sous le prétexte que je le gênais dans sa besogne. Enfin un des plus adroits me dit franchement et grossièrement : « — Que venez-vous faire ici? allez-vous-en! Pourquoi venez-vous quand on ne vous appelle pas? »

— Attrape! ajouta aussitôt un autre.

— Tu ferais mieux de prendre une cruche, me dit un troisième, et d'aller chercher de l'eau vers la maison en construction, ou bien à l'atelier où l'on émiette le tabac : tu n'as rien à faire ici.

Je dus me mettre à l'écart. Rester de côté quand les autres travaillent, semble honteux. Quand je m'en fus à l'autre bout de la barque, on m'injuria de plus belle : « Regarde quels travailleurs on nous donne! Rien à faire avec des gaillards pareils. »

Tout cela était dit avec intention; ils étaient heureux de se moquer d'un noble et profitaient de cette occasion.

On conçoit maintenant que ma première pensée en entrant au bagne ait été de me demander comment je me comporterais avec de pareilles gens. Je pressentais que de semblables faits devaient souvent se répéter, mais je résolus de ne pas changer ma ligne de conduite, quels que pussent être ces frottements et ces chocs. Je savais que mon raisonnement était juste. J'avais décidé de vivre avec simplicité et indépendance, sans manifester le moindre désir de me rapprocher de mes compagnons, mais aussi sans les repousser, s'ils désiraient eux-mêmes se rapprocher de moi; ne craindre nullement leurs menaces, leur haine, et feindre autant que possible de ne remarquer ni l'un ni l'autre. Tel était mon plan. Je devinai de prime abord qu'ils me mépriseraient si j'agissais autrement.

Quand je revins le soir à la maison de force après le travail de l'après-dînée, fatigué, harassé, une tristesse profonde s'empara de moi. « Combien de milliers de jours semblables m'attendent encore! Toujours les mêmes! » pensai-je alors. Je me promenais seul et tout pensif, à la nuit tombante, le long de la palissade derrière les casernes, quand je vis tout à coup notre Boulot qui accourait droit vers moi. Boulot était le chien du bagne; car le bagne a son chien, comme les compagnies, les batteries d'artillerie et les escadrons ont les leurs. Il y vivait depuis fort longtemps, n'appartenait à personne, regardait chacun comme son maître et se nourrissait des restes de la cuisine. C'était un assez grand mâtin noir, tacheté de blanc, pas très-âgé, avec des yeux intelligents et une queue fournie. Personne ne le caressait ni ne faisait attention à lui. Dès mon arrivée je m'en fis un ami en donnant un morceau de pain. Quand je le flattais, il restait immobile, me regardait d'un air doux et, de plaisir, agitait doucement la queue. Ce soir-là, ne m'ayant pas vu de tout le jour, moi, le premier qui, depuis bien des années, avais eu l'idée de le caresser, — il accourut en me cherchant partout, et bondit à ma rencontre avec un aboiement. Je ne sais trop ce que je sentis alors, mais je me mis à l'embrasser, je serrai sa tête contre moi : il posa ses pattes sur mes épaules et me lécha la figure. — « Voilà l'ami que la destinée m'envoie! » — pensai-je; et durant ses premières semaines si pénibles, chaque fois que je revenais des travaux, avant tout autre soin, je me hâtais de me rendre derrière les casernes avec Boulot qui gambadait de joie devant moi; je lui empoignais la tête, et je le baisais, je le baisais; un sentiment très-doux, en même temps que troublant et amer, m'étreignait le cœur. Je me souviens combien il m'était agréable de penser, — je jouissais en quelque sorte de mon tourment, — qu'il ne restait plus au monde qu'un seul être qui m'aimât, qui me fût attaché, mon ami, mon unique ami, — mon fidèle chien Boulot.

VII

NOUVELLES CONNAISSANCES. — PÉTROF.

Mais le temps s'écoulait, et peu à peu je m'habituais à ma nouvelle vie; les scènes que j'avais journellement devant les yeux ne m'affligeaient plus autant; en un mot, la maison de force, ses habitants, ses mœurs, me laissaient indifférent. Se réconcilier avec cette vie était impossible, mais je devais l'accepter comme un fait inévitable. J'avais repoussé au plus profond de mon être toutes les inquiétudes qui me troublaient. Je n'errais plus dans la maison de force comme un perdu, et ne me laissais plus dominer par mon angoisse. La curiosité sauvage des forçats s'était émoussée : on ne me regardait plus avec une insolence aussi affectée qu'auparavant : j'étais devenu pour eux un indifférent, et j'en étais très-satisfait. Je me promenais dans la caserne comme chez moi, je connaissais ma place pour la nuit; je m'habituai même à des choses dont l'idée seule m'eût paru jadis inacceptable. J'allais chaque semaine, régulièrement, me faire raser la tête. On nous appelait le samedi les uns après les autres au corps de garde; les barbiers de bataillon nous lavaient impitoyablement le crâne avec de l'eau de savon froide et le raclaient ensuite de leurs rasoirs ébréchés : rien que de penser à cette torture, un frisson me court sur la peau. J'y trouvai bientôt un remède; Akim Akimytch m'indiqua un détenu de la section militaire qui, pour un kopek, rasait les amateurs avec son propre rasoir; c'était là son gagne-pain. Beaucoup de déportés étaient ses pratiques, à la seule fin d'éviter les barbiers militaires, et pourtant ces gens-là n'étaient pas douillets. On appelait notre barbier le « major »; pourquoi, — je n'en sais rien; je serais même embarrassé de dire quels points de ressemblance il avait avec le major. En écrivant ces lignes, je revois nettement le « major » et sa figure maigre; c'était un garçon de haute taille, silencieux, assez bête, toujours absorbé par son métier; on ne le voyait jamais sans une courroie à la main sur laquelle il affilait nuit et jour un rasoir admirablement tranchant; il avait certainement pris ce travail pour le but suprême de sa vie. Il était en effet heureux au possible quand son rasoir était bien affilé et que quelqu'un sollicitait ses services; son savon était toujours chaud; il avait la main très-légère, un vrai velours. Il s'enorgueillissait de son adresse, et prenait d'un air détaché le kopek qu'il venait de gagner; on eût pu croire qu'il travaillait pour l'amour de l'art et non pour recevoir cette monnaie. A—f fut corrigé d'importance par le major de place, un jour qu'il eut le malheur de dire : « le major », en parlant du barbier qui nous rasait. Le vrai major tomba dans un accès de fureur.

— Sais-tu, canaille, ce que c'est qu'un major? criait-il,

l'écume à la bouche, en secouant A—f selon son habitude ; comprends-tu ce qu'est un major ? Et dire qu'on ose appeler « major » une canaille de forçat, devant moi, en ma présence !

Seul A—f pouvait s'entendre avec un pareil homme.

Dès le premier jour de ma détention, je commençai de rêver à ma libération. Mon occupation favorite était de compter mille et mille fois, de mille façons différentes, le nombre de jours que je devais passer en prison. Je ne pouvais penser à autre chose, et tout prisonnier privé de sa liberté pour un temps fixe n'agit pas autrement que moi, j'en suis certain. Je ne puis dire si les forçats comptaient de même, mais l'étourderie de leurs espérances m'étonnait étrangement. L'espérance d'un prisonnier diffère essentiellement de celle que nourrit l'homme libre. Celui-ci peut espérer une amélioration dans sa destinée, ou bien la réalisation d'une entreprise quelconque, mais en attendant il vit, il agit : la vie réelle l'entraîne dans son tourbillon. Rien de semblable pour le forçat. Il vit aussi, si l'on veut ; mais il n'est pas un condamné à un nombre quelconque d'années de travaux forcés qui admette son sort comme quelque chose de positif, de définitif, comme une partie de sa vie véritable. C'est instinctif, il sent qu'il n'est pas *chez lui*, il se croit pour ainsi dire en visite. Il envisage les vingt années de sa condamnation comme deux ans, tout au plus. Il est sûr qu'à cinquante ans, quand il aura subi sa peine, il sera aussi frais, aussi gaillard qu'à trente-cinq. « Nous avons encore du temps à vivre », pense-t-il, et il chasse opiniâtrement les pensées décourageantes et les doutes qui l'assaillent. Le condamné à perpétuité lui-même compte qu'un beau jour un ordre arrivera de Pétersbourg : « Transportez un tel aux mines à Nertchinsk, et fixez un terme à sa détention. » Ce serait *fameux !* d'abord parce qu'il faut près de six mois pour aller à Nertchinsk et que la vie d'un convoi est cent fois préférable à celle de la maison de force ! Il finirait son temps à Nertchinsk, et alors... Plus d'un vieillard à cheveux gris raisonne de la sorte.

J'ai vu à Tobolsk des hommes enchaînés à la muraille ; leur chaîne a deux mètres de long ; à côté d'eux se trouve une couchette. On les enchaîne pour quelque crime terrible, commis après leur déportation en Sibérie. Ils restent ainsi cinq ans, dix ans. Presque tous sont des brigands. Je n'en vis qu'un seul qui eût l'air d'un homme de condition ; il avait servi autrefois dans un département quelconque, et parlait d'un ton mielleux, en sifflant. Son sourire était doucereux. Il nous montra sa chaîne, et nous indiqua la manière la plus commode de se coucher. Ce devait être une jolie espèce! — Tous ces malheureux ont une conduite parfaite ; chacun d'eux semble content, et pourtant le désir de finir son temps de chaîne le ronge. Pourquoi? dira-t-on. Parce qu'il sortira alors de sa cellule basse, étouffante, humide, aux arceaux de briques, pour aller dans la cour de la maison de force, et... Et c'est tout. On ne le laissera jamais sortir de cette dernière ; il n'ignore pas que ceux qui ont été enchaînés ne quittent jamais le bagne, et que lui il y finira ses jours, il y mourra dans les fers. Il sait tout cela, et pourtant il voudrait en finir avec sa chaîne. Sans ce désir, pourrait-il rester cinq ou six ans attaché à un mur, et ne pas mourir ou devenir fou? Pourrait-il y résister?

Je compris vite que, seul, le travail pouvait me sauver, fortifier ma santé et mon corps, tandis que l'inquiétude morale incessante, l'irritation nerveuse et l'air renfermé de la caserne les ruineraient complétement. Le grand air, la fatigue quotidienne, l'habitude de porter des fardeaux, devaient me fortifier, pensais-je ; grâce à eux, je sortirais vigoureux, bien portant et plein de séve. Je ne me trompais pas : le travail et le mouvement me furent très-utiles.

Je voyais avec effroi un de mes camarades (un gentilhomme) fondre comme un morceau de cire. Et pourtant, quand il était arrivé avec moi à la maison de force, il était jeune, beau, vigoureux; quand il en sortit, sa santé était ruinée, ses jambes ne le portaient plus, l'asthme oppressait sa poitrine. Non, me disais-je en le regardant, je veux vivre et je vivrai. Mon amour pour le travail me valut tout d'abord le mépris et les moqueries acérées de mes camarades. Mais je n'y faisais pas attention et je m'en allais allègrement où l'on m'envoyait, brûler et concasser de l'albâtre, par exemple. Ce travail, un des premiers que l'on me donna, est facile. Les ingénieurs faisaient leur possible pour alléger la corvée des nobles; ce n'était pas de l'indulgence, mais bien de la justice. N'eût-il pas été étrange d'exiger le même travail d'un manœuvre et d'un homme dont les forces sont moitié moindres, qui n'a jamais travaillé de ses mains? Mais cette « gâterie » n'était pas permanente; elle se faisait même en cachette, car on nous surveillait sévèrement. Comme les travaux pénibles n'étaient pas rares, il arrivait souvent que la tâche était au-dessus de la force des nobles, qui souffraient ainsi deux fois plus que leurs camarades. On envoyait d'ordinaire trois, quatre hommes concasser l'albâtre; presque toujours c'étaient des vieillards ou des individus faibles : — nous étions naturellement de ce nombre; — on nous adjoignait en outre un véritable ouvrier, connaissant ce métier. Pendant plusieurs années, ce fut toujours le même, Almazof; il était sévère, déjà âgé, hâlé et fort maigre, du reste peu communicatif, et difficile. Il nous méprisait profondément, mais il était si peu expansif, qu'il ne se donnait même pas la peine de nous injurier. Le hangar sous lequel nous calcinions l'albâtre était construit sur la berge escarpée et déserte de la rivière. En hiver, par un jour de brouillard, la vue était triste sur la rivière et la rive opposée, lointaine. Il y avait quelque chose de déchirant dans ce paysage morne et nu. Mais on se sentait encore plus triste quand un soleil éclatant brillait au-dessus de cette plaine blanche, infinie; on aurait voulu pouvoir s'envoler au loin dans cette steppe qui commençait à l'autre bord et s'étendait à plus de quinze cents verstes au sud, unie comme une nappe immense. Almazof se mettait au travail en silence, d'un air rébarbatif; nous avions honte de ne pouvoir l'aider efficacement, mais il venait à bout de son travail tout seul, sans exiger notre secours, comme s'il eût voulu nous faire comprendre tous nos torts envers lui, et nous faire repentir de notre inutilité. Ce travail consistait à chauffer le four, pour calciner l'albâtre que nous y entassions.

Le jour suivant, quand l'albâtre était entièrement calciné, nous le déchargions. Chacun prenait un lourd pilon et remplissait une caisse d'albâtre qu'il se mettait à concasser. Cette besogne était agréable. L'albâtre fragile se changeait bientôt en une poussière blanche et brillante, qui s'émiettait vite et aisément. Nous brandissions nos lourds marteaux et nous assénions des coups formidables que nous admirions nous-mêmes. Quand nous étions fatigués, nous nous sentions plus légers : nos joues étaient rouges, le sang circulait plus rapidement dans nos veines. Almazof nous regardait alors avec condescendance, comme il aurait regardé de petits enfants; il fumait sa pipe d'un air indulgent, sans toutefois pouvoir s'empêcher de grommeler dès qu'il ouvrait la bouche. Il était toujours ainsi, d'ailleurs, et avec tout le monde; je crois qu'au fond c'était un brave homme.

On me donnait aussi un autre travail qui consistait à mettre en mouvement la roue du tour. Cette roue était haute et lourde; il me fallait de grands efforts pour la faire tourner, surtout quand l'ouvrier (des ateliers du génie) devait faire un balustre d'escalier ou le pied d'une grande table, ce qui exigeait un tronc presque entier. Comme un seul homme n'aurait pu en venir à bout, on envoyait deux forçats, — B..., un des ex-gentilshommes, et moi. Ce travail nous revint presque toujours pendant quelques années, quand il y avait quelque chose à tourner. B... était faible, vaniteux, encore jeune, et souffrait de la poitrine. On l'avait enfermé une année avant moi, avec deux autres camarades, des nobles également. — L'un d'eux, un vieillard, priait Dieu nuit et jour (les détenus le respectaient fort à cause de cela), il mourut durant ma réclusion. L'autre était un tout jeune homme, frais et vermeil, fort et courageux, qui avait porté son camarade B..., pendant sept cents verstes, ce dernier tombant de fatigue au bout d'une demi-étape. Aussi fallait-il voir leur amitié. B... était un homme parfaitement bien élevé, d'un caractère noble et généreux, mais gâté et irrité par la maladie. Nous tournions donc la roue à nous deux, et cette besogne nous intéressait. Quant à moi, je trouvais cet exercice excellent.

J'aimais particulièrement pelleter la neige, ce que nous faisions après les tourbillons assez fréquents en hiver. Quand le tourbillon avait fait rage tout un jour, plus d'une maison était ensevelie jusqu'aux fenêtres, quand elle n'était pas entièrement recouverte. L'ouragan cessait, le soleil reparaissait, et on nous ordonnait de dégager les constructions barricadées par des tas de neige. On nous y envoyait par grandes bandes, et quelquefois même tous les forçats ensemble. Chacun de nous recevait une pelle et devait exécuter une tâche, dont il semblait souvent impossible de venir à bout; tous se mettaient allègrement au travail. La neige friable ne s'était pas encore tassée et n'était gelée qu'à la surface; on en prenait d'énormes pelletées, que l'on dispersait autour de soi. Elle se transformait dans l'air en une poudre brillante. La pelle s'enfonçait facilement dans la masse blanche, étincelante au soleil. Les forçats exécutaient presque toujours ce travail avec gaieté : l'air froid de l'hiver, le mouvement les animaient. Chacun se sentait plus joyeux : on entendait des rires, des cris, des plaisanteries. On se jetait des boules de neige, ce qui excitait au bout d'un instant l'indignation des gens raisonnables, qui n'aimaient ni le rire ni la gaieté; aussi l'entrain général finissait-il presque toujours par des injures.

Peu à peu le cercle de mes connaissances s'étendit, quoique je ne songeasse nullement à en faire : j'étais toujours inquiet, morose et défiant. Ces connaissances se firent d'elles-mêmes. Le premier de tous, le déporté Pétrof me vint visiter. Je dis visiter, et j'appuie sur ce mot. Il demeurait dans la division particulière, qui se trouvait être la caserne la plus éloignée de la mienne. En apparence, il ne pouvait exister entre nous aucune relation, nous n'avions et ne pouvions avoir aucun lien qui nous rapprochât. Cependant, durant la première période de mon séjour, Pétrof crut de son devoir de venir vers moi presque chaque jour dans notre caserne, ou au moins de m'arrêter pendant le temps du repos, quand j'allais derrière les casernes, le plus loin possible de tous les regards. Cette persistance me parut d'abord désagréable, mais il sut si bien faire que ses visites devinrent pour moi une distraction, bien que son caractère fût loin d'être communicatif. Il était de petite taille, solidement bâti, agile et adroit. Son visage assez agréable était pâle avec des pommettes saillantes, un regard hardi, des dents blanches, menues et serrées. Il avait toujours une chique de tabac râpé entre la gencive et la lèvre inférieure (beaucoup de forçats avaient l'habitude de chiquer). Il paraissait plus jeune qu'il ne l'était en réalité, car on ne lui aurait pas donné, à le voir, plus de trente ans, et il en avait bien quarante. Il me parlait sans aucune gêne et se maintenait vis-à-vis de moi sur un pied d'égalité, avec beaucoup de convenance et de délicatesse. Si, par exemple, il remarquait que je cherchais la solitude, il s'entretenait avec moi pendant deux minutes et me quittait aussitôt; il me remerciait chaque fois pour la bienveillance que je lui témoignais, ce qu'il ne faisait jamais à personne. J'ajoute que ces relations ne changèrent pas, non-seulement pendant les premiers temps de mon séjour, mais pendant plusieurs années, et qu'elles ne devinrent presque jamais plus intimes, bien qu'il me fût vraiment dévoué. Je ne pouvais définir exactement ce qu'il recherchait dans ma société, et pourquoi il venait chaque jour auprès de moi. Il me vola quelquefois, mais ce fut toujours *involontairement;* il ne venait presque jamais m'emprunter : donc ce qui l'attirait n'était nullement l'argent ou quelque autre intérêt.

Je ne sais trop pourquoi, il me semblait que cet homme ne vivait pas dans la même prison que moi, mais dans une autre maison, en ville, fort loin; on eût dit qu'il visitait le bagne par hasard, pour apprendre des nouvelles, s'enquérir de moi, en un mot, pour voir comment nous vivions. Il était toujours pressé, comme s'il eût laissé quelqu'un pour un instant et qu'on l'attendît, ou qu'il eût abandonné quelque affaire en suspens. Et pourtant, il ne se hâtait pas. Son regard avait une fixité étrange, avec une légère nuance de hardiesse et d'ironie; il regardait dans le lointain, par-dessus les objets, comme s'il s'efforçait de distinguer quelque chose derrière la personne qui était devant lui. Il paraissait toujours distrait; quelquefois je me demandais où allait Pétrof en me quittant. Où l'attendait-on si impatiemment ? Il se rendait d'un pas léger dans une caserne, ou dans la cuisine, et s'asseyait à côté des causeurs; il écoutait attentivement la conversation, à laquelle il prenait part avec vivacité, puis se taisait brusquement. Mais qu'il parlât ou qu'il gardât le silence, on lisait toujours sur son visage qu'il avait affaire ailleurs et qu'on l'attendait là-bas, plus loin. Le plus étonnant, c'est qu'il n'avait jamais aucune affaire; à part les travaux forcés qu'il exécutait, bien entendu, il demeurait toujours oisif. Il ne connaissait aucun métier, et n'avait presque jamais d'argent, mais cela ne l'affligeait nullement.

— De quoi me parlait-il ? Sa conversation était aussi étrange qu'il était singulier lui-même. Quand il remarquait que j'allais seul derrière les casernes, il faisait un brusque demi-tour de mon côté. Il marchait toujours vite et tournait court. Il venait au pas, et pourtant il semblait qu'il fût accouru.

— Bonjour !

— Bonjour !

— Je ne vous dérange pas ?

— Non.

— Je voulais vous demander quelque chose sur Napoléon. Je voulais vous demander s'il n'est pas parent de celui qui est venu chez nous en l'année douze.

Pétrof était fils de soldat et savait lire et écrire.

— Parfaitement.

— Et l'on dit qu'il est président ? quel président ? de quoi ?

Ses questions étaient toujours rapides, succadées, comme s'il voulait savoir le plus vite possible ce qu'il demandait.

Je lui expliquai comment et de quoi Napoléon était président, et j'ajoutai que peut-être il deviendrait empereur.

— Comment cela ?

Je le renseignai autant que cela m'était possible, Pétrof m'écouta avec attention ; il comprit parfaitement tout ce que je lui dis, et ajouta en inclinant l'oreille de mon côté :

— Hem !... Ah ! je voulais encore vous demander, Alexandre Pétrovitch, s'il y a vraiment des singes qui ont des mains aux pieds et qui sont aussi grands qu'un homme.

— Oui.

— Comment sont-ils ?

Je les lui décrivis et lui dis tout ce que je savais sur ce sujet.

— Et où vivent-ils ?

— Dans les pays chauds. On en trouve dans l'île Sumatra.

— Est-ce que c'est en Amérique ? On dit que là-bas, les gens marchent la tête en bas ?

— Mais non. Vous voulez parler des antipodes.

Je lui expliquai de mon mieux ce que c'était que l'Amérique et les antipodes. Il m'écouta aussi attentivement que si la question des antipodes l'eût fait seule accourir vers moi.

— Ah ! ah ! j'ai lu, l'année dernière, une histoire de la

comtesse de La Vallière : — Aréfief avait apporté ce livre de chez l'adjudant. — Est-ce la vérité, ou bien une invention ? L'ouvrage est de Dumas.

— Certainement, c'est une histoire inventée.

— Allons ! adieu. Je vous remercie.

Et Pétrof disparut ; en vérité, nous ne parlions presque jamais autrement.

Je me renseignai sur son compte. M— crut devoir me prévenir, quand il eut connaissance de cette liaison. Il me dit que beaucoup de forçats avaient excité son horreur dès son arrivée, mais que pas un, pas même Gazino, n'avait produit sur lui une impression aussi épouvantable que ce Pétrof.

— C'est le plus résolu, le plus redoutable de tous les détenus, me dit M—. Il est capable de tout ; rien ne l'arrête, s'il a un caprice ; il vous assassinera, s'il lui en prend la fantaisie, tout simplement, sans hésiter et sans le moindre repentir. Je crois même qu'il n'est pas dans son bon sens.

Cette déclaration m'intéressa extrêmement, mais M— ne put me dire pourquoi il avait une semblable opinion sur Pétrof. Chose étrange ! pendant plusieurs années, je vis cet homme, je causais avec lui presque tous les jours ; il me fut toujours sincèrement dévoué (bien que je n'en devinasse pas la cause), et pendant tout ce temps, quoiqu'il vécût très-sagement et ne fît rien d'extraordinaire, je me convainquis de plus en plus que M— avait raison, que c'était peut-être l'homme le plus intrépide et le plus difficile à contenir de tout le bagne. Et pourquoi ? je ne saurais l'expliquer.

Ce Pétrof était précisément le forçat qui, lorsqu'on l'avait appelé pour subir sa punition, avait voulu tuer le major ; j'ai dit comment ce dernier, « sauvé par un miracle », était parti une minute avant l'exécution. Une fois, quand il était encore soldat, — avant son arrivée à la maison de force, — son colonel l'avait frappé pendant la manœuvre. On l'avait souvent battu auparavant, je suppose ; mais ce jour-là, il ne se trouvait pas d'humeur à endurer une offense : en plein jour, devant le bataillon déployé, il égorgea son colonel. Je ne connais pas tous les détails de cette histoire, car il ne me la raconta jamais. Bien entendu, ces explosions ne se manifestaient que quand la nature parlait trop haut en lui, elles étaient très-rares. Il était habituellement raisonnable et même tranquille. Ses passions, fortes et ardentes, étaient cachées ; — elles couvaient doucement comme des charbons sous la cendre.

Je ne remarquai jamais qu'il fût ni fanfaron ni vaniteux, comme tant d'autres forçats.

Il se querellait rarement, il n'était en relations amicales avec personne, sauf peut-être avec Sirotkine, et seulement quand il avait besoin de ce dernier. Je le vis pourtant un jour sérieusement irrité. On l'avait offensé en lui refusant un objet qu'il réclamait. Il se disputait à ce sujet avec un forçat de haute taille, vigoureux comme un athlète, nommé Vassili Antonof et connu pour son caractère méchant, chicaneur ; cet homme, qui appartenait à la catégorie des condamnés civils, était loin d'être un lâche. Ils crièrent longtemps, et je pensais que cette querelle finirait comme presque toutes celles du même genre, par de simples horions ; mais l'affaire prit un tour inattendu : Pétrof pâlit tout à coup ; ses lèvres tremblèrent et bleuirent : sa respiration devint difficile. Il se leva, et lentement, très-lentement, à pas imperceptibles (il aimait aller pieds nus en été), il s'approcha d'Antonof. Instantanément, le vacarme et les cris firent place à un silence de mort dans la caserne ; on aurait entendu voler une mouche. Chacun attendait l'événement. Antonof bondit au-devant de son adversaire : il n'avait plus figure humaine... Je ne pus supporter cette scène et je sortis de la caserne. J'étais certain qu'avant d'être sur l'escalier, j'entendrais les cris d'un homme qu'on égorge, mais il n'en fut rien. Avant que Pétrof eût réussi à s'approcher d'Antonof, celui-ci lui avait jeté l'objet en litige (un misérable chiffon, une mauvaise doublure). Au bout de deux minutes, Antonof ne manqua pas d'injurier quelque peu Pétrof, par acquit de conscience et par sentiment des convenances, pour montrer qu'il n'avait pas eu trop peur. Mais Pétrof n'accorda aucune attention à ses injures; il ne répondit même pas. Tout s'était terminé à son avantage, — les injures le touchaient peu, — il était satisfait d'avoir son chiffon. Un quart d'heure plus tard il rôdait dans la caserne, parfaitement désœuvré, cherchant une compagnie où il pourrait entendre quelque chose de curieux. Il semblait que tout l'intéressât, et, pourtant, il restait presque toujours indifférent à ce qu'il entendait, il errait oisif, sans but, dans les cours. On aurait pu le comparer à un ouvrier, à un vigoureux ouvrier, devant lequel le travail « tremble », mais qui pour l'instant n'a rien à faire et condescend, en attendant l'occasion de déployer ses forces, à jouer avec de petits enfants. Je ne comprenais pas pourquoi il restait en prison, pourquoi il ne s'évadait pas. Il n'aurait nullement hésité à s'enfuir, si seulement il l'avait voulu. Le raisonnement n'a de pouvoir, sur des gens comme Pétrof, qu'autant qu'ils ne veulent rien. Quand ils désirent quelque chose, il n'existe pas d'obstacles à leur volonté. Je suis certain qu'il aurait su habilement s'évader, qu'il aurait trompé tout le monde, et qu'il serait resté des semaines entières sans manger, caché dans une forêt ou dans les roseaux d'une rivière. Mais cette idée ne lui était pas encore venue. Je ne remarquai en lui ni jugement, ni bon sens. Ces gens-là naissent avec une idée, qui toute leur vie les roule inconsciemment à droite et à gauche : ils errent ainsi jusqu'à ce qu'ils aient rencontré un objet qui éveille violemment leur désir; alors ils ne marchandent pas leur tête. Je m'étonnais quelquefois qu'un homme qui avait assassiné son colonel pour avoir été battu, se couchât sans contestation sous les verges. Car on le fouettait quand on le surprenait à introduire de l'eau-de-vie dans la prison : comme tous ceux qui n'avaient pas de métier déterminé, il faisait la contrebande de l'eau-de-vie. Il se laissait alors fouetter comme s'il consentait à cette punition et qu'il s'avouât en faute, autrement on l'aurait tué plutôt que de le faire se coucher. Plus d'une fois, je m'étonnai de voir qu'il me volait, malgré son affection pour moi. Cela lui arrivait par boutades. Il me vola ainsi ma Bible, que je lui avais dit de reporter à ma place. Il n'avait que quelques pas à faire, mais chemin faisant, il trouva un acheteur auquel il vendit le livre, et il dépensa aussitôt en eau-de-vie l'argent reçu. Probablement il ressentait ce jour-là un violent désir de boire, et quand il désirait quelque chose, il fallait que cela se fît. Un individu comme Pétrof assassinera un homme pour vingt-cinq kopeks, uniquement pour avoir de quoi boire un demi-litre; en toute autre occasion, il dédaignera des centaines de mille roubles. Il m'avoua le soir même ce vol, mais sans aucun signe de repentir ou de confusion, d'un ton parfaitement indifférent, comme s'il se fût agi d'un incident ordinaire. J'essayai de le tancer comme il le méritait, car je regrettais ma Bible. Il m'écouta sans irritation, très-paisiblement; il convint avec moi que la Bible est un livre très-utile, et regretta sincèrement que je ne l'eusse plus, mais il ne se repentit pas un instant de me l'avoir volée; il me regardait avec une telle assurance que je cessai aussitôt de le gronder. Il supportait mes reproches, parce qu'il jugeait que cela ne pouvait se passer autrement, qu'il méritait d'être tancé pour une pareille action, et que par conséquent je devais l'injurier pour me soulager et me consoler de cette perte; mais dans son for intérieur, il estimait que c'étaient des bêtises, des bêtises dont un homme sérieux aurait eu honte de parler. Je crois même qu'il me tenait pour un enfant, pour un gamin qui ne comprend pas encore les choses les plus simples du monde. Si je lui parlais d'autres sujets que de livres ou de sciences, il me répondait, mais par pure politesse, et en termes laconiques. Je me demandais ce qui le poussait à m'interroger précisément sur les livres. Je le regardais à la dérobée pendant ces conversations, comme pour m'assurer s'il ne se moquait pas de moi. Mais non, il m'écoutait sérieusement, avec attention, bien que souvent elle ne fût pas très-soutenue ; cette dernière circonstance m'irritait quelquefois. Les questions qu'il me posait étaient toujours nettes et précises, il ne paraissait jamais étonné de la réponse qu'elles exigeaient... Il avait sans doute décidé une fois pour toutes qu'on ne pouvait me parler comme à tout le monde, et qu'en dehors des livres je ne comprenais rien.

Je suis certain qu'il m'aimait, ce qui m'étonnait fort. Me tenait-il pour un enfant, pour un homme incomplet ? ressentait-il pour moi cette espèce de compassion qu'éprouve tout être fort pour un plus faible que lui ? me prenait-il pour... je n'en sais rien. Quoique cette compassion ne l'empêchât pas de me voler, je suis certain qu'en me dérobant, il avait pitié de moi. — « Eh ! quel drôle de particulier ! pensait-il assurément en faisant main basse sur mon bien, il ne sait pas même veiller sur ce qu'il possède ! » Il m'aimait à cause de cela, je crois. Il me dit un jour, comme involontairement :

— Vous êtes trop brave homme, vous êtes si simple, si simple, que cela fait vraiment pitié : ne prenez pas ce que je vous dis en mauvaise part, Alexandre Pétrovitch, — ajouta-t-il au bout d'une minute ; — je vous le dis sans mauvaise intention.

On voit quelquefois dans la vie des gens comme Pétrof se manifester et s'affirmer dans un instant de trouble ou de révolution ; ils trouvent alors l'activité qui leur convient. Ce ne sont pas des hommes de parole, ils ne sauraient être les instigateurs et les chefs des insurrections, mais ce sont eux qui exécutent et agissent. Ils agissent simplement, sans bruit, se portent les premiers sur l'obstacle, ou se jettent en avant la poitrine découverte, sans réflexion ni crainte ;

tout le monde les suit, les suit aveuglément, jusqu'au pied de la muraille, où ils laissent d'ordinaire leur vie. Je ne crois pas que Pétrof ait bien fini : il était marqué pour une fin violente, et s'il n'est pas mort jusqu'à ce jour, c'est que l'occasion ne s'est pas encore présentée. Qui sait, du reste ? Il atteindra peut-être une extrême vieillesse et mourra très-tranquillement, après avoir erré sans but de çà et de là. Mais je crois que M— avait raison, et que ce Pétrof était l'homme le plus déterminé de toute la maison de force.

VIII

LES HOMMES DÉTERMINÉS. — LOUKA.

Il est difficile de parler des gens déterminés; au bagne comme partout, ils sont rares. On les devine à la crainte qu'ils inspirent, on se gare d'eux. Un sentiment irrésistible me poussa tout d'abord à me détourner de ces hommes, mais je changeai par la suite ma manière de voir, même à l'égard des meurtriers les plus effroyables. Il y a des hommes qui n'ont jamais tué, et pourtant ils sont plus atroces que ceux qui ont assassiné six personnes. On ne sait pas comment se faire une idée de certains crimes, tant leur exécution est étrange. Je dis ceci parce que souvent les crimes commis par le peuple ont des causes étonnantes.

Un type de meurtrier que l'on rencontre assez fréquemment est le suivant : un homme vit tranquille et paisible; son sort est dur, — il souffre. (C'est un paysan attaché à la glèbe, un serf domestique, un bourgeois ou un soldat.) Il sent tout à coup quelque chose se déchirer en lui : il n'y tient plus et plante son couteau dans la poitrine de son oppresseur ou de son ennemi. Alors sa conduite devient étrange, cet homme outre-passe toute mesure : il a tué son oppresseur, son ennemi : c'est un crime, mais qui s'explique;

il y avait là une cause; plus tard il n'assassine plus ses ennemis seuls, mais n'importe qui, le premier venu; il tue pour le plaisir de tuer, pour un mot déplaisant, pour un regard, pour faire un nombre pair ou tout simplement : « Gare! ôtez-vous de mon chemin ! » Il agit comme un homme ivre, dans un délire. Une fois qu'il a franchi la ligne fatale, il est lui-même ébahi de ce que rien de sacré n'existe plus pour lui; il bondit par-dessus toute légalité, toute puissance, et jouit de la liberté sans bornes, débordante, qu'il s'est créée, il jouit du tremblement de son cœur, de l'effroi qu'il ressent. Il sait du reste qu'un châtiment effroyable l'attend. Ses sensations sont peut-être celles d'un homme qui se penche du haut d'une tour sur l'abîme béant à ses pieds, et qui serait heureux de s'y jeter la tête la première, pour en finir plus vite. Et cela arrive avec les individus les plus paisibles, les plus ordinaires. Il y en a même qui posent dans cette extrémité : plus ils étaient hébétés, ahuris auparavant, plus il leur tarde de parader, d'inspirer de l'effroi. Ce désespéré jouit de l'horreur qu'il cause, il se complaît dans le dégoût qu'il excite. Il fait des folies par *désespoir*, et le plus souvent il attend une punition prochaine, il est impatient qu'on résolve son sort, parce qu'il lui semble trop lourd de porter à lui tout seul le fardeau de ce *désespoir*. Le plus curieux, c'est que cette excitation, cette parade se soutiennent jusqu'au pilori; après, il semble que le fil est coupé : ce terme est fatal, comme marqué par des règles déterminées à l'avance. L'homme s'apaise brusquement, s'éteint, devient un chiffon sans conséquence. Sur le pilori, il défaille et demande pardon au peuple. Une fois à la maison de force, il est tout autre; on ne dirait jamais à le voir que cette poule mouillée a tué cinq ou six hommes.

Il en est que le bagne ne dompte pas facilement. Ils conservent une certaine vantardise, un esprit de bravade. « Eh! dites donc, je ne suis pas ce que vous croyez, j'en ai expédié six, d'âmes. » Mais il finit toujours par se soumettre. De temps en temps, il se divertit au souvenir de son audace, de ses déchaînements, alors qu'il était un *désespéré;* il aime à trouver un benêt devant lequel il se vantera, se pavanera avec une importance décente et auquel il racontera ses hauts faits, en dissimulant bien entendu le désir qu'il a d'étonner par son histoire. « Tiens, voilà l'homme que j'étais ! »

Et avec quel raffinement d'amour-propre prudent il se surveille ! avec quelle négligence paresseuse il débite un pareil récit ! Dans l'accent, dans le moindre mot perce une prétention apprise. Et où ces gens-là l'ont-ils apprise ?

Pendant une des longues soirées des premiers jours de ma réclusion, j'écoutais l'une de ces conversations ; grâce à mon inexpérience, je pris le conteur pour un malfaiteur colossal, au caractère de fer, alors que je me moquais presque de Pétrof. Le narrateur, Louka Kouzmitch, avait *mis bas* un major, sans autre motif que son bon plaisir. Ce Louka Kouzmitch était le plus petit et le plus fluet de toute notre caserne, il était né dans le Midi : il avait été serf, de ceux qui ne sont pas attachés à la glèbe, mais servent leur maître en qualité de domestique. Il avait quelque chose de tranchant et de hautain, « petit oiseau, mais avec bec et ongles ». Les détenus flairent un homme d'instinct : on le respectait très-peu. Il était excessivement susceptible et plein d'amour-propre. Ce soir-là, il cousait une chemise, assis sur le lit de camp, car il s'occupait de couture. Tout auprès de lui se trouvait un gars borné et stupide, mais bon et complaisant, une espèce de colosse, son voisin le détenu Kobyline. Louka se querellait souvent avec lui en qualité de voisin et le traitait du haut de sa grandeur, d'un air railleur et despotique, que, grâce à sa bonhomie, Kobyline ne remarquait pas le moins du monde. Il tricotait un bas et écoutait Louka d'un air indifférent. Celui-ci parlait haut et distinctement. Il voulait que tout le monde l'entendît, bien qu'il eût l'air de ne s'adresser qu'à Kobyline.

— Vois-tu, frère, on m'a renvoyé de mon pays, commença-t-il en plantant son aiguille, pour vagabondage.

— Et y a-t-il longtemps de cela? demanda Kobyline.

— Quand les pois seront mûrs, il y aura un an. Eh bien, nous arrivons à K—v, et l'on me met dans la maison de force. Autour de moi il y avait une douzaine d'hommes, tous Petits-Russiens, bien bâtis, solides et robustes, de vrais bœufs. Et tranquilles! la nourriture était mauvaise, le major de la prison en faisait ce qu'il voulait. Un jour se passe, un autre encore : tous ces gaillards sont des poltrons, à ce que je vois.

— Vous avez peur d'un pareil imbécile? *que je leur dis.*

— Va-t'en lui parler, vas-y! Et ils éclatent de rire comme des brutes. Je me tais. Il y avait là un *Toupet*[1] drôle, mais drôle, — ajouta le narrateur en quittant Kobyline pour s'adresser à tout le monde. Il racontait comment on l'avait jugé au tribunal, ce qu'il leur avait dit, en pleurant à chaudes larmes : « J'ai des enfants, une femme », qu'il disait. C'était un gros gaillard épais et tout grisonnant : « Moi, que je lui dis, non! Et il y avait là un chien qui ne faisait rien qu'écrire, et écrire tout ce que je disais! Alors, que je me dis, que tu crèves............... Et le voilà qui écrit, qui écrit encore. C'est là que ma pauvre tête a été perdue! »

— Donne-moi du fil, Vacia; celui de la maison est pourri.

— En voilà qui vient du bazar, répondit Vacia en donnant le fil demandé.

— Celui de l'atelier est meilleur. On a envoyé le Névalide en chercher il n'y a pas longtemps, mais je ne sais pas chez quelle poison de femme il l'a acheté, il ne vaut rien! fit Louka en enfilant son aiguille à la lumière.

— Chez sa commère, parbleu!

---

[1] *Toupet*. Sobriquet donné par les Grands-Russiens aux Petits-Russiens; ceux-ci portaient autrefois — au dix-septième siècle — un toupet de cheveux sur l'occiput, tandis que le reste du crâne était rasé. — (*Note du trad.*)

— Bien sûr chez sa commère.

— Eh bien, ce major ?... fit Kobyline, qu'on avait tout à fait oublié.

Louka n'attendait que cela, cependant il ne voulut pas continuer immédiatement son récit, comme si Kobyline ne valait pas une pareille marque d'attention. Il enfila tranquillement son aiguille, ramena paresseusement ses jambes sous son torse, et dit enfin :

— J'émoustillai si bien mes Toupets, qu'ils réclamèrent le major. Le matin même, j'avais emprunté le *coquin* (couteau) de mon voisin, et je l'avais caché à tout événement. Le major était furieux comme un enragé. Il arrive. Dites donc, Petits-Russiens, ce n'est pas le moment d'avoir peur. Mais allez donc ! tout leur courage s'était caché au fin fond de la plante de leurs pieds : ils tremblaient. Le major accourt, tout à fait ivre.

— Qu'y a-t-il ? Comment ose-t-on...? Je suis votre tsar, je suis votre Dieu.

Quand il eut dit qu'il était le tsar et le Dieu, je m'approchai de lui, mon couteau dans ma manche.

— Non, *que je lui dis,* Votre Haute Noblesse, — et je m'approche toujours plus, — cela ne peut pas être, Votre Haute Noblesse, que vous soyez notre tsar et notre Dieu.

— Ainsi c'est toi ! c'est toi !! crie le major, — c'est toi qui es le meneur.

— Non, que je lui dis (et je m'approche toujours), non, Votre Haute Noblesse, comme chacun sait, et comme vous-même le savez, notre Dieu tout-puissant et partout présent est seul dans le ciel. Et nous n'avons qu'un seul tsar, mis au-dessus de nous tous, par Dieu lui-même. Il est monarque, Votre Haute Noblesse. Et vous, Votre Haute Noblesse, vous n'êtes encore que major, vous n'êtes notre chef que par la grâce du Tsar et par vos mérites.

— Comment ? commment ?? commmment ??? Il ne pouvait même plus parler, il bégayait, tant il était étonné.

— Voilà comment, que je lui dis : je me jette sur lui et je lui enfonce mon couteau dans le ventre, tout entier! Ç'avait été fait lestement. Il trébucha et tomba en gigottant. J'avais jeté mon couteau.

— Allons, vous autres, Toupets, ramassez-le maintenant!

Je ferai ici une digression hors de mon récit. Les expressions « je suis tsar, je suis Dieu » et autres semblables étaient malheureusement trop souvent employées, dans le bon vieux temps, par beaucoup de commandants. Je dois avouer que leur nombre a singulièrement diminué, et que les derniers ont peut-être déjà disparu. Remarquons que ceux qui paradaient ainsi et affectionnaient de semblables expressions, étaient surtout des officiers sortant du rang. Le grade d'officier mettait sens dessus dessous leur cervelle. Après avoir longtemps peiné sous le sac, ils se voyaient tout à coup officiers, commandants et nobles par-dessus le marché; grâce au manque d'habitude et à la première ivresse de leur avancement, ils se faisaient une idée exagérée de leur puissance et de leur importance, relativement à leurs subordonnés. Devant leurs supérieurs, ces gens-là sont d'une servilité révoltante. Les plus rampants s'empressent même d'annoncer à leurs chefs qu'ils ont été des subalternes et qu'ils « se souviennent de leur place ». Mais envers leurs subordonnés, ce sont des despotes sans mesure. Rien n'irrite plus les détenus, il faut le dire, que de pareils abus. Cette arrogante opinion de sa propre grandeur, cette idée exagérée de l'impunité, engendrent la haine dans le cœur de l'homme le plus soumis et pousse à bout le plus patient. Par bonheur, tout cela date d'un passé presque oublié; et, même alors, l'autorité supérieure reprenait sévèrement les coupables. J'en sais plus d'un exemple.

Ce qui exaspère surtout les subordonnés, c'est le dédain, la répugnance qu'on manifeste dans les rapports avec eux. Ceux qui croient qu'ils n'ont qu'à bien nourrir et entretenir le détenu, et qu'à agir en tout selon la loi, se trompent également. L'homme, si abaissé qu'il soit, exige instinctivement du respect pour sa dignité d'homme. Chaque détenu sait parfaitement qu'il est prisonnier, qu'il est un réprouvé, et connaît la distance qui le sépare de ses supérieurs, mais ni stigmate ni chaînes ne lui feront oublier qu'il est un homme. Il faut donc le traiter humainement. Mon Dieu ! un traitement humain peut relever celui-là même en qui l'image divine est depuis longtemps obscurcie. C'est avec les « malheureux » surtout, qu'il faut agir humainement : là est leur salut et leur joie. J'ai rencontré des commandants au caractère noble et bon, et j'ai pu voir quelle influence bienfaisante ils avaient sur ces humiliés. Quelques mots affables dits par eux ressuscitaient moralement les détenus. Ils en étaient joyeux comme des enfants, et aimaient sincèrement leur chef. Une remarque encore : il ne leur plaît pas que leurs chefs soient familiers et *par trop* bonhommes dans les rapports avec eux. Ils veulent les respecter, et cela même les en empêche. Les détenus sont fiers, par exemple, que leur chef ait beaucoup de décorations, qu'il ait bonne façon, qu'il soit bien noté auprès d'un supérieur puissant, qu'il soit sévère, grave et juste, et qu'il possède le sentiment de sa dignité. Les forçats le préfèrent alors à tous les autres : celui-là sait ce qu'il vaut, et n'offense pas les gens : tout va pour le mieux.

. . . .

— Il t'en a cuit, je suppose ? demanda tranquillement Kobyline.

— Hein ! Pour cuire, camarades, je l'ai été, cuit, il n'y a pas à dire. Aléi ! donne-moi les ciseaux ! Eh bien ! dites donc, ne jouera-t-on pas aux cartes ce soir ?

— Il y a longtemps que le jeu a été bu, remarqua Vacia ; si on ne l'avait pas vendu pour boire, il serait ici.

— Si !... Les *si*, on les paye cent roubles à Moscou, remarqua Louka.

— Eh bien, Louka, que t'a-t-on donné pour ton coup? fit de nouveau Kobyline.

— On me l'a payé cent cinq coups de fouet, cher ami. Vrai! camarades, c'est tout juste s'ils ne m'ont pas tué, reprit Louka en dédaignant une fois encore son voisin Kobyline. — Quand on m'a administré ces cent cinq coups, on m'a mené en grand uniforme. Je n'avais jamais encore reçu le fouet. Partout une masse de peuple. Toute la ville était accourue pour voir punir le brigand, le meurtrier. Combien ce peuple-là est bête, je ne puis pas vous le dire. Timochka (le bourreau) me déshabille, me couche par terre et crie : « — Tiens-toi bien, je vais te griller! » J'attends. Au premier coup qu'il me cingle j'aurais voulu crier, mais je ne le pouvais pas; j'eus beau ouvrir la bouche, ma voix s'était étranglée. Quand il m'allongea le second coup, — vous ne le croirez pas si vous voulez, — mais je n'entendis pas comme ils comptèrent *deux*. Je reviens à moi et je les entends compter : *dix-sept*. On m'enleva quatre fois de dessus le chevalet, pour me laisser souffler une demi-heure et m'inonder d'eau froide. Je les regardais tous, les yeux me sortaient de la tête, je me disais : Je crèverai ici!

— Et tu n'es pas mort? demanda naïvement Kobyline.

Louka le toisa d'un regard dédaigneux : on éclata de rire.

— Un vrai imbécile.....

— Il a du mal dans le grenier, remarqua Louka en ayant l'air de regretter d'avoir daigné parler à un pareil idiot.

— Il est un peu fou! affirma de son côté Vacia.

Bien que Louka eût tué six personnes, nul n'eut jamais peur de lui dans la prison. Il avait pourtant le désir de passer pour un homme terrible.

IX

ISAÏ FOMITCH. — LE BAIN. — LE RÉCIT DE BAKLOUCHINE.

Les fêtes de Noël approchaient. Les forçats les attendaient avec une sorte de solennité, et rien qu'à les voir, j'étais moi-même dans l'expectative de quelque chose d'extraordinaire. Quatre jours avant les fêtes, on devait nous mener au bain (de vapeur [1]). Tout le monde se réjouissait et se préparait : nous devions nous y rendre après le dîner ; à cette occasion, il n'y avait pas de travail dans l'après-midi. De tous les forçats, celui qui se réjouissait et se démenait le plus était bien certainement Isaï Fomitch Bumstein, le Juif, dont j'ai déjà parlé au chapitre IV de mon récit. Il aimait à s'étuver, jusqu'à en perdre connaissance ; chaque fois qu'en fouillant le tas de mes vieux souvenirs, je me souviens du bain de la prison (qui vaut la peine qu'on ne l'oublie pas), la première figure qui se présente à ma mémoire est celle du très-glorieux et inoubliable Isaï Fomitch, mon camarade de bagne. Seigneur ! quel drôle d'homme c'était ! J'ai déjà dit quelques mots de sa figure : cinquante ans, vaniteux, ridé, avec d'affreux stigmates sur les joues et au front, maigre, faible, un corps de poulet, tout blanc. Son visage exprimait une suffisance perpétuelle et inébranlable, j'ajouterai presque : la félicité. Je crois qu'il ne regrettait nullement d'avoir été envoyé aux travaux forcés. Comme il était bijoutier de son métier et qu'il n'en existait pas d'autre dans la ville, il avait toujours du travail qu'on lui payait tant bien que mal. Il n'avait besoin de rien,

---

[1] Les bains russes diffèrent totalement des nôtres : ce sont de grandes étuves dans lesquelles on reste soumis à l'action de la vapeur qui débarrasse la peau de toutes les substances grasses qui la couvrent.

il vivait même *richement*, sans dépenser tout son gain néanmoins, car il faisait des économies et prêtait sur gages à toute la maison de force. Il possédait un samovar, un bon matelas, des tasses, un couvert. Les Juifs de la ville ne lui ménageaient pas leur protection. Chaque samedi, il allait sous escorte à la synagogue (ce qui était autorisé par la loi). Il vivait comme un coq en pâte ; pourtant il attendait avec impatience l'expiration de sa peine pour « se marier ». C'était un mélange comique de naïveté, de bêtise, de ruse, d'impertinence, de simplicité, de timidité, de vantardise et d'impudence. Le plus étrange pour moi, c'est que les déportés ne se moquaient nullement de lui ; s'ils le taquinaient, c'était pour rire. Isaï Fomitch était évidemment un sujet de distraction et de continuelle réjouissance pour tout le monde : « Nous n'avons qu'un seul Isaï Fomitch, n'y touchez pas ! » disaient les forçats ; et bien qu'il comprit lui-même ce qu'il en était, il s'enorgueillissait de son importance ; cela divertissait beaucoup les détenus. Il avait fait son entrée au bagne de la façon la plus risible (elle avait eu lieu avant mon arrivée, mais on me la raconta). Soudain, un soir, le bruit se répandit dans la maison de force qu'on avait amené un Juif que l'on rasait en ce moment au corps de garde, et qu'il allait entrer immédiatement dans la caserne. Comme il n'y avait pas un seul Juif dans toute la prison, les détenus l'attendirent avec impatience, et l'entourèrent dès qu'il eut franchi la grande porte. Le sous-officier de service le conduisit à la prison civile et lui indiqua sa place sur les planches. Isaï Fomitch tenait un sac contenant les effets qui lui avaient été délivrés et ceux qui lui appartenaient. Il posa son sac, prit place sur le lit de camp et s'assit, les jambes croisées sous lui, sans oser lever les yeux. On se pâmait de rire autour de lui, les forçats l'assaillaient de plaisanteries sur son origine israélite. Soudain un jeune déporté écarta la foule et s'approcha de lui, portant à la main son vieux pantalon d'été, sale et déchiré, rapiécé de vieux chiffons. Il s'assit à côté d'Isaï Fomitch et lui frappa sur l'épaule.

— Eh! cher ami, voilà six ans que je t'attends. Regarde un peu, me donneras-tu beaucoup de cette marchandise?

Et il étala devant lui ses haillons.

Isaï Fomitch était d'une timidité si grande, qu'il n'osait pas regarder cette foule railleuse, aux visages mutilés et effrayants, groupée en cercle compacte autour de lui. Il n'avait pu encore prononcer une parole, tant il avait peur. Quand il vit le gage qu'on lui présentait, il tressaillit et il se mit hardiment à palper les haillons. Il s'approcha même de la lumière. Chacun attendait ce qu'il allait dire.

— Eh bien! est-ce que tu ne veux pas me donner un rouble d'argent? Ça vaut cela pourtant! continua l'emprunteur, en clignant de l'œil du côté d'Isaï Fomitch.

— Un rouble d'argent, non! mais bien sept kopeks!

Ce furent les premiers mots prononcés par Isaï Fomitch à la maison de force. Un rire homérique s'éleva parmi les assistants.

— Sept kopeks! Eh bien, donne-les : tu as du bonheur, ma foi. Fais attention au moins à mon gage, tu m'en réponds sur ta tête!

— Avec trois kopeks d'intérêt, cela fera dix kopeks à me payer, dit le Juif d'une voix saccadée et tremblante, en glissant sa main dans sa poche pour en tirer la somme convenue et en scrutant les forçats d'un regard craintif. Il avait horriblement peur, mais l'envie de conclure une bonne affaire l'emporta.

— Hein, trois kopeks d'intérêt... par an?

— Non! pas par an... par mois.

— Tu es diablement chiche! Comme t'appelle-t-on?

— Isaï Fomitz[1].

---

[1] Les Juifs russes zézayent presque tous, et sont d'une poltronnerie inouïe.

— Eh bien ! Isaï Fomitch, tu iras loin ! Adieu.

Le Juif examina encore une fois les guenilles sur lesquelles il venait de prêter sept kopeks, les plia et les fourra soigneusement dans son sac. Les forçats continuaient à se pâmer de rire.

En réalité, tout le monde l'aimait, et bien que presque chaque détenu fût son débiteur, personne ne l'offensait. Il n'avait, du reste, pas plus de fiel qu'une poule ; quand il vit que tout le monde était bien disposé à son égard, il se donna de grands airs, mais si comiques qu'on les lui pardonna aussitôt.

Louka, qui avait connu beaucoup de Juifs quand il était en liberté, le taquinait souvent, moins par méchanceté que par amusement, comme on joue avec un chien, un perroquet ou des bêtes savantes. Isaï Fomitch ne l'ignorait pas, aussi ne s'offensait-il nullement, et donnait-il prestement la réplique.

— Tu vas voir, Juif ! je te rouerai de coups.

— Si tu me donnes un coup, je t'en rendrai dix, répondait crânement Isaï Fomitch.

— Maudit galeux !

— Que ze sois galeux tant que tu voudras.

— Juif rogneux.

— Que ze sois rogneux tant qu'il te plaira : galeux, mais risse. Z'ai de l'arzent !

— Tu as vendu le Christ.

— Tant que tu voudras.

— Fameux, notre Isaï Fomitch ! un vrai crâne ! N'y touchez pas, nous n'en avons qu'un.

— Eh ! Juif, empoigne un fouet, tu iras en Sibérie !

— Z'y suis dézà, en Sibérie !

— On t'enverra encore plus loin.

— Le Seigneur Dieu y est-il, là-bas ?

— Parbleu, ça va sans dire.

— Alors comme vous voudrez ! tant qu'il y aura le Seigneur Dieu et de l'arzent, — tout va bien.

— Un crâne, notre Isaï Fomitch ! un crâne, on le voit !

crie-t-on autour de lui. Le Juif voit bien qu'on se moque de lui, mais il ne perd pas courage, il fait le bravache; les louanges dont on le comble lui causent un vif plaisir, et d'une voix grêle d'alto qui grince dans toute la caserne, il commence à chanter: *La, la, la, la, la!* sur un motif idiot et risible, le seul chant qu'on lui ait entendu chanter pendant tout son séjour à la maison de force. Quand il eut fait ma connaissance, il m'assura en jurant ses grands dieux que c'était le chant et le motif que chantaient six cent mille Juifs, du plus petit au plus grand, en traversant la mer Rouge, et qu'il est ordonné à chaque Israélite de le chanter après une victoire remportée sur l'ennemi.

La veille de chaque samedi, les forçats venaient exprès des autres casernes dans la nôtre pour voir Isaï Fomitch célébrer le sabbat. Il était d'une vanité et d'une jactance si innocentes que cette curiosité générale le flattait doucement. Il couvrait sa petite table dans un coin avec un air d'importance pédantesque et outrée, ouvrait un livre, allumait deux bougies, marmottait quelques mots mystérieux et revêtait son espèce de chasuble, bariolée, sans manches, et qu'il conservait précieusement au fond de son coffre. Il attachait sur ses mains des bracelets de cuir; enfin, il se fixait sur le front, au moyen d'un ruban, une petite boîte[1]; on eût dit une corne qui lui sortait de la tête. Il commençait alors à prier. Il lisait en traînant, criait, crachait, se démenait avec des gestes sauvages et comiques. Tout cela était prescrit par les cérémonies de son culte; il n'y avait là rien de risible ou d'étrange, si ce n'est les airs que se donnait Isaï Fomitch devant nous, en faisant parade de ces cérémonies. Ainsi, il couvrait brusquement sa tête de ses deux mains et commençait à lire en sanglotant... Ses pleurs augmentaient, et dans sa douleur il couchait presque sur

---

[1] Cette boîte cubique, appelée *téphil* en hébreu, représente le temple de Salomon; les dix commandements de la loi de Moïse y sont écrits.

le livre sa tête coiffée de l'arche, en hurlant; mais tout à coup, au milieu de ces sanglots désespérés, il éclatait de rire et récitait en nasillant un hymne d'une voix triomphante, comme attendrie et affaiblie par une surabondance de bonheur... — « On n'y comprend rien », se disaient parfois les détenus. Je demandai un jour à Isaï Fomitch ce que signifiaient ces sanglots et pourquoi il passait brusquement de la désolation au triomphe du bonheur et de la félicité. Isaï Fomitch aimait fort ces questions venant de moi. Il m'expliqua immédiatement que les pleurs et les sanglots sont provoqués par la perte de Jérusalem, et que la loi ordonne de gémir en se frappant la poitrine. Mais, au moment de la désolation la plus aiguë, il *doit, tout à coup*, lui, Isaï Fomitch, se souvenir, comme par hasard (ce « tout à coup » est prescrit par la loi), qu'une prophétie a promis aux Juifs le retour à Jérusalem; il doit manifester aussitôt une joie débordante, chanter, rire et réciter ses prières en donnant à sa voix une expression de bonheur, à son visage le plus de solennité et de noblesse possible. Ce passage soudain, l'obligation absolue de l'observer, plaisaient excessivement à Isaï Fomitch, il m'expliquait avec une satisfaction non déguisée cette ingénieuse règle de la loi. Un soir, au plus fort de la prière, le major entra, suivi de l'officier de garde et d'une escorte de soldats. Tous les détenus s'alignèrent aussitôt devant leurs lits de camp; seul, Isaï Fomitch continua à crier et à gesticuler. Il savait que son culte était autorisé, que personne ne pouvait l'interrompre, et qu'en hurlant devant le major, il ne risquait absolument rien. Il lui plaisait fort de se démener sous les yeux du chef. Le major s'approcha à un pas de distance : Isaï Fomitch tourna le dos à sa table et, droit devant l'officier, commença à chanter son hymne de triomphe, en gesticulant et en traînant sur certaines syllabes. Quand il dut donner à son visage une expression de bonheur et de noblesse, il le fit aussitôt en clignotant des yeux, avec des rires et un hochement de tête du côté du major. Celui-ci s'étonna tout d'abord, puis pouffa de rire, l'appela « benêt » et s'en alla, tandis que le Juif continuait à crier. Une heure plus tard, comme il était en train de souper, je lui demandai ce qu'il aurait fait si le major avait eu la mauvaise idée et la bêtise de se fâcher.

— Quel major?
— Comment? N'avez-vous pas vu le major?
— Non.
— Il était pourtant à deux pieds de vous, à vous regarder.

Mais Isaï Fomitch m'assura le plus sérieusement du monde qu'il n'avait pas vu le major, car à ce moment de la prière, il était dans une telle extase qu'il ne voyait et n'entendait rien de ce qui se passait autour de lui.

Je vois maintenant Isaï Fomitch baguenauder le samedi dans toute la prison, et chercher à ne rien faire, comme la loi le prescrit à tout Juif. Quelles anecdotes invraisemblables ne me racontait-il pas! Chaque fois qu'il revenait de la synagogue, il m'apportait toujours des nouvelles de Pétersbourg et des bruits absurdes qu'il m'assurait tenir de ses coreligionnaires de la ville, qui les tenaient eux-mêmes de première main.

Mais j'ai déjà trop parlé d'Isaï Fomitch.

Dans toute la ville, il n'y avait que deux bains publics. Le premier, tenu par un Juif, était divisé en compartiments pour lesquels on payait cinquante kopeks; l'aristocratie de la ville le fréquentait. L'autre bain, vieux, sale, étroit, était destiné au peuple; c'était là qu'on menait les forçats. Il faisait froid et clair : les détenus se réjouissaient de sortir de la forteresse et de parcourir la ville. Pendant toute la route, les rires et les plaisanteries ne discontinuèrent pas. Un peloton de soldats, le fusil chargé, nous accompagnait; c'était un spectacle pour la ville. Une fois arrivés, vu l'exiguïté du bain, qui ne permettait pas à tout le monde d'entrer à la fois, on nous divisa en deux bandes, dont l'une attendait dans le cabinet froid qui se trouve avant l'étuve, tandis que l'autre se lavait. Malgré cela, la salle était si étroite qu'il était difficile de se figurer comment la moitié des forçats pourrait y tenir. Pétrof ne me quitta pas d'une semelle; il s'empressa auprès de moi sans que je l'eusse prié de venir m'aider et m'offrit même de me laver. En même temps que Pétrof, Baklouchine, forçat de la section particulière, me proposa ses services. Je me souviens de ce détenu, qu'on appelait « pionnier », comme du plus gai et du plus avenant de tous mes camarades; ce qu'il était réellement. Nous nous étions liés d'amitié. Pétrof m'aida à me déshabiller, parce que je mettais beaucoup de temps à cette opération, à laquelle je n'étais pas encore habitué; du reste, il faisait presque aussi froid dans le cabinet que dehors. Il est très-difficile pour un détenu novice de se déshabiller, car il faut savoir adroitement détacher les courroies qui soutiennent les chaînes. Ces courroies de cuir ont dix-sept centimètres de longueur et se bouclent par-dessus le linge, juste sous l'anneau qui enserre la jambe. Une paire de courroies coûte soixante kopeks; chaque forçat doit s'en procurer, car il serait impossible de marcher sans leur secours. L'anneau n'embrasse pas exactement la jambe, on peut passer le doigt entre le fer et la chair; aussi cet anneau bat et frotte contre le mollet, si bien qu'en un seul jour le détenu qui marche sans courroies se fait des plaies vives. Enlever les courroies ne présente aucune difficulté : il n'en est pas de même du linge; pour le retirer, il faut un prodige d'adresse. Une fois qu'on a enlevé le canon gauche du pantalon, il faut le faire passer tout entier entre l'anneau et la jambe elle-même, et le faire repasser en sens contraire sous l'anneau; la jambe gauche est alors tout à fait libre; le canon gauche du pantalon doit être ensuite glissé sous l'anneau de la jambe droite et repassé encore une fois en arrière avec le canon de la jambe droite. La même manœuvre a lieu quand on met du linge propre. Le premier qui nous l'enseigna fut Korenef, à Tobolsk, un ancien chef de brigands, condamné à cinq ans de chaîne. Les forçats sont habitués à cet exercice et s'en tirent lestement. Je donnai quelques kopeks à Pétrof, pour acheter du savon et un torchon de tille dont on se frotte dans l'étuve. On donnait bien aux forçats un morceau de savon, mais il était grand comme une pièce de deux kopeks et n'était pas plus épais que les morceaux de fromage que l'on sert comme entrée dans les soirées des gens de seconde main. Le savon se vendait dans le cabinet même, avec du *sbitène* (boisson faite de miel, d'épices et d'eau chaude), des miches de pain blanc et de l'eau bouillante, car chaque forçat n'en recevait qu'un baquet, selon la convention faite entre le propriétaire du bain et l'administration de la prison. Les détenus qui désiraient se nettoyer à fond pouvaient acheter pour deux kopeks un second baquet, que leur remettait le propriétaire par une fenêtre percée dans la muraille à cet effet.

Dès que je fus déshabillé, Pétrof me prit le bras, en me faisant remarquer que j'aurais de la peine à marcher avec mes chaînes. « Tirez-les en haut, sur vos mollets, me dit-il en me soutenant par-dessous les aisselles comme si j'étais un vieillard. Faites attention ici, il faut franchir le seuil de la porte. » J'eus honte de ses prévenances, je l'assurai que je saurais bien marcher seul, mais il ne voulut pas me croire. Il avait pour moi les égards qu'on a pour un petit enfant maladroit, que chacun doit aider. Pétrof n'était nullement un serviteur; ce n'était surtout pas un domestique. Si je l'avais offensé, il aurait su comment agir avec moi. Je ne lui avais rien promis pour ses services, et lui-même ne m'avait rien demandé. Qu'est-ce qui lui inspirait cette sollicitude pour moi ?

Quand nous ouvrîmes la porte de l'étuve, je crus que nous entrions en enfer [1]. Représentez-vous une salle de

---

[1] Voici ce que Tourguénief dit à propos du passage suivant dans une de ses lettres : « Le tableau du bain, c'est vraiment de Dante. »

douze pas de long sur autant de large dans laquelle on empilerait cent hommes à la fois, ou tout au moins quatre-vingts, car nous étions en tout deux cents, divisés en deux sections. La vapeur nous aveuglait; la suie, la saleté et le manque de place étaient tels que nous ne savions où mettre le pied. Je m'effrayai et je voulus sortir : Pétrof me rassura aussitôt. A grand'peine, tant bien que mal, nous nous hissâmes jusqu'aux bancs en enjambant les têtes des forçats que nous priions de se pencher afin de nous laisser passer. Mais tous les bancs étaient déjà occupés. Pétrof m'annonça que je devais acheter une place et entra immédiatement en pourparlers avec un forçat, qui se trouvait à côté de la fenêtre. Pour un kopek celui-ci consentit à me céder sa place, après avoir reçu de Pétrof la monnaie que ce dernier serrait dans sa main et qu'il avait prudemment préparée à l'avance. Il se faufila juste au-dessous de moi dans un endroit sombre et sale : il y avait là au moins un demi-pouce de moisi; même les places qui se trouvaient au-dessous des banquettes étaient occupées : les forçats y grouillaient. Quant au plancher, il n'y avait pas un espace grand comme la paume de la main qui ne fût occupé par les détenus; ils faisaient jaillir l'eau de leurs baquets. Ceux qui étaient debout se lavaient en tenant à la main leur seille; l'eau sale coulait le long de leur corps et tombait sur les têtes rasées de ceux qui étaient assis. Sur la banquette et les gradins qui y conduisaient étaient entassés d'autres forçats qui se lavaient tout recroquevillés et ramassés, mais c'était le petit nombre. La populace ne se lave pas volontiers avec de l'eau et du savon; ils préfèrent s'étuver horriblement, et s'inonder ensuite d'eau froide; — c'est ainsi qu'ils prennent leur bain. Sur le plancher on voyait cinquante balais de verges s'élever et s'abaisser à la fois, tous se fouettaient à en être ivres. On augmentait à chaque instant la vapeur[1];

---

[1] On jette à cet effet des gouttes d'eau sur le four ardent.

aussi ce que l'on ressentait n'était plus de la chaleur, mais une brûlure comme celle de la poix bouillante. On criait, on gloussait, au bruit de cent chaînes, traînant sur le plancher... Ceux qui voulaient passer d'un endroit à l'autre embarrassaient leurs fers dans d'autres chaînes et heurtaient la tête des détenus qui se trouvaient plus bas qu'eux, tombaient, juraient en entraînant dans leur chute ceux auxquels ils s'accrochaient. Tous étaient dans une espèce de griserie, d'excitation folle ; des cris et des glapissements se croisaient. Il y avait un entassement, un écrasement du côté de la fenêtre du cabinet par laquelle on délivrait l'eau chaude ; elle jaillissait sur les têtes de ceux qui étaient assis sur le plancher, avant qu'elle arrivât à sa destination. Nous avions l'air d'être libres, et pourtant, de temps à autre, derrière la fenêtre du cabinet ou la porte entr'ouverte, on voyait la figure moustachue d'un soldat, le fusil au pied, veillant à ce qu'il n'arrivât aucun désordre. Les têtes rasées des forçats et leurs corps auxquels la vapeur donnait une couleur sanglante, paraissaient encore plus monstrueux. Sur les dos rubéfiés par la vapeur apparaissaient nettement les cicatrices des coups de fouet ou de verges appliqués autrefois, si bien que ces échines semblaient avoir été récemment meurtries. Étranges cicatrices ! Un frisson me passa sous la peau, rien qu'en les voyant. On augmente encore la vapeur — et la salle du bain est couverte d'un nuage épais, brûlant, dans lequel tout s'agite, crie, glousse. De ce nuage ressortent des échines meurtries, des têtes rasées, des raccourcis de bras, de jambes ; pour compléter le tableau, Isaï Fomitch hurle de joie à gorge déployée, sur la banquette la plus élevée. Il se sature de vapeur, tout autre tomberait en défaillance, mais nulle température n'est assez élevée pour lui ; il loue un frotteur pour un kopek, mais au bout d'un instant, celui-ci n'y peut tenir, jette le balai et court s'inonder d'eau froide. Isaï Fomitch ne perd pas courage et en loue un second, un troisième; dans ces occasions-là, il ne regarde pas à la dépense et change jusqu'à cinq fois de frotteur. — « Il s'étuve bien, ce gaillard d'Isaï Fomitch ! » lui crient d'en bas les forçats. Le Juif sent lui-même qu'il dépasse tous les autres, qu'il les « enfonce »; il triomphe, de sa voix rêche et falote il crie son air : *la, la, la, la, la* qui couvre le tapage. Je pensais que si jamais nous devions être ensemble en enfer, cela rappellerait le lieu où nous nous trouvions. Je ne résistai pas au désir de communiquer cette idée à Pétrof : il regarda tout autour de lui, et ne répondit rien.

J'aurais voulu lui louer une place à côté de moi, mais il s'assit à mes pieds et me déclara qu'il se trouvait parfaitement à son aise. Baklouchine nous acheta pendant ce temps de l'eau chaude, qu'il nous apportait quand nous en avions besoin. Pétrof me signifia qu'il me nettoierait des pieds à la tête afin de « me rendre tout propre », et il me pressa de m'étuver. Je ne m'y décidai pas. Ensuite, il me frotta tout entier de savon. « Maintenant, je vais vous laver les *petons* », fit-il en manière de conclusion. Je voulais lui répondre que je pouvais me laver moi-même, mais je ne le contredis pas et m'abandonnai à sa volonté. Dans le diminutif : *petons,* qu'il avait employé, il n'y avait aucun sens servile; Pétrof ne pouvait appeler mes pieds par leur nom, parce que les autres, les vrais hommes, avaient des jambes; moi, je n'avais que des petons.

Après m'avoir rapproprié, il me reconduisit dans le cabinet, me soutenant et m'avertissant à chaque pas comme si j'eusse été de porcelaine. Il m'aida à passer mon linge, et quand il eut fini de me dorloter, il s'élança dans le bain pour s'étuver lui-même.

En arrivant à la caserne, je lui offris un verre de thé qu'il ne refusa pas. Il le but et me remercia. Je pensai à faire la dépense d'un verre d'eau-de-vie en son honneur. J'en trouvai dans notre caserne même. Pétrof fut supérieurement content, il lampa son eau-de-vie, poussa un grognement de satisfaction, et me fit la remarque que je lui rendais la vie ; puis, précipitamment, il se rendit à la cuisine, comme si l'on ne pouvait y décider quelque chose d'important sans lui. Un autre interlocuteur se présenta : c'était Baklouchine, dont j'ai déjà parlé, et que j'avais aussi invité à prendre du thé.

Je ne connais pas de caractère plus agréable que celui de Baklouchine. A vrai dire, il ne pardonnait rien aux autres et se querellait même assez souvent ; il n'aimait surtout pas qu'on se mêlât de ses affaires ; — en un mot, il savait se défendre. Mais ses querelles ne duraient jamais longtemps, et je crois que tous les forçats l'aimaient. Partout où il allait, il était le bienvenu. Même en ville, on le tenait pour l'homme le plus amusant du monde. C'était un gars de haute taille, âgé de trente ans, au visage ingénu et déterminé, assez joli homme avec sa barbiche. Il avait le talent de dénaturer si comiquement sa figure en imitant le premier venu que le cercle qui l'entourait se pâmait de rire. C'était un farceur, mais jamais il ne se laissait marcher sur le pied par ceux qui faisaient les dégoûtés et n'aimaient pas à rire ; aussi personne ne l'accusait d'être un homme « inutile et sans cervelle ». Il était plein de vie et de feu. Il fit ma connaissance dès les premiers jours et me raconta sa carrière militaire, enfant de troupe, soldat au régiment des pionniers, où des personnages haut placés l'avaient remarqué. Il me fit immédiatement un tas de questions sur Pétersbourg ; il lisait même des livres. Quand il vint prendre le thé chez moi, il égaya toute la caserne en racontant comment le lieutenant Ch— avait malmené le matin notre major ; il m'annonça d'un air satisfait, en s'asseyant à côté de moi, que nous aurions probablement une représentation théâtrale à la maison de force. Les détenus projetaient de donner un spectacle pendant les fêtes de Noël. Les acteurs nécessaires étaient trouvés, et peu à peu l'on préparait les décors. Quelques personnes de la ville avaient promis de prêter des habits de femme pour la représentation. On espérait même, par l'entremise d'un brosseur, obtenir un uniforme d'officier avec des aiguillettes. Pourvu seulement que le major ne s'avisât pas d'interdire le spectacle comme l'année précédente! Il était alors de mauvaise humeur parce qu'il avait perdu au jeu, et puis il y avait eu du grabuge dans la maison de force; aussi avait-il tout défendu dans un accès de mécontentement. Cette année peut-être, il ne voudrait pas empêcher la représentation. Baklouchine était exalté : on voyait bien qu'il était un des principaux instigateurs du futur théâtre; je me promis d'assister à ce spectacle. La joie ingénue que Baklouchine manifestait en parlant de cette entreprise me toucha. De fil en aiguille nous en vînmes à causer à cœur ouvert. Il me dit entre autres choses qu'il n'avait pas seulement servi à Pétersbourg; on l'avait envoyé à R... avec le grade de sous-officier, dans un bataillon de garnison.

— C'est de là qu'on m'a expédié ici, ajouta Baklouchine.
— Et pourquoi? lui demandai-je.
— Pourquoi? vous ne devineriez pas, Alexandre Pétrovitch. Parce que je fus amoureux.
— Allons donc! on n'exile pas encore pour ce motif, répliquai-je en riant.
— Il est vrai de dire, reprit Baklouchine, qu'à cause de cela j'ai tué là-bas un Allemand d'un coup de pistolet. Mais était-ce bien la peine de m'envoyer aux travaux forcés pour un Allemand? Je vous en fais juge.
— Comment cela est-il arrivé? Racontez-moi l'histoire, elle doit être curieuse.
— Une drôle d'histoire, Alexandre Pétrovitch!
— Tant mieux. Racontez.
— Vous le voulez? Eh bien, écoutez...
Et j'entendis l'histoire d'un meurtre : elle n'était pas « drôle », mais en vérité fort étrange...
— Voici l'affaire, commença Baklouchine. — On m'avait

envoyé à Riga, une grande et belle ville, qui n'a qu'un défaut : trop d'Allemands. J'étais encore un jeune homme bien noté auprès de mes chefs; je portais mon bonnet sur l'oreille, et je passais agréablement mon temps. Je faisais de l'œil aux Allemandes. Une d'elles, nommée Louisa, me plut fort. Elle et sa tante étaient blanchisseuses de linge fin, du plus fin. La vieille était une vraie caricature, elle avait de l'argent. Tout d'abord je ne faisais que passer sous les fenêtres, mais bientôt je me liai tout à fait avec la jeune fille. Louisa parlait bien le russe, en grasseyant un peu; — elle était charmante, jamais je n'ai rencontré sa pareille. Je la pressai d'abord vivement, mais elle me dit :

« — Ne demande pas cela, Sacha, je veux conserver mon innocence pour être une femme digne de toi! » Et elle ne faisait que me caresser, en riant d'un rire si clair... elle était très-proprette, je n'en ai jamais vu de pareille, je vous dis. Elle m'avait engagé elle-même à l'épouser. Et comment ne pas l'épouser, dites un peu! Je me préparais déjà à aller chez le colonel avec ma pétition... Tout à coup, — Louisa ne vient pas au rendez-vous, une première fois, une seconde, une troisième... Je lui envoie une lettre... elle n'y répond pas. Que faire? me dis-je. Si elle me trompait, elle aurait su me jeter de la poudre aux yeux, elle aurait répondu à ma lettre et serait venue au rendez-vous. Mais elle ne savait pas mentir; elle avait rompu tout simplement. C'est un tour de la tante, pensai-je. Je n'osai pas aller chez celle-ci; quoiqu'elle connût notre liaison, nous faisions comme si elle l'ignorait... J'étais comme un possédé; je lui écrivis une dernière lettre, dans laquelle je lui dis : « — Si tu ne viens pas, j'irai moi-même chez ta tante. » Elle eut peur et vint. La voilà qui se met à pleurer et me raconte qu'un Allemand, Schultz, leur parent éloigné, horloger de son état et d'un certain âge, mais riche, avait manifesté le désir de l'épouser, — afin de la rendre heureuse, comme il disait, et pour ne pas rester sans épouse pendant sa vieillesse; il l'aimait depuis longtemps, à ce qu'elle disait, et caressait cette idée depuis des années, mais il l'avait tue et ne se décidait jamais à parler. — Tu vois, Sacha, me dit-elle, que c'est mon bonheur, car il est riche; voudrais-tu donc me priver de mon bonheur? Je la regarde, elle pleure, m'embrasse, m'étreint...

— Eh! me dis-je, elle a raison! Quel bénéfice d'épouser un soldat, même un sous-officier? — Allons, adieu, Louisa, Dieu te protége! je n'ai pas le droit de te priver de ton bonheur. Et comment est-il de sa personne? est-il joli? — Non, il est âgé, et puis il a un long nez. — Elle pouffa même de rire. Je la quittai : Allons, ce n'était pas ma destinée, pensé-je. Le lendemain je passe près du magasin de Schultz (elle m'avait indiqué la rue où il demeurait). Je regarde par le vitrage : je vois un Allemand qui arrange une montre.
— Quarante-cinq ans, un nez aquilin, des yeux bombés, un frac à collet droit, très-haut. Je crachai de mépris en le voyant : à ce moment-là, j'étais prêt à casser les vitres de sa devanture... A quoi bon? pensais-je. Il n'y a plus rien à faire, c'est fini et bien fini... J'arrive à la caserne à la nuit tombante, je m'étends sur ma couchette et, le croirez-vous, Alexandre Pétrovitch? je me mets à sangloter, à sangloter...

Un jour se passe, puis un second, un troisième... Je ne vois plus Louisa. J'avais pourtant appris d'une vieille commère (blanchisseuse aussi, chez laquelle mon amante allait quelquefois) que cet Allemand connaissait notre amour, et que pour cette raison il s'était décidé à l'épouser le plus tôt possible. Sans quoi il aurait attendu encore deux ans. Il avait forcé Louisa à jurer qu'elle ne me verrait plus; il paraît qu'à cause de moi, il serrait les cordons de sa bourse et qu'il les tenait dur toutes deux, la tante et Louisa. Peut-être changerait-il encore d'idée, car il n'était pas résolu. Elle me dit aussi qu'il les avait invitées à prendre le café chez lui le surlendemain, — un dimanche, et qu'il viendrait encore un autre parent, ancien marchand, maintenant très-pauvre et surveillant dans un débit de liqueurs. Quand j'appris qu'ils décideraient cette affaire le dimanche, je fus si furieux que je ne pus reprendre mon sang-froid. Tout ce jour-là et le suivant, je ne fis que penser. J'aurais dévoré cet Allemand, je crois.

Le dimanche matin, je n'avais encore rien décidé; sitôt la messe entendue, je sortis en courant, j'enfilai ma capote et je me rendis chez cet Allemand. Je pensais les trouver tous là. Pourquoi j'allais chez l'Allemand et ce que je voulais dire, je n'en savais rien moi-même. Je glissai un pistolet dans ma poche à tout hasard; un petit pistolet qui ne valait pas le diable, avec un chien de l'ancien système, — encore gamin je m'en servais pour tirer, — il n'était plus bon à rien. Je le chargeai cependant, parce que je pensais qu'ils me chasseraient, que cet Allemand me dirait des grossièretés, et qu'alors je tirerais mon pistolet pour les effrayer tous. J'arrive. Personne dans l'escalier, ils étaient tous dans l'arrière-boutique. Pas de domestique, l'unique servante était absente. Je traverse le magasin, je vois que la porte est fermée, une vieille porte retenue par un crochet. Le cœur me bat, je m'arrête et j'écoute : on parle allemand. J'enfonce d'un coup de pied la porte qui cède. Je regarde, la table est mise. Il y avait là une grande cafetière, une lampe à esprit-de-vin sur laquelle le café bouillait, et des biscuits. Sur un autre plateau, un carafon d'eau-de-vie, des harengs, de la saucisse et une bouteille de vin quelconque. Louisa et sa tante, toutes deux endimanchées, étaient assises sur le divan. En face d'elles l'Allemand s'étalait sur une chaise, comme un fiancé, quoi! bien peigné, en frac et collet monté. De l'autre côté il y avait encore un Allemand, déjà vieux celui-là, gros et gris; il se taisait. Quand j'entrai, Louisa devint toute pâle. La tante se leva d'un bond et se rassit. L'Allemand se fâcha. Était-il colère! il se leva et me dit en venant à ma rencontre :

— Que désirez-vous?

J'eusse perdu contenance, si la colère ne m'eût soutenu.

— Ce que je désire? Accueille donc un hôte, fais-lui boire de l'eau-de-vie. Je suis venu te faire une visite.

L'Allemand réfléchit un instant et me dit : Asseyez-vous! Je m'assis.

— Voici de l'eau-de-vie; buvez, je vous prie.

— Donne-moi de bonne eau-de-vie, toi! dis donc. — Je me mettais toujours plus en colère.

— C'est de bonne eau-de-vie.

J'enrageai de voir qu'il me regardait de haut en bas. Le plus affreux, c'est que Louisa contemplait cette scène. Je bus, et je lui dis :

— Or çà, l'Allemand, qu'as-tu donc à me dire des grossièretés? Faisons connaissance, je suis venu chez toi en bon ami.

— Je ne puis être votre ami, vous êtes un simple soldat.

Alors je m'emportai.

— Ah! mannequin! marchand de saucisses! Sais-tu que je puis faire de toi ce qui me plaira? Tiens, veux-tu que je te casse la tête avec ce pistolet?

Je tire mon pistolet, je me lève et je lui applique le canon à bout portant contre le front. Les femmes étaient plus mortes que vives; elles avaient peur de souffler; le vieux tremblait comme une feuille, tout blême.

L'Allemand s'étonna, mais il revint vite à lui.

— Je n'ai pas peur de vous et je vous prie, en homme bien élevé, de cesser immédiatement cette plaisanterie; je n'ai pas peur de vous du tout.

— Oh! tu mens, tu as peur! Voyez-le! Il n'ose pas remuer la tête de dessous le pistolet.

— Non, dit-il, vous n'oserez pas faire cela.

— Et pourquoi donc ne l'oserais-je pas?

— Parce que cela vous est sévèrement défendu et qu'on vous punirait sévèrement.

Que le diable emporte cet imbécile d'Allemand! S'il ne m'avait pas poussé lui-même, il serait encore vivant.

— Ainsi tu crois que je n'oserai pas?...
— No-on!
— Je n'oserai pas?
— Vous n'oserez pas me faire...
— Eh bien! tiens! saucisse! — Je tire, et le voilà qui s'affaisse sur sa chaise. Les autres poussent des cris.

Je remis mon pistolet dans ma poche, et en rentrant à la forteresse, je le jetai dans les orties près de la grande porte.

J'arrive à la caserne, je m'allonge sur ma couchette et je me dis : « — On va me pincer tout de suite! » Une heure se passe, une autre encore — on ne m'arrête pas. Vers le soir, je fus pris d'un tel chagrin que je sortis; je voulais à tout prix voir Louisa. Je passai devant la maison de l'horloger. Il y avait là un tas de monde, la police... Je courus chez la vieille commère, je lui dis : « — Va appeler Louisa! » Je n'attendis qu'un instant, elle accourut aussitôt, se jeta à mon cou en pleurant. — « C'est ma faute, me dit-elle, j'ai écouté ma tante. » Elle me raconta que sa tante, tout de suite après cette scène, était rentrée à la maison; elle avait eu tellement peur qu'elle en était malade et n'avait pas soufflé mot. La vieille n'avait dénoncé personne, au contraire, elle avait même ordonné à sa nièce de se taire parce qu'elle avait peur : « Qu'ils fassent ce qu'ils veulent. — Personne ne nous a vus depuis », me dit Louisa. L'horloger avait renvoyé sa servante, car il la craignait comme le feu; elle lui aurait sauté aux yeux, si elle avait su qu'il voulait se marier. Il n'y avait aucun ouvrier à la maison, il les avait tous éloignés. Il avait préparé lui-même le café et la collation. Quant au parent, comme il s'était tu toute sa vie, il avait pris son chapeau sans ouvrir la bouche, et s'en était allé le premier. — « Pour sûr il se taira », ajouta Louisa. C'est ce qui arriva. Pendant deux semaines, personne ne m'arrêta, on ne me soupçonnait pas le moins du monde. Ne le croyez pas si vous voulez, Alexandre Pétrovitch, mais ces deux semaines ont été tout le bonheur de ma vie. Je voyais Louisa chaque jour. Et comme elle s'était attachée à moi! Elle me disait en pleurant : « Si l'on t'exile, j'irai avec toi, je quitterai tout pour te suivre. » Je pensais déjà à en finir avec ma vie, tant elle m'avait apitoyé. Mais au bout des deux semaines, on m'arrêta. Le vieux et la tante s'étaient entendus pour me dénoncer.

— Mais, interrompis-je, Baklouchine, attendez! — pour *cela*, on ne pouvait vous infliger que dix à douze ans de travaux, le maximum de la peine, et encore dans la section civile; pourtant, vous êtes dans la « section particulière ». Comment cela se fait-il?

— C'est une autre affaire, dit Baklouchine. Quand on me conduisit devant le conseil de guerre, le capitaine rapporteur commença à m'insulter devant le tribunal, à me dire des gros mots. Je n'y tins pas, je lui criai : « Pourquoi m'injuries-tu? Ne vois-tu pas, canaille, que tu te regardes dans un miroir? » Cela m'a fait une nouvelle affaire, on m'a remis en jugement, et pour les deux choses j'ai été condamné à quatre mille coups de verges et à la « section particulière ». Quand on me fit sortir pour subir ma punition dans la *rue verte*, on emmena le capitaine : il avait été cassé de son grade et envoyé au Caucase en qualité de simple soldat. — Au revoir, Alexandre Pétrovitch. Ne manquez pas de venir voir notre représentation.

X

LA FÊTE DE NOËL.

Les fêtes approchaient enfin. La veille du grand jour, les forçats n'allèrent presque pas au travail. Ceux qui travaillaient dans les ateliers de couture et autres s'y rendirent comme à l'ordinaire, les derniers s'en furent à la démonte, mais ils revinrent presque immédiatement à la maison de force, un à un ou par bandes ; après le dîner, personne ne travailla. Depuis le matin la majeure partie des forçats n'étaient occupés que de leurs propres affaires et non de celles de l'administration : les uns s'arrangeaient pour faire venir de l'eau-de-vie ou en commandaient encore, tandis que les autres demandaient la permission de voir leurs compères et leurs commères, ou rassemblaient les petites sommes qu'on leur devait pour du travail exécuté auparavant. Baklouchine et les forçats qui prenaient part au spectacle cherchaient à décider quelques-unes de leurs connaissances, presque tous brosseurs d'officiers, à leur confier les costumes qui leur étaient nécessaires.

Les uns allaient et venaient d'un air affairé, uniquement parce que d'autres étaient pressés et affairés ; ils n'avaient aucun argent à recevoir, et pourtant ils paraissaient attendre un payement ; en un mot, tout le monde était dans l'expectative d'un changement, de quelque événement extraordinaire. Vers le soir, les invalides qui faisaient les commissions des forçats apportèrent toutes sortes de victuailles : de la viande, des cochons de lait, des oies. Beaucoup de détenus, même les plus simples et les plus économes, qui toute l'année entassaient leurs kopeks, croyaient de leur devoir de faire de la dépense ce jour-là et de célébrer dignement le réveillon. Le lendemain était pour les forçats une vraie fête, à laquelle ils avaient droit, une fête reconnue par la loi. Les détenus ne pouvaient être envoyés au travail ce jour-là : il n'y avait que trois jours semblables dans toute l'année.

Enfin, qui sait combien de souvenirs devaient tourbillonner dans les âmes de ces réprouvés à l'approche d'une pareille solennité? Dès l'enfance, le petit peuple garde vivement la mémoire des grandes fêtes. Ils devaient se rappeler avec angoisse et tourment ces jours où l'on se repose des pénibles travaux au sein de la famille. Le respect des forçats pour ce jour-là avait quelque chose d'imposant; les riboteurs étaient peu nombreux, presque tout le monde était sérieux et pour ainsi dire occupé, bien qu'ils n'eussent rien à faire pour la plupart. Même ceux qui se permettaient de faire bamboche conservaient un air grave... Le rire semblait interdit. Une sorte de susceptibilité intolérante régnait dans tout le bagne, et si quelqu'un contrevenait au repos général, même involontairement, on le remettait bien vite à sa place, en criant et en jurant; on se fâchait, comme s'il eût manqué de respect à la fête elle-même. Cette disposition des forçats était remarquable et même touchante. Outre la vénération innée qu'ils ont pour ce grand jour, ils pressentent qu'en observant cette fête, ils sont en communion avec le reste du monde, qu'ils ne sont plus tout à fait des réprouvés, perdus et rejetés par la société, puisqu'à la maison de force on célèbre cette réjouissance comme au dehors. Ils sentaient tout cela, je l'ai vu et compris moi-même.

Akim Akimytch avait aussi fait de grands préparatifs pour la fête : il n'avait pas de souvenirs de famille, étant né orphelin dans une maison étrangère, et entré au service dès l'âge de quinze ans; il n'avait jamais ressenti de grandes joies, ayant toujours vécu régulièrement, uniformément, dans la crainte d'enfreindre les devoirs qui lui étaient imposés. Il n'était pas non plus fort religieux, car son formalisme avait étouffé tous ses dons humains, toutes ses passions et ses penchants, bons ou mauvais. Il se préparait par conséquent à fêter Noël sans se trémousser ou s'émouvoir particulièrement; il n'était attristé par aucun souvenir chagrin et inutile; il faisait tout avec cette ponctualité qui était suffisante pour accomplir convenablement ses devoirs ou pour célébrer une cérémonie fondée une fois pour toutes. D'ailleurs, il n'aimait pas trop à réfléchir. L'importance du fait lui-même n'avait jamais effleuré sa cervelle, tandis qu'il exécutait les règles qu'on lui imposait avec une minutie religieuse. Si on lui avait ordonné le jour suivant de faire tout le contraire de ce qu'il avait fait la veille, il aurait obéi avec la même soumission et le même scrupule qu'il avait montré le jour avant. Une fois dans sa vie, une seule fois, il avait voulu agir de sa propre impulsion — et il avait été envoyé aux travaux forcés. Cette leçon n'avait pas été perdue pour lui. Quoiqu'il fût écrit qu'il ne devait jamais comprendre sa faute, il avait pourtant gagné à son aventure une règle de morale salutaire, — ne jamais raisonner, dans n'importe quelle circonstance, parce que son esprit n'était jamais à la hauteur de l'affaire à juger. Aveuglément dévoué aux cérémonies, il regardait avec respect le cochon de lait qu'il avait farci de gruau et qu'il avait rôti lui-même (car il avait quelques connaissances culinaires), absolument comme si ce n'avait pas été un cochon de lait ordinaire, que l'on pouvait acheter et rôtir en tout temps, mais bien un animal particulier, né spécialement pour la fête de Noël. Peut-être était-il habitué, depuis sa tendre enfance, à voir ce jour-là sur la table un cochon de lait, et en concluait-il qu'un cochon de lait était indispensable pour célébrer dignement la fête; je suis certain que si, par malheur, il n'avait pas mangé de cette viande-là, il aurait eu un remords toute sa vie de n'avoir pas fait son devoir. Jusqu'au jour de Noël il portait sa vieille veste et son vieux pantalon, qui, malgré leur raccommodage minutieux, montraient depuis longtemps la corde. J'appris alors qu'il gardait soigneusement dans son coffre le nouveau costume qui lui avait été délivré quatre mois auparavant, et qu'il ne l'avait pas touché à la seule fin de l'étrenner le jour de Noël. C'est ce qu'il fit. La veille, il sortit de son coffre les vêtements neufs, les déplia, les examina, les nettoya, souffla dessus pour enlever la poussière, et tout étant parfaitement en ordre, il les essaya préalablement. Le costume lui seyait parfaitement; toutes les pièces étaient convenables, la veste se boutonnait jusqu'au cou, le collet droit et roide comme du carton maintenait le menton très-haut; la taille rappelait de loin la coupe militaire; aussi Akim Akimytch sourit-il de satisfaction, en se tournant et retournant non sans braverie devant son tout petit miroir, orné depuis longtemps par ses soins d'une bordure dorée. Seule, une agrafe de la veste semblait ne pas être à sa place : Akim Akimytch la remarqua et résolut de la changer de place; quand il eut fini, il essaya de nouveau la veste, elle était irréprochable. Il replia alors son costume comme auparavant et, l'esprit tranquille, le serra dans son coffre jusqu'au lendemain. Son crâne était suffisamment rasé, mais après un examen attentif, Akim Akimytch acquit la certitude qu'il n'était pas absolument lisse; ses cheveux avaient imperceptiblement repoussé; il se rendit immédiatement près du « major » pour être rasé comme il faut, à l'ordonnance. En réalité personne n'aurait songé à le regarder le lendemain, mais il agissait par acquit de conscience, afin de remplir tous ses devoirs ce jour-là. Cette vénération pour le plus petit bouton, pour la moindre torsade d'épaulette, pour la moindre ganse s'était gravée dans son esprit comme un devoir impérieux, et dans son cœur, comme l'image de la plus parfaite beauté que peut et doit atteindre un homme comme il faut. En sa qualité d'« ancien » de la caserne, il veilla à ce qu'on apportât du foin et à ce qu'on l'étendît sur le plancher. La même chose se faisait dans les autres casernes. Je ne sais pas pourquoi l'on jetait toujours du foin sur le sol le jour de Noël[1]. Une fois qu'Akim Akimytch eut terminé son travail, il dit ses prières, s'étendit sur sa couchette et s'endormit du sommeil tranquille de l'enfance, afin de se réveiller le plus tôt possible le lendemain. Les

---

[1] En Pologne, à l'heure qu'il est, entre la nappe et le bois de la table sur laquelle sont disposés les mets, on dispose du foin qui doit rappeler aux fidèles que Jésus-Christ est né dans une crèche.

autres forçats firent de même, du reste. Tous les détenus se couchèrent beaucoup plus tôt que de coutume. Les travaux ordinaires furent délaissés ce soir-là; quant à jouer aux cartes, personne n'aurait même osé en parler. Tout le monde attendait le matin suivant.

Il arriva enfin, ce matin! De fort bonne heure, avant même qu'il fît jour, on battit la diane, et le sous-officier qui entra pour compter les forçats leur souhaita une heureuse fête. On lui répondit, d'un ton affable et aimable, par un souhait semblable. Akim Akimytch et beaucoup d'autres qui avaient leurs oies et leurs cochons de lait, s'en furent précipitamment à la cuisine, après avoir dit leurs prières à la hâte, pour voir à quel endroit se trouvaient leurs victuailles, et comme on les rôtissait. Par les petites fenêtres de notre caserne, à moitié cachées par la neige et la glace, on voyait dans les ténèbres flamber le feu vif des deux cuisines, dont les six poêles étaient allumés. Dans la cour encore sombre, les forçats, la demi-pelisse jetée sur les épaules ou complétement vêtus, se pressaient du côté de la cuisine. Quelques-uns cependant, — en petit nombre, — avaient réussi à visiter les cabaretiers. C'étaient les plus impatients. Tout le monde se conduisait avec décence, paisiblement, beaucoup mieux qu'à l'ordinaire. On n'entendait ni les querelles, ni les injures habituelles. Chacun comprenait que c'était un grand jour, une grande fête. Des forçats allaient même dans les autres casernes souhaiter une heureuse fête à leurs connaissances. Ce jour-là, il semblait qu'une sorte d'amitié existât entre eux. Je remarquerai en passant que les forçats n'ont presque jamais de liaisons à la maison de force, ni communes, ni particulières; ainsi il était très-rare qu'un forçat se liât avec un autre, comme dans le monde libre. Nous étions en général durs et secs dans nos rapports réciproques, à quelques rares exceptions près; c'était un ton adopté une fois pour toutes. Je sortis aussi de la caserne; il commençait à faire clair; les étoiles pâlissaient, une légère buée congelée s'élevait de terre, les spirales de fumée des cheminées montaient en tournoyant. Plusieurs détenus que je rencontrai me souhaitèrent avec affabilité une bonne fête. Je les remerciai en leur rendant leurs souhaits. De ceux-là, quelques-uns ne m'avaient jamais encore adressé la parole.

Près de la cuisine, un forçat de la caserne militaire, la touloupe sur l'épaule, me rejoignit. Du milieu de la cour, il m'avait aperçu et me criait : « Alexandre Pétrovitch ! Alexandre Pétrovitch ! » Il se hâtait en courant du côté de la cuisine. Je m'arrêtai pour l'attendre. C'était un jeune gars au visage rond, aux yeux doux, peu communicatif avec tout le monde ; il ne m'avait pas encore parlé depuis mon entrée à la maison de force, et n'avait fait jusqu'alors aucune attention à moi : je ne savais même pas comment il se nommait. Il accourut tout essoufflé, et resta planté devant moi à me regarder en souriant bêtement, mais d'un air heureux.

— Que voulez-vous ? lui demandai-je non sans étonnement. Il resta devant moi souriant, à me regarder de tous ses yeux, sans toutefois entamer la conversation.

— Mais, comment donc ?... c'est fête..., marmotta-t-il. Il comprit lui-même qu'il n'avait rien à me dire de plus, et me quitta pour se rendre précipitamment à la cuisine.

Je ferai la remarque qu'après cela nous ne nous rencontrâmes presque jamais, et que nous ne nous adressâmes pas la parole jusqu'à ma sortie de prison.

Autour des poêles flambants de la cuisine les forçats affairés se démenaient et se bousculaient. Chacun surveillait son bien, les cuisiniers préparaient l'ordinaire du bagne, car le dîner devait avoir lieu un peu plus tôt que de coutume. Personne n'avait encore mangé, du reste, bien que tous en eussent envie, mais on observait les convenances devant les autres. On attendait le prêtre, le carême ne cessait qu'après son arrivée. Il ne faisait pas encore jour que l'on entendit déjà le caporal crier de derrière la porte d'entrée de la prison : « Les cuisiniers! » Ces appels se répétèrent, ininterrompus, pendant deux heures. On réclamait les cuisiniers pour recevoir les aumônes apportées de tous les coins de la ville en quantité énorme : miches de pain blanc, talmouses, échaudés, crêpes, et autres pâtisseries au beurre. Je crois qu'il n'y avait pas une marchande ou une bourgeoise de toute la ville qui n'eût envoyé quelque chose aux « malheureux ». Parmi ces aumônes, il y en avait d'opulentes, comme des pains de fleur de farine en assez grand nombre; il y en avait aussi de très-pauvres, une miche de pain blanc de deux kopeks et deux *changhi* noirs à peine enduits de crème aigre : c'était le cadeau du pauvre au pauvre, pour lequel celui-là avait dépensé son dernier kopek. Tout était accepté avec une égale reconnaissance, sans distinction de valeur ou de donateurs. Les forçats qui recevaient les dons ôtaient leurs bonnets, remerciaient en saluant les donateurs, leur souhaitaient de bonnes fêtes et emportaient l'aumône à la cuisine. Quand on avait rassemblé de grands tas de pains, on appelait les anciens de chaque caserne, qui partageaient le tout par égales portions entre toutes les sections. Ce partage n'excitait ni querelles ni injures, il se faisait honnêtement, équitablement. Akim Akimytch, aidé d'un autre détenu, partageait entre les forçats de notre caserne le lot qui nous était échu, de sa main, et remettait à chacun de nous ce qui lui revenait. Chacun était content, pas une réclamation ne se faisait entendre, aucune envie ne se manifestait; personne n'aurait eu l'idée d'une tromperie. Quand Akim Akimytch eut fini ses affaires à la cuisine, il procéda religieusement à sa toilette et s'habilla d'un air solennel, en boutonnant tous les crochets de sa veste sans en excepter un : une fois vêtu de neuf, il se mit à prier, ce qui dura assez longtemps. Beaucoup de détenus remplissaient leurs devoirs religieux, mais c'étaient, pour la plupart, des gens âgés; les jeunes ne priaient presque pas : ils se signaient tout au plus en se levant, et encore cela n'arrivait que les jours de fête. Akim Akimytch s'approcha de moi, une fois sa prière finie, pour me faire les souhaits d'usage. Je l'invitai à prendre du thé, il me rendit ma politesse en m'offrant de son cochon de lait. Au bout de quelque temps Pétrof accourut pour m'adresser ses compliments. Je crois qu'il avait déjà bu, et, bien qu'il fût tout essoufflé, il ne me dit pas grand'chose ; il resta debout devant moi pendant quelques instants et s'en retourna à la cuisine. On se préparait en ce moment dans la caserne de la section militaire à recevoir le prêtre. Cette caserne n'était pas construite comme les autres ; les lits de camp étaient disposés le long de la muraille, et non au milieu de la salle comme dans toutes les autres. si bien que c'était la seule dont le milieu ne fût pas obstrué. Elle avait été probablement construite de cette façon afin qu'en cas de nécessité on pût réunir les forçats. On dressa une petite table au milieu de la salle ; on y plaça une image devant laquelle on alluma une petite lampe-veilleuse. Le prêtre arriva enfin avec la croix et l'eau bénite. Il pria et chanta devant l'image, puis se tourna du côté des forçats qui, tous, les uns après les autres, vinrent baiser la croix. Le prêtre parcourut ensuite toutes les casernes, qu'il aspergea d'eau bénite ; quand il arriva à la cuisine, il vanta le pain de la maison de force qui avait de la réputation en ville ; les détenus manifestèrent aussitôt le désir de lui envoyer deux pains frais encore tout chauds, qu'un invalide fut chargé de lui porter immédiatement. Les forçats reconduisirent la croix avec le même respect qu'ils l'avaient accueillie ; presque tout de suite après, le major et le commandant arrivèrent. On aimait le commandant, on le respectait même. Il fit le tour des casernes en compagnie du major, souhaita un joyeux Noël aux forçats, entra dans la cuisine et goûta la soupe aux choux aigres. Elle était fameuse ce jour-là : chaque détenu avait droit à près d'une livre de viande ; en outre, on avait préparé du gruau de millet, et certes le beurre n'y avait pas été épargné. Le major reconduisit le commandant jusqu'à la porte et ordonna aux forçats de dîner. Ceux-ci s'efforçaient de ne pas se trouver sous ses yeux. On n'aimait pas son regard méchant, toujours inquisiteur derrière ses lunettes, errant de droite et de gauche, comme s'il cherchait un désordre à réprimer, un coupable à punir.

On dîna. Le cochon de lait d'Akim Akimytch était admirablement rôti. Je ne pus m'expliquer comment cinq minutes après la sortie du major il y eut une masse de détenus ivres tandis qu'en sa présence tout le monde était encore de sang-froid. Les figures rouges et rayonnantes étaient nombreuses; des balalaïki[1] firent bientôt leur apparition. Le petit Polonais suivait déjà en jouant du violon un riboteur qui l'avait engagé pour toute la journée et auquel il raclait des danses gaies. La conversation devint de plus en plus bruyante et tapageuse. Le dîner se termina cependant sans grands désordres. Tout le monde était rassasié. Plusieurs vieillards, des forçats sérieux, s'en furent immédiatement se coucher, ce que fit aussi Akim Akimytch qui supposait probablement qu'on devait absolument dormir après dîner les jours de fête. Le vieux-croyant de Starodoub, après avoir quelque peu sommeillé, grimpa sur le poêle, ouvrit son livre; il pria la journée entière et même fort tard dans la soirée, sans un instant d'interruption. Le spectacle de cette « honte » lui était pénible, comme il le disait. Tous les Tcherkesses allèrent s'asseoir sur le seuil; ils regardaient avec curiosité, mais avec une nuance de dégoût, tout ce monde ivre. Je rencontrai Nourra : « *Aman, Aman,* me dit-il dans un élan d'honnête indignation et en hochant la tête, — ouh ! *Aman !* Allah sera fâché ! » Isaï Fomitch alluma d'un air arrogant et opiniâtre une bougie dans son coin et se mit au travail, pour bien montrer qu'à ses yeux ce n'était pas fête. Par-ci par-là des parties de cartes s'organisaient. Les forçats ne craignaient

---

[1] Espèce de guitare.

pas les invalides, on plaça pourtant des sentinelles pour le cas où le sous-officier arriverait à l'improviste, mais celui-ci s'efforçait de ne rien voir. L'officier de garde fit en tout trois rondes : les détenus ivres se cachaient vite, les jeux de cartes disparaissaient en un clin d'œil ; je crois qu'au fond il était bien résolu à ne pas remarquer les désordres de peu d'importance. Être ivre n'était pas un méfait ce jour-là. Peu à peu tout le monde fut en gaieté. Des querelles commencèrent. Le plus grand nombre cependant était de sang-froid, en effet il y avait de quoi rire rien qu'à voir ceux qui étaient soûls. Ceux-là buvaient sans mesure. Gazine triomphait, il se promenait d'un air satisfait près de son lit de camp, sous lequel il avait caché son eau-de-vie, enfouie à l'avance sous la neige derrière les casernes, dans un endroit secret ; il riait astucieusement en voyant les consommateurs arriver en foule. Il était de sang-froid et n'avait rien bu du tout, car il avait l'intention de bambocher le dernier jour des fêtes, quand il aurait préalablement vidé les poches des détenus. Des chansons retentissaient dans les casernes. La soûlerie devenait infernale, et les chansons touchaient aux larmes. Les détenus se promenaient par bandes en pinçant d'un air crâne les cordes de leur balalaïka, la touloupe jetée négligemment sur l'épaule. Un chœur de huit à dix hommes s'était même formé dans la division particulière. Ils chantaient d'une façon supérieure avec accompagnement de guitares et de balalaïki. Les chansons vraiment populaires étaient rares. Je ne me souviens que d'une seule, admirablement dite :

> Hier, moi jeunesse
> J'ai été au festin...

C'est au bagne que j'entendis une variante à moi inconnue auparavant. A la fin du chant étaient ajoutés quelques vers :

> Chez moi jeunesse,
> Tout est arrangé.
> J'ai lavé les cuillers,

> J'ai versé la soupe aux choux,
> J'ai gratté les poteaux de porte,
> J'ai cuit des pâtés.

Ce que l'on chantait surtout, c'étaient les chansons dites « de forçats ». L'une d'elles, « Il arrivait... », tout humoristique, raconte comment un homme s'amusait et vivait en seigneur, et comme il avait été envoyé à la maison de force. Il épiçait son « bla-manger de Chinpagne », tandis que maintenant

> On me donne des choux à l'eau
> Que je dévore à me fendre les oreilles.

La chanson suivante, trop connue, était aussi à la mode :

> Auparavant je vivais,
> Gamin encore, je m'amusais
> Et j'avais mon capital...
> Mon capital, gamin encore, je l'ai perdu
> Et j'en suis venu à vivre dans la captivité...

et cætera. Seulement on ne disait pas *capital* chez nous, mais *copital*, que l'on faisait dériver du verbe *copit* (amasser). Il y en avait aussi de mélancoliques. L'une d'elles, assez connue, je crois, était une vraie chanson de forçats :

> La lumière céleste resplendit,
> Le tambour bat la diane,
> L'*ancien* ouvre la porte,
> Le greffier vient nous appeler.
> On ne nous voit pas derrière les murailles
> Ni comme nous vivons ici.
> Dieu, le Créat... céleste, est avec nous,
> Nous ne périrons pas ici... etc.

Une autre chanson encore plus mélancolique, mais dont la mélodie était superbe, se chantait sur des paroles fades et assez incorrectes. Je me rappelle quelques vers :

> Mon regard ne verra plus le pays
> Où je suis né ;
> A souffrir des tourments immérités

> Je suis condamné toute ma vie.
> Le hibou pleurera sur le toit
> Et fera retentir la forêt.
> J'ai le cœur navré de tristesse,
> Je ne serai pas là-bas.

On la chante souvent, mais non pas en chœur, toujours en solo. Ainsi, quand les travaux sont finis, un détenu sort de la caserne, s'assied sur le perron; il réfléchit, son menton appuyé sur sa main, et chante en traînant sur un fausset élevé. On l'écoute, et quelque chose se brise dans le cœur. Nous avions de belles voix parmi les forçats.

Cependant le crépuscule tombait. L'ennui, le chagrin et l'abattement reparaissaient à travers l'ivresse et la débauche. Le détenu qui, une heure avant, se tenait les côtes de rire, sanglotait maintenant dans un coin, soûl outre mesure. D'autres en étaient déjà venus aux mains plusieurs fois ou rôdaient en chancelant dans les casernes, tout pâles, cherchant une querelle. Ceux qui avaient l'ivresse triste cherchaient leurs amis pour se soulager et pleurer leur douleur d'ivrogne. Tout ce pauvre monde voulait s'égayer, passer joyeusement la grande fête, — mais, juste ciel! comme ce jour fut pénible pour tous! Ils avaient passé cette journée dans l'espérance d'une félicité vague qui ne se réalisait pas. Pétrof accourut deux fois vers moi : comme il n'avait que peu bu, il était de sang-froid, mais jusqu'au dernier moment, il attendit quelque chose, qui devait arriver pour sûr, quelque chose d'extraordinaire, de gai et d'amusant. Bien qu'il n'en dît rien, on le devinait à son regard. Il courait de caserne en caserne sans fatigue... Rien n'arriva, rien à part la soûlerie générale, les injures idiotes des ivrognes et un étourdissement commun de ces têtes enflammées. Sirotkine errait aussi, paré d'une chemise rouge toute neuve, allant de caserne en caserne, joli garçon, comme toujours, fort propret; lui aussi, doucement, naïvement, il attendait quelque chose. Peu à peu le spectacle devint insupportable, répugnant, à donner des nausées; il y avait pourtant des choses risibles, mais j'étais tout triste sans motif. J'éprouvais une pitié profonde pour tous ces hommes, et je me sentais comme étranglé, étouffé aux milieu d'eux. Ici deux forçats se disputent pour savoir lequel régalera l'autre. Ils discutent depuis longtemps; ils ont failli en venir aux mains. L'un d'eux surtout a de vieille date une dent contre l'autre : il se plaint en bégayant, et veut prouver à son camarade que celui-ci a agi injustement quand il a vendu l'année dernière une pelisse et caché l'argent. Et puis, il y avait encore quelque chose... Le plaignant est un grand gaillard, bien musclé, tranquille, pas bête, mais qui, lorsqu'il est ivre, veut se faire des amis et épancher sa douleur dans leur sein. Il injurie son adversaire en énonçant ses griefs, dans l'intention de se réconcilier plus tard avec lui. L'autre, un gros homme trapu, solide, au visage rond, rusé comme un renard, avait peut-être bu plus que son camarade, mais ne paraissait que légèrement ivre. Ce forçat a du caractère et passe pour être riche; il est probable qu'il n'a aucun intérêt à irriter son camarade, aussi le conduit-il vers un *cabaretier;* l'ami expansif assure que ce camarade lui doit de l'argent et qu'il est tenu de l'inviter à boire « s'il est seulement ce qu'on appelle un honnête homme ».

Le cabaretier, non sans quelque respect pour le consommateur et avec une nuance de mépris pour l'ami expansif, car celui-ci boit au compte d'autrui et se fait régaler, prend une tasse et la remplit d'eau-de-vie.

— Non, Stepka (Étiennet), c'est toi qui dois payer, parce que tu me dois de l'argent.

— Eh! Je ne veux pas me fatiguer la langue à te parler, répond Stepka.

— Non, Stepka, tu mens, assure le premier, en prenant la tasse que le cabaretier lui tend — tu me dois de l'argent; il faut que tu n'aies pas de conscience; tiens, tes yeux mêmes ne sont pas à toi, tu les as empruntés comme tu empruntes tout. Canaille, va! Stepka! en un mot, tu es une canaille!

— Qu'as-tu à pleurnicher? regarde, tu répands ton eau-de-vie! Puisqu'on te régale, bois! crie le cabaretier à l'ami expansif — je n'ai pas le temps d'attendre jusqu'à demain.

— Je boirai, n'aie pas peur, qu'as-tu à crier? Mes meilleurs souhaits à l'occasion de la fête, Stépane Doroféitch! dit celui-ci poliment en s'inclinant, sa tasse à la main, du côté de Stepka, qu'une minute auparavant il avait traité de canaille. « Porte-toi bien et vis cent ans, sans compter ce que tu as déjà vécu! » Il boit, grogne un soupir de satisfaction et s'essuie. — En ai-je bu auparavant, de l'eau-de-vie! dit-il avec un sérieux plein de gravité, en parlant à tout le monde sans s'adresser à personne en particulier — mais voilà, mon temps finit. Remercie-moi, Stépane Doroféitch!

— Il n'y a pas de quoi.

— Ah! tu ne veux pas me remercier, alors je raconterai à tout le monde ce que tu m'as fait; outre que tu es une grande canaille, je te dirai...

— Eh bien, voilà ce que je te dirai, vilain museau d'ivrogne! interrompt Stepka qui perd enfin patience. Écoute et fais bien attention, partageons le monde en deux, prends-en une moitié et moi l'autre, et laisse-moi tranquille.

— Ainsi tu ne me rendras pas mon argent.

— Quel argent veux-tu encore, soûlard?

— Quand tu..... me le rendras dans l'autre monde, eh bien, je ne le prendrai pas. Notre argent, c'est la sueur de notre front, c'est le calus que nous avons aux mains. Tu t'en repentiras dans l'autre monde, tu rôtiras pour ces cinq kopeks.

— Va-t'en au diable!

— Qu'as-tu à me talonner? Je ne suis pas un cheval.

— File! allons, file!

— Canaille!

— Forçat!

Et voilà les injures qui pleuvent, plus fort encore qu'avant la régalade.

Deux amis sont assis séparément sur deux lits de camp, l'un est de grande taille, vigoureux, charnu, un vrai boucher : son visage est rouge. Il pleure presque, car il est très-ému. L'autre, vaniteux, fluet, mince, avec un grand nez qui a toujours l'air d'être enrhumé et de petits yeux bleus fixés en terre. C'est un homme fin et bien élevé, il a été autrefois secrétaire et traite son ami avec un peu de dédain, ce qui déplaît à son camarade. Ils avaient bu ensemble toute la journée.

— Il a pris une liberté avec moi! crie le plus gros, en secouant fortement de sa main gauche la tête de son camarade. « Prendre une liberté » signifie frapper. Ce forçat, ancien sous-officier, envie secrètement la maigreur de son voisin; aussi luttent-ils de recherche et d'élégance dans leurs conversations.

— Je te dis que tu as tort... dit d'un ton dogmatique le secrétaire, les yeux opiniâtrément fixés en terre d'un air grave, et sans regarder son interlocuteur.

— Il m'a frappé, entends-tu! continue l'autre en tiraillant encore plus fort son cher ami. — Tu es le seul homme qui me reste ici-bas, entends-tu! Aussi je te le dis : il a pris une liberté.

— Et je te répéterai qu'une disculpation aussi piètre ne peut que te faire honte, mon cher ami! réplique le secrétaire d'une voix grêle et polie — avoue plutôt, cher ami, que toute cette soûlerie provient de ta propre inconstance.

L'ami corpulent trébuche en reculant, regarde bêtement de ses yeux ivres le secrétaire satisfait, et tout à coup il assène de toutes ses forces son énorme poing sur la figure maigrelette de celui-ci. Ainsi se termine l'amitié de cette journée. Le cher ami disparaît sous les lits de camp, éperdu...

Une de mes connaissances entre dans notre caserne, c'est un forçat de la section particulière, extrêmement débonnaire et gai, un garçon qui est loin d'être bête, très-simple et railleur sans méchante intention : c'est précisément celui qui, lors de mon arrivée à la maison de force, cherchait un paysan riche, déclarait qu'il avait de l'amour-propre et avait fini par boire mon thé. Il avait quarante ans, une lèvre énorme, un gros nez charnu et bourgeonné. Il tenait une balalaïka, dont il pinçait négligemment les cordes; un tout petit forçat à grosse tête, que je connaissais très-peu, auquel du reste personne ne faisait attention, le suivait comme son ombre. Ce dernier était étrange, défiant, éternellement taciturne et sérieux ; il travaillait dans l'atelier de couture et s'efforçait de vivre solitaire, sans se lier avec personne. Maintenant qu'il était ivre, il s'était attaché à Varlamof comme son ombre, et le suivait, excessivement ému, en gesticulant, en frappant du poing la muraille et les lits de camp : il pleurait presque. Varlamof ne le remarquait pas plus que s'il n'eût pas existé. Le plus curieux, c'est que ces deux hommes ne se ressemblaient nullement; ni leurs occupations, ni leurs caractères n'étaient communs. Ils appartenaient à des sections différentes et demeuraient dans des casernes séparées. On appelait ce petit forçat : Boulkine.

Varlamof sourit en me voyant assis à ma place près du poêle. Il s'arrêta à quelques pas de moi, réfléchit un instant, tituba et vint de mon côté à pas inégaux, en se déhanchant crânement; il effleura les cordes de son instrument et fredonna en frappant légèrement le sol de sa botte sur un ton de récitatif :

> Ma chérie
> A la figure pleine et blanche
> Chante comme une mésange ;
> Dans sa robe de satin
> A la brillante garniture
> Elle est très-belle.

Cette chanson mit Boulkine hors de lui, car il agita ses bras, et cria en s'adressant à tout le monde :

— Il ment, frères, il ment comme un arracheur de dents. Il n'y a pas une ombre de vérité dans tout ce qu'il dit.

— Mes respects au vieillard Alexandre Pétrovitch! fit Varlamof en me regardant avec un rire fripon; je crois même qu'il voulait m'embrasser. Il était gris. Quant à l'expression « Mes respects au vieillard un tel », elle est employée par le menu peuple de toute la Sibérie, même en s'adressant à un homme de vingt ans. Le mot de « vieillard » marque du respect, de la vénération ou de la flatterie, et s'applique à quelqu'un d'honorable, de digne.

— Eh bien, Varlamof, comment vous portez-vous?

— Couci-couça! tout à la douce. Qui est vraiment heureux de la fête, est ivre depuis le grand matin. Excusez-moi! Varlamof parlait en traînant.

— Il ment, il ment de nouveau! fit Boulkine en frappant les lits de camp dans une sorte de désespoir. On aurait juré que Varlamof avait donné sa parole d'honneur de ne pas faire attention à celui-ci, c'était précisément ce qu'il y avait de plus comique, car Boulkine ne quittait pas Varlamof d'une semelle depuis le matin, sans aucun motif, simplement parce que celui-ci « mentait » à ce qu'il lui semblait. Il le suivait comme son ombre, lui cherchait chicane pour chaque mot, se tordait les mains, battait des poings contre la muraille et sur les lits de planche, à en saigner, et souffrait, souffrait visiblement de la conviction qu'il avait que Varlamof « mentait comme un arracheur de dents ». S'il avait eu des cheveux sur la tête, il se les serait certainement arrachés dans sa douleur, dans sa mortification profonde. On aurait pu croire qu'il avait pris l'engagement de répondre des actions de Varlamof, et que tous les défauts de celui-ci bourrelaient sa conscience. L'amusant était que le forçat continuait à ne pas remarquer la comédie de Boulkine.

— Il ment! il ment!! il ment!!! Rien de vraisemblable!... criait Boulkine.

— Qu'est-ce que ça peut bien te faire? répondirent les forçats en riant.

— Je vous dirai, Alexandre Pétrovitch, que j'étais très-joli garçon quand j'étais jeune et que les filles m'aimaient beaucoup, beaucoup... fit brusquement Varlamof de but en blanc.

— Il ment! Le voilà qui ment encore! l'interrompit Boulkine en poussant un gémissement. Les forçats éclatèrent de rire.

— Et moi, je faisais le beau devant elles; j'avais une chemise rouge, des pantalons larges, en peluche, je me couchais quand je voulais, comme le comte de la Bouteille; en un mot, je faisais tout ce que je pouvais seulement désirer.

— Il ment! déclare résolùment Boulkine.

— J'avais alors hérité de mon père une maison de pierre, à deux étages. Eh bien, en deux ans, j'ai mis bas les deux étages, il m'est resté tout juste une porte cochère sans colonnes ni montants. Que voulez-vous? l'argent, c'est comme les pigeons, il arrive et puis il s'envole.

— Il ment! déclare Boulkine plus résolùment encore...

— Alors, quand je suis arrivé, au bout de quelques jours, j'ai envoyé une pleurrade (lettre) à ma parenté pour qu'ils m'expédient de l'argent. Parce qu'on disait que j'avais agi contre la volonté de mes parents, j'étais irrespectueux. Voilà tantôt sept ans que je l'ai envoyée, ma lettre!

— Et pas de réponse? demandai-je en souriant.

— Eh non! fit-il en riant lui aussi et en approchant toujours plus son nez de mon visage. — J'ai ici une amoureuse, Alexandre Pétrovitch!...

— Vous? une amoureuse?

— Onuphrief disait, il n'y a pas longtemps : La mienne est grêlée, laide tant que tu voudras, mais elle a beaucoup de robes; tandis que la tienne est jolie, mais c'est une mendiante, elle porte la besace.

— Est-ce vrai?

— Parbleu! elle est mendiante! dit-il. Il pouffait de rire sans bruit, tout le monde rit aussi. Chacun savait, en effet, qu'il était lié avec une mendiante à laquelle il donnait en tout dix kopeks chaque six mois.

— Eh bien! que me voulez-vous? lui demandai-je, car je désirais m'en débarrasser.

Il se tut, me regarda en faisant la bouche en cœur, et me dit tendrement :

— Ne m'octroierez-vous pas pour cette cause de quoi boire un demi-litre? Je n'ai bu que du thé aujourd'hui de toute la journée, ajouta-t-il d'un ton gracieux, en prenant l'argent que je lui donnai, et voyez-vous, ce thé me tracasse tellement que j'en deviendrai asthmatique; j'ai le ventre qui me grouille... comme une bouteille d'eau!

Comme il prenait l'argent que je lui tendis, le désespoir moral de Boulkine ne connut plus de limites; il gesticulait comme un possédé.

— Braves gens! cria-t-il à toute la caserne ahurie, le voyez-vous? Il ment! Tout ce qu'il dit, tout, tout est mensonge.

— Qu'est-ce que ça peut te faire? lui crièrent les forçats qui s'étonnaient de son emportement, tu es absurde!

— Je ne lui permettrai pas de mentir, continua Boulkine en roulant ses yeux et en frappant du poing de toutes ses forces sur les planches, je ne veux pas qu'il mente!

Tout le monde rit. Varlamof me salue après avoir pris l'argent, et se hâte, en faisant des grimaces, d'aller chez le cabaretier. Il remarqua seulement alors Boulkine.

— Allons! lui dit-il en s'arrêtant sur le seuil de la caserne, comme si ce dernier lui était indispensable pour l'exécution d'un projet.

— Pommeau! ajouta-t-il avec mépris en faisant passer Boulkine devant lui; il recommença à tourmenter les cordes de sa balalaïka.

A quoi bon décrire cet étourdissement! Ce jour suffocant s'achève enfin. Les forçats s'endorment lourdement sur leurs lits de camp. Ils parlent et délirent pendant leur sommeil encore plus que les autres nuits. Par-ci par-là on joue encore aux cartes. La fête, si impatiemment et si longuement attendue, est écoulée. Et demain, de nouveau le labeur quotidien, de nouveau aux travaux forcés...

XI

LA REPRÉSENTATION.

Le soir du troisième jour des fêtes eut lieu la première représentation de notre théâtre. Les tracas n'avaient pas manqué pour l'organiser, mais les acteurs en avaient pris sur eux tout le souci, aussi les autres forçats ne savaient-ils pas où en était le futur spectacle, ni ce qui se faisait. Nous ne savions pas même au juste ce que l'on représenterait. — Les acteurs, pendant ces trois jours, en allant au travail, s'ingéniaient à rassembler le plus de costumes possible. Chaque fois que je rencontrais Baklouchine, il faisait craquer ses doigts de satisfaction, mais ne me communiquait rien. Je crois que le major était de bonne humeur. Nous ignorions du reste entièrement s'il avait eu vent du spectacle, s'il l'avait autorisé ou s'il avait résolu de se taire et de fermer les yeux sur les fantaisies des forçats, après s'être assuré que tout se passerait le plus convenablement possible. Je crois qu'il avait entendu parler de la représentation, mais qu'il ne voulait pas s'en mêler, parce qu'il comprenait que tout irait peut-être de travers, s'il l'interdisait; les soldats feraient les mutins ou s'enivreraient, il valait donc bien mieux qu'ils s'occupassent de quelque chose. Je prête ce raisonnement au major, uniquement parce que c'est le plus naturel. On peut même dire que si les forçats n'avaient pas eu de théâtre pendant les fêtes ou quelque chose dans ce genre, il aurait fallu que l'administration organisât une distraction quelconque. Mais comme notre major se distinguait par des idées directement opposées à celles du reste du genre humain, on conçoit que je prends sur moi une grande responsabilité en affirmant qu'il avait eu connaissance de notre projet et qu'il l'autorisait. Un homme comme lui devait toujours écraser, étouffer quelqu'un, enlever quelque chose, priver d'un droit, en un mot mettre partout de l'ordre. Sous ce rapport il était connu de toute la ville. Il lui était parfaitement égal que ces vexations causassent des rébellions. Pour ces délits on avait des punitions (il y a des gens qui raisonnent comme notre major); avec ces coquins de forçats on ne devait employer qu'une sévérité impitoyable et s'en tenir à l'application absolue de la loi — et voilà tout. Ces incapables exécuteurs de la loi ne comprennent nullement qu'appliquer la loi sans en comprendre l'esprit, mène tout droit aux désordres. — « La loi le dit, que voulez-vous de plus? » Ils s'étonnent même sincèrement qu'on exige d'eux, outre l'exécution de de la loi, du bon sens et une tête saine. La dernière condition surtout leur paraît superflue, elle est pour eux d'un luxe révoltant, cela leur semble une vexation, de l'intolérance.

Quoi qu'il en soit, le sergent-major ne s'opposa pas à l'organisation du spectacle, et c'est tout ce qu'il fallait aux forçats. Je puis dire en toute vérité que si pendant toutes les fêtes il ne se produisit aucun désordre grave dans la maison, ni querelles sanglantes, ni vol, il faut l'attribuer à l'autorisation qu'avaient reçue les forçats d'organiser leur représentation. J'ai vu de mes yeux comment ils faisaient disparaître ceux de leurs camarades qui avaient trop bu, comme ils empêchaient les rixes, sous prétexte qu'on défendrait le théâtre. Le sous-officier demanda aux détenus leur parole d'honneur qu'ils se conduiraient bien et que tout se passerait tranquillement. Ceux-ci y consentirent avec joie et tinrent religieusement leur promesse : cela les flattait fort qu'on crût à leur parole d'honneur. Ajoutons que cette représentation ne coûtait rien, absolument rien à l'administration ; elle n'avait pas de dépenses à faire. Les places n'avaient pas été marquées à l'avance, car le théâtre se montait et se démontait en moins d'un quart d'heure. Le spectacle devait durer une heure et demie, et dans le cas où l'ordre de cesser la représentation serait arrivé à l'improviste, les décorations auraient disparu en un clin d'œil. Les costumes étaient cachés dans les coffres des forçats. Avant tout je dirai comment notre théâtre était construit, quels étaient les costumes, et je parlerai de l'affiche, c'est-à-dire des pièces que l'on se proposait de jouer.

A vrai dire, il n'y avait pas d'affiche écrite, on n'en fit que pour la seconde et la troisième représentation. Baklouchine la composa pour MM. les officiers et autres nobles visiteurs qui daignaient honorer le spectacle de leur présence, à savoir : l'officier de garde qui vint une fois, puis l'officier de service préposé aux gardes, enfin un officier du génie ; c'est en l'honneur de ces nobles visiteurs que l'affiche fut écrite.

On supposait que la renommée de notre théâtre s'étendrait au loin dans la forteresse et même en ville, d'autant plus qu'il n'y avait aucun théâtre à N... ; des représentations d'amateurs et rien de plus. Les forçats se réjouissaient du moindre succès, comme de vrais enfants, ils se vantaient. « Qui sait — se disait-on — il se peut que les chefs apprennent cela, et qu'ils viennent voir ; c'est alors qu'ils sauraient ce que valent les forçats, car ce n'est pas une représentation donnée par les soldats, avec des bateaux flottants, des ours et des boucs, mais bien des acteurs, de vrais acteurs qui jouent des comédies faites pour les seigneurs ; dans toute la ville, il n'y a pas un théâtre pareil ! Le général Abrocimof a eu une représentation chez lui, à ce qu'on dit, il y en aura encore une, eh bien! qu'ils nous dament le pion avec leur costume, c'est possible! quant à la *conversation*, c'est une chose à voir! Le gouverneur lui-même peut en entendre parler — et qui sait? il viendra peut-être. Ils n'ont pas de théâtre, en ville!... »

En un mot, la fantaisie des forçats, surtout après le premier succès, alla presque jusqu'à s'imaginer qu'on leur distribuerait des récompenses ou qu'on diminuerait le chiffre des travaux forcés, l'instant d'après ils étaient les premiers à rire de bon cœur de leurs imaginations. En un mot, c'étaient des enfants, de vrais enfants, bien qu'ils eussent quarante ans. Je connaissais en gros le sujet de la représentation que l'on se proposait de donner, bien qu'il n'y eût pas d'affiche. Le titre de la première pièce était : *Philatka et Mirochka rivaux*. Baklouchine se vantait devant moi, une semaine au moins à l'avance, que le rôle de Philatka qu'il s'était adjugé serait joué de telle façon qu'on n'avait rien vu de pareil, même sur les scènes pétersbourgeoises. Il se promenait dans les casernes gonflé d'importance, effronté, l'air bonhomme malgré tout; s'il lui arrivait de dire quelques bouts de son rôle « à la théâtrale », tout le monde éclatait de rire, que le fragment fût amusant ou non, on riait parce qu'il s'était oublié. Il faut avouer que les forçats savaient se contenir et garder leur dignité; pour s'enthousiasmer des tirades de Baklouchine, il n'y avait que les plus jeunes... gens sans fausse honte, ou bien les plus importants, ceux dont l'autorité était si solidement établie qu'ils n'avaient pas peur d'exprimer nettement leurs sensations, quelles qu'elles fussent. Les autres écoutaient silencieux les bruits et les discussions, sans blâmer ni contredire, mais ils s'efforçaient de leur mieux de se comporter avec indifférence et dédain envers le théâtre. Ce ne fut qu'au dernier moment, le jour même de la représentation, que tout le monde s'intéressa à ce qu'on verrait, à ce que feraient nos camarades. On se demandait ce que pensait le major. Le spectacle réussirait-il comme celui d'il y a deux ans? etc., etc. Baklouchine m'assura que tous les acteurs étaient « parfaitement à leur place », et qu'il y aurait même un rideau. Le rôle de Philatka serait rempli par Sirotkine. — Vous verrez comme il est bien en habit de femme, disait-il en clignant de l'œil et en faisant claquer sa langue contre son palais. La propriétaire bienfaisante devait avoir une robe avec des falbalas et des volants, une ombrelle, tandis que le propriétaire portait un costume d'officier avec des aiguillettes et une canne à la main. La pièce dramatique qui devait être jouée en second lieu portait le titre de *Kedril le glouton*. Ce titre m'intrigua fort, mais j'eus beau faire des questions, je ne pus rien apprendre à l'avance. Je sus seulement que cette pièce n'était pas imprimée; c'était une copie manuscrite, que l'on tenait d'un sous-officier en retraite du faubourg, lequel avait pour sûr participé autrefois à sa représentation sur une scène militaire quelconque. Nous avons en effet, dans les villes et les gouvernements éloignés, nombre de pièces de ce genre qui, je crois, sont parfaitement ignorées et n'ont jamais été imprimées, mais qui ont apparu d'elles-mêmes au temps voulu pour défrayer le théâtre populaire dans certaines zones de la Russie.

J'ai dit « théâtre populaire » : il serait très-bon que nos investigateurs de la littérature populaire s'occupassent de faire de soigneuses recherches sur ce théâtre, qui existe, et qui peut-être n'est pas si insignifiant qu'on le pense. Je ne puis croire que tout ce que j'ai vu dans notre maison de force fût l'œuvre de nos forçats. Il faut pour cela des traditions antérieures, des procédés établis et des notions transmises de génération en génération. Il faut les chercher parmi les soldats, les ouvriers de fabrique, dans les villes industrielles et même chez les bourgeois de certaines pauvres petites villes ignorées. Ces traditions se sont conservées dans certains villages et dans des chefs-lieux de gouvernement, chez la valetaille de quelques grandes propriétés foncières.

Je crois même que les copies de beaucoup de vieilles pièces se sont multipliées, précisément grâce à cette valetaille de hobereaux. Les anciens propriétaires et les seigneurs moscovites avaient leurs propres théâtres sur lesquels jouaient leurs serfs. C'est de là que provient notre théâtre populaire, dont les marques d'origine sont indiscutables. Quant à *Kedril le glouton*, malgré ma vive curiosité, je ne pus rien en savoir, si ce n'est que les démons apparaissaient sur la scène et emportaient Kedril en enfer. Mais que signifiait ce nom de Kedril? Pourquoi s'appelait-il Kedril, et non Cyrille? L'action était-elle russe ou étrangère? je ne pus pas tirer au clair cette question. On annonçait que la représentation se terminerait par une « pantomime en musique ». Tout cela promettait d'être fort curieux. Les acteurs étaient au nombre de quinze, tous gens vifs et décidés. Ils se donnaient beaucoup de mouvement, multipliaient les répétitions, qui avaient lieu quelquefois derrière les casernes, se cachaient, prenaient des airs mystérieux. En un mot, on voulait nous surprendre par quelque chose d'extraordinaire et d'inattendu.

Les jours de travail, on fermait les casernes de très-bonne heure, à la nuit tombante, mais on faisait une exception pour les fêtes de Noël; alors on ne mettait les cadenas aux portes qu'à la retraite du soir (neuf heures). Cette faveur avait été accordée spécialement en vue du spectacle. Pendant tout le temps des fêtes, chaque soir, on envoyait une députation prier très-humblement l'officier de garde de « permettre la représentation et ne pas fermer encore la maison de force », en ajoutant qu'il y avait eu représentation la veille, et que pourtant il ne s'était produit aucun désordre. L'officier de garde faisait le raisonnement suivant : Il n'y avait eu aucun désordre, aucune infraction à la discipline le jour du spectacle, et du moment qu'ils donnaient leur parole que la soirée d'aujourd'hui se passerait de la même manière, c'est qu'ils feraient leur police eux-mêmes; ce serait la plus rigoureuse de toutes. En outre, il savait bien que s'il s'était avisé de défendre la représentation, ces gaillards (qui peut savoir, des forçats!) auraient pu faire encore des sottises, qui mettraient dans l'embarras les officiers de garde. Enfin une dernière raison l'engageait à donner son consentement : monter la garde est horriblement ennuyeux; en autorisant la comédie, il avait sous la main un spectacle donné non plus par des soldats, mais par des forçats, gens curieux; ce serait à coup sûr intéressant, et il avait tout droit d'y assister.

Dans le cas où l'officier de service arriverait et demanderait l'officier de garde, on lui répondrait que ce dernier était allé compter les forçats et fermer les casernes; réponse exacte et justification aisée. Voilà pourquoi nos surveillants autorisèrent le spectacle pendant toute la durée des fêtes; les casernes ne se fermèrent chaque soir qu'à la retraite. Les forçats savaient d'avance que la garde ne s'opposerait pas à leur projet; ils étaient tranquilles de ce côté là.

Vers six heures Pétrof vint me chercher, et nous nous rendîmes ensemble dans la salle de spectacle. Presque tous les détenus de notre caserne y étaient, à l'exception du vieux-croyant de Tchernigof et des Polonais. Ceux-ci ne se décidèrent à assister au spectacle que le jour de la dernière représentation, le 4 janvier, et encore quand on les eut convaincus que tout était convenable, gai et tranquille. Le dédain des Polonais irritait nos forçats, aussi furent-ils reçus très-poliment le 4 janvier; on les fit asseoir aux meilleures places. Quant aux Tcherkesses et à Isaï Fomitch, la comédie était pour eux une véritable réjouissance. Isaï Fomitch donna chaque fois trois kopeks : le dernier jour, il posa dix kopeks sur l'assiette; la félicité se peignait sur son visage. Les acteurs avaient décidé que chaque spectateur donnerait ce qu'il voudrait. La recette devait servir à couvrir les dépenses et « donner du montant » aux acteurs. Pétrof m'assura qu'on me laisserait occuper une des premières places, si plein que fût le théâtre, d'abord parce qu'étant plus riche que les autres, il y avait des chances pour que je donnasse plus, et puis, parce que je m'y connaissais mieux que personne. Sa prévision se réalisa. Je décrirai préalablement la salle et la construction du théâtre.

La caserne de la section militaire qui devait servir de salle de spectacle avait quinze pas de long. De la cour, on entrait par un perron dans une antichambre, et de là, dans la caserne elle-même. Cette longue caserne était de construction particulière, comme je l'ai dit plus haut : les lits de camp, rangés contre la muraille, laissaient un espace vide au milieu de la chambre. La première moitié de la caserne était destinée aux spectateurs, tandis que la seconde, qui communiquait avec un autre bâtiment, formait la scène. Ce qui m'étonna dès mon entrée, ce fut le rideau, qui coupait la caserne en deux sur une longueur de dix pas. C'était une merveille dont on pouvait s'étonner à juste titre; il était peint avec des couleurs à l'huile, et représentait des arbres, des tonnelles, des étangs, des étoiles. Il se composait de toiles neuves et vieilles données par les forçats: chemises, bandelettes qui tiennent lieu de bas à nos paysans, tout cela cousu tant bien que mal et formant un immense drap; où la toile avait manqué, on l'avait remplacée par du papier, mendié feuille à feuille dans les diverses chancelleries et secrétaireries. Nos peintres (au nombre desquels se trouvait notre Brulof [1]) l'avaient décoré tout entier, aussi l'effet était-il remarquable. Ce luxueux appareil réjouissait les forçats, même les plus mornes et les plus exigeants; du reste ceux-ci, une fois le spectacle commencé, se montrèrent tous de vrais enfants, ni plus ni moins que les impatients et les enthousiastes. Tous étaient contents, avec un sentiment de vanité. L'éclairage consistait en quelques chandelles coupées en petits bouts. On avait apporté de la cuisine deux

---

[1] Peintre russe célèbre dans la première moitié du siècle.

bancs, placés devant le rideau, ainsi que trois ou quatre chaises empruntées à la chambre des sous-officiers. Elles avaient été mises là pour le cas où les officiers supérieurs assisteraient au spectacle. Quant aux bancs, ils étaient destinés aux sous-officiers, aux secrétaires du génie, aux directeurs des travaux, à tous les chefs immédiats des forçats qui n'avaient pas le grade d'officiers, et qui viendraient peut-être jeter un coup d'œil sur le théâtre. En effet, les visiteurs ne manquèrent pas; suivant les jours, ils vinrent en plus ou moins grand nombre, mais pour la dernière représentation, il ne restait pas une seule place inoccupée sur les bancs. Derrière se pressaient les forçats, debout et tête nue, par respect pour les visiteurs, en veste ou en pelisse courte, malgré la chaleur suffocante de la salle. Comme on pouvait s'y attendre, le local était trop exigu pour tous les détenus; entassés les uns sur les autres, surtout dans les derniers rangs, ils avaient encore occupé les lits de camp, les coulisses; il y avait même des amateurs qui disparaissaient constamment derrière la scène, dans l'autre caserne, et qui regardaient le spectacle de la coulisse du fond. On nous fit passer en avant, Pétrof et moi, tout près des bancs, d'où l'on voyait beaucoup mieux que du fond de la salle. J'étais pour eux un bon juge, un connaisseur qui avait vu bien d'autres théâtres : les forçats avaient remarqué que Baklouchine s'était souvent concerté avec moi et qu'il avait témoigné de la déférence pour mes conseils, ils estimaient qu'on devait par conséquent me faire honneur et me donner une des meilleures places. Ces hommes sont vaniteux, légers, mais c'est à la surface. Ils se moquaient de moi au travail, car j'étais un piètre ouvrier. Almazof avait le droit de nous mépriser, nous autres gentilshommes, et de se vanter de son adresse à calciner l'albâtre; ces railleries et ces vexations avaient pour motif notre origine, car nous appartenions par notre naissance à la caste de ses anciens maîtres, dont il ne pouvait conserver un bon souvenir. Mais ici, au théâtre, ces mêmes hommes me faisaient place, car ils s'avouaient que j'étais plus entendu en cette matière qu'eux-mêmes. Ceux mêmes qui n'étaient pas bien disposés à mon égard désiraient m'entendre louer leur théâtre et me cédaient le pas sans la moindre servilité. J'en juge maintenant par mon impression d'alors. Je compris que dans cette décision équitable, il n'y avait aucun abaissement de leur part, mais bien plutôt le sentiment de leur propre dignité. Le trait le plus caractéristique de notre peuple, c'est sa conscience et sa soif de justice. Pas de fausse vanité, de sot orgueil à briguer le premier rang sans y avoir des titres, — le peuple ne connaît pas ce défaut. Enlevez-lui son écorce grossière; vous apercevrez, en l'étudiant sans préjugés, attentivement et de près, des qualités dont vous ne vous seriez jamais douté. Nos sages n'ont que peu de chose à apprendre à notre peuple; je dirai même plus, ce sont eux au contraire qui doivent apprendre à son école.

Pétrof m'avait dit naïvement, quand il m'emmena au spectacle, qu'on me ferait passer devant parce que je donnerais plus d'argent. Les places n'avaient pas de prix fixe; chacun donnait ce qu'il voulait et ce qu'il pouvait. Presque tous déposèrent une pièce de monnaie sur l'assiette quand on fit la quête. Même si l'on m'eût laissé passer devant dans l'espérance que je donnerais plus qu'un autre, n'y avait-il pas là encore un sentiment profond de dignité personnelle? « Tu es plus riche que moi, va-t'en au premier rang; nous sommes tous égaux, ici, c'est vrai, mais tu payes plus, par conséquent un spectateur comme toi fait plaisir aux acteurs; — occupe la première place, car nous ne sommes pas ici pour notre argent, nous devons nous classer nous-mêmes! » Quelle noble fierté dans cette façon d'agir! Ce n'est plus le culte de l'argent qui est tout, mais en dernière analyse le respect de soi-même. On n'estimait pas trop la richesse chez nous. Je ne me souviens pas que l'un de nous se soit jamais humilié pour avoir de l'argent, même si je passe en revue toute la maison de force. On me quémandait, mais par polissonnerie, par friponnerie, plutôt que dans l'espoir du bénéfice lui-même; c'était un trait de bonne humeur, de simplicité naïve. Je ne sais pas si je m'exprime clairement. J'ai oublié mon théâtre, j'y reviens.

Avant le lever du rideau, la salle présentait un spectacle étrange et animé. D'abord la cohue pressée, foulée, écrasée de tous côtés, mais impatiente, attendant, le visage resplendissant, le commencement de la représentation. Aux derniers rangs grouillait une masse confuse de forçats : beaucoup d'entre eux avaient apporté de la cuisine des bûches qu'ils dressaient contre la muraille et sur lesquelles ils grimpaient; ils passaient deux heures entières dans cette position fatigante, s'accotant des deux mains sur les épaules de leurs camarades, parfaitement contents d'eux-mêmes et de leur place. D'autres arc-boutaient leurs pieds contre le poêle, sur la dernière marche, et restaient tout le temps de la représentation, soutenus par ceux qui se trouvaient devant eux, au fond, près de la muraille. De côté, massée sur des lits de camp, se trouvait aussi une foule compacte, car c'étaient là les meilleures places. Cinq forçats, les mieux partagés, s'étaient hissés et couchés sur le poêle, d'où ils regardaient en bas : ceux-là nageaient dans la béatitude. De l'autre côté, fourmillaient les retardataires qui n'avaient pas trouvé de bonnes places. Tout le monde se conduisait décemment et sans bruit. Chacun voulait se montrer avantageusement aux seigneurs qui nous visitaient. L'attente la plus naïve se peignait sur ces visages rouges et humides de sueur, par suite de la chaleur étouffante. Quel étrange reflet de joie enfantine, de plaisir gracieux et sans mélange, sur ces figures couturées, sur ces fronts et ces joues marqués, sombres et mornes auparavant, et qui brillaient parfois d'un feu terrible ! Ils étaient tous sans bonnets; comme j'étais à droite, il me semblait que leurs têtes étaient entièrement rasées. Tout à coup, sur la scène, on entend du bruit, un vacarme… Le rideau va se lever. L'orchestre joue… Cet orchestre mérite une mention. Sept musiciens s'étaient placés le long des lits de camp : il y avait là deux violons (l'un d'eux était la propriété d'un détenu ; l'autre avait été emprunté hors de la forteresse ; les artistes étaient des nôtres), trois balalaïki — faites par les forçats eux-mêmes, deux guitares et un tambour de basque qui remplaçait la contre-basse. Les violons ne faisaient que gémir et grincer, les guitares ne valaient rien ; en revanche les balalaïki étaient remarquables. L'agilité des doigts des artistes aurait fait honneur au plus habile prestidigitateur. Ils ne jouaient guère que des airs de danses : aux passages les plus entraînants, ils frappaient brusquement du doigt sur la planchette de leurs instruments : le ton, le goût, l'exécution, le rendu du motif, tout était original, personnel. Un des guitaristes possédait à fond son instrument. C'était le gentilhomme qui avait tué son père. Quant au tambour de basque, il exécutait littéralement des merveilles ; ainsi il faisait tourner le disque sur un doigt ou traînait son pouce sur la peau d'âne, on entendait alors des coups répétés, clairs, monotones, qui soudain se brisaient et rejaillissaient en une multitude innombrable de petites notes sourdes, chuchotantes et rebondissantes. Deux harmonicas se joignirent enfin à cet orchestre. Vraiment, je n'avais jusqu'alors aucune idée du parti qu'on peut tirer de ces instruments populaires, si grossiers : je fus étonné ; l'harmonie, le jeu, mais surtout l'expression, la conception même du motif étaient supérieurement rendus. Je compris parfaitement alors, — et pour la première fois, — la hardiesse souveraine et le fol abandon de soi-même qui se trahissent dans nos airs de danses populaires et dans nos chansons de cabaret. — Le rideau se leva enfin. Chacun fit un mouvement, ceux qui se trouvaient dans le fond se dressèrent sur la pointe des pieds ; quelqu'un tomba de sa bûche ; tous ouvrirent la bouche et écarquillèrent les yeux : un silence parfait régnait dans toute la salle... La représentation commença.

J'étais assis non loin d'Aléi, qui se trouvait au milieu du groupe que formaient ses frères et les autres Tcherkesses. Ils étaient passionnés pour le théâtre et y assistaient chaque soir. J'ai remarqué que tous les musulmans, Tartares, etc., sont grands amateurs de spectacles de tout genre. Près d'eux resplendissait Isaï Fomitch ; dès le lever du rideau, il était tout oreilles et tout yeux ; son visage exprimait une attente très-avide de miracles et de jouissances. J'aurais été désolé de voir son espérance trompée. La charmante figure d'Aléi brillait d'une joie si enfantine, si pure, que j'étais tout gai rien qu'en la regardant ; involontairement, chaque fois qu'un rire général faisait écho à une réplique amusante, je me tournais de son côté pour voir son visage. Il ne me remarquait pas ; il avait bien autre chose à faire que de penser à moi ! Près de ma place, à gauche, se trouvait un forçat déjà âgé, toujours sombre, mécontent et grondeur ; lui aussi avait remarqué Aléi, et je vis plus d'une fois comme il jetait sur lui des regards furtifs en souriant à demi, tant le jeune Tcherkess était charmant ! Ce détenu l'appelait toujours « Aléi Sémionytch », sans que je susse pourquoi. — On avait commencé par *Philatka et Mirochka*. Philatka (Baklouchine) était vraiment merveilleux. Il jouait son rôle à la perfection. On voyait qu'il avait pesé chaque phrase, chaque mouvement. Il savait donner au moindre mot, au moindre geste, un sens, qui répondait parfaitement au caractère de son personnage. Ajoutez à cette étude consciencieuse une gaieté non feinte, irrésistible, de la simplicité, du naturel ; si vous aviez vu Baklouchine, vous auriez certainement convenu que c'était un véritable acteur, un acteur de vocation et de grand talent. J'ai vu plus d'une fois *Philatka* sur les scènes de Pétersbourg et de Moscou, mais je l'affirme, pas un artiste des capitales n'était à la hauteur de Baklouchine dans ce rôle. C'étaient des paysans de n'importe quel pays, et non de vrais moujiks russes ; leur désir de *représenter* des paysans était trop apparent. — L'émulation excitait Baklouchine, car on savait que le forçat Potsieikine devait jouer le rôle de Kedril dans la seconde pièce ; je ne sais pourquoi, on croyait que ce dernier aurait plus de talent que Baklouchine. Celui-ci souffrait de cette préférence comme un enfant. Combien de fois n'était-il pas venu vers moi ces derniers jours, pour épancher ses sentiments ! Deux heures avant la représentation, il était secoué par la fièvre. Quand on éclatait de rire et qu'on lui criait : — Bravo ! Baklouchine ! tu es un gaillard ! sa figure resplendissait de bonheur, et une vraie inspiration brillait dans ses yeux. La scène des baisers entre Kirochka et Philatka, où ce dernier crie à la fille : « Essuie-toi » et s'essuie lui-même, fut d'un comique achevé. Tout le monde éclata de rire. Ce qui m'intéressait le plus, c'étaient les spectateurs ; tous s'étaient déroidis et s'abandonnaient franchement à leur joie. Les cris d'approbation retentissaient de plus en plus nourris. Un forçat poussait du coude son camarade et lui communiquait à la hâte ses impressions, sans même s'inquiéter de savoir qui était à côté de lui. Lorsqu'une scène comique commençait, on voyait un autre se retourner vivement en agitant les bras, comme pour engager ses camarades à rire, puis faire aussitôt face à la scène. Un troisième faisait claquer sa langue contre son palais et ne pouvait rester tranquille ; comme la place lui manquait pour changer de position, il piétinait sur une jambe ou sur l'autre. Vers la fin de la pièce, la gaieté générale atteignit son apogée. Je n'exagère rien. Figurez-vous la maison de force, les chaînes, la captivité, les longues années de réclusion, de corvée, la vie monotone, qui tombe goutte à goutte pour ainsi dire, les jours sombres de l'automne : — tout à coup on permet à ces détenus comprimés de s'égayer, de respirer librement pendant une heure, d'oublier leur cauchemar, d'organiser un spectacle — et quel spectacle ! qui excite l'envie et l'admiration de toute la ville. « — Voyez-vous, ces forçats! » Tout les intéressait, les costumes par exemple. Il leur semblait excessivement curieux de voir Vanka, Nietsviétaef ou Baklouchine, dans un autre costume que celui qu'ils portaient depuis tant d'années. « C'est un forçat, un vrai forçat dont les chaînes sonnent quand il marche, et le voilà pourtant qui entre en scène en redingote, en chapeau rond et en manteau, comme un civil. Il s'est fait des cheveux, des moustaches. Il sort un mouchoir rouge de sa poche, le secoue comme un seigneur, un vrai seigneur. » L'enthousiasme était à son comble de ce chef. Le « propriétaire bienfaisant » arrive dans un uniforme d'aide de camp, très-vieux à la vérité, épaulettes, casquette à cocarde : l'effet produit est indescriptible. Il y avait deux amateurs pour ce costume, et — le croirait-on ? — ils s'étaient querellés comme deux gamins, pour savoir qui jouerait ce rôle-là, car ils voulaient tous deux se montrer en uniforme d'officier avec des aiguillettes! Les autres acteurs les séparèrent; à la majorité des voix on confia ce rôle à Nietsviétaef, non pas qu'il fût mieux fait de sa personne que l'autre et qu'il ressemblât mieux à un seigneur, mais simplement parce qu'il leur avait assuré à tous qu'il aurait une badine, qu'il la ferait tourner et en fouetterait la terre, en vrai seigneur, en élégant à la dernière mode, ce que Vanka Ospiéty ne pouvait essayer, lui qui n'avait jamais connu de gentilshommes. En effet, quand Nietsviétaef entra en scène avec son épouse, il ne fit que dessiner rapidement des ronds sur le sol, de sa légère badine de bambou; il croyait certes que c'était là l'indice de la meilleure éducation, d'une suprême élégance. Dans son enfance encore, alors qu'il n'était qu'un serf va-nu-pieds, il avait probablement été séduit par l'adresse d'un seigneur à faire tourner sa canne; cette impression était restée ineffaçable pour toujours dans sa mémoire, si bien que quelque trente ans plus tard, il s'en souvenait pour séduire et flatter à son tour les camarades de la prison. Nietsviétaef était tellement enfoncé dans cette occupation qu'il ne regardait personne ; il donnait la réplique sans même lever les yeux ; le plus important pour lui, c'était le bout de sa badine et les ronds qu'il traçait. La propriétaire bienfaisante était aussi très-remarquable ; elle apparut en scène dans un vieux costume de mousseline usée, qui avait l'air d'une guenille, les bras et le cou nus, un petit bonnet de calicot sur la tête, avec des brides sous le menton, une ombrelle dans une main, et dans l'autre un éventail de papier de couleur dont elle ne faisait que s'éventer. Un fou rire accueillit cette grande dame, qui ne put contenir elle-même sa gaieté et éclata à plusieurs reprises. Ce rôle était rempli par le forçat Ivanof. Quant à Sirotkine, habillé en fille, il était très-joli. Les couplets furent fort bien dits. En un mot, la pièce se termina à la satisfaction générale. Pas la moindre critique ne s'éleva : comment du reste aurait-on pu critiquer ?

On joua encore une fois l'ouverture, *Sidni, moï sidni*, et le rideau se releva. On allait maintenant représenter « Kedril le glouton ». Kedril est une sorte de don Juan ; on peut faire cette comparaison, car des diables emportent le maître et le serviteur en enfer à la fin de la pièce. Le manuscrit fut récité en entier, mais ce n'était évidemment qu'un fragment ; le commencement et la fin de la pièce avaient dû se perdre, car elle n'avait ni queue ni tête. La scène se passe dans une auberge, quelque part en Russie. L'aubergiste introduit dans une chambre un seigneur en manteau et en chapeau rond déformé ; le valet de ce dernier, Kedril, suit son maître, il porte une valise et une poule roulée dans du papier bleu. Il a une pelisse courte et une casquette de laquais. C'est ce valet qui est le glouton. Le forçat Potsieikine, le rival de Baklouchine, jouait ce rôle ; tandis que le personnage du seigneur était rempli par Ivanof, le même qui faisait la grande dame dans la première pièce. L'aubergiste (Nietsviétaef) avertit le gentilhomme que cette chambre est hantée par des démons, et se retire. Le seigneur est triste et préoccupé, il marmotte tout haut qu'il le sait depuis longtemps et ordonne à Kedril de défaire les paquets, de préparer le souper. Kedril est glouton et poltron : quand il entend parler de diables, il pâlit et tremble comme une feuille, il voudrait se sauver, mais il a peur de son maître, et puis, il a faim. Il est voluptueux, hôte, rusé à sa manière, couard. A chaque instant il trompe son maître, qu'il craint pourtant comme le feu. C'est un remarquable type de valet, dans lequel on retrouve les principaux traits du caractère de Leporello, mais indistincts et fondus. Ce caractère était vraiment supérieurement rendu par Potsiéïkine, dont le talent était indiscutable et qui surpassait à mon avis celui de Baklouchine lui-même. Quand, le lendemain, j'accostai Baklouchine, je lui dissimulais mon impression, car je l'aurais cruellement affligé.

Quant au forçat qui jouait le rôle du seigneur, il n'était pas trop mauvais : tout ce qu'il disait n'avait guère de sens et ne ressemblait à rien, mais sa diction était pure et nette, les gestes tout à fait convenables. Pendant que Kedril s'occupe de la valise, son maître se promène en long et en large, et annonce qu'à partir de ce jour il cessera de courir le monde. Kedril écoute, fait des grimaces, et réjouit les spectateurs par ses réflexions en aparté. Il n'a nullement pitié de son maître, mais il a entendu parler des diables : il voudrait savoir comme ils sont faits, et le voilà qui questionne le seigneur. Celui-ci lui déclare qu'autrefois, étant en danger de mort, il a demandé secours à l'enfer; les diables l'ont aidé et l'ont délivré, mais le terme de sa liberté est échu; si les diables viennent ce soir, c'est pour exiger son âme, ainsi qu'il a été convenu dans leur pacte. Kedril commence à trembler pour de bon, son maître ne perd pas courage et lui ordonne de préparer le souper. En entendant parler de mangeaille, Kedril ressuscite, il défait le papier dans lequel est enveloppée la poule, sort une bouteille de vin — qu'il entame brusquement lui-même. Le public se pâme de rire. Mais la porte a grincé, le vent a agité les volets, Kedril tremble, et en toute hâte, presque inconsciemment, cache dans sa bouche un énorme morceau de poule qu'il ne peut avaler. On pouffe de nouveau. « Est-ce prêt? » lui crie son maître qui se promène toujours en long et en large dans la chambre. — Tout de suite, monsieur, je vous... le prépare, — dit Kedril qui s'assied et se met à bâfrer le souper. Le public est visiblement charmé par l'astuce de ce valet qui berne si habilement un seigneur. Il faut avouer que Potsiéikine méritait des éloges. Il avait prononcé admirablement les mots : « — Tout de suite, monsieur, je... vous... le prépare. » Une fois à table, il mange avec avidité, et, à chaque bouchée, tremble que son maître ne s'aperçoive de sa manœuvre; chaque fois que celui-ci se retourne, il se cache sous la table en tenant la poule dans sa main. Sa première faim apaisée, il faut bien songer au seigneur. — « Kedril! as-tu bientôt fait? » crie celui-ci? — « C'est prêt! » répond hardiment Kedril, qui s'aperçoit alors qu'il ne reste presque rien : il n'y a en tout sur l'assiette qu'une seule cuisse. Le maître, toujours sombre et préoccupé, ne remarque rien et s'assied, tandis que Kedril se place derrière lui une serviette sur le bras. Chaque mot, chaque geste, chaque grimace du valet qui se tourne du côté du public, pour se gausser de son maître, excite un rire irrésistible dans la foule des forçats. Juste au moment où le jeune seigneur commence à manger, les diables font leur entrée : ici l'on ne comprend plus, car ces diables ne ressemblent à rien d'humain ni de terrestre; la porte de côté s'ouvre, et un fantôme apparaît tout habillé de blanc; en guise de tête, le spectre porte une lanterne avec une bougie; un autre fantôme le suit, portant aussi une lanterne sur la tête et une faux à la main. Pourquoi sont-ils habillés de blanc, portent-ils une faux et une lanterne? Personne ne put me l'expliquer; au fond on s'en préoccupaît fort peu. Cela devait être ainsi pour sûr. Le maître fait courageusement face aux apparitions et leur crie qu'il est prêt, qu'ils peuvent le prendre. Mais Kedril, poltron comme un lièvre, se cache sous la table; malgré sa frayeur, il n'oublie pas de prendre avec lui la bouteille. Les diables disparaissent, Kedril sort de sa cachette, le maître se met à manger sa poule; trois diables entrent dans la chambre et l'empoignent pour l'entraîner en enfer. « Kedril, sauve-moi! » crie-t-il. Mais Kedril a d'autres soucis; il a pris cette fois la bouteille, l'assiette et même le pain en se fourrant dans sa cachette. Le voilà seul, les démons sont loin, son maître aussi. Il sort de dessous la table, regarde de tous côtés, et... un sourire illumine sa figure. Il cligne de l'œil en vrai fripon, s'assied à la place de son maître, et chuchote à demi-voix au public :

— Allons, je suis maintenant mon maître... sans maître...

Tout le monde rit de le voir sans maître; il ajoute, toujours à demi-voix d'un ton de confidence, mais en clignant joyeusement de l'œil :

— Les diables l'ont emporté!...

L'enthousiasme des spectateurs n'a plus de bornes! cette phrase a été prononcée avec une telle coquinerie, avec une grimace si moqueuse et si triomphante, qu'il est impossible de ne pas applaudir. Mais le bonheur de Kedril ne dure pas longtemps. A peine a-t-il pris la bouteille de vin et versé une grande lampée dans un verre qu'il porte à ses lèvres, que les diables reviennent, se glissent derrière lui et l'empoignent. Kedril hurle comme un possédé. Mais il n'ose pas se retourner. Il voudrait se défendre, il ne le peut pas : ses mains sont embarrassées de la bouteille et du verre dont il ne veut pas se séparer; les yeux écarquillés, la bouche béante d'horreur, il reste une minute à regarder le public, avec une expression si comique de poltronnerie qu'il est vraiment à peindre. Enfin on l'entraîne, on l'emporte, il gigote des bras et des jambes en serrant toujours sa bouteille, et crie, crie. Les hurlements se font encore entendre de derrière les coulisses. Le rideau tombe. Tout le monde rit, est enchanté... L'orchestre attaque la fameuse danse kamarinskaïa [1]. On commence tout doucement, pianissimo, mais peu à peu le motif se développe, se renforce, la mesure s'accélère, des claquements hardis retentissent sur la planchette des balalaïki. C'est la kamarinskaïa dans tout son emportement; il aurait fallu que Glinka l'entendît jouer dans notre maison de force. La pantomime en musique commence. Pendant toute sa durée, on joue la kamarinskaïa. La scène représente l'intérieur d'une izba; un meunier et sa femme sont assis, l'un raccommode, l'autre file du lin. Sirotkine joue le rôle de la femme, Nietsviétaef celui du meunier.

Nos décorations étaient très-pauvres. Dans cette pièce comme dans les précédentes, il fallait suppléer par l'imagination à ce qui manquait à la réalité. Au lieu d'une muraille au fond de la scène, on voyait un tapis ou une couverture; du côté droit, de mauvais paravents, tandis qu'à gauche, la scène qui n'était pas fermée laissait voir les lits de camp. Mais les spectateurs ne sont pas difficiles et consentent à imaginer tout ce qui manque; cela leur est facile, tous les détenus sont de grands rêveurs. Du moment que l'on dit : c'est un jardin, eh bien, c'est un jardin! une chambre, une izba — c'est parfait, il n'y a pas à faire des cérémonies! Sirotkine était charmant en costume féminin. Le meunier achève son travail, prend son bonnet et son fouet, s'approche de sa femme et lui indique par signes que si pendant son absence elle a le malheur de recevoir quelqu'un, elle aura affaire à lui... et il lui montre son fouet. La femme écoute et secoue affirmativement la tête. Ce fouet lui est sans doute connu : la coquine en donne à

---

[1] Cette danse composée par le célèbre compositeur Glinka, l'auteur de la *Vie pour le Tsar*, est une des plus entraînantes que nous connaissions, et ne rentre dans aucun genre connu. C'est la danse russe par excellence.

porter! Le mari sort. A peine a-t-il tourné les talons que sa femme lui montre le poing. On frappe : la porte s'ouvre ; entre le voisin, meunier aussi de son état ; c'est un paysan barbu en cafetan. Il apporte un cadeau, un mouchoir rouge. La jeune femme rit, mais dès que le compère veut l'embrasser, on entend frapper de nouveau à la porte. Où se fourrer? Elle le fait cacher sous la table, et reprend son fuseau. Un autre adorateur se présente : c'est le fourrier, en uniforme de sous-officier. Jusqu'alors la pantomime avait très-bien marché, les gestes étaient irréprochables. On pouvait s'étonner de voir ces acteurs improvisés remplir leurs rôles d'une façon aussi correcte, et involontairement on se disait : Que de talents se perdent dans notre Russie, inutilisés dans les prisons et les lieux d'exil! Le forçat qui jouait le rôle du fourrier avait sans doute assisté à une représentation dans un théâtre de province ou d'amateurs ; il estimait que tous nos acteurs, sans exception, ne comprenaient rien au jeu et ne marchaient pas comme il fallait. Il entra en scène comme les vieux héros classiques de l'ancien répertoire, en faisant un grand pas ; avant d'avoir même levé l'autre jambe, il rejeta la tête et le corps en arrière, et lançant orgueilleusement un regard circulaire, il avança majestueusement d'une autre enjambée. Si une marche semblable était ridicule chez les héros classiques, elle l'était encore bien plus dans une scène comique jouée par un secrétaire. Mais le public la trouvait toute naturelle et acceptait l'allure triomphante du personnage comme un fait nécessaire, sans la critiquer. — Un instant après l'entrée du secrétaire, on frappe encore à la porte : l'hôtesse perd la tête. Où cacher le second galant? Dans le coffre, qui, heureusement, est ouvert. Le secrétaire y disparaît, la commère laisse retomber le couvercle. Le nouvel arrivant est un amoureux comme les autres, mais d'une espèce particulière. C'est un brahmine en costume. Un rire formidable des spectateurs accueille son entrée. Ce brahmine n'est autre que le forçat Kochkine, qui joue parfaitement ce rôle, car il a tout à fait la figure de l'emploi : il explique par gestes son amour pour la meunière, lève les bras au ciel, les ramène sur sa poitrine... — De nouveau on frappe à la porte : un coup vigoureux cette fois ; il n'y a pas à s'y tromper, c'est le maître de la maison. La meunière effrayée perd la tête, le brahmine court éperdu de tous côtés, suppliant qu'on le cache. Elle l'aide à se glisser derrière l'armoire, et se met à filer, à filer, oubliant d'ouvrir la porte ; elle file toujours, sans entendre les coups redoublés de son mari, elle tord le fil qu'elle n'a pas dans la main et fait le geste de tourner le fuseau, qui gît à terre. Sirotkine représentait parfaitement cette frayeur. Le meunier enfonce la porte d'un coup de pied et s'approche de sa femme, son fouet à la main. Il a tout remarqué, car il épiait les visiteurs ; il indique par signes à sa femme qu'elle a trois galants cachés chez lui. Puis il se met à les chercher. Il trouve d'abord le voisin, qu'il chasse de la chambre à coups de poing. Le secrétaire épouvanté veut s'enfuir, il soulève avec sa tête le couvercle du coffre, il se trahit lui-même. Le meunier le cingle de coups de fouet, et pour le coup, le galant secrétaire ne saute plus d'une manière classique. Reste le brahmine que le mari cherche longtemps ; il le trouve dans son coin, derrière l'armoire, le salue poliment et le tire par sa barbe jusqu'au milieu de la scène. Le bramine veut se défendre et crie : « Maudit! maudit! » (seuls mots prononcés pendant toute la pantomime) mais le mari ne l'écoute pas et règle le compte de sa femme. Celle-ci, voyant que son tour est arrivé, jette le rouet et le fuseau, et se sauve hors de la chambre ; un pot dégringole : les forçats éclatent de rire. Aléi, sans me regarder, me prend la main et me crie : « Regarde! regarde! le brahmine! » Il ne peut se tenir debout tant il rit. Le rideau tombe, une autre scène commence.

Il y en eut encore deux ou trois : toutes fort drôles et

d'une franche gaieté. Les forçats ne les avaient pas composées eux-mêmes, mais ils y avaient mis du leur. Chaque acteur improvisait et chargeait si bien qu'il jouait le rôle de différentes manières tous les soirs. La dernière pantomime, du genre fantastique, finissait par un ballet, où l'on enterrait un mort. Le brahmine fait diverses incantations sur le cadavre du défunt, mais rien n'opère. Enfin on entend l'air : « Le soleil couchant... », le mort ressuscite, et tous dans leur joie commencent à danser. Le brahmine danse avec le mort et danse à sa façon, en brahmine. Le spectacle se termina par cette scène. Les forçats se séparèrent gais, contents, en louant les acteurs et remerciant le sous-officier. On n'entendait pas la moindre querelle. Ils étaient tous satisfaits, je dirais même heureux, et s'endormirent l'âme tranquille, d'un sommeil qui ne ressemble en rien à leur sommeil habituel. Ceci n'est pas un fantôme de mon imagination, mais bien la vérité, la pure vérité. On avait permis à ces pauvres gens de vivre quelques instants comme ils l'entendaient, de s'amuser humainement, d'échapper pour une heure à leur condition de forçats — et l'homme change moralement, ne fût-ce que pour quelques minutes...

La nuit est déjà tout à fait sombre. J'ai un frisson et je me réveille par hasard : le vieux-croyant est toujours sur son poêle à prier, il priera jusqu'à l'aube. Aléi dort paisiblement à côté de moi. Je me souviens qu'en se couchant il riait encore et parlait du théâtre avec ses frères. Involontairement je regarde sa figure paisible. Peu à peu je me souviens de tout, de ce dernier jour, des fêtes de Noël, de ce mois tout entier... Je lève la tête avec effroi et je regarde mes camarades, qui dorment à la lueur tremblotante d'une chandelle donnée par l'administration. Je regarde leurs visages malheureux, leurs pauvres lits, cette nudité et cette misère — je les regarde — et je veux me convaincre que ce n'est pas un affreux cauchemar, mais bien la réalité. Oui, c'est la réalité : j'entends un gémissement. Quelqu'un replie lourdement son bras et fait sonner ses chaînes. Un autre s'agite dans un songe et parle, tandis que le vieux grand père prie pour les « chrétiens orthodoxes » : j'entends sa prière régulière, douce, un peu traînante : « Seigneur Jésus-Christ, aie pitié de nous!... »

— Je ne suis pas ici pour toujours, mais pour quelques années! me dis-je, et j'appuie de nouveau ma tête sur mon oreiller.

DEUXIÈME PARTIE

I

L'HOPITAL.

Peu de temps après les fêtes de Noël je tombai malade et je dus me rendre à notre hôpital militaire, qui se trouvait à l'écart, à une demi-verste environ de la forteresse. C'était un bâtiment à un seul étage, très-allongé et peint en jaune. Chaque été, on dépensait une grande quantité d'ocre à le rebadigeonner. Dans l'immense cour de l'hôpital se trouvaient diverses dépendances, les demeures des médecins-chefs et d'autres constructions nécessaires, tandis que le bâtiment principal ne contenait que les salles destinées aux malades : elles étaient en assez grand nombre ; mais comme il n'y en avait que deux réservées aux détenus, ces dernières étaient presque toujours pleines, surtout l'été : il n'était pas rare qu'on fût obligé de rapprocher les lits. Ces salles étaient occupées par des « malheureux » de toute espèce : d'abord, par les nôtres, les détenus de la maison de force, par des prévenus militaires, incarcérés dans les corps de garde, et qui avaient été condamnés ; il s'en trouvait d'autres encore sous jugement, ou de passage ; on envoyait aussi dans nos salles les malades de la compagnie de discipline — triste institution où l'on rassemblait les soldats de mauvaise conduite pour les corriger ; au bout d'un an ou deux, ils en revenaient les plus fieffés chenapans que la terre puisse porter. — Les forçats qui se sentaient malades avertissaient leur sous-officier dès le matin. Celui-ci les inscrivait sur un carnet qu'il leur remettait, et les envoyait à l'hôpital, accompagnés d'un soldat d'escorte : à leur arrivée, ils étaient examinés par un médecin qui autorisait les forçats à rester à l'hôpital, s'ils étaient vraiment malades. On m'inscrivit donc dans le livre, et vers une heure, quand tous mes compagnons furent partis pour la corvée de l'après-dînée, je me rendis à l'hôpital. Chaque détenu prenait avec lui autant d'argent et de pain qu'il pouvait (car il ne fallait pas espérer être nourri ce jour-là), une toute petite pipe, un sachet contenant du tabac, un briquet et de l'amadou. Ces objets se cachaient dans les bottes. Je pénétrai dans l'enceinte de l'hôpital, non sans éprouver un sentiment de curiosité pour cet aspect nouveau, inconnu, de la vie du bagne.

La journée était chaude, couverte, triste ; — c'était une de ces journées où des maisons comme un hôpital prennent un air particulièrement banal, ennuyeux et rébarbatif. Mon soldat d'escorte et moi, nous entrâmes dans la salle de réception, où se trouvaient deux baignoires de cuivre ; nous y trouvâmes deux condamnés qui attendaient la visite, avec leurs gardiens. Un *feldscherr*[1] entra, nous regarda d'un air nonchalant et protecteur, et s'en fut plus nonchalamment encore annoncer notre arrivée au médecin de service ; il arriva bientôt, nous examina, tout en nous traitant avec affabilité, et nous délivra des feuilles où se trouvaient inscrits nos noms. Le médecin ordinaire des salles réservées aux condamnés devait faire le diagnostic de notre maladie, indiquer les médicaments à prendre, le régime alimentaire à suivre, etc. (J'avais déjà

[1] Aide-chirurgien d'armée.

entendu dire que les détenus n'avaient pas assez de louanges pour leurs docteurs. « Ce sont de vrais pères! » me dirent-ils en parlant d'eux, quand j'entrai à l'hôpital.) Nous nous déshabillâmes pour revêtir un autre costume. On nous enleva les habits et le linge que nous avions en arrivant, et l'on nous donna du linge de l'hôpital, auquel on ajouta de longs bas, des pantoufles, des bonnets de coton et une robe de chambre d'un drap brun très-épais, qui était doublée non pas de toile, mais bien plutôt d'emplâtres : cette robe de chambre était horriblement sale, mais je compris bientôt toute son utilité. On nous conduisit ensuite dans les salles des forçats qui se trouvaient au bout d'un long corridor, très-élevé et fort propre. La propreté extérieure était très-satisfaisante; tout ce qui était visible reluisait : du moins cela me sembla ainsi après la saleté de notre maison de force. Les deux prévenus entrèrent dans la salle qui se trouvait à gauche du corridor, tandis que j'allai à droite. Devant la porte fermée au cadenas se promenait une sentinelle, le fusil sur l'épaule; non loin d'elle, veillait son remplaçant. Le sergent (de la garde de l'hôpital) ordonna de me laisser passer. Soudain je me trouvai au milieu d'une chambre longue et étroite ; le long des murailles étaient rangés des lits au nombre de vingt-deux. Trois ou quatre d'entre eux étaient encore inoccupés. Ces lits de bois étaient peints en vert, et devaient comme tous les lits d'hôpital, bien connus dans toute la Russie, être habités par des punaises. Je m'établis dans un coin, du côté des fenêtres.

Il n'y avait que peu de détenus dangereusement malades, et alités; pour la plupart convalescents ou légèrement indisposés, mes nouveaux camarades étaient étendus sur leurs couchettes ou se promenaient en long et en large; entre les deux rangées de lits, l'espace était suffisant pour leurs allées et venues. L'air de la salle était étouffant, avec l'odeur particulière aux hôpitaux : il était infecté par différentes émanations, toutes plus désagréables les unes que les autres, et par l'odeur des médicaments, bien que le poêle fût chauffé presque tout le jour. Mon lit était couvert d'une housse rayée, que j'enlevai : il se composait d'une couverture de drap, doublée de toile, et de draps grossiers, d'une propreté plus que douteuse. A côté du lit, se trouvait une petite table avec une cruche et une tasse d'étain, sur laquelle était placée une serviette minuscule qui m'était confiée. La table avait encore un rayon, où ceux des malades qui buvaient du thé mettaient leur théière, le broc de bois pour le kwass, etc.; mais ces richards étaient fort peu nombreux. Les pipes et les blagues à tabac — car chaque détenu fumait, même les poitrinaires — se cachaient sous le matelas. Le docteur et les autres chefs ne faisaient presque jamais de perquisitions; quand ils surprenaient un malade la pipe à la bouche, ils faisaient semblant de n'avoir rien vu. Les détenus étaient d'ailleurs très-prudents, et fumaient presque toujours derrière le poêle. Ils ne se permettaient de fumer dans leurs lits que la nuit, parce que personne ne faisait de rondes, à part l'officier commandant le corps de garde de l'hôpital.

Jusqu'alors je n'avais jamais été dans aucun hospice en qualité de malade; aussi tout ce qui m'entourait me parut-il fort nouveau. Je remarquai que mon entrée avait intrigué quelques détenus : on avait entendu parler de moi, et tout ce monde me regardait sans façons, avec cette légère nuance de supériorité que les habitués d'une salle d'audience, d'une chancellerie, ont pour un nouveau venu ou un quémandeur. A ma droite était étendu un prévenu, ex-secrétaire, et fils illégitime d'un capitaine en retraite, accusé d'avoir fabriqué de la fausse monnaie : il se trouvait à l'hôpital depuis près d'une année ; il n'était nullement malade, mais il assurait aux docteurs qu'il avait un anévrysme. Il les persuada si bien qu'il ne subit ni les travaux forcés, ni la punition corporelle à laquelle il avait été condamné; on l'envoya une année plus tard à T—k, où il fut attaché à un hospice. C'était un vigoureux gaillard de vingt-huit ans, trapu, fripon avoué, plus ou moins jurisconsulte. Il était intelligent et de manières fort aisées, mais très-présomptueux et d'un amour-propre maladif. Convaincu qu'il n'y avait pas au monde d'homme plus honnête et plus juste que lui, il ne se reconnaissait nullement coupable; il garda cette assurance toute sa vie. Ce personnage m'adressa la parole le premier et m'interrogea avec curiosité; il me mit au courant des mœurs de l'hôpital; bien entendu, avant tout, il m'avait déclaré qu'il était le fils d'un capitaine. Il désirait fort que je le crusse gentilhomme, ou au moins « de la noblesse ». Bientôt après, un malade de la compagnie de discipline vint m'assurer qu'il connaissait beaucoup de nobles, d'anciens exilés; pour mieux me convaincre, il me les nomma par leur prénom et leur nom patronymique. Rien qu'à voir la figure de ce soldat grisonnant, on devinait qu'il mentait abominablement. Il s'appelait Tchékounof. Il venait me faire sa cour, parce qu'il soupçonnait que j'avais de l'argent; quand il aperçut un paquet de thé et de sucre, il m'offrit aussitôt ses services pour faire bouillir l'eau et me procurer une théière. M—kski m'avait promis de m'envoyer la mienne le lendemain, par un des détenus, qui travaillaient dans l'hôpital, mais Tchékounov s'arrangea pour que j'eusse tout ce qu'il me fallait. Il se procura une marmite de fonte, où il fit bouillir l'eau pour le thé; en un mot, il montra un zèle si extraordinaire, que cela lui attira aussitôt quelques moqueries acérées de la part d'un des malades, un poitrinaire dont le lit se trouvait vis-à-vis du mien. Il se nommait Oustiantsef. C'était précisément le soldat condamné aux verges, qui, par peur du fouet, avait avalé une bouteille d'eau-de-vie dans laquelle il avait fait infuser du tabac, et gagné ainsi le germe de la phthisie : j'ai parlé de lui plus haut. Il était resté silencieux jusqu'alors, étendu sur son lit et respirant avec difficulté, tout en me dévisageant d'un air très-sérieux. Il suivait des yeux Tchékounof, dont la servilité l'irritait. Sa gravité extraordinaire rendait comique son indignation. Enfin il n'y tint plus :

— Eh ! regardez-moi ce valet qui a trouvé son maître ! dit-il avec des intervalles, d'une voix étranglée par sa faiblesse, car c'était peu de temps avant sa fin.

Tchékounof, mécontent, se tourna :

— Qui est ce valet ? demanda-t-il en regardant Oustian-tsef avec mépris.

— Toi ! tu es un valet, lui répondit celui-ci, avec autant d'assurance que s'il avait eu le droit de gourmander Tchékounof et que c'eût été un devoir impérieux pour lui.

— Moi, un valet ?

— Oui, un vrai valet ! Entendez-vous, braves gens, il ne veut pas me croire. Il s'étonne le gaillard !

— Qu'est-ce que cela peut bien te faire ? Tu vois bien qu'*ils ne savent*[1] pas se servir de *leurs* mains. *Ils ne sont pas* habitués à être sans serviteur. Pourquoi ne le servirais-je pas ? farceur au museau velu.

— Qui a le museau velu ?

— Toi !

— Moi, j'ai le museau velu ?

— Oui, un vrai museau velu et poilu !

— Tu es joli, toi ! va... Si j'ai le museau velu, tu as la figure comme un œuf de corbeau, toi !

— Museau poilu ! Le bon Dieu t'a réglé ton compte, tu ferais bien mieux de rester tranquille à crever !

— Pourquoi ? J'aimerais mieux me prosterner devant une botte que devant une sandale. Mon père ne s'est jamais prosterné et ne m'a jamais commandé de le faire. Je... je...

Il voulait continuer, mais une quinte de toux le secoua

---

[1] Le peuple, en Russie, emploie très-souvent la troisième personne du pluriel par politesse, en parlant de quelqu'un.

pendant quelques minutes; il crachait le sang. Une sueur froide, causée par son épuisement, perla sur son front déprimé. Si la toux ne l'avait pas empêché de parler, il eût continué à déblatérer, on le voyait à son regard, mais dans son impuissance, il ne put qu'agiter la main... si bien que Tchékounof ne pensa plus à lui.

Je sentais bien que la haine de ce poitrinaire s'adressait plutôt à moi qu'à Tchékounof. Personne n'aurait eu l'idée de se fâcher contre celui-ci ou de le mépriser à cause des services qu'il me rendait et des quelques sous qu'il essayait de me soutirer. Chaque malade comprenait très-bien qu'il ne faisait tout cela que pour se procurer de l'argent. Le peuple n'est pas du tout susceptible à cet endroit-là et sait parfaitement ce qu'il en est. J'avais déplu à Oustiantsef, comme mon thé lui avait déplu; ce qui l'irritait, c'est que, malgré tout, j'étais un seigneur, même avec mes chaînes, que je ne pouvais me passer de domestique; et pourtant je ne désirais et ne recherchais aucun serviteur. En réalité, je tenais à faire tout moi-même, afin de ne pas paraître un douillet aux mains blanches, et de ne pas jouer au grand seigneur. J'y mettais même un certain amour-propre, pour dire la vérité. Malgré tout, — je n'y ai jamais rien compris, — j'étais toujours entouré d'officieux et de complaisants, qui s'attachaient à moi de leur propre mouvement et qui finirent par me dominer : c'était plutôt moi qui étais leur valet; si bien que pour tout le monde, bon gré, mal gré, j'étais un seigneur qui ne pouvait se passer des services des autres et qui faisait l'important. Cela m'exaspérait. Oustiantsef était poitrinaire et partant irascible; les autres malades ne me témoignèrent que de l'indifférence avec une nuance de dédain. Ils étaient tous occupés d'une circonstance qui me revient à la mémoire : j'appris, en écoutant leurs conversations, qu'on devait apporter ce soir même à l'hôpital un condamné auquel on administrait en ce moment les verges. Les détenus attendaient ce nouveau avec quelque curiosité. On disait du reste que la punition était légère : cinq cents coups.

Je regardai autour de moi. La plupart des vrais malades étaient — autant que je pus le remarquer alors — atteints du scorbut et de maux d'yeux, particuliers à cette contrée : c'était la majorité. D'autres souffraient de la fièvre, de la poitrine et d'autres misères. Dans la salle des détenus, les diverses maladies n'étaient pas séparées; toutes étaient réunies dans la même chambre. J'ai parlé des *vrais malades*, car certains forçats étaient venus *comme ça*, pour « se reposer ». Les docteurs les admettaient par pure compassion, surtout s'il y avait des lits vacants. La vie dans les corps de garde et dans les prisons était si dure en comparaison de celle de l'hôpital, que beaucoup de détenus préféraient rester couchés, malgré l'air étouffant qu'on respirait et la défense expresse de sortir de la salle. Il y avait même des amateurs de ce genre d'existence : ils appartenaient presque tous à la compagnie de discipline. J'examinai avec curiosité mes nouveaux camarades; l'un d'eux m'intrigua particulièrement. Il était phthisique et agonisait; son lit était un peu plus loin que celui d'Oustiantsef et se trouvait presque en face du mien. On l'appelait Mikaïlof; je l'avais vu à la maison de force deux semaines auparavant; déjà alors il était gravement malade; depuis longtemps il aurait dû se soigner, mais il se roidissait contre son mal avec une opiniâtreté inutile; il ne s'en alla à l'hôpital que vers les fêtes de Noël, pour mourir trois semaines après d'une phthisie galopante; il semblait que cet homme eût brûlé comme une bougie. Ce qui m'étonna le plus, ce fut son visage qui avait terriblement changé — car je l'avais remarqué dès mon entrée en prison, — il m'avait pour ainsi dire sauté aux yeux. A côté de lui était couché un soldat de la compagnie de discipline, un vieil homme de mauvaise mine et d'un extérieur dégoûtant. Mais je ne veux pas énumérer tous les malades... Je viens de me souvenir de ce vieillard, simplement parce qu'il fit alors impression sur moi et qu'il m'initia d'emblée à certaines particularités de la salle des détenus. Il avait un fort rhume de cerveau, qui le faisait éternuer à tout moment (il éternua une semaine entière) même pendant son sommeil, comme par salves, cinq ou six fois de suite, en répétant chaque fois : « — Mon Dieu! quelle punition! » Assis sur son lit, il se bourrait avidement le nez de tabac, qu'il puisait dans un cornet de papier afin d'éternuer plus fort et plus régulièrement. Il éternuait dans un mouchoir de coton à carreaux qui lui appartenait, tout déteint à force d'être lavé. Son petit nez se plissait alors d'une façon particulière, en se rayant d'une multitude innombrable de petites rides, et laissait voir des dents ébréchées, toutes noires et usées, avec des gencives rouges, humides de salive. Quand il avait éternué, il dépliait son mouchoir, regardait la quantité de morve qu'il avait expulsée et l'essuyait aussitôt à sa robe de chambre brune, si bien que toute la morve s'attachait à cette dernière, tandis que le mouchoir était à peine humide. Cette économie pour un effet personnel, aux dépens de la robe de chambre appartenant à l'hôpital, n'éveillait aucune protestation du côté des forçats, bien que quelques-uns d'entre eux eussent été obligés de revêtir plus tard cette même robe de chambre. On aurait peine à croire combien notre menu peuple est peu dégoûté sous ce rapport. Cela m'agaça si fort que je me mis à examiner involontairement, avec curiosité et répugnance, la robe de chambre que je venais d'enfiler. Elle irritait mon odorat par une exhalaison très-forte; réchauffée au contact de mon corps, elle sentait les emplâtres et les médicaments; on eût dit qu'elle n'avait jamais quitté les épaules des malades depuis un temps immémorial. On avait peut-être lavé une fois la doublure, mais je n'en jurerais pas; en tout cas au moment où je la portais elle était saturée de tous les liquides, épithèmes et vésicatoires imaginables, etc. Les condamnés aux verges qui avaient subi leur punition venaient directement à l'hôpital, le dos encore sanglant; comme on les soignait avec des compresses ou des épithèmes, la robe de chambre qu'ils revêtaient sur la chemise humide prenait et gardait tout. Pendant tout mon temps de travaux forcés, chaque fois que je devais me rendre à l'hôpital (ce qui arrivait souvent) j'enfilais toujours avec une défiance craintive la robe de chambre que l'on me délivrait.

Dès que Tchékounof m'eut servi mon thé (par parenthèses, je dirai que l'eau de notre salle, apportée pour toute la journée, se corrompait vite sous l'influence de l'air fétide), la porte s'ouvrit, et le soldat qui venait de recevoir les verges fut introduit sous double escorte. Je voyais pour la première fois un homme qui venait d'être fouetté. Plus tard, on en amenait souvent, on les apportait même quand la punition était trop forte : chaque fois cela procurait une grande distraction aux malades. On accueillait ces malheureux avec une expression de gravité composée : la réception qu'on leur faisait dépendait presque toujours de l'importance du crime commis, et par conséquent du nombre de verges reçues. Les condamnés les plus cruellement fouettés et qui avaient une réputation de bandits consommés jouissaient de plus de respect et d'attention qu'un simple déserteur, une recrue, comme celui qu'on venait d'amener. Pourtant, ni dans l'un ni dans l'autre cas on ne manifestait de sympathie particulière; on s'abstenait aussi de remarques irritantes : on soignait le malheureux en silence, et on l'aidait à se guérir, surtout s'il était incapable de se soigner lui-même. Les *feldschers* eux-mêmes savaient qu'ils remettaient les patients entre des mains adroites et exercées. La médication usuelle consistait à appliquer très-souvent sur le dos du fouetté une chemise ou un drap trempé dans de l'eau froide; il fallait encore retirer adroitement des plaies les échardes laissées par les verges qui s'étaient cassées sur le dos du condamné. Cette dernière opération était particulièrement douloureuse pour les patients; le stoïcisme extraordinaire avec lequel ils supportaient leurs souffrances me confondait. J'ai vu beaucoup de condamnés fouettés, et cruellement, je vous assure; eh bien! je ne me souviens pas que l'un d'eux ait poussé un gémissement. Seulement, après une pareille épreuve, le visage se déforme et pâlit, les yeux brillent, le regard est égaré, les lèvres tremblent si fort que les patients les mordent quelquefois jusqu'au sang. — Le soldat qui venait d'entrer avait vingt-trois ans; il était solidement musclé, assez bel homme, bien fait et de haute taille, avec la peau basanée : son échine — découverte jusqu'à la ceinture — avait été sérieusement fustigée; son corps tremblait de fièvre sous le drap humide qui lui couvrait le dos; pendant une heure et demie environ, il ne fit que se promener en long et en large dans la salle. Je regardai son visage : il semblait qu'il ne pensât à rien; ses yeux avaient une étrange expression, sauvage et fuyante, ils ne s'arrêtaient qu'avec peine sur un objet. Je crus voir qu'il regardait fixement mon thé bouillant; une vapeur chaude montait de la tasse pleine : le pauvre diable grelottait et claquait des dents, aussi l'invitai-je à boire. Il se tourna de mon côté sans dire un mot, tout d'une pièce, prit la tasse de thé qu'il avala d'un trait, debout, sans la sucrer; il s'efforçait de ne pas me regarder. Quand il eut bu, il reposa la tasse en silence, sans même me faire un signe de tête, et recommença à se promener de long en large : il souffrait trop pour avoir l'idée de me parler ou de me remercier. Quant aux détenus, ils s'abstinrent de le questionner; une fois qu'ils lui eurent appliqué ses compresses, ils ne firent plus attention à lui, ils pensaient probablement qu'il valait mieux le laisser tranquille et ne pas l'ennuyer par leurs questions et par leur « compassion »; le soldat sembla parfaitement satisfait de cette décision.

La nuit tombait pendant ce temps, on alluma la lampe. Quelques malades possédaient en propre des chandeliers, mais ceux-là étaient rares. Le docteur fit sa visite du soir, après quoi le sous-officier de garde compta les malades et ferma la salle, dans laquelle on avait apporté préalablement un baquet pour la nuit... J'appris avec étonnement que ce baquet devait rester toute la nuit dans notre infirmerie; pourtant le véritable cabinet se trouvait à deux pas de la porte. Mais c'était l'usage. De jour, on ne laissait sortir les détenus qu'une minute au plus; de nuit, il n'y fallait pas penser. L'hôpital pour les forçats ne ressemblait pas à un hôpital ordinaire : le condamné malade subissait malgré tout son châtiment. Par qui cet usage avait-il été établi, je l'ignore; ce que je sais bien, c'est que cette mesure était parfaitement inutile et que jamais le formalisme pédant et absurde ne s'était manifesté d'une façon aussi évidente que dans ce cas. Cette mesure n'avait pas été imposée par les docteurs, car, je le répète, les détenus ne pouvaient pas assez se louer de leurs médecins : ils les regardaient comme de vrais pères et les respectaient; ces médecins avaient toujours un mot agréable, une bonne parole pour les réprouvés, qui les appréciaient d'autant plus qu'ils en sentaient toute la sincérité.

Oui, ces bonnes paroles étaient vraiment sincères, car personne n'aurait songé à reprendre les médecins, si ceux-ci avaient été grossiers et inhumains : ils étaient bons avec les détenus par pure humanité. Ils comprenaient parfaitement qu'un forçat malade a autant de droits à respirer un air pur que n'importe quel patient, ce dernier fût-il un grand personnage. Les convalescents des autres salles avaient le droit de se promener librement dans les corridors, de faire de l'exercice, de respirer un air moins empesté que celui de notre infirmerie, puant le renfermé, et toujours saturé d'émanations délétères.

Durant plusieurs années, un fait inexplicable m'irrita comme un problème insoluble, sans que je pusse en trouver la solution. Il faut que je m'y arrête avant de continuer ma description : je veux parler des chaînes, dont aucun forçat n'est délivré, si gravement malade qu'il puisse être. Les poitrinaires eux-mêmes ont expiré sous mes yeux, les jambes chargées de leurs fers. Tout le monde y était habitué et admettait cela comme un fait naturel, inéluctable. Je crois que personne, pas même les médecins, n'aurait eu l'idée de réclamer le déferrement des détenus gravement malades ou tout au moins des poitrinaires. Les chaînes, à vrai dire, n'étaient pas excessivement lourdes, elles ne pesaient en général que huit à douze livres, ce qui est un fardeau très-supportable pour un homme valide. On me dit pourtant qu'au bout de quelques années les jambes des forçats enchaînés se desséchaient et dépérissaient; je ne sais si c'est la vérité, mais j'incline à le croire. Un poids, si petit qu'il soit, voire même de dix livres, s'il est fixé à la jambe pour toujours, augmente la pesanteur générale du membre d'une façon anormale, et, au bout d'un certain temps, doit avoir une influence désastreuse sur le développement de celui-ci... Pour un forçat en bonne santé, cela n'est rien, mais en est-il de même pour un malade? Pour les détenus gravement atteints, pour les poitrinaires, dont les mains et les jambes se dessèchent d'elles-mêmes, le moindre fétu est insupportable. Si l'administration médicale réclamait cet allégement pour les seuls poitrinaires, ce serait un vrai, un grand bienfait, je vous assure... On me dira que les forçats sont des malfaiteurs, indignes de toute compassion; mais faut-il redoubler de sévérité pour celui sur lequel le doigt de Dieu s'est déjà appesanti? On ne saurait croire que cette aggravation ait pour but de châtier le forçat. Les poitrinaires sont affranchis des punitions corporelles par le tribunal. Il doit y avoir là une raison mystérieuse, importante, une précaution salutaire, mais laquelle? Voilà ce qui est impossible à comprendre. On ne croit pas, on ne peut pas croire, en effet, que le poitrinaire s'enfuira. A qui cette idée pourrait-elle venir, surtout si la maladie a atteint un certain degré? Il est impossible de tromper les docteurs et de leur faire prendre un détenu bien portant pour un poitrinaire; c'est là une maladie que l'on reconnaît du premier coup d'œil. Et du reste (disons-le puisque l'occasion s'en présente), les fers peuvent-ils empêcher le forçat de s'enfuir? Pas le moins du monde. Les fers sont une diffamation, une honte, un fardeau physique et moral, — c'est du moins ce que l'on pense, — car ils ne sauraient embarrasser personne dans une évasion. Le forçat le plus maladroit, le moins intelligent, saura les scier ou briser le rivet à coups de pierre, sans trop de peine. Les fers sont donc une précaution inutile, et si on les met aux forçats comme châtiment de leur crime, ne faut-il pas épargner ce châtiment à un agonisant?

En écrivant ces lignes, une physionomie se détache vivement dans ma mémoire, la physionomie d'un mourant, d'un poitrinaire, de ce même Mikaïlof qui était couché presque en face de moi, non loin d'Oustiantsef, et qui expira, je crois, quatre jours après mon arrivée à l'hôpital. Quand j'ai parlé plus haut des poitrinaires, je n'ai fait que rendre involontairement les sensations et reproduire les idées qui m'assaillirent à l'occasion de cette mort. Je connaissais peu ce Mikaïlof. C'était un jeune homme de vingt-cinq ans au plus, de petite taille, mince et d'une très-belle figure. Il était de la « section particulière » et se faisait remarquer par une taciturnité étrange, mais douce et triste : on aurait dit qu'il « avait séché » dans la maison de force, comme s'exprimaient les forçats, qui gardèrent de lui un bon souvenir. Je me rappelle qu'il avait de très-beaux yeux — je ne sais vraiment pourquoi je m'en souviens si bien. Il mourut à trois heures de l'après-midi, par un jour clair et sec. Le soleil dardait ses rayons éclatants et obliques à travers les vitres verdâtres, congelées de notre salle : un torrent de lumière inondait ce malheureux, qui avait perdu connaissance et qui agonisa pendant quelques heures. Dès le matin ses yeux se troublèrent et ne lui permirent pas de reconnaître ceux qui s'approchaient de lui. Les forçats auraient voulu le soulager, car ils voyaient qu'il souffrait beaucoup : sa respiration était pénible, profonde, enrouée; sa poitrine se soulevait violemment, comme s'il manquait d'air. Il rejeta d'abord sa couverture et ses vêtements loin de lui, puis il commença à déchirer sa chemise, qui semblait lui être un fardeau intolérable. On la lui enleva. C'était effrayant de voir ce corps démesurément long, aux mains et aux jambes décharnées, au ventre flasque, à la poitrine soulevée, et dont les côtes se dessinaient aussi nettement que celles d'un squelette. Il ne restait sur ce squelette qu'une croix avec un sachet, et les fers, dont ses jambes desséchées auraient pu se dégager sans peine. Un quart d'heure avant sa mort, le bruit s'apaisa dans notre salle; on ne parlait plus qu'en chuchotant. Les forçats marchaient sur la pointe des pieds, discrètement. De temps à autre, ils échangeaient leurs réflexions sur des sujets étrangers et jetaient un coup d'œil furtif sur le mourant. Celui-ci râlait toujours plus péniblement. Enfin, d'une main tremblante et mal assurée, il tâta sa croix sur sa poitrine et fit le geste de l'arracher : elle aussi lui pesait, le suffoquait. On la lui enleva. Dix minutes plus tard il mourut. On frappa alors à la porte, afin d'avertir la sentinelle. Un gardien entra, regarda le mort d'un air hébété et s'en alla quérir le *feldscher*. Celui-ci était un bon garçon, un peu trop occupé peut-être de son extérieur, assez agréable du reste; il arriva bientôt; il s'approcha du cadavre à grands pas, ce qui fit un bruit dans la salle muette, et lui tâta le pouls avec une mine dégagée qui semblait avoir été composée pour la circonstance; il fit un geste vague de la main et sortit. On prévint le poste, car le criminel était d'importance (il appartenait à la section particulière); aussi pour le déclarer dûment mort fallait-il quelques formalités. Pendant que nous attendions l'entrée du poste de l'hôpital, un des détenus dit à demi-voix qu'il ne serait pas mal de fermer les yeux au défunt. Un autre écouta ce conseil, s'approcha en silence de Mikaïlof et lui ferma les yeux; apercevant sur le coussin la croix qu'on avait détachée du cou, il la prit, la regarda, la remit et se signa. Le visage du mort s'ossifiait; un rayon de lumière blanche jouait à la surface et éclairait deux rangées de dents blanches et jeunes, qui brillaient entre les lèvres minces, collées aux gencives de la bouche entr'ouverte. Le sous-officier de garde arriva enfin, sous les armes et casque en tête, accompagné de deux soldats. Il s'approcha en ralentissant le pas, incertain; il examinait du coin de l'œil les détenus silencieux, qui le regardaient d'un air sombre. A un pas du mort, il s'arrêta net, comme cloué sur place par une gêne subite. Ce corps nu et desséché, chargé de ses fers, l'impressionnait : il défit sa jugulaire, enleva son casque (ce qu'il n'avait nullement besoin de faire) et fit un grand signe de croix. C'était une figure sévère, grisonnante, une tête de soldat qui avait beaucoup servi. Je me souviens qu'à côté de lui se trouvait Tchékounof, un vieillard grisonnant lui aussi; il regardait tout le temps le sous-officier, et suivait tous les mouvements de ce dernier avec une attention étrange. Leurs regards se croisèrent, et je vis que la lèvre inférieure de Tchékounof tremblait. Il la mordit, serra les dents et dit au sous-officier, comme par hasard, avec un mouvement de tête qui lui montrait le mort :

— Il avait pourtant une mère, lui aussi...

Ces mots me pénétrèrent... Pourquoi les avait-il dits, et comment cette idée lui était-elle venue? On souleva le cadavre avec sa couchette; la paille craqua, les chaînes traînèrent à terre avec un bruit clair... On les releva et l'on emporta le corps. Brusquement tous parlèrent à haute voix. On entendit encore le sous-officier, déjà dans le corridor, qui criait à quelqu'un d'aller chercher le forgeron. Il fallait déferrer le mort...

Mais j'ai fait une digression hors de mon sujet...

II

L'HOPITAL (*Suite*).

Les docteurs visitaient les salles le matin ; vers onze heures, ils apparaissaient tous ensemble, faisant cortége au médecin en chef : une heure et demie avant eux, le médecin ordinaire de notre salle venait faire sa ronde ; c'était un tout jeune homme, toujours affable et gai, que les détenus aimaient beaucoup, et qui connaissait parfaitement son art ; ils ne lui trouvaient qu'un seul défaut, celui d'être « trop doux ». En effet, il était peu communicatif, il semblait même confus devant nous, rougissait parfois et changeait la quantité de nourriture à la première réclamation des malades ; je crois qu'il aurait consenti à leur donner les médicaments qu'ils désiraient : un excellent homme, du reste ! Beaucoup de médecins en Russie jouissent de l'affection et du respect du peuple, et cela à juste titre, autant que j'ai pu le remarquer. Je sais que mes paroles sembleront un paradoxe, surtout si l'on prend en considération la défiance que ce même peuple a pour la médecine et les médicaments étrangers. En effet, il préfère, alors même qu'il souffrirait d'une grave maladie, s'adresser pendant plusieurs années de suite à une sorcière, ou employer des remèdes de bonne femme (qu'il ne faut pas mépriser, du reste), plutôt que de consulter un docteur ou d'aller à l'hôpital. A vrai dire, il faut surtout attribuer cette prévention à une cause profonde et qui n'a aucun rapport avec la médecine, à savoir la défiance du peuple pour tout ce qui porte un caractère administratif, officiel : il ne faut pas oublier non plus que le peuple est effrayé et prévenu contre les hôpitaux par les récits souvent absurdes des horreurs fantastiques dont les hospices seraient le théâtre.

(Ces récits ont pourtant un fond de vérité.) Mais ce qui lui répugne le plus, ce sont les habitudes allemandes des hôpitaux, c'est l'idée que des étrangers le soigneront pendant sa maladie, c'est la sévérité de la diète, enfin les récits qu'on lui fait de la dureté persévérante des *feldchers* et des docteurs, de la dissection et de l'autopsie des cadavres, etc. Et puis, le bas peuple se dit que ce seront des seigneurs qui le soigneront (car pour eux, les médecins sont tout de même des seigneurs). Une fois la connaissance faite avec ces derniers (il y a sans doute des exceptions, mais elles sont rares), toutes les craintes s'évanouissent : il faut attribuer ce succès à nos docteurs, principalement aux jeunes, qui savent pour la plupart gagner le respect et l'affection du peuple. Je parle du moins de ce que j'ai vu et éprouvé à plusieurs reprises, dans différents endroits, et je ne pense pas que les choses se passent autrement ailleurs. Dans certaines localités reculées les médecins prennent des pots-de-vin, abusent de leurs hôpitaux et négligent leurs malades ; souvent même ils oublient complétement leur art. Cela arrive, mais je parle de la majorité, inspirée par cet esprit, par cette tendance généreuse qui est en train de régénérer l'art médical. Quant aux apostats, aux loups dans la bergerie, ils auront beau s'excuser et rejeter la faute sur le *milieu* qui les entoure, qui les a déformés, ils resteront inexcusables, surtout s'ils ont perdu toute humanité. Et c'est précisément l'humanité, l'affabilité, la compassion fraternelle pour le malade qui sont quelquefois les remèdes les plus actifs. Il serait temps que nous cessions de nous lamenter apathiquement sur le milieu qui nous a gangrené. Il y a du vrai, mais un rusé fripon qui sait se tirer d'affaire ne manque pas d'accuser le milieu dans lequel il se trouve pour se faire pardonner ainsi ses faiblesses, surtout quand il manie la plume ou la parole avec éloquence. Je me suis écarté de nouveau de mon sujet : je voulais me borner à dire que le petit peuple est défiant et antipathique plutôt à l'égard de la médecine administrative que des médecins eux-mêmes. Quand il les voit à l'œuvre, il perd beaucoup de ses préjugés.

Notre médecin s'arrêtait ordinairement devant le lit de chaque malade, l'interrogeait sérieusement et attentivement, puis prescrivait les remèdes, les potions. Il remarquait quelquefois que le prétendu malade ne l'était pas du tout; ce détenu était venu se reposer des travaux forcés et dormir sur un matelas dans une chambre chauffée, préférable à des planches nues dans un corps de garde humide, où sont entassés et parqués une masse de prévenus pâles et abattus. (En Russie, les malheureux détenus en prison préventive sont presque toujours pâles et abattus, ce qui démontre que leur entretien matériel et leur état moral sont encore plus pitoyables que ceux des condamnés.) Aussi notre médecin inscrivait le faux malade sur son carnet comme affecté d'une « *febris catharalis* » et lui permettait quelquefois de rester une semaine à l'hôpital. Tout le monde se moquait de cette « *febris catharalis* », car on savait bien que c'était la formule admise par une conspiration tacite entre le docteur et le malade pour indiquer une maladie feinte, les « coliques de rechange », comme les appelaient les détenus, qui traduisaient ainsi « *febris catharalis* »; souvent même, le malade imaginaire abusait de la compassion du docteur pour rester à l'hôpital jusqu'à ce qu'on le renvoyât de force. C'était alors qu'il fallait voir notre médecin. Confus de l'entêtement du forçat, il ne se décidait pas à lui dire nettement qu'il était guéri et à lui conseiller de demander son billet de sortie, bien qu'il eût le droit de le renvoyer sans la moindre explication, en écrivant sur sa feuille : « *Sanat est* » : il lui insinuait tout d'abord qu'il était temps de quitter la salle, et le priait avec instances : « Tu devrais filer, dis donc, tu es guéri maintenant; les places manquent; on est à l'étroit, etc. », jusqu'à ce que le soi-disant malade se piquât d'amour-propre et demandât enfin à sortir. Le docteur chef, bien que très-compatissant et honnête (les malades l'aimaient aussi beaucoup), était incomparablement plus sévère et plus résolu que notre médecin ordinaire; dans certains cas, il montrait une sévérité impitoyable qui lui attirait le respect des forçats. Il arrivait toujours dans notre salle, accompagné de tous les médecins de l'hôpital, quand son subordonné avait fait sa tournée, et diagnostiquait sur chaque cas en particulier ; il s'arrêtait plus longtemps auprès de ceux qui étaient gravement atteints et savait leur dire un mot encourageant, qui les remontait et laissait toujours la meilleure impression. Il ne renvoyait jamais les forçats qui arrivaient avec des *coliques de rechange*, mais, si l'un d'eux s'obstinait à rester à l'hôpital, il l'inscrivait bon pour la sortie : « — Allons, camarade, tu t'es reposé, va-t'en maintenant, il ne faut abuser de rien. » Ceux qui s'entêtaient à rester étaient surtout les forçats excédés de la corvée, pendant les grosses chaleurs de l'été, ou bien des condamnés qui devaient être fouettés. Je me souviens que l'on fut obligé d'employer une sévérité particulière, de la cruauté même pour expulser l'un d'eux. Il était venu se faire soigner d'une maladie des yeux qu'il avait tout rouges : il se plaignait de ressentir une douleur lancinante aux paupières. On le traita de différentes manières, on employa des vésicatoires, des sangsues, on lui injecta les yeux d'une solution corrosive, etc., etc., mais rien n'y fit, le mal ne diminuait pas, et l'organe malade était toujours dans le même état. Les docteurs devinèrent enfin que cette maladie était feinte, car l'inflammation n'empirait ni ne guérissait : le cas était suspect. Depuis longtemps les détenus savaient que ce n'était qu'une comédie et qu'il trompait les docteurs, bien qu'il ne voulût pas l'avouer. C'était un jeune gaillard, assez bien de sa personne, mais qui produisait une impression désagréable sur tous ses camarades : il était dissimulé, soupçonneux, sombre, regardait toujours en dessous, ne parlait avec personne et restait à l'écart comme s'il se fût défié de nous. Je me rappelle que plusieurs craignaient qu'il ne fît un mauvais coup : étant soldat, il avait commis un vol de conséquence ; on l'avait arrêté et condamné à recevoir mille coups de baguettes, puis à passer dans une compagnie de discipline. Pour reculer le moment de la punition, les condamnés se décident quelquefois, comme je l'ai dit plus haut, à d'effroyables coups de tête ; la veille du jour fatal, ils plantent un couteau dans le ventre d'un chef ou d'un camarade, pour qu'on les remette en jugement, ce qui retarde leur châtiment d'un mois ou deux : leur but est atteint. Peu leur importe que leur condamnation soit doublée ou triplée au bout de ces trois mois ; ce qu'ils désirent, c'est reculer temporairement la terrible minute, quoi qu'il puisse leur en coûter, tant le cœur leur manque pour l'affronter.

Plusieurs malades étaient d'avis de surveiller le nouveau venu, parce qu'il pouvait fort bien, de désespoir, assassiner quelqu'un pendant la nuit. On s'en tint aux paroles cependant, personne ne prit aucune précaution, pas même ceux qui dormaient à côté de lui. On avait pourtant remarqué qu'il se frottait les yeux avec du plâtre de la muraille et quelque chose d'autre encore, afin qu'ils parussent rouges au moment de la visite. Enfin le docteur chef menaça d'employer des orties pour le guérir. Quand une maladie d'yeux résiste à tous les moyens scientifiques, les médecins se décident à essayer un remède héroïque et douloureux : on applique les orties au malade, ni plus ni moins qu'à un cheval. Mais le pauvre diable ne voulait décidément pas guérir. Il était d'un caractère ou trop opiniâtre ou trop lâche ; si douloureuses que soient les orties, on ne peut pas les comparer aux verges. L'opération consiste à empoigner le malade près de la nuque, par la peau du cou, à la tirer en arrière autant que possible, et à y pratiquer une double incision large et longue, dans laquelle on passe une chevillière de coton, de la largeur du doigt; chaque jour, à heure fixe, on tire ce ruban en avant et en arrière, comme si l'on fendait de nouveau la peau, afin que la blessure suppure continuellement et ne se cicatrise pas. Le pauvre diable endura cette torture, qui lui causait des souffrances horribles, pendant plusieurs jours; enfin il consentit à demander sa sortie. En moins d'un jour ses yeux devinrent parfaitement sains, et dès que son cou se fut cicatrisé, on l'envoya au corps de garde, qu'il quitta le lendemain pour recevoir ses mille coups de baguettes.

Pénible est cette minute qui précède le châtiment, si pénible que j'ai peut-être tort de nommer pusillanimité et lâcheté la peur que ressentent les condamnés. Il faut qu'elle soit terrible pour que les forçats se décident à risquer une punition double ou triple, simplement pour la reculer. J'ai pourtant parlé de condamnés qui demandaient eux-mêmes à quitter l'hôpital, avant que les blessures causées par les premières baguettes se fussent cicatrisées, afin de recevoir les derniers coups et d'en finir avec leur état préventif; car la vie au corps de garde est certainement pire que n'importe quels travaux forcés. L'habitude invétérée de recevoir des verges et d'être châtié contribue aussi à donner de l'intrépidité et de la décision à quelques condamnés. Ceux qui ont été souvent fouettés ont le dos et l'esprit tannés, racornis; ils finissent par regarder la punition comme une incommodité passagère, qu'ils ne craignent plus. Un de nos forçats de la section particulière, Kalmouk baptisé, qui portait le nom d'Alexandre ou d'Alexandrine, comme on l'appelait en riant à la maison de force (un gaillard étrange, fripon en diable, intrépide et pourtant bonhomme), me raconta comment il avait reçu quatre mille coups de verges. Il ne parlait jamais de cette punition qu'en riant et en plaisantant, mais il me jura très-sérieusement que, s'il n'avait pas été élevé dans sa horde à coups de fouet dès sa plus tendre enfance, — les cicatrices dont son dos était couvert et qui n'avaient pas réussi à disparaître, étaient là pour le certifier, — il n'aurait jamais pu supporter ces quatre mille coups de verges. Il bénissait cette éducation à coups de lanières. « On me battait pour la moindre chose, Alexandre Pétrovitch! me dit-il un soir que nous étions assis sur ma couchette, devant le feu, — on m'a battu sans motifs pendant quinze ans de suite, du plus loin que je me souvienne, plusieurs fois par jour : me rossait qui voulait, si bien que je m'habituai tout à fait aux baguettes. » Je ne sais plus par quel hasard il était devenu soldat (au fond, il mentait peut-être, car il avait toujours déserté et vagabondé). Il me souvient du récit qu'il nous fit un jour de la peur qu'il eut, quand on le condamna à recevoir quatre mille coups de verges pour avoir tué son supérieur : « Je me doutais bien qu'on me punirait sévèrement, je me disais que, si habitué que je fusse au fouet, je crèverais peut-être sur place — diable! quatre mille verges, ce n'est pas une petite affaire, et puis tous mes chefs étaient d'une humeur de chien à cause de cette histoire. Je savais très-bien que cela ne se passerait pas à l'eau de roses ; je croyais même que je resterais sous les verges. J'essayai tout d'abord de me faire baptiser, je me disais peut-être qu'on me pardonnerait, essayons *voir;* on m'avait pourtant averti — les camarades — que ça ne servirait à rien, mais je pensais : — Tout de même, ils me pardonneront, qui sait? ils auront plus de compassion pour un baptisé que pour un mahométan. On me baptisa et l'on me donna le nom d'Alexandre; malgré tout, je dus recevoir mes baguettes; ils ne m'en auraient pas fait grâce d'une seule. Cela me taquina à la fin. Je me dis : — Attendez, je m'en vais tous vous mettre dedans de la belle manière. Et parbleu, Alexandre Pétrovitch, le croirez-vous? je les ai mis dedans! Je savais très-bien faire le mort, non pas que j'eusse l'air tout à fait crevé, non! mais on aurait juré que j'allais rendre l'âme. On me conduit devant le front du bataillon, je reçois mon premier mille; ça me brûle, je commence à hurler : on me donne mon second mille, je me dis : Voilà ma fin qui arrive ; ils m'avaient fait perdre la tête, j'avais les jambes comme rompues... crac ! me voilà à terre ! avec les yeux d'un mort, la figure toute bleue, la bouche pleine d'écume ; je ne soufflais plus. Le médecin arrive et dit que je vais mourir. On me porte à l'hôpital ; je reviens tout de suite à moi. Deux fois encore on me donna les verges. Comme ils étaient fâchés ! oh ! comme ils enrageaient ! mais je les ai tout de même mis dedans ces deux fois encore : je reçois mon troisième mille, je crève de nouveau ; mais, ma foi, quand ils m'ont administré le dernier mille, chaque coup aurait dû compter pour trois, c'était comme un couteau droit dans le cœur, ouf ! comme ils m'ont battu ! Ils étaient acharnés après moi ! Oh ! cette charogne de quatrième mille (que le.........!), il valait les trois premiers ensemble, et si je n'avais pas fait le mort quand il ne m'en restait plus que deux cents à recevoir, je crois qu'ils m'auraient fini pour de bon ; mais je ne me suis pas laissé démonter, je les flibuste encore une fois et je fais le mort : ils ont cru de nouveau que j'allais crever, et comment ne l'auraient-ils pas cru ? le médecin lui-même en était sûr ; mais après ces deux cents qui me restaient, ils eurent beau taper de toute leur force (ça en valait deux mille), va te faire fiche ! je m'en moquais pas mal, ils ne m'avaient tout de même pas esquinté, et pourquoi ? Parce que, étant gamin, j'avais grandi sous le fouet. Voilà pourquoi je suis encore en vie ! Oh ! m'a-t-on assez battu dans mon existence ! » répéta-t-il, d'un air pensif, en terminant son récit ; et il semblait se ressouvenir et compter les coups qu'il avait reçus. « Eh bien, non ! ajoutait-il après un silence, on ne les comptera pas, on ne pourrait pas les compter ! on manquerait de chiffres ! » Il me regarda alors et partit d'un éclat de rire si débonnaire que je ne pus m'empêcher de lui répondre par un sourire. « Savez-vous, Alexandre Pétrovitch, quand je rêve la nuit, eh bien, je rêve toujours qu'on me rosse; je n'ai pas d'autres songes. » Il parlait en effet dans son sommeil et hurlait à gorge déployée, si bien qu'il réveillait les autres détenus : « Qu'as-tu à brailler, démon? » — Ce solide gaillard, de petite taille, âgé de quarante-cinq ans, agile et gai, vivait en bonne intelligence avec tout le monde, quoiqu'il aimât beaucoup à faire main basse sur ce qui ne lui appartenait pas, et qu'on le battît souvent pour cela; mais lequel de nos forçats ne volait pas et n'était pas battu pour ses larcins?

J'ajouterai à ces remarques que je restai toujours stupéfait de la bonhomie extraordinaire, de l'absence de rancune avec lesquelles ces malheureux parlaient de leur châtiment et des chefs chargés de l'appliquer. Dans ces récits, qui souvent me donnaient des palpitations de cœur, on ne sentait pas l'ombre de haine ou de rancune. Ils en riaient de bon cœur, comme des enfants. Il n'en était pas de même de M—tski, par exemple, quand il me racontait son châtiment; comme il n'était pas noble, il avait reçu cinq cents verges. Il ne m'en avait jamais parlé; quand je lui demandai si c'était vrai, il me répondit affirmativement, en deux mots brefs, avec une souffrance intérieure, sans me regarder; il était devenu tout rouge; au bout d'un instant, quand il leva les yeux, j'y vis briller une flamme de haine; ses lèvres tremblaient d'indignation. Je sentis qu'il n'oublierait, qu'il ne pourrait jamais oublier cette page de son passé. Nos camarades, au contraire (je ne garantis pas qu'il n'y eût pas des exceptions), regardaient d'un tout autre œil leur aventure. — Il est impossible, pensais-je quelquefois, qu'ils aient le sentiment de leur culpabilité et de la justice de leur peine, surtout quand ce n'est pas contre leurs camarades, mais contre leurs chefs qu'ils ont péché. La plupart ne s'avouaient nullement coupables. J'ai déjà dit que je n'observai en eux aucun remords, même quand le crime avait été commis sur des gens de leur condition. Quant aux crimes commis contre leurs chefs, je n'en parle même pas. Il m'a semblé qu'ils avaient, pour ces cas-là, une manière de voir à eux, toute pratique et empirique; on excusait ces accidents par sa destinée, par la fatalité, sans raisonnement, d'une façon inconsciente, comme par l'effet d'une croyance quelconque. Le forçat se donne toujours raison dans les crimes commis contre ses chefs, la chose ne fait pas question pour lui; mais pourtant, dans la pratique, il s'avoue que ses chefs ne partagent pas son avis et que, par conséquent, il doit subir un châtiment, qu'alors seulement il sera quitte.

La lutte entre l'administration et le prisonnier est également acharnée. Ce qui contribue à justifier le criminel à ses propres yeux, c'est qu'il ne doute nullement que la sentence du milieu dans lequel il est né et il a vécu ne l'acquitte; il est sûr que le menu peuple ne le jugera pas définitivement perdu, sauf pourtant si le crime a été commis précisément contre des gens de ce milieu, contre ses frères. Il est tranquille de ce côté-là; fort de sa conscience, il ne perdra jamais son assurance morale, et c'est le principal. Il se sent sur un terrain solide, aussi ne hait-il nullement le knout qu'on lui administre, il le considère seulement comme inévitable, il se console en pensant qu'il n'est ni le premier, ni le dernier à le recevoir, et que cette lutte passive, sourde et opiniâtre durera longtemps. Le soldat déteste-t-il le Turc qu'il combat? nullement, et pourtant celui-ci le sabre, le hache, le tue.

Il ne faut pas croire pourtant que tous ces récits fussent faits avec indifférence et sang-froid. Quand on parlait du lieutenant Jérébiatnikof, c'était toujours avec une indignation contenue. Je fis la connaissance de ce lieutenant Jérébiatnikof, lors de mon premier séjour à l'hôpital — par les récits des détenus, bien entendu. — Je le vis plus tard une fois qu'il commandait la garde à la maison de force. Agé de trente ans, il était de taille élevée, très-gras et très-fort, avec des joues rougeaudes et pendantes de graisse, des dents blanches et le rire formidable de Nosdrief[1]. A le voir, on devinait que c'était l'homme du monde le moins apte à la réflexion. Il adorait fouetter et donner les verges, quand il était désigné comme exécuteur. Je me hâte de dire que les autres officiers tenaient Jérébiatnikof pour un monstre, et que les forçats avaient de lui la même opinion. Il y avait dans le bon vieux temps, qui n'est pas si éloigné, dont « le souvenir est vivant, mais auquel on croit difficilement », des exécuteurs qui aimaient leur office. Mais d'ordinaire on faisait donner les verges sans entraînement, tout bonnement.

Ce lieutenant était une exception, un gourmet raffiné, connaisseur en matière d'exécutions. Il était passionné pour son art, il l'aimait pour lui-même. Comme un patricien blasé de la Rome impériale, il demandait à cet art des raffinements, des jouissances contre nature, afin de chatouiller et d'émouvoir quelque peu son âme envahie et noyée dans la graisse. — On conduit un détenu subir sa peine; c'est Jérébiatnikof qui est l'officier exécuteur; la vue seule de la longue ligne de soldats armés de grosses verges l'inspire : il parcourt le front d'un air satisfait et engage chacun à accomplir son devoir en toute conscience, sans quoi... Les soldats savaient d'avance ce que signifiait ce *sans quoi*... Le criminel est amené; s'il ne connait pas encore Jérébiatnikof et s'il n'est pas au courant du mystère, le lieutenant lui joue le tour suivant (ce n'est qu'une des inventions de Jérébiatnikof, très-ingénieux pour ce genre de trouvailles). Tout détenu dont on dénude le torse et que les sous-officiers attachent à la crosse du fusil, pour lui faire parcourir ensuite la *rue verte* tout entière, prie d'une voix plaintive et larmoyante l'officier exécuteur de faire frapper moins fort et de ne pas doubler la punition par une sévérité superflue. — « Votre Noblesse, crie le malheureux, ayez pitié, soyez

---

[1] Type du roman de N. Gogol : *les Ames mortes*.

paternel, faites que je prie Dieu toute ma vie pour vous, ne me perdez pas, compatissez... » Jérébiatnikof attendait cela ; il suspendait alors l'exécution, et entamait la conversation suivante avec le détenu, d'un ton sentimental et pénétré :

— Mais, mon cher, disait-il, que dois-je faire? Ce n'est pas moi qui te punis, c'est la loi !

— Votre Noblesse ! vous pouvez faire ce que vous voulez ; ayez pitié de moi !...

— Crois-tu que je n'aie vraiment pas pitié de toi? Penses-tu que ce soit un plaisir pour moi de te voir fouetter? Je suis un homme pourtant. Voyons, suis-je un homme, oui ou non ?

— C'est certain, Votre Noblesse! on sait bien que les officiers sont nos pères, et nous leurs enfants. Soyez pour moi un véritable père ! criait le détenu qui entrevoyait une possibilité d'échapper au châtiment.

— Ainsi, mon ami, juge toi-même, tu as une cervelle pour réfléchir; je sais bien que, par humanité, je dois te montrer de la condescendance et de la miséricorde, à toi, pécheur.

— Votre Noblesse ne dit que la pure vérité.

— Oui, je dois être miséricordieux pour toi, si coupable que tu sois. Mais ce n'est pas moi qui te punis, c'est la loi ! Pense un peu : je sers Dieu et ma patrie, et par conséquent je commets un grave péché si j'atténue la punition fixée par la loi, penses-y !

— Votre Noblesse !...

— Allons, que faire ? passe pour cette fois ! Je sais que je vais faire une faute, mais il en sera comme tu le désires... Je te fais grâce, je te punirai légèrement. Mais si j'allais te rendre un mauvais service par cela même? Je te ferai grâce, je te punirai légèrement, et tu penseras qu'une autre fois je serai aussi miséricordieux, et tu feras de nouveau des bêtises, hein? ma conscience pourtant...

— Votre Noblesse! Dieu m'en préserve... Devant le trône du créateur céleste, je vous...

— Bon! bon! Et tu me jures que tu te conduiras bien?

— Que le Seigneur me fasse mourir sur l'heure et que dans l'autre monde...

— Ne jure pas ainsi, c'est un péché. Je te croirai si tu me donnes ta parole...

— Votre Noblesse!

— Eh bien! écoute! je te fais grâce à cause de tes larmes d'orphelin; tu es orphelin, n'est-ce pas?

— Orphelin de père et de mère, Votre Noblesse; je suis seul au monde...

— Eh bien, à cause de tes larmes d'orphelin, j'ai pitié de toi; mais fais attention, c'est la dernière fois... Conduisez-le, ajoutait-il d'une voix si attendrie que le détenu ne savait comment remercier Dieu de lui avoir envoyé un si bon officier instructeur. La terrible procession se mettait en route; le tambour battait un roulement, les premiers soldats brandissaient leurs verges... — « Rossez-le! hurlait alors Jérébiatnikof à gorge déployée; brûlez-le! tapez! tapez dessus! Écorchez-le! Enlevez-lui la peau! Encore, encore, tapez plus fort sur cet orphelin, donnez-lui-en, à ce coquin! plus fort, abîmez-le, abîmez-le! » Les soldats assènent des coups de toutes leurs forces, à tour de bras, sur le dos du malheureux, dont les yeux lancent des étincelles, et qui hurle, tandis que Jérébiatnikof court derrière lui, devant la ligne, en se tenant les côtes de rire; il pouffe, il se pâme et ne peut pas se tenir droit, si bien qu'il fait pitié, ce cher homme. C'est qu'il est heureux; il trouve ça burlesque; de temps à autre on entend son rire formidable, franc et bien timbré; il répète: « Tapez! rossez-le! écorchez-moi ce brigand! abîmez-moi cet orphelin!... »

Il avait encore composé des variations sur ce motif. On amène un détenu pour lui faire subir sa punition; celui-ci se met à supplier le lieutenant d'avoir pitié de lui. Cette fois, Jérébiatnikof ne fait pas le bon apôtre, et sans simagrées, il dit franchement au condamné:

— Vois-tu, mon cher, je vais te punir comme il faut, car tu le mérites. Mais je puis te faire une grâce : je ne te ferai pas attacher à la crosse du fusil. Tu iras tout seul, à la nouvelle mode : tu n'as qu'à courir de toutes tes forces devant le front ! Bien entendu chaque verge te frappera, mais tu en auras plus vite fini, n'est-ce pas ? Voyons, qu'en penses-tu ? veux-tu essayer ?

Le détenu, qui l'a écouté plein de défiance et d'incertitude, se dit : « Qui sait ? peut-être bien que cette manière-là est plus avantageuse que l'autre ; si je cours de toutes mes forces, ça durera cinq fois moins, et puis, les verges ne m'atteindront peut-être pas toutes. »

— Bien, Votre Noblesse, je consens.

— Et moi aussi, je consens. — Allons ! ne bayez pas aux corneilles, vous autres ! crie le lieutenant aux soldats. — Il sait d'avance que pas une verge n'épargnera le dos de l'infortuné ; le soldat qui manquerait son coup serait sûr de son affaire. Le forçat essaye de courir dans la *rue verte*, mais il ne passe pas quinze rangs, car les verges pleuvent comme grêle, comme l'éclair, sur sa pauvre échine ; le malheureux tombe en poussant un cri, on le croirait cloué sur place ou abattu par une balle. — Eh ! non, Votre Noblesse, j'aime mieux qu'on me fouette d'après le règlement, dit-il alors en se soulevant péniblement, pâle et effrayé, tandis que Jérébiatnikof, qui savait d'avance l'issue de cette farce, se tient les côtes et éclate de rire. Mais je ne puis rapporter tous les divertissements qu'il avait inventés et tout ce qu'on racontait de lui.

On parlait aussi dans notre salle d'un lieutenant Smékalof, qui remplissait les fonctions de commandant de place, avant l'arrivée de notre major actuel. On parlait de Jérébiatnikof avec indifférence, sans haine, mais aussi sans vanter ses hauts faits ; on ne le louait pas, en un mot, on le méprisait : tandis qu'au nom de Smékalof, la maison de force était unanime dans ses éloges et son enthousiasme. Ce lieutenant n'était nullement un amateur passionné des baguettes, il n'y avait rien en lui du caractère de Jérébiatnikof; pourtant il ne dédaignait pas les verges; comment se fait-il qu'on se rappelât chez nous ses exécutions, avec une douce satisfaction? — il avait su complaire aux forçats. Pourquoi cela? Comment s'était-il acquis une pareille popularité? Nos camarades, comme le peuple russe tout entier, sont prêts à oublier leurs tourments, si on leur dit une bonne parole (je parle du fait lui-même, sans l'analyser ni l'examiner). Aussi n'est-il pas difficile d'acquérir l'affection de ce peuple et de devenir populaire. Le lieutenant Smékalof avait acquis une popularité *particulière* — aussi, quand on mentionnait ses exécutions, c'était toujours avec attendrissement. « Il était bon comme un père », disaient parfois les forçats, qui soupiraient en comparant leur ancien chef intérimaire avec le major actuel, — « un petit cœur! quoi! » — C'était un homme simple, peut-être même bon à sa manière. Et pourtant, il y a des chefs qui sont non-seulement bons, mais miséricordieux, et que l'on n'aime nullement, dont on se moque, tandis que Smékalof avait si bien su faire, que tous les détenus le tenaient pour *leur* homme; c'est un mérite, une qualité innée, dont ceux qui la possèdent ne se rendent souvent pas compte. Chose étrange : il y a des gens qui sont loin d'être bons et qui pourtant ont le talent de se rendre populaires. Ils ne méprisent pas le peuple qui leur est subordonné; je crois que c'est là la cause de cette popularité. On ne voit pas en eux des grands seigneurs, ils n'ont pas d'esprit de caste, ils ont en quelque sorte une odeur de peuple, ils l'ont de naissance, et le peuple la flaire tout de suite. Il fera tout pour ces gens-là! Il changera de gaieté de cœur l'homme le plus doux et le plus humain contre un chef très-sévère, si ce dernier possède cette odeur particulière. Et si cet homme est en outre débonnaire, à sa manière, bien entendu, oh! alors, il est sans prix. Le lieutenant Smékalof, comme je l'ai dit, punissait quelquefois trèsrudement, mais il avait l'air de punir de telle façon que les détenus ne lui en gardaient pas rancune; au contraire, on se souvenait de ses *histoires* de fouet en riant. Elles étaient du reste peu nombreuses, car il n'avait pas beaucoup d'imagination artistique. Il n'avait inventé qu'une farce, une seule, dont il s'était réjoui près d'une année entière dans notre maison de force; elle lui était chère, probablement parce qu'elle était unique, et ne manquait pas de bonne humeur. Smékalof assistait lui-même à l'exécution, en plaisantant et en raillant le détenu, qu'il questionnait sur des choses étrangères, par exemple sur ses affaires personnelles de forçat; il faisait cela sans intention, sans arrière-pensée, mais tout simplement *parce qu'il désirait être au courant des affaires de ce forçat.* On lui apportait une chaise et les verges qui devaient servir au châtiment du coupable : le lieutenant s'asseyait, allumait sa longue pipe. Le détenu le suppliait... « Eh! non, camarade! allons, couche-toi! qu'as-tu encore?... » Le forçat soupire et s'étend à terre. « Eh bien! mon cher, sais-tu lire couramment? » — « Comment donc, Votre Noblesse, je suis baptisé, on m'a appris à lire dès mon enfance! » — « Alors, lis. » Le forçat sait d'avance ce qu'il va lire et comment finira cette lecture, parce que cette plaisanterie s'est répétée plus de trente fois. Smékalof, lui aussi, sait que le forçat n'est pas dupe de son invention, non plus que les soldats qui tiennent les verges levées sur le dos de la malheureuse victime. Le forçat commence à lire : les soldats, armés de verges, attendent immobiles : Smékalof lui-même cesse de fumer, lève la main et guette un mot prévu. Le détenu lit et arrive enfin au mot : « *aux cieux.* » C'est tout ce qu'il faut. « Halte! » crie le lieutenant, qui devient tout rouge, et brusquement, avec un geste inspiré, il dit à l'homme qui tient sa verge levée : « Et toi, fais l'*officieux!* »

Et le voilà qui crève de rire. Les soldats debout autour de l'officier sourient; le fouetteur sourit, le fouetté même,

Dieu me pardonne! sourit aussi, bien qu'au commandement de « *fais l'officieux* » la verge siffle et vienne couper comme un rasoir son échine coupable. Smékalof est très-heureux, parce que c'est lui qui a inventé cette bonne farce, c'est lui qui a trouvé ces deux mots « *cieux* » et « *officieux* », qui riment parfaitement. Il s'en va satisfait, comme le fustigé lui-même, qui est aussi très-content de soi et du lieutenant, et qui va raconter au bout d'une demi-heure à toute la maison de force, pour la trente et unième fois, la farce de Smékalof. « En un mot, un petit cœur! un vrai farceur! »

On entendait souvent chanter avec attendrissement les louanges du bon lieutenant.

— Quelquefois, quand on s'en allait au travail, — raconte un forçat dont le visage resplendit au souvenir de ce brave homme, — on le voyait à sa fenêtre en robe de chambre, en train de boire le thé, la pipe à la bouche. J'ôte mon chapeau. — Où vas-tu, Axénof?

— Au travail, Mikail Vassilitch, mais je dois aller avant à l'atelier. — Il riait comme un bienheureux. Un vrai petit cœur! oui, un petit cœur.

— On ne les garde jamais bien longtemps, ceux-là! ajoute un des auditeurs.

III

L'HOPITAL (*Suite*) [1].

J'ai parlé ici des punitions et de ceux qui les administraient, parce que j'eus une première idée bien nette de ces choses-là pendant mon séjour à l'hôpital. Jusqu'alors, je ne les con

---

[1] Tout ce que je raconte des punitions corporelles existait de mon temps. Maintenant, à ce que j'ai entendu dire, tout est changé et change encore. (*Note de Dostoïevski.*)

naissais que par ouï-dire. Dans notre salle étaient internés tous les condamnés des bataillons qui devaient recevoir les *schpitzruten*[1], ainsi que les détenus des sections militaires établies dans notre ville et dans l'arrondissement qui en dépendait. Pendant les premiers jours, je regardais ce qui se faisait autour de moi avec tant d'avidité, que ces mœurs étranges, ces prisonniers fouettés ou qui allaient l'être me laissaient une impression terrible. J'étais ému, épouvanté. En entendant les conversations ou les récits des autres détenus sur ce sujet, je me posais des questions, que je cherchais à résoudre. Je voulais absolument connaître tous les degrés des condamnations et des exécutions, toutes leurs nuances, et apprendre l'opinion des forçats eux-mêmes : je tâchai de me représenter l'état psychologique des fustigés. J'ai déjà dit qu'il était bien rare qu'un détenu fût de sang-froid avant le moment fatal, même s'il avait été battu à plusieurs reprises. Le condamné éprouve une peur horrible, mais purement physique, une peur inconsciente qui étourdit son moral. Durant mes quelques années de séjour à la maison de force, je pus étudier à loisir les détenus qui demandaient leur sortie de l'hôpital, où ils étaient restés quelque temps pour soigner leurs échines endommagées par la première moitié de leur punition; le lendemain ils devaient recevoir l'autre moitié. Cette interruption dans le châtiment est toujours provoquée par le médecin qui assiste aux exécutions. Si le nombre des coups à recevoir est trop grand pour qu'on puisse les administrer en une fois au détenu, on partage le nombre en deux ou en trois, suivant l'avis formulé par le docteur pendant l'exécution elle-même; il dit si le condamné est en état de subir toute sa punition, ou si sa vie est en danger. Cinq cents,

---

[1] Les *schpitzruten* sont des verges dont l'usage était très-fréquent en Allemagne au siècle dernier, et qui, du reste, y ont été inventées.
(*Note du traducteur.*)

mille et même quinze cents baguettes sont administrées en une seule fois; mais s'il s'agit de deux ou trois mille verges, on divise la condamnation en deux ou en trois. Ceux dont le dos était guéri et qui devaient subir le reste de leur punition étaient tristes, sombres, taciturnes, la veille et le jour de leur sortie. On remarquait en eux une sorte d'abrutissement, de distraction affectée. Ces gens-là n'entamaient aucune conversation et demeuraient presque toujours silencieux : trait singulier, les détenus évitent d'adresser la parole à ceux qui doivent être punis et ne font surtout pas allusion à leur châtiment. Ni consolations, ni paroles superflues : on ne fait même pas attention à eux, ce qui certainement est préférable pour le condamné.

Il y avait pourtant des exceptions, par exemple le forçat Orlof, dont j'ai déjà parlé. Il était fâché que son dos ne guérît pas plus vite, car il lui tardait de demander sa sortie, d'en finir avec les verges, et d'être versé dans un convoi de condamnés, pour s'enfuir pendant le voyage. C'était une nature passionnée et ardente, occupée uniquement du but à atteindre : un rusé compère ! Il semblait très-content lors de son arrivée et dans un état d'excitation anormale; bien qu'il dissimulât ses impressions, il craignait de rester sur place et de mourir sous les verges avant même la première moitié de sa punition. Il avait entendu parler des mesures prises à son égard par l'administration, alors qu'il était encore en jugement; aussi se préparait-il à mourir. Une fois qu'il eut reçu ses premières verges, il reprit courage. Quand il arriva à l'hôpital, je n'avais jamais vu encore de plaies semblables, mais il était tout joyeux : il espérait maintenant rester en vie, les bruits qu'on lui avait rapportés étaient mensongers, puisque on avait interrompu l'exécution; après sa longue réclusion préventive, il commençait à rêver du voyage, de son évasion future, de la liberté, des champs, de la forêt... Deux jours après sa sortie de l'hôpital, il y revint pour mourir sur la même couchette qu'il avait occupée pendant son séjour; il n'avait pu supporter la seconde moitié. Mais j'ai déjà parlé de cet homme.

Tous les détenus sans exception, même les plus pusillanimes, ceux que tourmentait nuit et jour l'attente de leur châtiment, supportaient courageusement leur peine. Il était bien rare que j'entendisse des gémissements pendant la nuit qui suivait l'exécution; en général, le peuple sait endurer la douleur. Je questionnai beaucoup mes camarades au sujet de cette douleur, afin de la déterminer exactement et de savoir à quelle souffrance on pouvait la comparer. Ce n'était pas une vaine curiosité qui me poussait. Je le répète, j'étais ému et épouvanté. Mais j'eus beau interroger, je ne pus tirer de personne une réponse satisfaisante. Ça brûle comme le feu, — me disait-on généralement : ils répondaient tous la même chose. Tout d'abord, j'essayai de questionner M—tski : « — Cela brûle comme du feu, comme un enfer; il semble qu'on ait le dos au-dessus d'une fournaise ardente. » Ils exprimaient tout par ce mot. Je fis un jour une étrange remarque, dont je ne garantis pas le bien fondé, quoique l'opinion des forçats eux-mêmes confirme mon sentiment, c'est que les verges sont le plus terrible des supplices en usage chez nous. Il semble tout d'abord que ce soit absurde, impossible, et pourtant cinq cents verges, quatre cents même, suffisent pour tuer un homme; au dessus de cinq cents la mort est presque certaine. L'homme le plus robuste ne sera pas en état de supporter mille verges tandis qu'on endure cinq cents baguettes sans en être trop incommodé et sans risquer le moins du monde de perdre la vie. Un homme de complexion ordinaire supporte mille baguettes sans danger; deux mille baguettes ne peuvent tuer un homme de force moyenne, bien constitué. Tous les détenus assuraient que les verges étaient pires que les baguettes. « Les verges cuisent plus et tourmentent davantage », disaient-ils.

Elles torturent beaucoup plus que les baguettes, cela est évident, car elles irritent et agissent fortement sur le système nerveux qu'elles surexcitent outre mesure. Je ne sais s'il existe encore de ces seigneurs, — mais il n'y a pas longtemps il y en avait encore — auxquels fouetter une victime procurait une jouissance qui rappelait le marquis de Sade et la Brinvilliers. Je crois que cette jouissance consiste dans une défaillance de cœur, et que ces seigneurs doivent jouir et souffrir en même temps. Il y a des gens qui sont comme des tigres, avides du sang qu'ils peuvent lécher. Ceux qui ont possédé cette puissance illimitée sur la chair, le sang et l'âme de leur semblable, de leur frère selon la loi du Christ, ceux qui ont éprouvé cette puissance et qui ont eu la faculté d'avilir par l'avilissement suprême un autre être, fait à l'image de Dieu, ceux-là sont incapables de résister à leurs désirs, à leur soif de sensations. La tyrannie est une habitude, capable de se développer, et qui devient à la longue une maladie. J'affirme que le meilleur homme du monde peut s'endurcir et s'abrutir à tel point que rien ne le distinguera d'une bête fauve. Le sang et la puissance enivrent : ils aident au développement de la dureté et de la débauche ; l'esprit et la raison deviennent alors accessibles aux phénomènes les plus anormaux, qui leur semblent des jouissances. L'homme et le citoyen disparaissent pour toujours dans le tyran, et alors le retour à la dignité humaine, le repentir, la résurrection morale deviennent presque irréalisables. Ajoutons que la possibilité d'une pareille licence agit contagieusement sur la société tout entière : un tel pouvoir est séduisant. La société qui regarde ces choses d'un œil indifférent est déjà infectée jusqu'à la moelle. En un mot le droit accordé à un homme de punir corporellement ses semblables est une des plaies de notre société, c'est le plus sûr moyen pour anéantir en elle l'esprit de civisme, et ce droit contient en germe les éléments d'une décomposition inévitable, imminente.

La société méprise le bourreau de métier, mais non le bourreau-seigneur. Chaque fabricant, chaque entrepreneur doit ressentir un plaisir irritant en pensant que l'ouvrier qu'il a sous ses ordres dépend de lui avec sa famille tout entière. J'en suis sûr, une génération n'extirpe pas si vite ce qui est héréditaire en elle ; l'homme ne peut pas renoncer à ce qu'il a dans le sang, à ce qui lui a été transmis avec le lait. Ces révolutions ne s'accomplissent pas si vite. Ce n'est pas tout que de confesser sa faute, son péché originel, c'est peu, très-peu, il faut encore l'arracher, le déraciner, et cela ne se fait pas vite.

J'ai parlé du bourreau. Les instincts d'un bourreau sont en germe presque dans chacun de nos contemporains ; mais les instincts animaux de l'homme ne se développent pas uniformément. Quand ils étouffent toutes les autres facultés, l'homme devient un monstre hideux. Il y a deux espèces de bourreaux : les bourreaux de bonne volonté et les bourreaux par devoir, par fonction. Le bourreau de bonne volonté est, sous tous les rapports, au-dessous du bourreau payé, qui répugne pourtant si fort au peuple, et qui lui inspire un dégoût, une peur irréfléchie, presque mystique. D'où provient cette horreur quasi superstitieuse pour le dernier, tandis qu'on n'a que de l'indifférence et de l'indulgence pour les premiers? Je connais des exemples étranges de gens honnêtes, bons, estimés dans leur société ; ils trouvaient nécessaire qu'un condamné aux verges hurlât, suppliât et demandât grâce. C'était pour eux une chose admise, et reconnue inévitable ; si la victime ne se décidait pas à crier, l'exécuteur, que je tenais en toute autre occasion pour un bon homme, regardait cela comme une offense personnelle. Il ne voulait tout d'abord qu'une punition légère, mais du moment qu'il n'entendait pas les supplications habituelles, « Votre Noblesse ! ayez pitié ! soyez un père pour moi ! faites que je remercie Dieu toute ma vie, etc. », il devenait furieux et ordonnait d'administrer cinquante coups en plus, espérant arriver ainsi à entendre les cris et les supplications, et il y arrivait. « Impossible autrement ; il est trop insolent », me disait-il très-sérieusement. Quant au bourreau par devoir, c'est un déporté que l'on désigne pour cette fonction ; il fait son apprentissage auprès d'un ancien, et une fois qu'il sait son métier, il reste toujours dans la maison de force, où il est logé à part ; il a une chambre qu'il ne partage avec personne, quelquefois même il a son ménage particulier, mais il se trouve presque toujours sous escorte. Un homme n'est pas une machine ; bien qu'il fouette par devoir, il entre quelquefois en fureur et rosse avec un certain plaisir ; néanmoins, il n'a aucune haine pour sa victime. Le désir de montrer son adresse, sa science dans l'art de fouetter, aiguillonnent son amour-propre. Il travaille pour l'art. Il sait très-bien qu'il est un réprouvé, qu'il excite partout un effroi superstitieux ; il est impossible que cette condition n'exerce pas une influence sur lui, qu'elle n'irrite pas ses instincts bestiaux. Les enfants eux-mêmes savent que cet homme n'a ni père ni mère. Chose étrange ! tous les bourreaux que j'ai connus étaient des gens développés, intelligents, doués d'un amour-propre excessif. L'orgueil se développait en eux par suite du mépris qu'ils rencontraient partout, et se fortifiait peut-être par la conscience qu'ils avaient de la crainte inspirée à leurs victimes ou par le sentiment de leur pouvoir sur les malheureux. La mise en scène et l'appareil théâtral de leurs fonctions publiques contribuent peut-être à leur donner une certaine présomption. J'eus pendant quelque temps l'occasion de rencontrer et d'observer de près un bourreau de taille ordinaire ; c'était un homme d'une quarantaine d'années, musculeux, sec, avec un visage agréable et intelligent, chargé de cheveux bouclés ; son allure était grave, paisible, son extérieur convenable ; il répondait aux questions qu'on lui posait, avec bon sens et netteté, avec une sorte de condescendance, comme s'il se prévalait de quelque chose devant moi. Les officiers de garde lui adressaient la parole avec un certain respect dont il avait parfaitement conscience; aussi, devant ses chefs, redoublait-il de politesse, de sécheresse et de dignité. Plus ceux-ci étaient aimables, plus il semblait inabordable, sans pourtant se départir de sa politesse raffinée; je suis sûr qu'à ce moment il s'estimait incomparablement supérieur à son interlocuteur : cela se lisait sur son visage. On l'envoyait quelquefois sous escorte, en été, quand il faisait très-chaud, tuer les chiens de la ville avec une longue perche très-mince; ces chiens errants se multipliaient avec une rapidité prodigieuse, et devenaient dangereux pendant la canicule; par décision des autorités, le bourreau était chargé de leur destruction. Cette fonction avilissante ne l'humiliait nullement; il fallait voir avec quelle gravité il parcourait les rues de la ville, accompagné de son soldat d'escorte fatigué et épuisé, comment d'un seul regard il épouvantait les femmes et les enfants, et comment il regardait les passants du haut de sa grandeur. Les bourreaux vivent à leur aise; ils ont de l'argent, voyagent confortablement, boivent de l'eau-de-vie. Ils tirent leurs revenus des pots-de-vin que les condamnés civils leur glissent dans la main avant l'exécution. Quand ils ont affaire à des condamnés à leur aise, ils fixent eux-mêmes une somme proportionnelle aux moyens du patient; ils exigent jusqu'à trente roubles, quelquefois plus. Le bourreau n'a pas le droit d'épargner sa victime, sa propre échine répond de lui; mais, pour un pot-de-vin convenable, il s'engage à ne pas frapper trop fort. On consent presque toujours à ses exigences, car, si l'on refuse de s'y prêter, il frappe en vrai barbare, ce qui est en son pouvoir. Il arrive même qu'il exige une forte somme d'un condamné très-pauvre; alors toute la parenté de ce dernier se met en mouvement; ils marchandent, quémandent, supplient; malheur à eux, s'ils ne parviennent pas à le satisfaire : en pareille occurrence, la crainte superstitieuse qu'inspirent les bourreaux leur est d'un puissant secours. On me raconta d'eux des traits de sauvagerie. Les forçats m'affirmèrent que d'un seul coup le bourreau peut tuer son homme. Est-ce un fait d'expérience? Peut-être! qui sait? leur ton était trop affirmatif pour que cela ne fût pas vrai. Le bourreau lui-même m'assura qu'il pouvait le faire. On me raconta aussi qu'il peut frapper à tour de bras l'échine du criminel, sans que celui-ci ressente la moindre douleur et sans laisser de balafre. Même dans le cas où le bourreau reçoit un pot-de-vin pour ne pas châtier trop sévèrement, il donne le premier coup de toutes ses forces, à bras raccourci. C'est l'usage; puis il administre les autres coups avec moins de dureté, surtout si on l'a bien payé. Je ne sais pourquoi ils agissent ainsi : est-ce pour habituer tout d'abord le patient aux coups suivants, qui paraîtront beaucoup moins douloureux si le premier a été cruel, ou bien désirent-ils effrayer le condamné, afin qu'il sache à qui il a affaire? Veulent-ils faire montre et tirer vanité de leur vigueur? En tout cas, le bourreau est légèrement excité avant l'exécution, il a conscience de sa force, de sa puissance : il est acteur à ce moment-là, le public l'admire et ressent de l'effroi; aussi n'est-ce pas sans satisfaction qu'il crie à sa victime: « Gare! il va t'en cuire! » paroles habituelles et fatales qui précèdent le premier coup. On se représente difficilement jusqu'à quel point un être humain peut se dénaturer.

Les premiers temps de mon séjour à l'hôpital, j'écoutais attentivement ces récits des forçats, qui rompaient la monotonie des longues journées de lit, si uniformes, si semblables les unes aux autres. Le matin, la tournée des docteurs nous donnait une distraction, puis venait le dîner. Comme on pense, le manger était une affaire capitale dans notre vie monotone. Les portions étaient différentes, suivant la nature des maladies : certains détenus ne recevaient que du bouillon au gruau ; d'autres, du gruau; d'autres, enfin, de la semoule, pour laquelle il y avait beaucoup d'amateurs. Les détenus s'amollissaient à la longue et devenaient gourmets. Les convalescents recevaient un morceau de bouilli, « du bœuf », comme disaient mes camarades. La meilleure nourriture était réservée aux scorbutiques : on leur donnait de la viande rôtie avec de l'oignon, du raifort et quelquefois même un peu d'eau-de-vie. Le pain était, suivant la maladie, noir ou bis. L'exactitude observée dans la distribution des rations faisait rire les malades. Il y en avait qui ne prenaient absolument rien : on troquait les portions, si bien que très-souvent la nourriture destinée à un malade était mangée par un autre. Ceux qui étaient à la diète ou qui n'avaient qu'une petite ration achetaient celle d'un scorbutique, d'autres se procuraient de la viande à prix d'argent; il y en avait qui mangeaient deux portions entières, ce qui leur revenait assez cher, car on les vendait d'ordinaire cinq kopeks. Si personne n'avait de viande à vendre dans notre salle, on envoyait le gardien dans l'autre section, et s'il n'en trouvait pas, on le priait d'en aller chercher dans les infirmeries militaires « libres », comme nous disions. Il y avait toujours des malades qui consentaient à vendre leur ration. La pauvreté était générale, mais ceux qui possédaient quelques sous envoyaient acheter des miches de pain blanc ou des friandises, au marché. Nos gardiens exécutaient toutes ces commissions d'une façon désintéressée. Le moment le plus pénible était celui qui suivait le dîner : les uns dormaient s'ils ne savaient que faire, les autres bavardaient, se chamaillaient, ou faisaient des récits à haute voix. Si l'on n'amenait pas de nouveaux malades, l'ennui était insupportable. L'entrée d'un nouveau faisait toujours un certain remue-ménage, surtout quand personne ne le connaissait. On l'examinait, on s'informait de son histoire. Les plus intéressants étaient les malades de passage; ceux-là avaient toujours quelque chose à raconter; bien entendu, ils ne parlaient jamais de leurs petites affaires; si le détenu n'entamait pas ce sujet lui-même, personne ne l'interrogeait. On lui demandait seulement d'où il venait, avec qui il avait fait la route, dans quel état était celle-ci, où on le menait, etc. Piqués au jeu par les récits des nouveaux, nos camarades racontaient à leur tour ce qu'ils avaient vu et fait; on parlait surtout des convois, des exécuteurs, des chefs de convois. A ce moment aussi, vers le soir, apparaissaient les forçats qui avaient été fouettés : ils produisaient toujours une certaine impression, comme je l'ai dit; mais on n'en amenait pas tous les jours, et l'on s'ennuyait à mort quand rien ne venait stimuler la mollesse et l'indolence générales; il semblait alors que les malades fussent exaspérés de voir leurs voisins : parfois on se querellait. — Nos forçats se réjouissaient quand on amenait un fou à l'examen médical; quelquefois les condamnés aux verges feignaient d'avoir perdu l'esprit, afin d'être graciés. On les démasquait, ou bien ils se décidaient eux-mêmes à renoncer à leur subterfuge; des détenus qui, pendant deux ou trois jours, avaient fait des extravagances, redevenaient subitement des gens très-sensés, se calmaient et demandaient d'un air sombre à sortir de l'hôpital. Ni les forçats, ni les docteurs ne leur reprochaient leur ruse ou ne leur rappelaient leurs folies : on les inscrivait en silence, on les reconduisait en silence; après quelques jours, ils nous revenaient le dos ensanglanté. En revanche, l'arrivée d'un véritable aliéné était un malheur pour toute la salle. Ceux qui étaient gais, vifs, qui criaient, dansaient, chantaient, étaient accueillis d'abord avec enthousiasme par les forçats. « Ça va être amusant! » disaient-ils en regardant ces infortunés grimacer et faire des contorsions. Mais le spectacle était horriblement pénible et triste. Je n'ai jamais pu regarder les fous de sang-froid.

On en garda un trois semaines dans notre salle : nous ne savions plus où nous cacher. Juste à ce moment on en amena un second. Celui-là me fit une impression profonde.

La première année, ou plus exactement les premiers mois de mon exil, j'allais au travail, avec une bande de poêliers, à la tuilerie qui se trouvait à deux verstes de notre prison : nous travaillions à réparer les poêles dans lesquels on cuisait des briques pendant l'été. Ce matin-là, M—tski et B. me firent faire la connaissance du sous-officier surveillant la fabrique, Ostrojski. C'était un Polonais déjà âgé — il avait soixante ans au moins, — de haute taille, maigre, d'un extérieur convenable et même imposant. Il était depuis longtemps au service en Sibérie, et bien qu'il appartînt au bas peuple — c'était un soldat de l'insurrection de 1830 — M—tski et B. l'aimaient et l'estimaient. Il lisait toujours la Vulgate. Je lui parlai : sa conversation était aimable et sensée; il avait une façon de raconter très-intéressante, et il était honnête et débonnaire. Je ne le revis plus pendant deux ans, j'appris seulement qu'il se trouvait sous le coup d'une enquête, un beau jour on l'amena dans notre salle : il était devenu fou. Il entra en glapissant, en éclatant de rire, et se mit à danser au milieu de la chambre, avec des gestes indécents et qui rappelaient la danse dite Kamarinskaïa [1]... Les forçats étaient enthousiasmés, mais je ne sais pourquoi, je me sentis très-triste... Trois jours après, nous ne savions que devenir; il se querellait, se battait, gémissait, chantait au beau milieu de la nuit; à chaque instant ses incartades dégoûtantes nous donnaient la nausée. Il ne craignait personne : on lui mit la camisole de force, mais notre position ne s'améliora pas, car il continua à se quereller et à se battre avec tout le monde. Au bout de trois semaines, la chambrée fut unanime pour prier le docteur en chef de le transférer dans l'autre salle destinée aux forçats. Mais après deux jours, sur la demande des malades qui occupaient cette salle, on le ramena dans notre infirmerie. Comme nous avions deux fous à la fois, tous deux querelleurs et inquié-

[1] Voir notre note ci-dessus. (*Note du traducteur.*)

tants, les deux salles ne faisaient que se les renvoyer mutuellement et finirent par changer de fou. Tout le monde respira plus librement quand on les emmena loin de nous, quelque part...

Je me souviens encore d'un aliéné très-étrange. On avait amené un jour, pendant l'été, un condamné qui avait l'air d'un solide et vigoureux gaillard, âgé de quarante-cinq ans environ; son visage était sombre et triste, défiguré par la petite vérole, avec de petits yeux rouges tout gonflés. Il se plaça à côté de moi : il était excessivement paisible, ne parlait à personne et réfléchissait sans cesse à quelque chose qui le préoccupait. La nuit tombait : il s'adressa à moi sans préambule, il me raconta à brûle-pourpoint, en ayant l'air de me confier un grand secret, qu'il devait recevoir deux mille baguettes, mais qu'il n'avait rien à craindre, parce que la fille du colonel G. faisait des démarches en sa faveur. Je le regardai avec surprise et lui répondis qu'en pareil cas, à mon avis, la fille d'un colonel ne pouvait rien. Je n'avais pas encore deviné à qui j'avais affaire, car on l'avait amené à l'hôpital comme malade de corps et non d'esprit. Je lui demandai alors de quelle maladie il souffrait; il me répondit qu'il n'en savait rien, qu'on l'avait envoyé chez nous pour certaine affaire, mais qu'il était en bonne santé, et que la fille du colonel était tombée amoureuse de lui : deux semaines avant, elle avait passé en voiture devant le corps de garde au moment où il regardait par sa lucarne grillée, et elle s'était amourachée de lui rien qu'à le voir. Depuis ce moment-là, elle était venue trois fois au corps de garde sous différents prétextes : la première fois avec son père, soi-disant pour voir son frère, qui était officier de service; la seconde, avec sa mère, pour distribuer des aumônes aux prisonniers; en passant devant lui, elle lui avait chuchoté qu'elle l'aimait et qu'elle le ferait sortir de prison. Il me racontait avec des détails exacts et minutieux cette absurdité, née de pied en cap dans sa pauvre tête dérangée. Il croyait religieusement qu'on lui ferait grâce de sa punition. Il parlait fort tranquillement et avec assurance de l'amour passionné qu'il avait inspiré à cette demoiselle. Cette invention étrange et romanesque, l'amour d'une jeune fille bien élevée pour un homme de près de cinquante ans, affligé d'un visage aussi triste, aussi monstrueux, indiquait bien ce que l'effroi du châtiment avait pu sur cette timide créature. Peut-être avait-il vraiment vu quelqu'un de sa lucarne, et la folie, que la peur grandissante avait fait germer en lui, avait trouvé sa forme. Ce malheureux soldat, qui sans doute n'avait jamais pensé aux demoiselles, avait inventé tout à coup son roman, et s'était cramponné à cette espérance. Je l'écoutai en silence et racontai ensuite l'histoire aux autres forçats. Quand ceux-ci le questionnèrent curieusement, il garda un chaste silence. Le lendemain, le docteur l'interrogea; comme le fou affirma qu'il n'était pas malade, on l'inscrivit bon pour la sortie. Nous apprîmes que le médecin avait griffonné « *Sanat est* » sur sa feuille, quand il était déjà trop tard pour l'avertir. Nous aussi, du reste, nous ne savions pas au juste ce qu'il avait. La faute en était à l'administration, qui nous l'avait envoyé sans indiquer pour quelle cause elle jugeait nécessaire de le faire entrer à l'hôpital : il y avait là une négligence impardonnable. Quoi qu'il en soit, deux jours plus tard, on mena ce malheureux sous les verges. Il fut, paraît-il, abasourdi par cette punition inattendue; jusqu'au dernier moment il crut qu'on le gracierait; quand on le conduisit devant le front du bataillon, il se mit à crier au secours. Comme la place et les couchettes manquaient dans notre salle, on l'envoya à l'infirmerie; j'appris que pendant huit jours entiers il ne dit pas un mot et qu'il demeura confus, très-triste... Quand son dos fut guéri, on l'emmena... Je n'entendis plus jamais parler de lui.

En ce qui concerne les remèdes et le traitement des malades, ceux qui étaient légèrement indisposés n'observaient jamais les prescriptions des docteurs et ne prenaient point de médicaments, tandis qu'en général les malades exécutaient ponctuellement les ordonnances; ils prenaient leurs mixtures, leurs poudres; en un mot, ils aimaient à se soigner, mais ils préféraient les remèdes externes; les ventouses, les sangsues, les cataplasmes, les saignées, pour lesquelles le peuple nourrit une confiance si aveugle, étaient en grand honneur dans notre hôpital : on les endurait même avec plaisir. Un fait étrange m'intéressait fort : des gens qui supportaient sans se plaindre les horribles douleurs causées par les baguettes et les verges, se lamentaient, grimaçaient et gémissaient pour le moindre bobo, une ventouse qu'on leur appliquait. Je ne puis dire s'ils jouaient la comédie. Nous avions des ventouses d'une espèce particulière. Comme la machine avec laquelle on pratique des incisions instantanées dans la peau était gâtée, on devait se servir de la lancette. Pour une ventouse, il faut faire douze incisions, qui ne sont nullement douloureuses si l'on emploie une machine, car elle les pratique instantanément; avec la lancette, c'est une tout autre affaire, elle ne coupe que lentement et fait souffrir le patient; si l'on doit poser dix ventouses, cela fait cent vingt piqûres qui sont très-douloureuses. Je l'ai éprouvé moi-même; outre le mal, cela irritait et agaçait; mais la souffrance n'était pas si grande qu'on ne pût contenir ses gémissements. C'était risible de voir de solides gaillards se crisper et hurler. On aurait pu les comparer à certains hommes qui sont fermes et calmes quand il s'agit d'une affaire importante, mais qui, à la maison, deviennent capricieux et montrent de l'humeur pour un rien, parce qu'on ne sert pas leur dîner; ils récriminent et jurent : rien ne leur va, tout le monde les fâche, les offense; — en un mot, le bien-être les rend inquiets et taquins; de pareils caractères, assez communs dans le menu peuple, n'étaient que trop nombreux dans notre prison, à cause de la cohabitation forcée. Parfois, les détenus raillaient ou insultaient ces douillets, qui se taisaient aussitôt ; on eût dit qu'ils n'attendaient que des injures pour se taire. Oustiantsef n'aimait pas ce genre de pose, et ne laissait jamais passer l'occasion de remettre à l'ordre un délinquant. Du reste, il aimait à réprimander : c'était un besoin engendré par la maladie et aussi par sa stupidité. Il vous regardait d'abord fixement et se mettait à vous faire une longue admonestation d'un ton calme et convaincu. On eût dit qu'il avait mission de veiller à l'ordre et à la moralité générale.

— Il faut qu'il se mêle de tout, disaient les détenus en riant, car ils avaient pitié de lui et évitaient les querelles.

— A-t-il assez bavardé ? trois voitures ne seraient pas de trop pour charrier tout ce qu'il a dit.

— Qu'as-tu à parler ? on ne se met pas en frais pour un imbécile. Qu'a-t-il à crier pour un coup de lancette ?

— Qu'est-ce que ça peut bien te faire ?

— Non ! camarades, interrompt un détenu ; les ventouses, ce n'est rien ; j'en ai goûté, mais le mal le plus ennuyeux, c'est quand on vous tire longtemps l'oreille, il n'y a pas à dire.

Tous les détenus partent d'un éclat de rire.

— Est-ce qu'on te les a tirées ?

— Parbleu ! c'est connu.

— Voilà pourquoi elles se tiennent droites comme des perches.

Ce forçat, Chapkine, avait en effet de très-longues oreilles toutes droites. Ancien vagabond, encore jeune, intelligent et paisible, il parlait avec une bonne humeur cachée sous une apparence sérieuse, ce qui donnait beaucoup de comique à ses récits.

— Comment pourrais-je savoir qu'on t'a tiré l'oreille, cerveau borné ? recommençait Oustiantsef en s'adressant avec indignation à Chapkine. Chapkine ne prêtait aucune attention à l'aigre interpellation de son camarade.

— Qui donc t'a tiré les oreilles? demanda quelqu'un.

— Le maître de police, parbleu! pour cause de vagabondage, camarades. Nous étions arrivés à K..., moi et un autre vagabond, Ephime. (Il n'avait pas de nom de famille, celui-là.) En route, nous nous étions refaits un peu dans le hameau de Tolmina; oui, il y a un hameau qui s'appelle comme ça : Tolmina. Nous arrivons dans la ville et nous regardons autour de nous, pour voir s'il n'y aurait pas un bon coup à faire, et puis filer ensuite. Vous savez, en plein champ on est libre comme l'air, tandis que ce n'est pas la même chose en ville. Nous entrons tout d'abord dans un cabaret : nous jetons un coup d'œil en ouvrant la porte. Voilà un gaillard tout hâlé, avec des coudes troués à son habit allemand, qui s'approche de nous. On parle de choses et d'autres. — Permettez-moi, qu'il nous dit, de vous demander si vous avez un document [1].

— Non! nous n'en avons pas.

— Tiens, et nous non plus. J'ai encore avec moi deux camarades qui sont au service du général Coucou [2]. Nous avons un peu fait la vie, et pour le moment nous sommes sans le sou : oserai-je vous prier de bien vouloir commander un litre d'eau-de-vie?

— Avec grand plaisir, que nous lui disons. — Nous buvons ensemble. Ils nous indiquent alors un endroit où l'on pourrait faire un bon coup. C'était dans une maison à l'extrémité de la ville, qui appartenait à un riche bourgeois. Il y avait là un tas de bonnes choses, aussi nous décidons de tenter l'affaire pendant la nuit. Dès que nous essayons de faire notre coup à nous cinq, voilà qu'on nous attrape et qu'on nous mène au poste, puis chez le maître de police. — Je les interrogerai moi-même, qu'il dit. Il sort

---

[1] Un passe-port. (*Note de Dostoïevski.*)
[2] C'est-à-dire qui sont dans la forêt, où chante le coucou. Il entend par là que ce sont aussi des vagabonds. (*Note de Dostoïevski.*)

avec sa pipe, on lui apporte une tasse de thé : c'était un solide gaillard, avec des favoris. En plus de nous cinq, il y avait encore là trois vagabonds qu'on venait d'amener. Vous savez, camarades, qu'il n'y a rien de plus comique qu'un vagabond, parce qu'il oublie tout ce qu'il fait ; on lui taperait sur la tête avec un gourdin, qu'il répondrait tout de même qu'il ne sait rien, qu'il a tout oublié. — Le maître de police se tourne de mon côté et me demande carrément : — Qui es-tu ? Je réponds ce que tous les autres disent : — Je ne me souviens de rien, Votre Haute Noblesse.

— Attends, j'ai encore à causer avec toi : je connais ton museau. Et le voilà qui me regarde bien fixement. Je ne l'avais pourtant vu nulle part. Il demande au second : Qui es-tu ?

— File-d'ici, Votre Haute Noblesse !
— On t'appelle File-d'ici ?
— On m'appelle comme ça, Votre Haute Noblesse.
— Bien, tu es File-d'ici ! et toi ? fait-il au troisième.
— Avec-lui, Votre Haute Noblesse !
— Mais comment t'appelle-t-on ?
— Moi ? je m'appelle « Avec-lui », Votre Haute Noblesse.
— Qui t'a donné ce nom-là, canaille ?
— De braves gens, Votre Haute Noblesse ! ce ne sont pas les braves gens qui manquent sur la terre, Votre Haute Noblesse le sait bien.

— Mais qui sont ces braves gens ?
— Je l'ai un peu oublié, Votre Haute Noblesse, pardonnez-moi cela généreusement !

— Ainsi tu les as tous oubliés, ces braves gens ?
— Tous oubliés, Votre Haute Noblesse.
— Mais tu avais pourtant des parents, un père, une mère. Te souviens-tu d'eux ?

— Il faut croire que j'en ai eu, des parents, Votre Haute Noblesse, mais cela aussi, je l'ai un peu oublié... peut-être bien que j'en ai eu, Votre Haute Noblesse.

— Mais où as-tu vécu jusqu'à présent ?
— Dans la forêt, Votre Haute Noblesse.
— Toujours dans la forêt ?
— Toujours dans la forêt!
— Et en hiver?
— Je n'ai point vu d'hiver, Votre Haute Noblesse.
— Allons ! et toi, comment t'appelle-t-on ?
— Des Haches (Toporof), Votre Haute Noblesse.
— Et toi?
— Aiguise-sans-bâiller, Votre Haute Noblesse.
— Et toi ?
— Affile-sans-peur, Votre Haute Noblesse.
— Et tous, vous ne vous rappelez rien du tout?
— Nous ne nous souvenons de rien du tout.

Il reste debout à rire ; les autres se mettent aussi à rire, rien qu'à le voir. Ça ne se passe pas toujours comme ça; quelquefois ils vous assènent des coups de poing à vous casser toutes les dents. Ils sont tous joliment forts et joliment gros, ces gens-là ! « Conduisez-les à la maison de force, dit-il ; je m'occuperai d'eux plus tard. Toi, reste! » qu'il me fait. — « Va-t'en là, assieds-toi! » Je regarde, je vois du papier, une plume, de l'encre. Je pense : Que veut-il encore faire ? « Assieds-toi, qu'il me répète, prends la plume et écris! » Et le voilà qui m'empoigne l'oreille et qui me la tire. Je le regarde du même air que le diable regarde un pope : « Je ne sais pas écrire, Votre Haute Noblesse! » — « Écris! »

« — Ayez pitié de moi, Votre Haute Noblesse! » — « Écris comme tu pourras, écris donc! » Et il me tire toujours l'oreille; il me la tire et me la tord. Oh! camarades, j'aurais mieux aimé recevoir trois cents verges, un mal d'enfer; mais non : « Écris! » et voilà tout.

— Était-il devenu fou? quoi?...
— Ma foi, non! Peu de temps avant, un secrétaire avait fait un coup à Tobolsk : il avait volé la caisse du gouver-

nement, et s'était enfui avec l'argent : il avait aussi de grandes oreilles. Alors, vous comprenez, on a fait savoir ça partout. Je répondais au signalement ; voilà pourquoi il me tourmentait avec son « Écris ! » Il voulait savoir si je savais écrire et comment j'écrivais.

— Un vrai finaud ! Et ça faisait mal ?

— Ne m'en parlez pas !

Un éclat de rire unanime retentit.

— Eh bien ! tu as écrit ?...

— Qu'est-ce que j'aurais écrit ? j'ai promené ma plume sur le papier, je l'ai tant promenée qu'il a cessé de me tourmenter. Il m'a allongé une douzaine de gifles, comme de juste, et puis m'a laissé aller... en prison, bien entendu.

— Est-ce que tu sais vraiment écrire ?

— Oui, je savais écrire, comment donc ? mais depuis qu'on a commencé à se servir de plumes, j'ai tout à fait oublié !...

Grâce aux bavardages des forçats qui peuplaient l'hôpital, le temps s'écoulait. Mon Dieu ! quel ennui ! Les jours étaient longs, étouffants et monotones, tant ils se ressemblaient. Si seulement j'avais eu un livre ! Et pourtant, j'allais souvent à l'infirmerie, surtout au commencement de mon exil, soit parce que j'étais malade, soit pour me reposer, pour sortir de la maison de force. La vie était pénible là-bas, encore plus pénible qu'à l'hôpital, surtout au point de vue moral. Toujours cette envie, cette hostilité querelleuse, ces chicanes continuelles qu'on nous cherchait, à nous autres gentilshommes, toujours ces visages menaçants, haineux ! Ici, à l'ambulance, on vivait au moins sur un pied d'égalité, en camarades. Le moment le plus triste de toute la journée, c'était la soirée et le commencement de la nuit. On se couchait de bonne heure... Une veilleuse fumeuse scintille au fond de la salle, près de la porte, comme un point brillant. Dans notre coin, nous sommes dans une obscurité presque complète. L'air est infect et étouffant. Certains malades ne peuvent pas s'endormir, ils se lèvent et restent assis une heure entière sur leurs lits, la tête penchée, ils ont l'air de réfléchir à quelque chose. Je les regarde, je cherche à deviner ce qu'ils pensent, afin de tuer le temps. Et je me mets à songer, je rêve au passé, qui se présente en tableaux puissants et larges à mon imagination ; je me rappelle des détails qu'en tout autre temps j'aurais oublié et qui ne m'auraient jamais fait une impression aussi profonde que maintenant. Et je rêve de l'avenir : Quand sortirai-je de la maison de force ? où irai-je ? que m'arrivera-t-il alors ? reviendrai-je dans mon pays natal ?... Je pense, je pense, et l'espérance renaît dans mon âme... Une autre fois, je me mets à compter : un, deux, trois, etc., afin de m'endormir en comptant. J'arrivais quelquefois jusqu'à trois mille, sans pouvoir m'assoupir. Quelqu'un se retourne sur son lit. Oustiantsef tousse, de sa toux de poitrinaire pourri, puis gémit faiblement, et balbutie chaque fois : « Mon Dieu, j'ai péché ! » Qu'elle est effrayante à entendre, cette voix malade, défaillante et brisée, au milieu du calme général ! Dans un coin, des malades qui ne dorment pas encore causent à voix basse, étendus sur leurs couchettes. L'un d'eux raconte son passé, des choses lointaines, enfuies ; il parle de son vagabondage, de ses enfants, de sa femme, de ses anciennes habitudes. Et l'on devine à l'accent de cet homme que rien de tout cela ne reviendra plus, n'existera jamais pour lui, et que c'est un membre coupé, rejeté ; un autre l'écoute. On perçoit un chuchotement très-faible, comme de l'eau qui murmure quelque part, là-bas, bien loin... Je me souviens qu'une fois, pendant une interminable nuit d'hiver, j'entendis un récit qui, au premier abord, me parut un songe balbutié dans un cauchemar, rêvé dans un trouble fiévreux, dans un délire...

IV

LE MARI D'AKOULKA.

(RÉCIT.)

C'était tard dans la nuit, vers onze heures. Je dormais depuis quelque temps, je me réveillai en sursaut. La lueur terne et faible de la veilleuse éloignée éclairait à peine la salle... Presque tout le monde dormait, même Oustiantsef : dans le calme de la nuit, j'entendais sa respiration difficile et les glaires qui roulaient dans sa gorge à chaque aspiration. Dans l'antichambre retentirent les pas lourds et lointains de la patrouille qui s'approchait. Une crosse de fusil frappa sourdement le plancher. La salle s'ouvrit, et le caporal compta les malades en marchant avec précaution. Au bout d'une minute, il referma la porte, après y avoir placé un nouveau factionnaire; la patrouille s'éloigna, le silence régna de nouveau. Alors seulement je remarquai non loin de moi deux détenus qui ne dormaient pas et semblaient chuchoter quelque chose. Il arrive quelquefois que deux malades couchés côte à côte, et qui n'ont pas échangé une parole pendant des semaines, des mois entiers, entament une conversation à brûle-pourpoint, au milieu de la nuit, et que l'un d'eux étale son passé devant l'autre.

Ils parlaient probablement depuis longtemps. Je n'entendis pas le commencement, et je ne pus pas tout saisir du premier coup, mais peu à peu je m'habituai à ce chuchotement et je compris tout. Je n'avais pas envie de dormir : que pouvais-je faire d'autre, sinon écouter? L'un d'eux racontait avec chaleur, à demi couché sur son lit, la tête levée et tendue vers son camarade. Il était visiblement échauffé et surexcité : il désirait parler. Son auditeur, assis d'un air sombre et indifférent sur sa couchette, les jambes à plat sur le matelas, marmottait de temps à autre quelques mots en réponse à son camarade, plus par convenance qu'autrement, et se bourrait à chaque instant le nez de tabac qu'il puisait dans une tabatière de corne : c'était le soldat Tchérévine, de la compagnie de discipline, un pédant morose, froid, raisonneur, un imbécile avec de l'amour-propre, tandis que le conteur Chichkof, âgé de trente ans environ, était un forçat civil, auquel jusqu'alors je n'avais guère fait attention ; pendant tout mon temps de bagne je ne ressentis jamais le moindre intérêt pour lui, car c'était un homme vain et étourdi. Il se taisait quelquefois pendant des semaines, d'un air bourru et grossier ; soudain il se mêlait d'une affaire quelconque, faisait des cancans, s'échauffait pour des futilités, racontait Dieu sait quoi, de caserne en caserne, calomniait, paraissait hors de lui. On le battait, alors il se taisait de nouveau. Comme il était poltron et lâche, on le traitait avec dédain. C'était un homme de petite taille, assez maigre, avec des yeux égarés ou bien stupidement réfléchis. Quand il racontait quelque chose, il s'échauffait, agitait les bras et tout à coup s'interrompait ou passait à un autre sujet, se perdait dans de nouveaux détails, et oubliait finalement de quoi il parlait. Il se querellait souvent ; quand il injuriait son adversaire, Chichkof parlait d'un air sentimental et pleurait presque... Il ne jouait pas mal de la balalaïka, pour laquelle il avait un faible ; il dansait même les jours de fête, et fort bien, quand d'autres l'y engageaient... (On pouvait très-vite le forcer à faire ce qu'on voulait... Non pas qu'il fût obéissant, mais il aimait à se faire des camarades et à leur complaire.)

Pendant longtemps je ne pus comprendre ce que Chichkof racontait. Il me semblait qu'il abandonnait continuellement son sujet pour parler d'autre chose. Il avait peut-être remarqué que Tchérévine prêtait peu d'attention à son récit, mais je crois qu'il voulait ignorer cette indifférence pour ne pas s'en formaliser.

— ...Quand il allait au marché, continua-t-il, tout le monde le saluait, l'honorait... un richard, quoi!

— Tu dis qu'il avait un commerce ?

— Oui, un commerce! Notre classe marchande est très-pauvre: c'est la misère nue. Les femmes vont à la rivière, et apportent l'eau de très-loin, pour arroser leurs jardins; elles s'éreintent, s'éreintent, et pourtant, quand vient l'automne, elles n'ont même pas de quoi faire une soupe aux choux. Une ruine! Mais celui-là possédait un gros lopin de terre que ses ouvriers — il en avait trois — labouraient; et puis un rucher, dont il vendait le miel; il faisait le commerce du bétail, enfin on le tenait en honneur chez nous. Il était fort âgé et tout gris, ses soixante-dix ans étaient bien lourds pour ses vieux os. Quand il venait au marché dans sa pelisse de renard, tout le monde le saluait. — « Bonjour, petit père Ankoudim Trophimytch! » — Bonjour! qu'il répondait. « Comment te portes-tu ? » Il ne méprisait personne. — « Vivez longtemps, Ankoudim Trophimytch! » — « Comment vont tes affaires? » — « Elles sont aussi bonnes que la suie est blanche. Et les vôtres, petit père ? » — « Nous vivons pour nos péchés, nous fatiguons la terre. » — « Vivez longtemps, Ankoudim Trophimytch. » Il ne méprisait personne. Ses conseils étaient bons; chaque mot de lui valait un rouble. C'était un grand liseur, car il était savant; il ne faisait que lire des choses du bon Dieu. Il appelait sa vieille femme et lui disait : « Écoute, femme, saisis bien ce que je te dis. » Et le voilà qui lui explique. La vieille Maria Stépanovna n'était pas vieille, si vous voulez, c'était sa seconde femme; il l'avait épousée pour avoir des enfants, sa première femme ne lui en ayant point donné — il avait deux garçons encore jeunes, car le cadet Vacia était né quand son père touchait à soixante ans; Akoulka sa fille avait dix-huit ans, elle était l'aînée.

— Ta femme, n'est-ce pas ?

—Attends un moment ; Philka Marosof commence alors à faire du tapage. Il dit à Ankoudim : « Partageons, rends-moi mes quatre cents roubles ; je ne suis pas ton homme de peine, je ne veux plus trafiquer avec toi et je ne veux pas épouser ton Akoulka. Je veux faire la fête. Maintenant que mes parents sont morts, je boirai tout mon argent, puis je me louerai, c'est-à-dire je m'engagerai comme soldat, et dans dix ans je reviendrai ici feld-maréchal ! » Ankoudim lui rendit son argent, tout ce qu'il avait à lui, parce qu'autrefois, ils trafiquaient à capital commun avec le père de Philka. — « Tu es un homme perdu ! » qu'il lui dit. — « Que je sois perdu ou non, vieille barbe grise, tu es le plus grand ladre que je connaisse. Tu veux faire fortune avec quatre kopeks, tu ramasses toutes les saletés imaginables pour t'en servir. Je veux cracher là-dessus. Tu amasses, tu enfouis, diable sait pourquoi. Moi, j'ai du caractère. Je ne prendrai tout de même pas ton Akoulka ; j'ai déjà dormi avec elle... »

— Comment oses-tu déshonorer un honnête père, une honnête fille ? Quand as-tu dormi avec elle, lard de serpent, sang de chien que tu es ? lui dit Ankoudim en tremblant de colère. (C'est Philka qui l'a raconté plus tard.)

— Non-seulement je n'épouserai pas ta fille, mais je ferai si bien que personne ne l'épousera, pas même Mikita Grigoritch, parce qu'elle est déshonorée. Nous avons fait la vie ensemble depuis l'automne dernier. Mais pour rien au monde je n'en voudrais. Non ! donne-moi tout ce que tu voudras, je ne la prendrai pas !...

Là-dessus, il fit une fière noce, ce gaillard. Ce n'était qu'un cri, qu'une plainte dans toute la ville. Il s'était procuré des compagnons, car il avait une masse d'argent, il ribota pendant trois mois, une noce à tout casser ! il liquida tout. « Je veux voir la fin de cet argent, je vendrai la maison, je vendrai tout, et puis je m'engagerai ou bien je vagabonderai ! » Il était ivre du matin au soir et se promenait dans une voiture à deux chevaux avec des grelots. C'étaient les filles qui l'aimaient! car il jouait bien du théorbe...

— Alors, c'est vrai qu'il avait eu des affaires avec cette Akoulka ?

— Attends donc. Je venais d'enterrer mon père; ma mère cuisait des pains d'épice; on travaillait pour Ankoudim, ça nous donnait de quoi manger, mais on vivait joliment mal; nous avions du terrain derrière la forêt, on y semait du blé; mais quand mon père fut mort, je fis la noce. Je forçais ma mère à me donner de l'argent en la rossant moi aussi...

— Tu avais tort de la battre. C'est un grand péché !

— J'étais quelquefois ivre toute la sainte journée. Nous avions une maison couci couça toute pourrie si tu veux, mais elle nous appartenait. Nous crevions la faim; il y avait des semaines entières où nous mâchions des chiffons... Ma mère m'agonisait de sottises, mais ça m'était bien égal... Je ne quittais pas Philka Marosof, nous étions ensemble nuit et jour. « Joue-moi de la guitare, me disait-il, et moi je resterai couché; je te jetterai de l'argent parce que je suis l'homme le plus riche du monde! » Il ne savait qu'inventer. Seulement il ne prenait rien de ce qui avait été volé. « Je ne suis pas un voleur, je suis un honnête homme ! » — « Allons barbouiller de goudron[1] la porte d'Akoulka, parce que je ne veux pas qu'elle épouse Mikita Grigoritch! J'y tiens plus que jamais. » Il y avait déjà longtemps que le vieillard voulait donner sa fille à Mikita Grigoritch : c'était un homme d'un certain âge qui trafiquait aussi et qui portait des lunettes. Quand il entendit parler de la mauvaise conduite d'Akoulka, il dit au vieux : « — Ce sera une grande honte pour moi, Ankoudim Trophimytch; au reste je ne veux pas me marier, mainte-

---

[1] Barbouiller la porte cochère de la maison où demeure une jeune fille indique que celle-ci a perdu son innocence.

nant j'ai passé l'âge. » Alors, nous barbouillâmes la porte d'Akoulka avec du goudron. On la rossa à la maison pour cela, jusqu'à la tuer. Sa mère, Maria Stépanovna, criait : « J'en mourrai! » — tandis que le vieux disait : « Si nous étions au temps des patriarches, je l'aurais hachée sur un bûcher; mais maintenant tout est pourriture et corruption ici-bas. » Les voisins entendaient quelquefois hurler Akoulka d'un bout de la rue à l'autre. On la fouettait du matin au soir. Et Philka criait sur le marché à tout le monde : — Une fameuse fille que la Akoulka, pour bien boire ensemble. Je leur ai tapé sur le museau, aux autres, ils se souviendront de moi. Un jour, je rencontre Akoulka qui allait chercher de l'eau dans des seaux, je lui crie : « Bonjour, Akoulina Koudimovna! un effet de votre bonté! dis-moi avec qui tu vis et où tu prends de l'argent pour être si brave! » Je ne lui dis rien d'autre; elle me regarda avec ses grands yeux; elle était maigre comme une bûche. Elle n'avait fait que me regarder; sa mère, qui croyait qu'elle plaisantait avec moi, lui cria du seuil de sa porte : « Qu'as-tu à causer avec lui, déhontée! » Et ce jour-là on recommença de nouveau à la battre. On la rossait quelquefois une heure entière. « Je la fouette, disait-elle, parce qu'elle n'est plus ma fille. »

— Elle était donc débauchée!

— Écoute donc ce que je te raconte, petit oncle! Nous ne faisions que nous enivrer avec Philka; un jour que j'étais couché, ma mère arrive et me dit : « — Pourquoi restes-tu couché? canaille, brigand que tu es! » Elle m'injuria tout d'abord, puis elle me dit : « — Épouse Akoulka. Ils seront contents de te la donner en mariage, et ils lui feront une dot de trois cents roubles. » Moi, je lui réponds : « Mais maintenant tout le monde sait qu'elle est déshonorée. » — « Imbécile! tout cela disparaît sous la couronne de mariage; tu n'en vivras que mieux, si elle tremble devant toi toute sa vie. Nous serions à l'aise avec leur argent ; j'ai déjà parlé de ce mariage à Maria Stépanovna : nous sommes d'accord. » Moi, je lui dis : « — Donnez-moi vingt roubles tout de suite, et je l'épouse. » Ne le crois pas, si tu veux, mais jusqu'au jour de mon mariage j'ai été ivre. Et puis Philka Marosof ne faisait que me menacer. « Je te casserai les côtes, espèce de fiancé d'Akoulka ; si je veux, je dormirai toutes les nuits avec ta femme. — Tu mens, chien que tu es ! » Il me fit honte devant tout le monde dans la rue. Je cours à la maison ! Je ne veux plus me marier, si l'on ne me donne pas cinquante roubles tout de suite.

— Et on te l'a donnée en mariage ?

— A moi ? pourquoi pas ? Nous n'étions pas des gens déshonorés. Mon père avait été ruiné par un incendie, un peu avant sa mort ; il avait même été plus riche qu'Ankoudim Trophimytch. « Des gens sans chemise comme vous devraient être trop heureux d'épouser ma fille ! » que le vieil Ankoudim me dit. — « Et votre porte, n'a-t-elle pas été assez barbouillée de goudron ? » lui répondis-je. — « Qu'est-ce que tu me racontes ? Prouve-moi qu'elle est déshonorée... Tiens, si tu veux, voilà la porte, tu peux t'en aller. Seulement, rends-moi l'argent que je t'ai donné ! » Nous décidâmes alors avec Philka Marosof d'envoyer Mitri Bykof au père Ankoudim pour lui dire que je lui ferais honte devant tout le monde. Jusqu'au jour de mon mariage, je ne dessoulai pas. Ce n'est qu'à l'église que je me dégrisai. Quand on nous amena de l'église, on nous fit asseoir, et Mitrophane Stépanytch, son oncle à elle, dit : « Quoique l'affaire ne soit pas honnête, elle est pourtant faite et finie. » Le vieil Ankoudim était assis, il pleurait ; les larmes coulaient dans sa barbe grise. Moi, camarade, voilà ce que j'avais fait : j'avais mis un fouet dans ma poche, avant d'aller à l'église, et j'étais résolu à m'en servir à cœur joie, afin qu'on sût par quelle abominable tromperie elle se mariait et que tout le monde vît bien si j'étais un imbécile...

— C'est ça, et puis tu voulais qu'elle comprît ce qui l'attendait...

— Tais-toi, oncle! chez nous, tout de suite après la cérémonie du mariage, on mène les époux dans une chambre à part, tandis que les autres restent à boire en les attendant. On nous laisse seuls avec Akoulka : elle était pâle, sans couleurs aux joues, tout effrayée. Ses cheveux étaient aussi fins, aussi clairs que du lin, — ses yeux très-grands. Presque toujours elle se taisait; on ne l'entendait jamais, on aurait pu croire qu'elle était muette; très-singulière, cette Akoulka. Tu peux te figurer la chose; mon fouet était prêt, sur le lit. — Eh bien! elle était innocente, et je n'avais rien, mais rien à lui reprocher!

— Pas possible!

— Vrai! honnête comme une fille d'une honnête maison. Et pourquoi, frère, pourquoi avait-elle enduré cette torture? Pourquoi Philka Marosof l'avait-il diffamée?

— Oui, pourquoi?

— Alors je suis descendu du lit et je me suis mis à genoux devant elle, en joignant les mains : — Petite mère, Akoulina Koudimovna! que je lui dis, pardonne-moi d'avoir été assez sot pour croire toutes ces calomnies. Pardonne-moi, je suis une canaille! — Elle était assise sur le lit à me regarder; elle me posa les deux mains sur les épaules, et se mit à rire, et pourtant les larmes lui coulaient le long des joues : elle sanglotait et riait en même temps... Je sortis alors et je dis à tous les gens de la noce : « Gare à Philka Marosof, si je le rencontre, il ne sera bientôt plus de ce monde. » Les vieux ne savaient trop que dire dans leur joie; la mère d'Akoulka était prête à se jeter aux pieds de sa fille et sanglotait. Alors le vieux dit : « — Si nous avions su et connu tout cela, notre fille bien-aimée, nous ne t'aurions pas donné un pareil mari. » — Il t'aurait fallu voir comme nous étions habillés le premier dimanche après notre mariage, quand nous sortîmes de l'église; moi, en cafetan de drap fin, en bonnet de fourrure avec des braies de peluche; elle, en pelisse de lièvre toute neuve, la tête couverte d'un mouchoir de soie; nous nous valions l'un l'autre. Tout le monde nous admirait. Je n'étais pas mal, Akoulinouchka non plus; on ne doit pas se vanter, mais il ne faut pas non plus se dénigrer : quoi! on n'en fait pas à la douzaine, des gens comme nous...

— Bien sûr.

— Allons, écoute! Le lendemain de mon mariage, je me suis enfui loin de mes hôtes, quoique ivre, et je courais dans la rue en criant : « Qu'il vienne ici, ce chenapan de Philka Marosof, qu'il vienne seulement, la canaille! » Je hurlais cela sur le marché. Il faut dire que j'étais ivre-mort; on me rattrapa pourtant près de chez les Vlassof : on eut besoin de trois hommes pour me ramener de force au logis. Tout le monde parlait de cela en ville. Les filles se disaient en se rencontrant au marché : « — Eh bien, vous savez la nouvelle, Akoulka était vierge. » Peu de temps après, je rencontre Philka Marosof qui me dit en public, devant des étrangers : « — Vends ta femme, tu auras de quoi boire. Tiens, le soldat Jachka ne s'est marié que pour cela; il n'a pas même dormi une fois avec sa femme, mais au moins il a eu de quoi se soûler pendant trois ans. » Je lui réponds : « — Canaille! » — « Imbécile, qu'il me fait. Tu t'es marié quand tu n'avais pas ton bon sens. Pouvais-tu seulement comprendre quelque chose à CELA? » J'arrive à la maison et je leur crie : « Vous m'avez marié quand j'étais ivre. » La mère d'Akoulka voulut alors s'accrocher à moi, mais je lui dis : « Petite mère, tu ne comprends que les affaires d'argent. Amène-moi Akoulka! » C'est alors que je commençai à la battre. Je la battis, camarade, je la battis deux heures entières, jusqu'à ce que je roulasse moi-même par terre; de trois semaines, elle ne put quitter le lit.

— C'est sûr! remarqua Tchérévine avec flegme, — si on ne les bat pas, elles... L'as-tu trouvée avec son amant?

— Non, à vrai dire, je ne l'ai jamais pincée, fit Chichkof après un silence, en parlant avec effort. — Mais j'étais offensé, très-offensé, parce que tout le monde se moquait de moi. La cause de tout, c'était Philka. — « Ta femme est faite pour que les autres la regardent. » Un jour, il nous invita chez lui, et le voilà qui commence : « — Regardez un peu quelle bonne femme il a : elle est tendre, noble, bien élevée, affectueuse, bienveillante pour tout le monde. Aurais-tu oublié par hasard, mon gars, que nous avons barbouillé ensemble leur porte de goudron ? » J'étais soûl à ce moment : il m'empoigna alors par les cheveux, si fort qu'il m'allongea à terre du premier coup. « Allons ! danse, mari d'Akoulka, je te tiendrai par les cheveux, et toi, tu danseras pour me divertir ! » — « Canaille ! » que je lui fais. « — Je viendrai en joyeuse compagnie chez toi et je fouetterai ta femme Akoulka sous tes yeux, autant que cela me fera plaisir. » Le croiras-tu ? pendant tout un mois, je n'osais pas sortir de la maison, tant j'avais peur qu'il n'arrivât chez nous et qu'il ne fît un scandale à ma femme. Aussi, ce que je la battis pour cela !...

— A quoi bon la battre ? On peut lier les mains d'une femme, mais pas sa langue. Il ne faut pas non plus trop les rosser. Bats-la d'abord, puis fais-lui une morale, et caresse-la ensuite. Une femme est faite pour ça.

Chichkof resta quelques instants silencieux.

— J'étais très-offensé, continua-t-il, — je repris ma vieille habitude, je la battais du matin au soir pour un rien, parce qu'elle ne s'était pas levée comme je l'entendais, parce qu'elle ne marchait pas comme il faut ! Si je ne la rossais pas, je m'ennuyais. Elle restait quelquefois assise près de la fenêtre à pleurer silencieusement... cela me faisait mal quelquefois de la voir pleurer, mais je la battais tout de même... Sa mère m'injuriait quelquefois à cause de cela. — « Tu es un coquin, un gibier de bagne ! » — « Ne me dis pas un mot, ou je t'assomme ! vous me l'avez fait épouser quand j'étais ivre; vous m'avez trompé. » Le vieil Ankoudim voulut d'abord s'en mêler; il me dit un jour : « — Fais attention, tu n'es pas un tel prodige qu'on ne puisse te mettre à la raison ! » Mais il n'en mena pas large. Maria Stépanovna était devenue très-douce; une fois, elle vint vers moi tout en larmes et me dit : « — J'ai le cœur tout angoissé, Ivan Sémionytch, ce que je te demanderai n'a guère d'importance pour toi, mais j'y tiens beaucoup; laisse-la partir, te quitter, petit père. » Et la voilà qui se prosterne. « Apaise-toi ! pardonne-lui ! Les méchantes gens la calomnient; tu sais bien qu'elle était honnête quand tu l'as épousée. » Elle se prosterna encore une fois et pleura. Moi, je fis le crâne : « Je ne veux rien entendre, que je lui dis; ce que j'aurai envie de vous faire, je vous le ferai parce que je suis hors de moi; quant à Philka Marosof, c'est mon meilleur et mon plus cher ami... »

— Vous avez recommencé à riboter ensemble ?...

— Parbleu ! Plus moyen de l'approcher : il se tuait à force de boire. Il avait bu tout ce qu'il possédait, et s'était engagé comme soldat, remplaçant d'un bourgeois de la ville. Chez nous, quand un gars se décide à en remplacer un autre, il est le maître de la maison et de tout le monde, jusqu'au moment où il est appelé. Il reçoit la somme convenue le jour de son départ, mais en attendant il vit dans la maison de son patron, quelquefois six mois entiers : il n'y a pas d'horreur que ces gaillards-là ne commettent. C'est vraiment à emporter les images saintes loin de la maison. Du moment qu'il consent à remplacer le fils de la maison, il se considère comme un bienfaiteur et estime que l'on doit avoir du respect pour lui; sans quoi il se dédit. Aussi Philka Marosof faisait-il les cent coups chez ce bourgeois, il dormait avec la fille, empoignait le maître de la maison par la barbe après dîner; enfin, il faisait tout ce qui lui passait par la tête. On devait lui chauffer le bain (de vapeur) tous les jours, et encore fallait-il qu'on augmentât la vapeur avec de l'eau-de-vie et que les femmes le menassent au bain en le soutenant par-dessous les bras[1]. Quand il revenait chez le bourgeois après avoir fait la noce, il s'arrêtait au beau milieu de la rue et beuglait : « — Je ne veux pas entrer par la porte, mettez bas la palissade ! » Si bien qu'on devait abattre la barrière, tout à côté de la porte, rien que pour le laisser passer. Cela finit pourtant, le jour où on l'emmena au régiment ; ce jour-là, on le dégrisa. Dans toute la rue, la foule se pressait : « On emmène Philka Marosof ! » Lui, il saluait de tous côtés, à droite, à gauche. En ce moment Akoulka revenait du jardin potager. Dès que Philka l'aperçut, il lui cria : « — Arrête ! » il sauta à bas de la télègue et se prosterna devant elle. — « Mon âme, ma petite fraise, je t'ai aimée deux ans, maintenant on m'emmène au régiment avec de la musique. Pardonne-moi, fille honnête d'un père honnête, parce que je suis une canaille, coupable de tout ton malheur. » Et le voilà qui se prosterne une seconde fois devant elle. Tout d'abord, Akoulka s'était effrayée, mais elle lui fit un grand salut qui la plia en deux : « Pardonne-moi aussi, bon garçon, mais je ne suis nullement fâchée contre toi ! » Je rentre à la maison sur ses talons. — « Que lui as-tu dit ? viande de chien que tu es ! » Crois-le, ne le crois pas, comme tu voudras, elle me répondit en me regardant franchement :

« — Je l'aime mieux que tout au monde. »

— Tiens !...

— *Ce jour-là*, je ne soufflai pas mot. Seulement, vers le soir, je lui dis : « — Akoulka ! je te tuerai maintenant. » Je ne fermai pas l'œil de toute la nuit, j'allai boire du kvas dans l'antichambre ; quand le jour se leva, je rentrai dans la maison. — « Akoulka, prépare-toi à venir aux champs. » Déjà auparavant je me proposais d'y aller ; ma femme le

---

[1] C'est une marque de respect qui s'accordait autrefois en Russie, mais maintenant cette habitude est tombée en désuétude. (*Note du traducteur.*)

savait. — « Tu as raison, me dit-elle, c'est le moment de la moisson ; on m'a dit que depuis deux jours l'ouvrier est malade et ne fait rien. » J'attelai la télègue sans dire un mot. En sortant de la ville, on trouve une forêt qui a quinze verstes de long et au bout de laquelle était situé notre champ. Quand nous eûmes fait trois verstes sous bois, j'arrêtai le cheval. — « Allons, lève-toi, Akoulka, ta fin est arrivée. » Elle me regarde tout effrayée, se lève silencieuse. « Tu m'as assez tourmenté, que je lui dis, fais ta prière ! » Je l'empoignai par les cheveux — elle avait des tresses longues, épaisses ; je les enroule autour de mon bras, je la maintiens entre mes genoux, je sors mon couteau, je lui renverse la tête en arrière, et je lui fends la gorge... Elle crie, le sang jaillit ; moi, alors, je jette mon couteau, je l'étreins dans mes bras, je l'étends à terre et je l'embrasse en hurlant de toutes mes forces. Je hurle, elle crie, palpite, se débat ; le sang — son sang — me saute à la figure, jaillit sur mes mains, toujours plus fort.

Je pris peur alors, je la laissai, je laissai mon cheval, et je me mis à courir, à courir jusqu'à la maison ; j'y entrai par derrière et me cachai dans la vieille baraque du bain, toute déjetée et hors de service : je me couchai sous la banquette et j'y restai caché jusqu'à la nuit noire.

— Et Akoulka ?

— Elle se releva pour retourner aussi à la maison. On la retrouva plus tard à cent pas de l'endroit.

— Tu ne l'avais pas achevée, alors ?

— ...Non ! — Chichkof s'arrêta un instant.

— Oui, fit Tchérévine, il y a une veine... si on ne la coupe pas du premier coup, l'homme se débattra, le sang aura beau couler, eh bien ! il ne mourra pas.

— Elle est morte tout de même. On la trouva le soir, déjà froide. On avertit qui de droit et l'on se mit à ma recherche. On me trouva pendant la nuit dans ce vieux bain... Et voilà, je suis ici depuis quatre ans déjà, ajouta-t-il après un silence,

— Oui, si on ne les bat pas, on n'arrive à rien, remarqua sentencieusement Tchérévine, en sortant de nouveau sa tabatière. Il prisa longuement, avec des pauses.

— Pourtant, mon garçon, tu as agi très-bêtement. Moi aussi, j'ai surpris ma femme avec un amant. Je la fis venir dans le hangar, je pliai alors un licol en deux et je lui dis : « A qui as-tu juré d'être fidèle ? A qui as-tu juré à l'église, hein ? » Je l'ai rossée, rossée, avec mon licol, tellement rossée et rossée, pendant une heure et demie, qu'à la fin, éreintée, elle me cria : « Je te laverai les pieds et je boirai cette eau ! » On l'appelait Avdotia.

V

LA SAISON D'ÉTÉ.

Avril a déjà commencé; la semaine sainte n'est pas loin. On se met aux travaux d'été. Le soleil devient de jour en jour plus chaud et plus éclatant; l'air fleure le printemps et agit sur l'organisme nerveux. Le forçat enchaîné est troublé, lui aussi, par l'approche des beaux jours; ils engendrent en lui des désirs, des aspirations, une tristesse nostalgique. On regrette plus ardemment sa liberté, je crois, par une journée ensoleillée, que pendant les jours pluvieux et mélancoliques de l'automne et de l'hiver. C'est un fait à remarquer chez tous les forçats : s'ils éprouvent quelque joie d'un beau jour bien clair, ils deviennent en revanche plus impatients, plus irritables. J'ai observé qu'au printemps les querelles étaient plus fréquentes dans notre maison de force. Le tapage, les cris empiraient, les rixes se multipliaient; durant les heures du travail, on surprenait parfois un regard méditatif, obstinément perdu dans le lointain bleuâtre, quelque part, là-bas, de l'autre côté de l'Irtych, où commençait la plaine incommensurable, fuyant à des centaines de verstes, la libre steppe kirghize ; on entendait de longs soupirs, exhalés du fond de la poitrine, comme si cet air lointain et libre eût engagé les forçats à respirer, comme s'il eût soulagé leur âme prisonnière et écrasée. — Ah ! fait enfin le condamné, et brusquement, comme pour secouer ces rêveries, il empoigne furieusement sa bêche ou ramasse les briques qu'il doit porter d'un endroit à un autre. Au bout d'un instant il a oublié cette sensation fugitive et se remet à rire ou à injurier, suivant son humeur ; il s'attaque à la tâche imposée, avec une ardeur inaccoutumée, il travaille de toutes ses forces, comme s'il désirait étouffer par la fatigue une douleur qui l'étrangle. Ce sont des gens vigoureux, tous dans la fleur de l'âge, en pleine possession de leurs forces... Comme les fers sont lourds pendant cette saison ! Je ne fais pas de sentimentalisme et je certifie l'exactitude de mon observation. Pendant la saison chaude, sous un soleil de feu, quand on sent dans toute son âme, dans tout son être, la nature qui renaît autour de vous avec une force inexprimable, on a plus de peine à supporter la prison, la surveillance de l'escorte, la tyrannie d'une volonté étrangère.

En outre, c'est au printemps, avec le chant de la première alouette, que le vagabondage commence dans toute la Sibérie, dans toute la Russie : les créatures de Dieu s'évadent des prisons et se sauvent dans les forêts. Après la fosse étouffante, les barques, les fers, les verges, ils vagabondent où bon leur semble, à l'aventure, où la vie leur semble plus agréable et plus facile ; ils boivent et mangent ce qu'ils trouvent, au petit bonheur, et s'endorment tranquilles la nuit dans la forêt ou dans un champ, sans souci, sans l'angoisse de la prison, comme des oiseaux du bon Dieu, disant bonne nuit aux seules étoiles du ciel, sous l'œil de Dieu. Tout n'est pas rose : on souffre quelquefois la faim et la fatigue « au service du général Coucou ». Souvent ces vagabonds n'ont pas un morceau de pain à se mettre sous la dent pendant des journées entières ; il faut se cacher de tout le monde, se terrer comme des marmottes, il faut voler, piller et quelquefois même assassiner. « Le déporté est un enfant, il se jette sur tout ce qu'il voit », dit-on des exilés en Sibérie. Cet adage peut être appliqué dans toute sa force et avec plus de justesse encore aux vagabonds. Ce sont presque tous des bandits et des voleurs, par nécessité plus que par vocation. Les vagabonds endurcis sont nombreux ; il y a des forçats qui s'enfuient après avoir purgé leur condamnation, alors qu'ils sont déjà colons. Ils devraient être heureux de leur nouvelle condition, d'avoir leur pain quotidien assuré. Eh bien ! non, quelque chose les soulève et les entraîne. Cette vie dans les forêts, misérable et terrible, mais libre, aventureuse, a pour ceux qui l'ont éprouvée un charme séduisant, mystérieux ; — parmi ces fuyards, on s'étonne de voir des gens rangés, tranquilles, qui promettaient de devenir des hommes posés, de bons agriculteurs. Un forçat se mariera, aura des enfants, vivra pendant cinq ans au même endroit, et tout à coup, un beau matin, il disparaîtra, abandonnant femme et enfants, à la stupéfaction de sa famille et de l'arrondissement tout entier. On me montra un jour au bagne un de ces déserteurs du foyer domestique. Il n'avait commis aucun crime, ou du moins on n'avait aucun soupçon sur son compte, mais il avait déserté, déserté toute sa vie. Il avait été à la frontière méridionale de l'Empire, de l'autre côté du Danube, dans la steppe kirghize, dans la Sibérie orientale, au Caucase — en un mot, partout. Qui sait ? dans d'autres conditions, cet homme eût été peut-être un Robinson Crusoé, avec sa passion pour les voyages. Je tiens ces détails d'autres forçats, car il n'aimait pas à parler et n'ouvrait la bouche qu'en cas d'absolue nécessité. C'était un tout petit paysan d'une cinquantaine d'années, très-paisible, au visage tranquille et même hébété, d'un calme qui ressemblait à l'idiotisme. Il se plaisait à demeurer assis au soleil et marmottait entre les dents une chanson quelconque, mais si doucement qu'à cinq pas on n'entendait plus rien. Ses traits étaient pour ainsi dire pétrifiés; il mangeait peu, surtout du pain noir; jamais il n'achetait ni pain blanc ni eau-de-vie ; je crois même qu'il n'avait jamais eu d'argent, et qu'il n'aurait pas su le compter. Il était indifférent à tout. Il nourrissait quelquefois les chiens de la maison de force de sa propre main, ce que personne ne faisait jamais. (En général le Russe n'aime pas nourrir les chiens.) On disait qu'il avait été marié, deux fois même, qu'il avait quelque part des enfants... Pourquoi l'avait-on envoyé au bagne, je n'en sais rien. Les nôtres croyaient toujours qu'il s'évaderait, mais soit que son heure ne fût pas venue, soit qu'elle fût passée, il subissait sa peine tranquillement. Il n'avait aucunes relations avec l'étrange milieu dans lequel il vivait; il était trop concentré en lui-même pour cela. Il n'eût pas fallu se fier à ce calme apparent; et pourtant qu'aurait-il gagné en s'évadant?

Si l'on compare la vie vagabonde dans les forêts à celle de la maison de force, c'est une félicité paradisiaque. La destinée du vagabond est malheureuse, mais libre du moins. Voilà pourquoi tout prisonnier, en quelque endroit de la Russie qu'il se trouve, devient inquiet avec les premiers rayons souriants du printemps. Tous n'ont pas l'intention de fuir; par crainte des obstacles et du châtiment possible, il n'y a guère qu'un prisonnier sur cent qui s'y décide, mais les quatre-vingt-dix-neuf autres ne font que rêver où et comment ils pourraient s'enfuir. Avec ce désir, l'idée seule d'une chance quelconque les soulage; ils se rappellent une ancienne évasion. Je ne parle que des forçats déjà condamnés, car ceux qui n'ont pas encore subi leur peine se décident beaucoup plus facilement. Les condamnés ne s'évadent qu'au commencement de leur réclusion. Une fois qu'ils ont passé deux ou trois ans au bagne, ils en tiennent compte, et conviennent qu'il vaut mieux finir légalement son temps et devenir colon, plutôt que de risquer sa perte en cas d'échec, et un échec est toujours possible. Il n'y a guère qu'un forçat sur dix qui réussisse à *changer son sort*. Ceux-là sont presque toujours les condamnés à une réclusion indéfinie. Quinze, vingt ans semblent une éternité. Enfin, la marque est un grand obstacle aux évasions. *Changer son sort* est un terme technique. Si l'on surprend un forçat en flagrant délit d'évasion, il répondra à l'interrogatoire qu'on lui fait subir qu'il voulait « changer son sort ». Cette expression quelque peu littéraire dépeint parfaitement l'acte qu'elle désigne. Aucun évadé n'espère devenir tout à fait libre, car il sait que c'est presque l'impossible, mais il veut qu'on l'envoie dans un autre établissement, qu'on lui fasse coloniser le pays, qu'on le juge à nouveau pour un crime commis pendant son vagabondage — en un mot, qu'on l'envoie n'importe où, pourvu que ce ne soit pas la maison de force où il a déjà été enfermé, et qui lui est devenue intolérable. Tous ces fuyards, s'ils ne trouvent pas pendant l'été un gîte inespéré où ils puissent passer l'hiver, s'ils ne rencontrent personne qui ait un intérêt quelconque à les cacher, si enfin ils ne se procurent pas, par un assassinat quelquefois, un passe-port qui leur permette de vivre partout sans inquiétude, tous ces fuyards apparaissent en foule pendant l'automne dans les villes et dans les maisons de force; ils avouent leur état de vagabondage et passent l'hiver dans les prisons, avec la secrète espérance de fuir l'été suivant.

Sur moi aussi, le printemps exerça son influence. Je me souviens de l'avidité avec laquelle je regardais l'horizon par les fentes de la palissade; je restais longtemps, la tête collée contre les pieux, à contempler avec opiniâtreté et sans pouvoir m'en rassasier l'herbe qui verdissait dans le fossé de l'enceinte, le bleu du ciel lointain qui s'épaississait toujours plus. Mon angoisse et ma tristesse s'aggravaient de jour en jour, la maison de force me devenait odieuse. La haine que ma qualité de gentilhomme inspirait aux forçats pendant ces premières années, empoisonnait ma vie tout entière. Je demandais souvent à aller à l'hôpital sans nécessité, simplement pour ne plus être à la maison de force, pour m'affranchir de cette haine obstinée, implacable. « Vous autres nobles, vous êtes des becs de fer, vous nous avez déchirés à coups de bec quand nous étions serfs », nous disaient les forçats. Combien j'enviais les gens du bas peuple qui arrivaient au bagne ! Ceux-là, du premier coup, devenaient les camarades de tout le monde. Ainsi le printemps, le fantôme de liberté entrevue, la joie de toute la nature, se traduisaient en moi par un redoublement de tristesse et d'irritation nerveuse. Vers la sixième semaine du grand carême, je dus faire mes dévotions, car les forçats étaient divisés par le sous-officier en sept sections — juste le nombre de semaines du carême — qui devaient faire leurs dévotions à tour de rôle. Chaque section se composait de trente hommes environ. Cette semaine fut pour moi un soulagement ; nous allions deux et trois fois par jour à l'église, qui se trouvait non loin du bagne. Depuis longtemps je n'avais pas été à l'église. L'office de carême, que je connaissais très-bien depuis ma tendre enfance, pour l'avoir entendu à la maison paternelle, les prières solennelles, les prosternations — tout cela remuait en moi un passé lointain, très-lointain, réveillait mes plus anciennes impressions ; j'étais très-heureux, je m'en souviens, quand le matin nous nous rendions à la maison de Dieu, en marchant sur la terre gelée pendant la nuit, accompagnés d'une escorte de soldats aux fusils chargés ; cette escorte n'entrait pas à l'église. Une fois à l'intérieur, nous nous massions près de la porte, si bien que nous n'entendions guère que la voix profonde du diacre ; de temps à autre nous apercevions une chasuble noire ou le crâne nu du prêtre. Je me souvenais comment, étant enfant, je regardais le menu peuple qui se pressait à la porte en masse compacte, et qui reculait servilement devant une grosse épaulette, un seigneur ventru, une dame somptueusement habillée, mais très-dévote, pressée de gagner le premier rang et prête à se quereller pour avoir l'honneur d'occuper les premières places. C'était là, à cette entrée de l'église, me semblait-il alors, que l'on priait avec ferveur, avec humilité, en se prosternant jusqu'à terre, avec la pleine conscience de son abaissement.

Et maintenant j'étais à la place de ce menu peuple, non, pas même à sa place, car nous étions enchaînés et avilis ; on s'écartait de nous, on nous craignait, et on nous faisait l'aumône ; je me souviens que je trouvais là une sensation raffinée, un plaisir étrange. « Qu'il en soit ainsi ! » pensais-je. Les forçats priaient avec ardeur ; ils apportaient tous leur pauvre kopek pour un petit cierge ou pour la collecte en faveur de l'église. « Et moi aussi je suis un homme », se disaient-ils peut-être en déposant leur offrande : « devant Dieu tous sont égaux... » Nous communiâmes après la messe de six heures. Quand le prêtre, le ciboire à la main, récita les paroles : « Aie pitié de moi comme du brigand que tu as sauvé... » — presque tous les forçats se prosternèrent en faisant sonner leurs chaînes, je crois qu'ils prenaient à la lettre ces mots pour eux-mêmes.

La semaine sainte arriva. L'administration nous délivra un œuf de Pâques et un morceau de pain de farine de froment.

La ville nous combla d'aumônes. Comme à Noël, visite du prêtre avec la croix, visite des chefs, les choux gras, et aussi l'enivrement et la flânerie générale, avec cette seule différence que l'on pouvait déjà se promener dans la cour et se chauffer au soleil. Tout semblait plus clair, plus large qu'en hiver, mais plus triste aussi. Le long jour d'été sans fin paraissait plus particulièrement insupportable les jours de fête. Les jours ouvriers, au moins, la fatigue le rendait plus court.

Les travaux d'été étaient sans comparaison beaucoup plus

pénibles que les travaux d'hiver ; on s'occupait surtout des constructions ordonnées par les ingénieurs. Les forçats bâtissaient, creusaient la terre, posaient des briques, ou bien vaquaient aux réparations des bâtiments de l'État, en ce qui concernait les ouvrages de serrurerie, menuiserie et peinture. D'autres allaient à la briqueterie cuire des briques, ce que nous regardions comme la corvée la plus pénible ; cette fabrique se trouvait à quatre verstes environ de la forteresse ; pendant tout l'été on y envoyait chaque matin à six heures une bande de forçats, au nombre de cinquante. On choisissait de préférence les ouvriers qui ne connaissaient aucun métier et qui n'appartenaient à aucun atelier. Ils prenaient avec eux leur pain de la journée ; à cause de la grande distance, ils ne pouvaient revenir dîner en même temps que les autres, ni faire huit verstes inutiles ; ils mangeaient le soir, quand ils rentraient à la maison de force. On leur donnait des tâches pour toute la journée, mais si considérables que c'était à peine si un homme pouvait en venir à bout. Il fallait d'abord bêcher et emporter l'argile, l'humecter et la piétiner soi-même dans la fosse, et enfin faire une quantité respectable de briques, deux cents, voire même deux cent cinquante. Je n'ai été que deux fois à la briqueterie. Les forçats envoyés à ce travail revenaient le soir harassés, et ne cessaient de reprocher aux autres de leur laisser le travail le plus pénible. Je crois que ces reproches leur étaient un plaisir, une consolation. Quelques-uns avaient du goût pour cette corvée, d'abord parce qu'il fallait aller hors de la ville, au bord de l'Irtych, dans un endroit découvert, commode ; les alentours étaient plus agréables à voir que ces affreux bâtiments de l'État. On pouvait y fumer en toute liberté, rester même couché une demi-heure avec la plus grande satisfaction !

Quant à moi, j'allais ou travailler dans un atelier, ou concasser de l'albâtre, ou porter les briques que l'on employait pour les constructions. Cette dernière besogne m'échut pendant deux mois de suite. Je devais transporter ma charge de briques des bords de l'Irtych à une distance de cent quarante mètres environ, et traverser le fossé de la forteresse avant d'arriver à la caserne que l'on construisait. Ce travail me convenait fort, bien que la corde avec laquelle je portais mes briques me sciât les épaules; ce qui me plaisait surtout, c'est que mes forces se développaient sensiblement. Tout d'abord je ne pouvais porter que huit briques à la fois; chacune d'elles pesait environ douze livres. J'arrivai à en porter douze et même quinze, ce qui me réjouit beaucoup. Il ne me fallait pas moins de force physique que de force morale pour supporter toutes les incommodités de cette vie maudite.

Et je voulais vivre encore, après ma sortie du bagne!

Je trouvais du plaisir à porter des briques, non-seulement parce que ce travail fortifiait mon corps, mais parce que nous étions toujours au bord de l'Irtych. Je parle souvent de cet endroit; c'était le seul d'où l'on vît le monde du bon Dieu, le lointain pur et clair, les libres steppes désertes, dont la nudité produisait toujours sur moi une impression étrange. Tous les autres chantiers étaient dans la forteresse ou aux environs, et cette forteresse, dès les premiers jours, je l'eus en haine, surtout les bâtiments. La maison du major de place me semblait un lieu maudit, repoussant, et je la regardais toujours avec une haine particulière quand je passais devant, tandis que sur la rive, on pouvait au moins s'oublier en regardant cet espace immense et désert, comme un prisonnier s'oublie à regarder le monde libre par la lucarne grillée de sa prison. Tout m'était cher et gracieux dans cet endroit : et le soleil, brillant dans l'infini du ciel bleu, et la chanson lointaine des Kirghiz qui venait de la rive opposée.

Je fixe longtemps la pauvre hutte enfumée d'un *baïyouch* quelconque; j'examine la fumée bleuâtre qui se déroule dans l'air, la Kirghize qui s'occupe de ses deux moutons...

Ce spectacle était sauvage, pauvre, mais libre. Je suis de l'œil le vol d'un oiseau qui file dans l'air transparent et pur ; il effleure l'eau, il disparaît dans l'azur, et brusquement il reparaît, grand comme un point minuscule... Même la pauvre fleurette qui dépérit dans une crevasse de la rive et que je trouve au commencement du printemps, attire mon attention en m'attendrissant... La tristesse de cette première année de travaux forcés était intolérable, énervante. Cette angoisse m'empêcha d'abord d'observer les choses qui m'entouraient ; je fermais les yeux et je ne voulais pas voir. Entre les hommes corrompus au milieu desquels je vivais, je ne distinguais pas les gens capables de penser et de sentir, malgré leur écorce repoussante. Je ne savais pas non plus entendre et reconnaître une parole affectueuse au milieu des ironies empoisonnées qui pleuvaient, et pourtant cette parole était dite tout simplement sans but caché, elle venait du fond du cœur d'un homme qui avait souffert et supporté plus que moi. Mais à quoi bon m'étendre là-dessus ?

La grande fatigue était pour moi une source de satisfaction, car elle me faisait espérer un bon sommeil ; pendant l'été, le sommeil était un tourment, plus intolérable que l'infection de l'hiver. Il y avait, à vrai dire, de très-belles soirées. Le soleil qui ne cessait d'inonder pendant la journée la cour de la maison de force finissait par se cacher. L'air devenait plus frais, et la nuit, une nuit de la steppe devenait relativement froide. Les forçats, en attendant qu'on les enfermât dans les casernes, se promenaient par groupes, surtout du côté de la cuisine, car c'était là que se discutaient les questions d'un intérêt général, c'était là que l'on commentait les bruits du dehors, souvent absurdes, mais qui excitaient toujours l'attention de ces hommes retranchés du monde ; ainsi, on apprenait brusquement qu'on avait chassé notre major. Les forçats sont aussi crédules que des enfants ; ils savent eux-mêmes que cette nouvelle est fausse, invraisemblable, que celui qui l'a apportée est un menteur fieffé, Kvassoff; cependant ils s'attachent à ce commérage, le discutent, s'en réjouissent, se consolent, et finalement sont tout honteux de s'être laissé tromper par un Kvassoff.

— Et qui le mettra à la porte? ose un forçat, n'aie pas peur! c'est un gaillard, il tiendra bon!

— Mais pourtant il a des supérieurs! réplique un autre, ardent, qui persiste, et qui a vu du pays.

— Les loups ne se mangent pas entre eux! dit un troisième d'un air morose, comme à part soi : c'est un vieillard grisonnant qui mange sa soupe aux choux aigres dans un coin.

— Crois-tu que ses chefs viendront te demander conseil, pour savoir s'il faut le mettre à la porte ou non? ajoute un quatrième, parfaitement indifférent, en pinçant sa balalaïka.

— Et pourquoi pas? réplique le second avec emportement; si l'on vous interroge, répondez franchement. Mais non, chez nous, on crie tant qu'on veut, et sitôt qu'il faut se mettre résolûment à l'œuvre, tout le monde se dédit.

— Bien sûr! dit le joueur de balalaïka. Les travaux forcés sont faits pour cela.

— Ainsi, ces jours derniers, reprend l'autre sans même entendre ce qu'on lui répond, — il est resté un peu de farine, des raclures, une bagatelle, quoi! on voulait vendre ces rebuts; eh bien, tenez! on les lui a rapportés; il les a confisqués, par économie, vous comprenez! Est-ce juste, oui ou non?

— Mais à qui te plaindras-tu?

— A qui? Au *léviseur* (réviseur) qui va arriver.

— A quel léviseur?

— C'est vrai, camarades, un léviseur va bientôt arriver, dit un jeune forçat assez développé, qui a lu la *Duchesse de La Vallière* ou quelque autre livre dans ce genre, et qui a été fourrier dans un régiment; c'est un loustic; mais comme il a des connaissances, les forçats ont pour lui un certain respect. Sans prêter la moindre attention au débat qui agite tout le monde, il s'en va tout droit vers la *cuisinière* lui demander du foie. (Nos cuisiniers vendaient souvent des mets de ce genre; par exemple, ils achetaient un foie entier, qu'ils coupaient et vendaient au détail aux autres forçats.)

— Pour deux kopeks ou pour quatre? demande le cuisinier.

— Coupe-m'en pour quatre; les autres n'ont qu'à m'envier! répond le forçat. — Oui, camarades, un général, un vrai général arrive de Pétersbourg pour reviser toute la Sibérie. Vrai. On l'a dit chez le commandant.

La nouvelle produit une émotion extraordinaire. Pendant un quart d'heure, on se demande qui est ce général, quel titre il a, s'il est d'un rang plus élevé que les généraux de notre ville. Les forçats adorent parler grades, chefs, savoir qui a la primauté, qui peut faire plier l'échine des autres fonctionnaires et qui courbe la sienne; ils se querellent et s'injurient en l'honneur de ces généraux, il s'ensuit même quelquefois des rixes. Quel intérêt peuvent-ils bien y avoir? En entendant les forçats parler de généraux et de chefs, on mesure le degré de développement et d'intelligence de ces hommes tels qu'ils étaient dans la société, avant d'entrer au bagne. Il faut dire aussi que chez nous, parler des généraux et de l'administration supérieure est regardé comme la conversation la plus sérieuse et la plus élégante.

— Vous voyez bien qu'on vient de mettre à la porte notre major, remarque Kvassof — un tout petit homme rougeaud, emporté et borné. C'est lui qui avait annoncé que le major allait être remplacé.

— Il leur graissera la patte! fait d'une voix saccadée le vieillard morose qui a fini sa soupe aux choux aigres.

— Parbleu qu'il leur graissera la patte, fait un autre. — Il a assez volé d'argent, le brigand. Et dire qu'il a été major de bataillon avant de venir ici! il a mis du foin dans ses bottes. Il n'y a pas longtemps, il s'est fiancé à la fille de l'archiprêtre.

— Mais il ne s'est pas marié : on lui a montré la porte, ça prouve qu'il est pauvre. Un joli fiancé! il n'a rien que les habits qu'il porte : l'année dernière, à Pâques, il a perdu aux cartes tout ce qu'il avait. C'est Fedka qui me l'a dit.

— Eh, eh! camarade, moi aussi j'ai été marié, mais il ne fait pas bon se marier pour un pauvre diable; on a vite fait de prendre femme, mais le plaisir n'est pas long! remarque Skouratof qui vient se mêler à la conversation générale.

— Tu crois qu'on va s'amuser à parler de toi! fait le gars dégourdi qui a été fourrier de bataillon. — Quant à toi, Kvassof, je te dirai que tu es un grand imbécile. Si tu crois que le major peut graisser la patte à un général-réviseur, tu te trompes joliment; t'imagines-tu qu'on l'envoie de Pétersbourg spécialement pour inspecter ton major! Tu es encore fièrement benêt, mon gaillard, c'est moi qui te le dis.

— Et tu crois que parce qu'il est général il ne prend pas de pots-de-vin? remarque d'un ton sceptique quelqu'un dans la foule.

— Bien entendu! mais s'il en prend, il les prend gros.

— C'est sûr, ça monte avec le grade.

— Un général se laisse toujours graisser la patte, dit Kvassof d'un ton sentencieux.

— Leur as-tu donné de l'argent, toi, pour en parler aussi sûrement? interrompt tout à coup Baklouchine d'un ton de mépris. — As-tu même vu un général dans ta vie?

— Oui, monsieur.

— Menteur!

— Menteur toi-même!

— Eh bien, enfants, puisqu'il a vu un général, qu'il nous dise lequel il a vu! Allons, dis vite; je connais tous les généraux.

— J'ai vu le général Zibert, fait Kvassof d'un ton indécis.

— Zibert! Il n'y a pas de général de ce nom-là. Il t'a probablement regardé le dos, ce général-là, quand on te donnait les verges. Ce Zibert n'était probablement que lieutenant-colonel, mais tu avais si peur à ce moment-là que tu as cru voir un général.

— Non! écoutez-moi, crie Skouratof, — parce que je suis un homme marié. Il y avait en effet à Moscou un général de ce nom-là, Zibert, un Allemand, mais sujet russe. Il se confessait chaque année au pope des méfaits qu'il avait commis avec de petites dames, et buvait de l'eau comme un canard. Il buvait au moins quarante verres d'eau de la Moskva. Il se guérissait ainsi de je ne sais plus quelle maladie : c'est son valet de chambre qui me l'a dit.

— Eh bien! et les carpes ne lui nageaient pas dans le ventre? remarque le forçat à la balalaïka.

— Restez donc tranquilles : on parle sérieusement, et les voilà qui commencent à dire des bêtises... Quel *léviseur* arrive, camarades? s'informe un forçat toujours affairé, Martynof, vieillard qui a servi dans les hussards.

— Voilà des gens menteurs! fait un des sceptiques. Dieu sait d'où ils tiennent cette nouvelle! Tout ça, c'est des blagues.

— Non, ce ne sont pas des blagues! remarque d'un ton dogmatique Koulikof, qui a gardé jusqu'alors un silence majestueux. C'est un homme de poids, âgé de cinquante ans environ, au visage très-régulier et avec des manières superbes et méprisantes, dont il tire vanité. Il est Tsigane, vétérinaire, gagne de l'argent en ville en soignant les chevaux et vend du vin dans notre maison de force : pas bête, intelligent même, avec une mémoire très-meublée, il laisse tomber ses paroles avec autant de soin que si chaque mot valait un rouble.

— C'est vrai, continue-t-il d'un ton tranquille; je l'ai entendu dire encore la semaine dernière : c'est un général à grosses épaulettes qui va inspecter toute la Sibérie. On lui graisse la patte, c'est sûr, mais en tout cas, pas notre huit-yeux de major : il n'osera pas se faufiler près de lui, parce que, voyez-vous, camarades, il y a généraux et généraux, comme il y a fagots et fagots. Seulement, c'est moi qui vous le dis, notre major restera en place. Nous sommes sans langue, nous n'avons pas le droit de parler, et quant à nos chefs, ce ne sont pas eux qui iront le dénoncer. Le réviseur arrivera dans notre maison de force, jettera un coup d'œil et repartira tout de suite ; il dira que tout était en ordre.

— Oui, mais toujours est-il que le major a eu peur ; il est ivre depuis le matin.

— Et ce soir, il a fait emmener deux fourgons... C'est Fedka qui l'a dit.

— Vous avez beau frotter un nègre, il ne deviendra jamais blanc. Est-ce la première fois que vous le voyez ivre, hein ?

— Non ! ce sera une fière injustice si le général ne lui fait rien, disent entre eux les forçats qui s'agitent et s'émeuvent.

La nouvelle de l'arrivée du réviseur se répand dans le bagne. Les détenus rôdent dans la cour avec impatience en répétant la grande nouvelle. Les uns se taisent et conservent leur sang-froid, pour se donner un air d'importance, les autres restent indifférents. Sur le seuil des portes des forçats s'asseyent pour jouer de la balalaïka, tandis que d'autres continuent à bavarder. Des groupes chantent en traînant, mais en général la cour entière est houleuse et excitée.

Vers neuf heures on nous compta, on nous parqua dans les casernes, que l'on ferma pour la nuit. C'était une courte nuit d'été ; aussi nous réveillait-on à cinq heures du matin, et pourtant personne ne parvenait à s'endormir avant onze heures du soir, parce que jusqu'à ce moment les conversations, le va-et-vient ne cessaient pas ; il s'organisait aussi quelquefois des parties de cartes comme pendant l'hiver. La chaleur était intolérable, étouffante. La fenêtre ouverte laisse bien entrer la fraîcheur de la nuit, mais les forçats ne font que s'agiter sur leurs lits de bois, comme dans un délire. Les puces pullulent. Nous en avions suffisamment l'hiver ; mais quand venait le printemps, elles se multipliaient dans des proportions si inquiétantes, que je n'y pouvais croire avant d'en souffrir moi-même. Et plus l'été s'avançait, plus elles devenaient mauvaises. On peut s'habituer aux puces, je l'ai observé, mais c'est tout de même un tourment si insupportable qu'il donne la fièvre ; on sent parfaitement dans son sommeil qu'on ne dort pas, mais qu'on délire. Enfin, vers le matin, quand l'ennemi se fatigue et qu'on s'endort délicieusement dans la fraîcheur de l'aube, l'impitoyable diane retentit tout à coup. On écoute en les maudissant les coups redoublés et distincts des baguettes, on se blottit dans sa demi-pelisse, et involontairement l'idée vous vient qu'il en sera de même demain, après-demain, pendant plusieurs années de suite, jusqu'au moment où l'on vous mettra en liberté. Quand viendra-t-elle, cette liberté ? où est-elle ? Il faut se lever, on marche autour de vous, le tapage habituel recommence... Les forçats s'habillent, se hâtent d'aller au travail. On pourra, il est vrai, dormir encore une heure à midi !

Ce qu'on avait dit du réviseur n'était que la pure vérité. Les bruits se confirmaient de jour en jour, enfin on sut qu'un général, un haut fonctionnaire, arrivait de Pétersbourg pour inspecter toute la Sibérie, qu'il était déjà à Tobolsk. On apprenait chaque jour quelque chose de nouveau : ces rumeurs venaient de la ville : on racontait que tout le monde avait peur, chacun faisait ses préparatifs pour se montrer sous le meilleur jour possible. Les autorités organisaient des réceptions, des bals, des fêtes de toutes sortes. On envoya des bandes de forçats égaliser les rues de la forteresse, arracher les mottes de terre, peindre les haies et les poteaux, plâtrer, badigeonner, réparer tout ce qui se voyait et sautait aux yeux. Nos détenus comprenaient parfaitement le but de ce travail, et leurs discussions s'animaient toujours plus ardentes et plus fougueuses. Leur fantaisie ne connaissait plus de limites. Ils s'apprêtaient même à manifester des exigences quand le général arriverait, ce qui ne les empêchait nullement de s'injurier et de se quereller. Notre major était sur des charbons ardents. Il venait continuellement visiter la maison de force, criait et se jetait encore plus souvent qu'à l'ordinaire sur les gens, les envoyait pour un rien au corps de garde attendre une punition et veillait sévèrement à la propreté et à la bonne tenue des casernes. A ce moment arriva une petite histoire, qui n'émut pas le moins du monde cet officier, comme on aurait pu s'y attendre, qui lui causa, au contraire, une vive satisfaction. Un forçat en frappa un autre avec une alène en pleine poitrine, presque droit au cœur.

Le délinquant s'appelait Lomof; la victime portait dans notre maison de force le nom de Gavrilka : c'était un des vagabonds endurcis dont j'ai parlé plus haut; je ne sais pas s'il avait un autre nom, je ne lui en ai jamais connu d'autre que celui de Gavrilka.

Lomof avait été un paysan aisé du gouvernement de T..., district de K... Ils étaient cinq, qui vivaient ensemble : les deux frères Lomof et trois fils. C'étaient de riches paysans, on disait dans tout le gouvernement qu'ils avaient plus de trois cent mille roubles assignats. Ils labouraient et corroyaient des peaux, mais s'occupaient surtout d'usure, de recéler les vagabonds et les objets volés, enfin d'un tas de jolies choses. La moitié des paysans du district leur devait de l'argent et se trouvait ainsi entre leurs griffes. Ils passaient pour être intelligents et rusés, ils prenaient de très-grands airs. Un grand personnage de leur contrée s'étant arrêté chez le père, ce fonctionnaire l'avait pris en affection à cause de sa hardiesse et de sa rouerie. Ils s'imaginèrent alors qu'ils pouvaient faire ce que bon leur semblait et s'engagèrent de plus en plus dans des entreprises illégales. Tout le monde murmurait contre eux, on désirait les voir disparaître à cent pieds sous terre, mais leur audace allait croissant. Les maîtres de police du district, les assesseurs des tribunaux ne leur faisaient plus peur. Enfin la chance les trahit; ils furent perdus non pas par leurs crimes secrets, mais par une accusation calomnieuse et mensongère. Ils possédaient à dix verstes de leur hameau une ferme, où vivaient pendant l'automne six ouvriers kirghizes, qu'ils avaient réduit en servitude depuis longtemps. Un beau jour, ces Kirghizes furent trouvés assassinés. On commença une enquête qui dura longtemps, et grâce à laquelle on découvrit une foule de choses fort vilaines. Les Lomof furent accusés d'avoir assassiné leurs ouvriers. Ils avaient raconté eux-mêmes leur histoire, connue de tout le bagne : on les soupçonnait de devoir beaucoup d'argent aux Kirghizes, et comme ils étaient très-avares et avides, malgré leur grande fortune, on crut qu'ils avaient assassinés les six Kirghizes afin de ne pas payer leur dette. Pendant l'enquête et le jugement leur bien fondit et se dissipa. Le père mourut ; les fils furent déportés : un de ces derniers et leur oncle se virent condamner à quinze ans de travaux forcés ; ils étaient parfaitement innocents du crime qu'on leur imputait. Un beau jour, Gavrilka, un fripon fieffé, connu aussi comme vagabond, mais très-gai et très-vif, s'avoua l'auteur de ce crime. Je ne sais pas au fond s'il avait fait lui-même l'aveu, mais toujours est-il que les forçats le tenaient pour l'assassin des Kirghizes : ce Gavrilka, alors qu'il vagabondait encore, avait eu une affaire avec les Lomof. (Il n'était incarcéré dans notre maison de force que pour un laps de temps très-court, en qualité de soldat déserteur et de vagabond.) Il avait égorgé les Kirghizes avec trois autres rôdeurs, dans l'espérance de se refaire quelque peu par le pillage de la ferme.

On n'aimait pas les Lomof chez nous, je ne sais trop pourquoi. L'un d'eux, le neveu, était un rude gaillard, intelligent et d'humeur sociable; mais son oncle, celui qui avait frappé Gavrilka avec une alêne, paysan stupide et emporté, se querellait continuellement avec les forçats, qui le battaient comme plâtre. Toute la maison de force aimait Gavrilka, à cause de son caractère gai et facile. Les Lomof n'ignoraient pas qu'il était l'auteur du crime pour lequel ils avaient été condamnés, mais jamais ils ne s'étaient disputés avec lui; Gavrilka ne faisait aucune attention à eux. La rixe avait commencé à cause d'une fille dégoûtante, qu'il disputait à l'oncle Lomof : il s'était vanté de la condescendance qu'elle lui avait montrée; le paysan, affolé de jalousie, avait fini par lui planter une alêne dans la poitrine.

Bien que les Lomof eussent été ruinés par le jugement qui leur avait enlevé tous leurs biens, ils passaient dans le bagne pour très-riches; ils avaient de l'argent, un samovar, et buvaient du thé. Notre major ne l'ignorait pas et haïssait les deux Lomof, il ne leur épargnait aucune vexation. Les victimes de cette haine l'expliquaient par le désir qu'avait le major de se faire graisser la patte, mais ils ne voulaient pas s'y résoudre.

Si l'oncle Lomof avait enfoncé d'une ligne plus avant son alêne dans la poitrine de Gavrilka, il l'aurait certainement tué, mais il ne réussit qu'à lui faire une égratignure. On rapporta l'affaire au major. Je le vois encore arriver tout essoufflé, mais avec une satisfaction visible. Il s'adressa à Gavrilka d'un ton affable et paternel, comme s'il eût parlé à son fils.

— Eh bien, mon ami, peux-tu aller toi-même à l'hôpital ou faut-il qu'on t'y mène? Non, je crois qu'il vaut mieux faire atteler un cheval. Qu'on attelle immédiatement! cria-t-il au sous-officier d'une voix haletante.

— Mais je ne sens rien, Votre Haute Noblesse. Il ne m'a que légèrement piqué là, Votre Haute Noblesse.

— Tu ne sais pas, mon cher ami, tu ne sais pas; tu verras... C'est à une mauvaise place qu'il t'a frappé. Tout dépend de la place... Il t'a atteint juste au-dessous du cœur, le brigand! Attends, attends! hurla-t-il en s'adressant à Lomof. — Je te la garde bonne!... Qu'on le conduise au corps de garde!

Il tint ce qu'il avait promis. On mit en jugement Lomof, et quoique la blessure fût très-légère, la préméditation étant évidente, on augmenta sa condamnation aux travaux forcés de plusieurs années et on lui infligea un millier de baguettes. Le major fut enchanté...

Le réviseur arriva enfin.

Le lendemain de son arrivée en ville, il vint faire son inspection à la maison de force. C'était justement un jour de fête; depuis quelques jours tout était propre, luisant, minutieusement lavé; les forçats étaient rasés de frais, leur linge très-blanc n'avait pas la moindre tache. (Comme l'exigeait le règlement, ils portaient pendant l'été des vestes et des pantalons de toile. Chacun d'eux avait dans le dos un rond noir cousu à la veste, de huit centimètres de diamètre.) Pendant une heure on avait fait la leçon aux détenus, ce qu'ils devaient répondre et dans quels termes, si ce haut fonctionnaire s'avisait de les saluer. On avait même procédé à des répétitions; le major semblait avoir perdu la tête. Une heure avant l'arrivée du réviseur, tous les forçats étaient à leur poste, immobiles comme des statues, le petit doigt à la couture du pantalon. Enfin, vers une heure de l'après-midi, le réviseur fit son entrée. C'était un général à l'air important, si important même que le cœur de tous les fonctionnaires de la Sibérie occidentale devait tressauter d'effroi, rien qu'à le voir. Il entra d'un air sévère et majestueux, suivi d'un gros de généraux et de colonels, ceux qui remplissaient des fonctions dans notre ville. Il y avait encore un civil de haute taille, à figure régulière, en frac et en souliers; ce personnage gardait une allure indépendante et dégagée, et le général s'adressait à lui à chaque instant avec une politesse exquise. Ce civil venait aussi de Pétersbourg. Il intrigua fort tous les forçats, à cause de la déférence qu'avait pour lui un général si important! On apprit son nom et ses fonctions par la suite, mais avant de les connaître, on parla beaucoup de lui. Notre major, tiré à quatre épingles, en collet orange, ne fit pas une impression trop favorable au général, à cause de ses yeux injectés de sang et de sa figure violacée et couperosée. Par respect pour son supérieur, il avait enlevé ses lunettes et restait à quelque distance, droit comme un piquet, attendant fiévreusement le moment où l'on exigerait quelque chose de lui, pour courir exécuter le désir de Son Excellence; mais le besoin de ses services ne se fit pas sentir. Le général parcourut silencieusement les casernes, jeta un coup d'œil dans la cuisine, où il goûta la soupe aux choux aigres. On me montra à lui, en lui disant que j'étais ex-gentilhomme, que j'avais fait ceci et cela.

— Ah! répondit le général. — Et quelle est sa conduite?

— Satisfaisante pour le moment, Votre Excellence, satisfaisante.

Le général fit un signe de tête et sortit de la maison de force au bout de deux minutes. Les forçats furent éblouis et désappointés, ils demeurèrent perplexes. Quant à se plaindre du major, il ne fallait pas même y penser. Celui-ci était rassuré d'avance à cet égard.

VI

LES ANIMAUX DE LA MAISON DE FORCE.

L'achat de Gniédko (cheval bai), qui eut lieu peu de temps après, fut une distraction beaucoup plus agréable et plus intéressante pour les forçats que la visite du haut personnage dont je viens de parler. Nous avions besoin d'un cheval dans le bagne pour transporter l'eau, pour emmener les ordures, etc. Un forçat devait s'en occuper, et le conduisait, — sous escorte, bien entendu. — Notre cheval avait passablement à faire matin et soir; c'était une bonne bête, mais déjà usée, car il servait depuis longtemps. Un beau matin, la veille de la Saint-Pierre, Gniédko (Bai), qui amenait un tonneau d'eau, s'abattit et creva au bout de quelques instants. On le regretta fort; aussi tous les forçats se rassemblèrent autour de lui pour discuter et commenter sa mort. Ceux qui avaient servi dans la cavalerie, les Tsiganes, les vétérinaires et autres prouvèrent une connaissance approfondie des chevaux en général, et se querellèrent à ce sujet; tout cela ne ressuscita pas notre cheval bai, qui était étendu mort, le ventre boursouflé; chacun croyait de son devoir de le tâter du doigt; on informa enfin le major de l'accident arrivé par la volonté de Dieu; il décida d'en faire acheter immédiatement un autre.

Le jour de la Saint-Pierre, de bon matin, après la messe, quand tous les forçats furent réunis, on amena des chevaux pour les vendre. Le soin de choisir un cheval était confié aux détenus, car il y avait parmi eux de vrais connaisseurs, et il aurait été difficile de tromper deux cent cinquante hommes dont le maquignonnage avait été la spécialité. Il arriva des Tsiganes, des Kirghizes, des maquignons, des bourgeois. Les forçats attendaient avec impatience l'apparition de chaque nouveau cheval, et se sentaient gais comme des enfants. Ce qui les flattait surtout, c'est qu'ils pouvaient acheter une bête comme des gens libres, comme pour *eux*, comme si l'argent sortait de *leur* poche. On amena et emmena trois chevaux avant qu'on eût fini de s'entendre sur l'achat du quatrième. Les maquignons regardaient avec étonnement et une certaine timidité les soldats d'escorte qui les accompagnaient. Deux cents hommes rasés, marqués au fer, avec des chaînes aux pieds, étaient bien faits pour inspirer une sorte de respect, d'autant plus qu'ils étaient chez eux, dans leur nid de forçats, où personne ne pénétrait jamais. Les nôtres étaient inépuisables en ruses qui devaient leur faire connaître la valeur du cheval qu'on venait de leur amener; ils l'examinaient, le tâtaient avec un air affairé, sérieux, comme si la prospérité de la maison de force eût dépendu de l'achat de cette bête. Les Circassiens sautèrent même sur sa croupe; leurs yeux brillaient, ils babillaient rapidement dans leur dialecte incompréhensible, en montrant leurs dents blanches et en faisant mouvoir les narines dilatées de leurs nez basanés et crochus. Il y avait des Russes qui prêtaient une vive attention à leur discussion, et semblaient prêts à leur sauter aux yeux; ils ne comprenaient pas les paroles que leurs camarades échangeaient, mais on voyait qu'ils auraient voulu deviner par l'expression des yeux, savoir si le cheval était bon ou non. Qu'importait à un forçat, et surtout à un forçat hébété et dompté, qui n'aurait pas même osé prononcer un mot devant ses autres camarades, que l'on achetât un cheval ou un autre, comme s'il l'eût acquis pour son compte, comme s'il ne lui était pas indifférent qu'on choisît celui-là ou un autre? Outre les Circassiens, ceux des condamnés auxquels on accordait de préférence les premières places et la parole étaient les Tsiganes et les ex-maquignons. Il y eut une espèce de duel entre deux forçats — le Tsigane Koulikof, ancien maquignon et voleur de chevaux, et un vétérinaire par vocation, rusé paysan sibérien qui avait été envoyé depuis peu de temps aux travaux forcés et qui avait réussi à enlever à Koulikof toutes ses pratiques en ville. — Il faut dire que l'on prisait fort les vétérinaires sans diplôme de la prison, et que non-seulement les bourgeois et les marchands, mais les hauts fonctionnaires de la ville s'adressaient à eux quand leurs chevaux tombaient malades, de préférence à plusieurs vétérinaires patentés. Jusqu'à l'arrivée de Iolkine, le paysan sibérien, Koulikof avait eu force clients dont il recevait des preuves sonnantes de reconnaissance : on ne lui connaissait pas de rival. Il agissait en vrai Tsigane, dupait et trompait, car il ne savait pas son métier aussi bien qu'il s'en vantait. Ses revenus avaient fait de lui une espèce d'aristocrate parmi les forçats de notre prison : on l'écoutait et on lui obéissait, mais il parlait peu, et ne se prononçait que dans les grandes occasions. C'était un fanfaron, mais qui disposait d'une énergie réelle : il était d'âge mûr, très-beau et surtout très-intelligent. Il nous parlait, à nous autres gentilshommes, avec une politesse exquise, tout en conservant une dignité parfaite. Je suis sûr que si on l'avait habillé convenablement et amené dans un club de capitale sous le titre de comte, il aurait tenu son rang, joué au whist, et parlé à ravir en homme de poids, qui sait se taire quand il faut : de toute la soirée personne n'eût deviné que ce comte était un simple vagabond. Il avait probablement beaucoup vu ; quant à son passé, il nous était parfaitement inconnu — il faisait partie de la section particulière. — Sitôt que Iolkine, — simple paysan vieux-croyant, mais rusé comme le plus rusé moujik, — fut arrivé, la gloire vétérinaire de Koulikof pâlit sensiblement. En moins de deux mois, le Sibérien lui enleva presque tous ses clients de la ville, car il guérissait en très-peu de temps des chevaux que Koulikof avait déclarés incurables, et dont les vétérinaires patentés avaient abandonné la cure. Ce paysan avait été condamné aux travaux forcés pour avoir fabriqué de la fausse monnaie. Quelle mouche l'avait piqué de se mêler d'une pareille industrie ? Il nous raconta lui-même en se moquant comment il leur fallait trois pièces d'or authentiques pour en faire une fausse. Koulikof était quelque peu offusqué des succès du paysan, tandis que sa gloire déclinait rapidement. Lui qui avait eu jusqu'alors une maîtresse dans le faubourg, qui portait une camisole de peluche, des bottes à revers, il fut subitement obligé de se faire cabaretier ; aussi tout le monde s'attendait à une bonne querelle lors de l'achat du nouveau cheval. La curiosité était excitée, chacun d'eux avait ses partisans; les plus ardents s'agitaient et échangeaient déjà des injures. Le visage rusé de Iolkine était contracté par un sourire sarcastique; mais il en fut autrement que l'on ne pensait : Koulikof n'avait nulle envie de disputer, il agit très-habilement sans en venir là. Il céla tout d'abord, écouta avec déférence les avis critiques de son rival, mais l'attrapa sur un mot, lui faisant remarquer d'un air modeste et ferme qu'il se trompait. Avant que Iolkine eût eu le temps de se reprendre et de se raviser, son rival lui démontra qu'il avait commis une erreur. En un mot, Iolkine fut battu à plate couture, d'une façon inattendue et très-habile, si bien que le parti de Koulikof resta satisfait.

— Eh! non, enfants, il n'y a pas à dire, on ne le prend pas en défaut, il sait ce qu'il fait; eh! eh! disaient les uns.

— Iolkine en sait plus long que lui! faisaient remarquer les autres, mais d'un ton conciliant. Les deux partis étaient prêts à faire des concessions.

— Et puis, outre qu'il en sait autant que l'autre, il a la main plus légère... Oh! pour tout ce qui concerne le bétail, Koulikof ne craint personne.

— Lui non plus.

— Il n'a pas son pareil.

On choisit enfin le nouveau cheval, qui fut acheté. C'était un hongre excellent, jeune, vigoureux, d'apparence agréable. Une bête irréprochable sous tous les points de vue. On commença à marchander : le propriétaire demandait trente roubles, les forçats ne voulaient en donner que vingt-cinq. On marchanda longtemps et avec chaleur, en ajoutant et en cédant de part et d'autre. Finalement, les forçats se mirent eux-mêmes à rire.

— Est-ce que tu prends l'argent de ta propre bourse? disaient les uns, à quoi bon marchander?

— As-tu envie de faire des économies pour le trésor? criaient les autres.

— Mais tout de même, camarades, c'est de l'argent commun.

— Commun! On voit bien qu'on ne sème pas les imbéciles, mais qu'ils naissent tout seuls!

Enfin l'affaire se conclut pour vingt-huit roubles; on fit le rapport au major, qui autorisa l'achat. On apporta immédiatement du pain et du sel, et l'on conduisit triomphalement le nouveau pensionnaire à la maison de force. Il n'y eut pas de forçat, je crois, qui ne lui flattât le cou ou ne lui caressât le museau. Le jour même de son acquisition, on lui fit amener de l'eau: tous les détenus le regardaient avec curiosité traîner son tonneau. Notre porteur d'eau, le forçat Romane, regardait sa bête avec une satisfaction béate. Cet ex-paysan, âgé de cinquante ans environ, était sérieux et taciturne comme presque tous les cochers russes, comme si vraiment le commerce constant des chevaux donnait de la gravité et du sérieux au caractère. Romane était calme, affable avec tout le monde, peu parleur; il prisait du tabac qu'il tenait dans une tabatière; depuis des temps immémoriaux, il avait eu affaire aux chevaux de la maison de force; celui qu'on venait d'acheter était le troisième qu'il soignait depuis qu'il était au bagne.

La place de cocher revenait de droit à Romane, et personne n'aurait eu l'idée de lui contester ce droit. Quand Bai creva, personne ne songea à accuser Romane d'imprudence, pas même le major: c'était la volonté de Dieu, tout simplement; quant à Romane, c'était un bon cocher. Le cheval bai devint bientôt le favori de la maison de force; tout insensibles que fussent nos forçats, ils venaient souvent le caresser. Quelquefois, quand Romane, de retour de la rivière, fermait la grande porte que venait de lui ouvrir le sous-officier, Gniedko restait immobile à attendre son conducteur, qu'il regardait de côté. — « Va tout seul! »

ui criait Romano, — et Gniedko s'en allait tranquillement jusqu'à la cuisine où il s'arrêtait, attendant que les cuisiniers et les garçons de chambre vinssent puiser l'eau avec des seaux. — « Quel gaillard que notre Gniedko ! lui criait-on, il a amené tout seul son tonneau ! Il obéit, que c'est un vrai plaisir !... »

— C'est vrai ! ce n'est qu'un animal, et il comprend ce qu'on lui dit.

— Un crâne cheval que Gniedko !

Le cheval secouait alors la tête et s'ébrouait comme s'il eût entendu et apprécié les louanges ; quelqu'un lui apportait du pain et du sel ; quand il avait fini, il secouait de nouveau sa tête comme pour dire : — Je te connais, je te connais ! je suis un bon cheval, et tu es un brave homme !

J'aimais aussi à régaler Gniedko de pain. Je trouvais du plaisir à regarder son joli museau et à sentir dans la paume de ma main ses lèvres chaudes et molles, qui happaient avidement mon offrande.

Nos forçats aimaient les animaux, et si on le leur avait permis, ils auraient peuplé les casernes d'oiseaux et d'animaux domestiques.

Quelle occupation pourrait mieux ennoblir et adoucir le caractère sauvage des détenus? Mais on ne l'autorisait pas. Ni le règlement, ni l'espace ne le permettaient.

Pourtant, de mon temps, quelques animaux s'étaient établis à la maison de force. Outre Gniedko, nous avions des chiens, des oies, un bouc, Vaska, et un aigle, qui ne resta que quelque temps.

Notre chien était, comme je l'ai dit auparavant, Boulot; une bonne bête intelligente, avec laquelle j'étais en amitié ; mais comme le peuple tient le chien pour un animal impur, auquel il ne faut pas faire attention, personne ne le regardait. Il demeurait dans la maison de force, dormait dans la cour, mangeait les débris de la cuisine et n'excitait en aucune façon la sympathie des forçats qu'il connaissait tous pourtant et qu'il regardait comme ses maîtres. Quand les hommes de corvée revenaient du travail, au cri de « Caporal! » il accourait vers la grande porte, et accueillait gaiement la bande en frétillant de la queue, en regardant chacun des arrivants dans les yeux, comme s'il en attendait quelque caresse; mais pendant plusieurs années ses façons engageantes furent inutiles; personne, excepté moi, ne le caressait; aussi me préférait-il à tout le monde. Je ne sais plus de quelle façon nous acquîmes un autre chien, Blanchet. Quant au troisième, Koultiapka, je l'apportai moi-même à la maison de force encore tout petit.

Notre Blanchet était une étrange créature. Un télègue l'avait écrasé et lui avait courbé l'épine dorsale en dedans. A qui le voyait courir de loin, il semblait que ce fussent deux chiens jumeaux qui seraient nés joints ensemble. Il était en outre galeux, avec des yeux chassieux, une queue dépoilue pendante entre les jambes.

Maltraité par le sort, il avait résolu de rester impassible en toute occasion; aussi n'aboyait-il contre personne, comme s'il avait eu peur de se voir abîmer de nouveau. Il restait presque toujours derrière les casernes, et si quelqu'un s'approchait de lui, il se roulait aussitôt sur le dos comme pour dire : « Fais de moi ce que tu voudras, je ne pense nullement à te résister. » Et chaque forçat, quand il faisait la culbute, lui donnait un coup de botte en passant, comme par devoir. « Ouh! la sale bête! » Mais Blanchet n'osait même pas gémir, et s'il souffrait par trop, il poussait un glapissement sourd et étouffé. Il faisait aussi la culbute devant Boulot ou tout autre chien, quand il venait chercher fortune aux cuisines. Il s'allongeait à terre quand un mâtin se jetait sur lui en aboyant. Les chiens aiment l'humilité et la soumission chez leurs semblables; aussi la bête furieuse s'apaisait tout de suite et restait en arrêt, réfléchie, devant l'humble suppliant étendu devant elle, puis lui flairait curieusement toutes les parties du corps.

Que pouvait bien penser en ce moment Blanchet, tout frissonnant de peur? « Ce brigand-là me mordra-t-il? » devait-il se demander. Une fois qu'il l'avait flairé, le mâtin l'abandonnait aussitôt, n'ayant probablement rien découvert en lui de curieux. Blanchet sautait immédiatement sur ses pattes et se mettait à suivre une longue bande de ses congénères qui donnaient la chasse à une Ioutchka quelconque.

Blanchet savait fort bien que jamais cette Ioutchka ne s'abaisserait jusqu'à lui, qu'elle était bien trop fière pour cela, mais boiter de loin à sa suite le consolait quelque peu de ses malheurs. Quant à l'honnêteté, il n'en avait plus qu'une notion très-vague; ayant perdu toute espérance pour l'avenir, il n'avait d'autre ambition que celle d'avoir le ventre plein, et il en faisait montre avec cynisme. J'essayai une fois de le caresser. Ce fut là pour lui une nouveauté si inattendue qu'il s'affaissa à terre, allongé sur ses quatre pattes, et frissonna de plaisir en poussant un jappement. Comme j'en avais pitié, je le caressais souvent; aussi, dès qu'il me voyait, il se mettait à japper d'un ton plaintif et larmoyant du plus loin qu'il m'apercevait. Il creva derrière la maison de force, dans le fossé, déchiré par d'autres chiens.

Koultiapka était d'un tout autre caractère. Je ne sais pas pourquoi je l'avais apporté d'un des chantiers, où il venait de naître; je trouvais du plaisir à le nourrir et à le voir grandir. Boulot prit aussitôt Koultiapka sous sa protection et dormit avec lui. Quand le jeune chien grandit, il eut pour lui des faiblesses, il lui permettait de lui mordre les oreilles, de le tirer par le poil; il jouait avec lui comme les chiens adultes jouent avec les jeunes chiens. Ce qu'il y a de remarquable, c'est que Koultiapka ne grandissait nullement en hauteur, mais seulement en largeur et en longueur : il avait un poil touffu, de la couleur de celui d'une souris; une de ses oreilles pendait, tandis que l'autre restait droite. De caractère ardent et enthousiaste, comme tous les jeunes chiens, qui jappent de plaisir en voyant leur maître et lui sautent au visage pour le lécher, il ne dissimulait pas ses autres sentiments. « Pourvu que la joie soit remarquée, les convenances peuvent aller au diable! » se disait-il. Où que je fusse, au seul appel de : « Koultiapka! » il sortait brusquement d'un coin quelconque, de dessous terre, et accourait vers moi, dans son enthousiasme tapageur, en roulant comme une boule et faisant la culbute. J'aimais beaucoup ce petit monstre : il semblait que la destinée ne lui eût réservé que contentement et joie dans ce bas monde, mais un beau jour le forçat Neoustroïef, qui fabriquait des chaussures de femmes et préparait des peaux, le remarqua : quelque chose l'avait évidemment frappé, car il appela Koultiapka, tâta son poil et le renversa amicalement à terre. Le chien, qui ne se doutait de rien, aboyait de plaisir, mais le lendemain il avait disparu. Je le cherchai longtemps, mais en vain; enfin, au bout de deux semaines, tout s'expliqua. Le manteau de Koultiapka avait séduit Neoustroïef, qui l'avait écorché pour coudre avec sa peau des bottines de velours fourrées, commandées par la jeune femme d'un auditeur. Il me les montra quand elles furent achevées : le poil de l'intérieur était magnifique. Pauvre Koultiapka!

Beaucoup de forçats s'occupaient de corroyage, et amenaient souvent avec eux à la maison de force des chiens à joli poil qui disparaissaient immédiatement. On les volait ou on les achetait. Je me rappelle qu'un jour, je vis deux forçats derrière les cuisines, en train de se consulter et de discuter. L'un d'eux tenait en laisse un très-beau chien noir de race excellente. Un chenapan de laquais l'avait enlevé à son maître et vendu à nos cordonniers pour trente kopeks. Ils s'apprêtaient à le pendre : cette opération était fort aisée, on enlevait la peau et l'on jetait le cadavre dans une fosse d'aisances, qui se trouvait dans le coin le plus éloigné de la cour, et qui répandait une puanteur horrible pendant les grosses chaleurs de l'été, car on ne la curait que rarement. Je crois que la pauvre bête comprenait le sort qui lui était réservé. Elle nous regardait d'un air inquiet et scrutateur les uns après les autres ; de temps à autre seulement, elle osait remuer sa queue touffue qui lui pendait entre les jambes, comme pour nous attendrir par la confiance qu'elle nous montrait. Je me hâtai de quitter les forçats, qui terminèrent leur opération sans encombre.

Quant aux oies de notre maison de force, elles s'y étaient établies par hasard. Qui les soignait? A qui appartenaient-elles? je l'ignore ; toujours est-il qu'elles divertissaient nos forçats, et qu'elles acquirent une certaine renommée en ville. Elles étaient nées à la maison de force et avaient pour quartier général la cuisine, d'où elles sortaient en bandes au moment où les forçats allaient aux travaux. Dès que le tambour roulait et que les détenus se massaient vers la grande porte, les oies couraient après eux en jacassant et battant des ailes, puis sautaient l'une après l'autre par-dessus le seuil élevé de la poterne ; pendant que les forçats travaillaient, elles picoraient à une petite distance d'eux. Aussitôt que ceux-ci s'en revenaient à la maison de force, elles se joignaient de nouveau au convoi. « Tiens, voilà les détenus qui passent avec leurs oies! » disaient les passants. « Comment leur avez-vous enseigné à vous suivre ? » nous demandait quelqu'un. « Voici de l'argent pour vos oies! » faisait un autre en mettant la main à la poche. Malgré tout leur dévouement, on les égorgea en l'honneur de je ne sais plus quelle fin de carême.

Personne ne se serait décidé à tuer notre bouc Vaska sans une circonstance particulière. Je ne sais pas comment il se trouvait dans notre prison, ni qui l'avait apporté : c'était un cabri blanc et très-joli. Au bout de quelques jours, tout le monde l'avait pris en affection, il était devenu un sujet de divertissement et de consolation. Comme il fallait un prétexte pour le garder à la maison de force, on assura qu'il était indispensable d'avoir un bouc à l'écurie [1] ce n'était pourtant point là qu'il demeurait, mais bien à la cuisine; et finalement il se trouva chez lui partout dans la prison. Ce gracieux animal était d'humeur folâtre, il sautait sur les tables, luttait avec les forçats, accourait quand on l'appelait, toujours gai et amusant. Un soir, le Lesghine Babaï, qui était assis sur le perron de la caserne au milieu d'une foule d'autres détenus, s'avisa de lutter avec Vaska, dont les cornes étaient passablement longues. Ils heurtèrent longtemps leurs fronts l'un contre l'autre, — ce qui était l'amusement favori des forçats; — tout à coup Vaska sauta sur la marche la plus élevée du perron, et dès que Babaï se fut garé, il se leva brusquement sur ses pattes de derrière, ramena ses sabots contre son corps et frappa le Lesghine à la nuque de toutes ses forces, tant et si bien que celui-ci culbuta du perron, à la grande joie de tous les assistants et de Babaï lui-même. En un mot, nous adorions notre Vaska. Quand il atteignit l'âge de puberté, on lui fit subir, après une conférence générale et fort sérieuse, une opération que nos vétérinaires de la maison de force exécutaient à la perfection. « Au moins il ne sentira pas le bouc », dirent les détenus. Vaska se mit alors à engraisser d'une façon surprenante; il faut dire qu'on le nourrissait à bouche que veux-tu. Il devint un très-beau bouc, avec de magnifiques cornes, et d'une grosseur remarquable; il arrivait même quelquefois qu'il roulait lourdement à terre en marchant. Il nous accompagnait aussi aux travaux, ce qui égayait les forçats comme les passants, car tout le monde connaissait le Vaska de la maison de force. Si l'on travaillait au bord de l'eau, les détenus coupaient des branches de saule et du feuillage, cueillaient dans le fossé des fleurs pour en orner Vaska; ils entrelaçaient des branches et des

---

[1] Pour écarter des chevaux la vermine qui les dévore souvent · en Russie, on n'étrille que les chevaux de luxe.

fleurs dans ses cornes, et décoraient son torse de guirlandes. Vaska revenait alors en tête du convoi pimpant et paré ; les nôtres le suivaient et s'enorgueillissaient de le voir si beau. Cet amour pour notre bouc alla si loin que quelques détenus agitèrent la question enfantine de dorer les cornes de Vaska. Mais ce ne fut qu'un projet en l'air, on ne l'exécuta pas. Je demandai à Akim Akimytch, le meilleur doreur de la maison de force après Isaï Fomitch, si l'on pouvait vraiment dorer les cornes d'un bouc. Il examina attentivement celles de Vaska, réfléchit un instant et me répondit qu'on pouvait le faire, mais que ce ne serait pas durable et parfaitement inutile. La chose en resta là. Vaska aurait vécu encore de longues années dans notre maison de force, et serait certainement mort asthmatique, si un jour, en revenant de la corvée en tête des forçats, il n'avait pas rencontré le major assis dans sa voiture. Le bouc était paré et bichonné. « Halte ! hurla le major, à qui appartient ce bouc ? » On le lui dit. « Comment, un bouc dans la maison de force, et cela sans ma permission ! Sous-officier ! » Le sous-officier reçut l'ordre de tuer immédiatement le bouc, de l'écorcher et de vendre la peau au marché ; la somme reçue devait être remise à la caisse de la maison de force ; quant à la viande, il ordonna de la faire cuire avec la soupe aux choux aigres des forçats. On parla beaucoup de l'événement dans la prison, on regrettait le bouc, mais personne n'aurait osé désobéir au major. Vaska fut égorgé près de la fosse d'aisances. Un forçat acheta la chair en bloc, il la paya un rouble cinquante kopeks. Avec cet argent on fit venir du pain blanc pour tout le monde ; celui qui avait acheté le bouc le revendit au détail sous forme de rôti. La chair en était délicieuse.

Nous eûmes aussi pendant quelque temps dans notre prison un aigle des steppes, d'une espèce assez petite. Un forçat l'avait apporté blessé et à demi mort. Tout le monde l'entoura, il était incapable de voler, son aile droite pendait impuissante ; une de ses jambes était démise. Il regardait d'un air courroucé la foule curieuse, et ouvrait son bec crochu, prêt à vendre chèrement sa vie. Quand on se sépara après l'avoir assez regardé, l'oiseau boiteux alla, en sautillant sur sa patte valide et battant de l'aile, se cacher dans la partie la plus reculée de la maison de force, il s'y pelotonna dans un coin et se serra contre les pieux. Pendant les trois mois qu'il resta dans notre cour, il ne sortit pas de son coin. Au commencement, on venait souvent le regarder et lancer contre lui Boulot, qui se jetait en avant avec furie, mais craignait de s'approcher trop, ce qui égayait les forçats. — « Une bête sauvage ! ça ne se laisse pas taquiner, hein ? » Mais Boulot cessa d'avoir peur de lui, et se mit à le harceler ; quand on l'excitait, il attrapait l'aile malade de l'aigle qui se défendait du bec et des serres, et se serrait dans son coin, d'un air hautain et sauvage, comme un roi blessé, en fixant les curieux. On finit par s'en lasser ; on l'oublia tout à fait ; pourtant quelqu'un déposait chaque jour près de lui un lambeau de viande fraîche et un tesson avec de l'eau. Au début et durant plusieurs jours, l'aigle ne voulut rien manger ; il se décida enfin à prendre ce qu'on lui présentait, mais jamais il ne consentit à recevoir quelque chose de la main ou en public. Je réussis plusieurs fois à l'observer de loin. Quand il ne voyait personne et qu'il croyait être seul, il se hasardait à quitter son coin et à boiter le long de la palissade une douzaine de pas environ, puis revenait, retournait et revenait encore, absolument comme si on lui avait ordonné une promenade hygiénique. Aussitôt qu'il m'apercevait, il regagnait le plus vite possible son coin en boitant et sautillant ; la tête renversée en arrière, le bec ouvert, tout hérissé, il semblait se préparer au combat. J'eus beau le caresser, je ne parvins pas à l'apprivoiser : il mordait et se débattait, sitôt qu'on le touchait ; il ne prit pas une seule fois la viande que je lui offrais, il me fixait de son regard mauvais et perçant tout le temps que je restais auprès de lui. Solitaire et rancunier, il attendait la mort en continuant à défier tout le monde et à rester irréconciliable. Enfin les forçats se souvinrent de lui, après deux grands mois d'oubli, et l'on manifesta une sympathie inattendue à son égard. On s'entendit pour l'emporter : « Qu'il crève, mais qu'au moins il crève libre », disaient les détenus.

— C'est sûr; un oiseau libre et indépendant comme lui ne s'habituera jamais à la prison, ajoutaient d'autres.

— Il ne nous ressemble pas, fit quelqu'un.

— Tiens ! c'est un oiseau, tandis que nous, nous sommes des gens.

— L'aigle, camarades, est le roi des forêts... commença Skouratof, mais ce jour-là personne ne l'écouta. Une après-midi, quand le tambour annonça la reprise des travaux, on prit l'aigle, on lui lia le bec, car il faisait mine de se défendre, et on l'emporta hors de la prison, sur le rempart. Les douze forçats qui composaient la bande étaient fort intrigués de savoir où irait l'aigle. Chose étrange, ils étaient tous contents comme s'ils avaient reçu eux-mêmes la liberté.

— Eh ! la vilaine bête, on lui veut du bien, et il vous déchire la main pour vous remercier ! disait celui qui le tenait, en regardant presque avec amour le méchant oiseau.

— Laisse-le s'envoler, Mikitka !

— Ça ne lui va pas d'être captif. Donne-lui la liberté, la jolie petite liberté.

On le jeta du rempart dans la steppe. C'était tout à la fin de l'automne, par un jour gris et froid. Le vent sifflait de la steppe nue et gémissait dans l'herbe jaunie, desséchée. L'aigle s'enfuit tout droit, en battant de son aile malade, comme pressé de nous quitter et de se mettre à l'abri de nos regards. Les forçats attentifs suivaient de l'œil sa tête qui dépassait l'herbe.

— Le voyez-vous, hein ? dit un d'eux, tout pensif.

— Il ne regarde pas en arrière ! ajouta un autre. Il n'a pas même regardé une fois derrière lui.

— As-tu cru par hasard qu'il reviendrait nous remercier? fit un troisième.

— C'est sûr, il est libre. Il a senti la liberté.

— Oui, la liberté.

— On ne le reverra plus, camarades.

— Qu'avez-vous à rester là? en route, marche! crièrent les soldats d'escorte, et tous s'en allèrent lentement au travail.

VII

LE « GRIEF ».

Au commencement de ce chapitre, l'éditeur des *Souvenirs* de feu Alexandre Pétrovitch Goriantchikof croit de son devoir de faire aux lecteurs la communication suivante :

« Dans le premier chapitre des *Souvenirs de la Maison des morts* il est dit quelques mots d'un parricide, noble de naissance, pris comme exemple de l'insensibilité avec laquelle les condamnés parlent des crimes qu'ils ont commis. Il a été dit aussi qu'il n'avait rien voulu avouer devant le tribunal, mais que, grâce aux récits de personnes connaissant tous les détails de son histoire, l'évidence de sa culpabilité était hors de doute. Ces personnes avaient raconté à l'auteur de ces *Souvenirs* que le criminel était un débauché criblé de dettes, et qui avait assassiné son père pour recevoir plus vite son héritage. Du reste, toute la ville dans laquelle servait ce parricide racontait son histoire de la même manière, ce dont l'éditeur des présents *Souvenirs* est amplement informé. Enfin il a été dit que cet assassin, même à la maison de force, était de l'humeur la plus joyeuse et la plus gaie, que c'était un homme inconsidéré et étourdi, quoique intelligent, et que l'auteur des *Souvenirs* ne remarqua jamais qu'il fût particulièrement cruel, à quoi il ajoute : « Aussi ne
« l'ai-je jamais cru coupable. »

« Il y a quelque temps, l'éditeur des *Souvenirs de la Maison des morts* a reçu de Sibérie la nouvelle que ce parricide était innocent, et qu'il avait subi pendant dix ans les travaux forcés sans les mériter, son innocence ayant été officiellement reconnue. Les vrais criminels avaient été découverts et avaient avoué, tandis que le malheureux recevait sa liberté. L'éditeur ne saurait douter de l'authenticité de ces nouvelles...

« Il est inutile de rien ajouter. A quoi bon s'étendre sur ce qu'il y a de tragique dans ce fait? à quoi bon parler de cette vie brisée par une telle accusation? Le fait parle trop haut de lui-même.

« Nous pensons aussi que si de pareilles erreurs sont possibles, leur seule possibilité ajoute à notre récit un trait saillant et nouveau, elle aide à compléter et à caractériser les scènes que présentent les *Souvenirs de la Maison des morts.* »

Et maintenant continuons...

J'ai déjà dit que je m'étais accoutumé enfin à ma condition, mais cet « enfin » avait été pénible et long à venir. Il me fallut en réalité près d'une année pour m'habituer à la prison, et je regarderai toujours cette année comme la plus affreuse de ma vie ; c'est pourquoi elle s'est gravée tout entière dans ma mémoire, jusqu'en ses moindres détails. Je crois même que je me souviens de chaque heure l'une après l'autre. J'ai dit aussi que les autres détenus ne pouvaient pas davantage *s'habituer* à leur vie. Pendant toute cette première année, je me demandais s'ils étaient vraiment calmes, comme ils paraissaient l'être. Ces questions me préoccupaient fort. Comme je l'ai mentionné plus haut, tous les forçats se sentaient étrangers dans le bagne ; ils n'y étaient pas chez eux, mais bien plutôt comme à l'auberge, de passage, à une étape quelconque. Ces hommes, exilés pour toute leur vie, paraissaient, les uns agités, les autres abattus, mais chacun d'eux rêvait à quelque chose d'impossible. Cette inquiétude perpétuelle, qui se trahissait à peine, mais que l'on remarquait, l'ardeur et l'impatience de leurs espérances involontairement exprimées, mais tellement irréalisables qu'elles ressemblaient à du délire, tout donnait un air et un caractère extraordinaires à cet endroit, si bien que toute son originalité consistait peut-être en ces traits. On sentait en y entrant que hors du bagne, il n'y avait rien de pareil. Ici tout le monde rêvassait ; cela sautait aux yeux ; cette sensation était hyperesthésique, nerveuse, justement parce que cette rêverie constante donnait à la majorité des forçats un aspect sombre et morose, un air maladif. Presque tous, ils étaient taciturnes et irascibles ; ils n'aimaient pas à manifester leurs espérances secrètes. Aussi méprisait-on l'ingénuité et la franchise. Plus les espérances étaient impossibles, plus le forçat rêvasseur s'avouait à lui-même leur impossibilité, plus il les enfouissait jalousement au fond de son être, sans pouvoir y renoncer. En avaient-ils honte ? Le caractère russe est si positif et si sobre dans sa manière de voir, si railleur pour ses propres défauts !...

Peut-être était-ce ce mécontentement de soi-même qui causait cette intolérance dans leurs rapports quotidiens et cette cruauté railleuse pour les autres forçats. Si l'un d'eux, plus naïf ou plus impatient que les autres, formulait tout haut ce que chacun pensait tout bas, et se lançait dans le monde des châteaux en Espagne et des rêves, on l'arrêtait grossièrement, on le poursuivait, on l'assaillait de moqueries. J'estime que les plus acharnés persécuteurs étaient justement ceux qui l'avaient peut-être dépassé dans leurs rêves insensés et dans leurs folles espérances. J'ai déjà dit que les gens simples et naïfs étaient regardés chez nous comme de stupides imbéciles, pour lesquels on n'avait que du mépris. Les forçats étaient si aigris et si susceptibles qu'ils haïssaient les gens de bonne humeur, dépourvus d'amour-propre. Outre ces bavards ingénus, les autres détenus se divisaient en bons et en méchants, en gais et en moroses. Les derniers étaient en majorité; si par hasard il s'en trouvait parmi eux qui fussent bavards, c'étaient toujours de fieffés calomniateurs et des envieux, qui se mêlaient de toutes les affaires d'autrui, bien qu'ils se gardassent de mettre au jour leur propre âme et leurs idées secrètes; ceci n'était pas admis, pas à la mode. Quant aux bons — en très-petit nombre — ils étaient paisibles et cachaient silencieusement leurs espérances; ils avaient plus de foi dans leurs illusions que les forçats sombres. Il me semble qu'il y avait pourtant encore dans notre bagne une autre catégorie de déportés : les désespérés, comme le vieillard de Starodoub, mais ils étaient très-peu nombreux.

En apparence, ce vieillard était tranquille, mais à certains signes j'avais tout lieu de supposer que sa situation morale était intolérable, horrible; il avait un recours, une consolation : la prière et l'idée qu'il était un martyr. Le forçat toujours plongé dans la lecture de la Bible, dont j'ai parlé plus haut, qui devint fou et qui se jeta sur le major une brique à la main, était probablement aussi un de ceux que tout espoir a abandonnés; comme il est parfaitement impossible de vivre sans espérances, il avait cherché la mort dans un martyre volontaire. Il déclara qu'il s'était jeté sur le major sans le moindre grief, simplement pour souffrir. Qui sait quelle opération psychologique s'était accomplie dans son âme? Aucun homme ne vit sans un but quelconque et sans un effort pour atteindre ce but. Une fois que le but et l'espérance ont disparu, l'angoisse fait souvent de l'homme un monstre... Notre but à tous était la liberté et la sortie de la maison de force.

J'essaye de faire rentrer nos forçats dans différentes catégories : est-ce possible? La réalité est si infiniment diverse qu'elle échappe aux déductions les plus ingénieuses de la pensée abstraite; elle ne souffre pas de classifications nettes et précises.

La réalité tend toujours au morcellement, à la variété infinie. Chacun de nous avait sa vie propre, intérieure et personnelle, en dehors de la vie officielle, réglementaire.

Mais comme je l'ai déjà dit, je ne pus pas pénétrer la profondeur de cette vie intérieure au commencement de ma réclusion, car toutes les manifestations extérieures me blessaient et me remplissaient d'une tristesse indicible. Il m'arrivait quelquefois de haïr ces martyrs qui souffraient autant que moi. Je les enviais, parce qu'ils étaient au milieu des leurs, parce qu'ils se comprenaient mutuellement; en réalité cette camaraderie sous le fouet et le bâton, cette communauté forcée leur inspirait autant d'aversion qu'à moi-même, et chacun s'efforçait de vivre à l'écart. Cette envie, qui me hantait dans les instants d'irritation, avait ses motifs légitimes, car ceux qui assurent qu'un gentilhomme, un homme cultivé ne souffre pas plus aux travaux forcés qu'un simple paysan, ont parfaitement tort. J'ai lu et entendu soutenir cette allégation. En principe, l'idée paraît juste et généreuse : tous les forçats sont des hommes; mais elle est par trop abstraite : il ne faut pas perdre de vue une quantité de complications pratiques que l'on ne saurait comprendre si on ne les éprouve pas dans la vie réelle. Je ne veux pas dire par là que le gentilhomme, l'homme cultivé ressentent plus délicatement, plus vivement parce qu'ils sont plus développés. Faire passer l'âme de tout le monde sous un niveau commun est impossible; l'instruction elle-même ne saurait fournir le patron sur lequel on pourrait tailler les punitions.

Tout le premier je suis prêt à certifier que parmi ces martyrs, dans le milieu le moins instruit, le plus abject, j'ai trouvé des traces d'un développement moral. Ainsi, dans notre maison de force, il y avait des hommes que je connaissais depuis plusieurs années, que je croyais être des bêtes sauvages et que je méprisais comme tels; tout à coup, au moment le plus inattendu, leur âme s'épanchait involontalement à l'extérieur avec une telle richesse de sentiment et de cordialité, avec une compréhension si vive des souffrances d'autrui et des leurs, qu'il semblait que les écailles vous tombassent des yeux ; au premier instant, la stupéfaction était telle qu'on hésitait à croire ce qu'on avait vu et entendu. Le contraire arrivait aussi : l'homme cultivé se signalait quelquefois par une barbarie, par un cynisme à donner des nausées ; avec la meilleure volonté du monde, on ne trouvait ni excuse ni justification en sa faveur.

Je ne dirai rien du changement d'habitudes, de genre de vie, de nourriture, etc., qui est plus pénible pour un homme de la haute société que pour un paysan, lequel souvent a crevé de faim quand il était libre, tandis qu'il est toujours rassasié à la maison de force. Je ne discuterai pas cela. Admettons que pour un homme qui possède quelque force de caractère, c'est une bagatelle en comparaison d'autres privations ; et pourtant, changer ses habitudes matérielles n'est pas chose facile ni de peu d'importance. Mais la condition de forçat a des horreurs devant lesquelles tout pâlit, même la fange qui vous entoure, même l'exiguïté et la saleté de la nourriture, les étaux qui vous étouffent et vous broient. Le point capital, c'est qu'au bout de deux heures, tout nouvel arrivé à la maison de force est au même rang que les autres ; il est *chez lui*, il jouit d'autant de droit dans la communauté des forçats que tous les autres camarades ; on le comprend et il les comprend, et tous le tiennent pour *un des leurs*, ce qui n'a pas lieu avec le gentilhomme. Si juste, si bon, si intelligent que soit ce dernier, tous le haïront et le mépriseront pendant des années entières, ils ne le comprendront pas et surtout — ne le croiront pas. — Il ne sera ni leur ami ni leur camarade, et s'il obtient enfin qu'on ne l'offense pas, il n'en demeurera pas moins un étranger, il s'avouera douloureusement, perpétuellement, sa solitude et son éloignement de tous. Ce vide autour de lui se fait souvent sans mauvaise intention de la part des détenus, incon-

solennel. Il n'est pas de leur bande — et voilà tout. — Rien de plus horrible que de ne pas vivre dans son milieu. Le paysan que l'on déporte de Taganrog au port de Pétropavlovsk retrouvera là-bas des paysans russes comme lui, avec lesquels il s'entendra et s'accordera; en moins de deux heures ils se lieront et vivront paisiblement dans la même izba ou dans la même baraque. Rien de pareil pour les nobles; un abîme sans fond les sépare du petit peuple; cela ne se remarque *bien* que quand un *noble* perd ses droits primitifs et devient lui-même peuple. Et quand même vous seriez toute votre vie en relations journalières avec le paysan, quand même pendant quarante ans vous auriez affaire à lui chaque jour, par votre service, par exemple, dans des fonctions administratives, alors que vous seriez un bienfaiteur et un père pour ce peuple — vous ne le connaîtrez jamais à fond. — Tout ce que vous croirez savoir ne sera qu'illusion d'optique et rien de plus. Ceux qui me liront diront certainement que j'exagère, mais je suis convaincu que ma remarque est exacte. J'en suis convaincu non pas théoriquement, pour avoir lu cette opinion quelque part, mais parce que la vie réelle m'a laissé tout le temps désirable pour contrôler mes convictions. Peut-être tout le monde apprendra-t-il jusqu'à quel point ce que je dis est fondé.

Dès les premiers jours les événements confirmèrent mes observations et agirent maladivement sur mon organisme. Pendant le premier été, j'errai solitaire dans la maison de force. J'ai déjà dit que j'étais dans une situation morale qui ne me permettait ni de juger ni de distinguer les forçats qui pouvaient m'aimer par la suite, sans toutefois être jamais avec moi sur un pied d'égalité. J'avais des camarades, des ex-gentilshommes, mais leur compagnie ne me convenait pas. J'aurais voulu ne voir personne, mais où me retirer? Voici un des incidents qui du premier coup me firent comprendre toute ma solitude et l'étrangeté de ma position au bagne. Un jour du mois d'août, un beau jour très-chaud, vers une heure de l'après-midi, moment où d'ordinaire tout le monde faisait la sieste avant la reprise des travaux, les forçats se levèrent comme un seul homme et se massèrent dans la cour de la maison de force. Je ne savais rien encore à ce moment-là. J'étais si profondément plongé dans mes propres pensées que je ne remarquai presque pas ce qui se faisait autour de moi. Depuis trois jours pourtant les forçats s'agitaient sourdement. Cette agitation avait peut-être commencé beaucoup plus tôt, comme je le supposai plus tard, en me rappelant des bribes de conversations et surtout la mauvaise humeur plus marquée des détenus, la continuelle irritation dans laquelle ils se trouvaient depuis quelque temps. J'attribuais cela aux pénibles travaux de la saison d'été, aux journées accablantes par leur longueur, aux rêveries involontaires de forêts et de liberté, aux nuits trop courtes, pendant lesquelles on ne pouvait prendre qu'un repos insuffisant. Peut-être tout cela s'était-il fondu en un gros mécontentement qui cherchait à faire explosion et dont le prétexte était la nourriture. Depuis quelques jours, les forçats s'en plaignaient tout haut et grondaient dans les casernes, surtout quand ils se trouvaient réunis à la cuisine pour dîner et pour souper ; on avait bien essayé de changer un des cuisiniers, mais au bout de deux jours on chassa le nouveau pour rappeler l'ancien. En un mot, tout le monde était d'une humeur inquiète.

— On s'éreinte à travailler, et on ne nous donne à manger que des horreurs, grommelait quelqu'un dans la cuisine.

— Si ça ne te plaît pas, commande du blanc-manger, riposta un autre.

— De la soupe aux choux aigres, mais c'est très-bon, j'adore cela — exclama un troisième — c'est succulent.

— Et si l'on ne te nourrissait rien qu'avec de la panse de bœuf, la trouverais-tu longtemps fameuse ?

— C'est vrai, on devrait nous donner de la viande — dit un quatrième ; — on s'esquinte à la fabrique ; et, ma foi, quand on a fini sa tâche, on a faim : de la panse, ça ne vous rassasie guère.

— Quand on ne nous donne pas des boyaux, on nous bourre de saletés !

— C'est vrai, la nourriture ne vaut pas le diable.

— Il remplit ses poches, n'aie pas peur.

— Ce n'est pas ton affaire.

— Et de qui donc ? mon ventre est à moi. Si nous nous plaignions tous, vous verriez bien.

— Nous plaindre ?

— Oui.

— Avec ça qu'on ne nous a pas assez battu pour ces plaintes ! Buse que tu es !

— C'est vrai, ajoute un autre d'un air de mauvaise humeur ; — ce qui se fait vite n'est jamais bien fait. Eh bien ? de quoi te plaindras-tu, dis-le-nous d'abord.

— Je le dirai, parbleu. Si tout le monde y allait, j'irais aussi, car je crève de faim. C'est bon pour ceux qui mangent à part de rester assis, mais ceux qui mangent l'ordinaire...

— A-t-il des yeux perçants, cet envieux-là ! ses yeux brillent rien que de voir ce qui ne lui appartient pas.

— Eh bien, camarades, pourquoi ne nous décidons-nous pas ? Assez souffert : ils nous écorchent, les brigands ! Allons-y.

— A quoi bon ? il faudrait te mâcher les morceaux et te les fourrer dans la bouche, hein ! voyez-vous ce gaillard, il ne mangerait que ce qu'on voudrait bien lui mâcher. Nous sommes aux travaux forcés.

— Voilà la cause de tout.

— Et comme toujours, le peuple crève de faim, et les chefs se remplissent la bedaine.

— C'est vrai. Notre Huit-yeux a joliment engraissé. Il s'est acheté une paire de chevaux gris.

— Il n'aime pas boire, dit un forçat d'un ton ironique.

— Il s'est battu il y a quelque temps aux cartes avec le

vétérinaire. Pendant deux heures il a joué sans avoir un sou dans sa poche. C'est Fedka qui l'a dit.

— Voilà pourquoi on nous donne de la soupe aux choux avec de la pause.

— Vous êtes tous des imbéciles ! Est-ce que cela nous regarde ?

— Oui, si nous nous plaignons tous, nous verrons comment il se justifiera. Décidons-nous.

— Se justifier ? Il t'assénera son poing sur la caboche, et rien de plus.

— On le mettra en jugement.

Tous les détenus étaient fort agités, car en effet notre nourriture était exécrable. Ce qui mettait le comble au mécontentement général, c'était l'angoisse, la souffrance perpétuelle, l'attente. Le forçat est querelleur et rebelle de tempérament, mais il est bien rare qu'il se révolte en masse, car ils ne sont jamais d'accord ; chacun de nous le sentait très-bien, aussi disait-on plus d'injures qu'on n'agissait réellement. Cependant, cette fois-là, l'agitation ne fut pas sans suites. Des groupes se formaient dans les casernes, discutaient, injuriaient, rappelaient haineusement la mauvaise administration de notre major et en sondaient tous les mystères. Dans toute affaire pareille, apparaissent des meneurs, des instigateurs. Les meneurs dans ces occasions, sont des gens très-remarquables, non-seulement dans les bagnes, mais dans toutes les communautés de travailleurs, dans les détachements, etc. Ce type particulier est toujours et partout le même : ce sont des gens ardents, avides de justice, très-naïfs et honnêtement convaincus de la possibilité absolue de réaliser leurs désirs; ils ne sont pas plus bêtes que les autres, il y en a même d'une intelligence supérieure, mais ils sont trop ardents pour être rusés et prudents. Si l'on rencontre des gens qui savent diriger les masses et gagner ce qu'ils veulent, ils appartiennent déjà à un autre type de meneurs populaires excessivement rare chez nous. Ceux dont je parle, chefs et instigateurs de révoltes, arrivent presque toujours à leur but, quitte à peupler par la suite les travaux forcés et les prisons. Grâce à leur impétuosité, ils ont toujours le dessous, mais c'est cette impétuosité qui leur donne de l'influence sur la masse : on les suit volontiers, car leur ardeur, leur honnête indignation agissent sur tout le monde : les plus irrésolus sont entraînés. Leur confiance aveugle dans le succès séduit même les sceptiques les plus endurcis, bien que souvent cette assurance qui en impose ait des fondements si incertains, si enfantins, que l'on s'étonne même qu'on ait pu y croire. Le secret de leur influence, c'est qu'ils marchent les premiers sans avoir peur de rien. Ils se jettent en avant la tête baissée, souvent sans même connaître ce qu'ils entreprennent, sans ce jésuitisme pratique grâce auquel souvent un homme abject et vil a gain de cause, atteint son but, et sort blanc d'un tonneau d'encre. Il faut qu'ils se brisent le crâne. Dans la vie ordinaire, ce sont des gens bilieux, irascibles, intolérants et dédaigneux, souvent même excessivement bornés, ce qui du reste fait aussi leur force. Le plus fâcheux, c'est qu'ils ne s'attaquent jamais à l'essentiel, à ce qui est important, ils s'arrêtent toujours à des détails, au lieu d'aller droit au but, ce qui les perd. Mais la masse les comprend, ils sont redoutables à cause de cela.

Je dois dire en quelques mots ce que signifie le mot : « grief. »

. . . .

Quelques forçats avaient précisément été déportés pour un grief; c'étaient les plus agités, entre autres un certain Martinof qui avait servi auparavant dans les hussards et qui, tout ardent, inquiet et colère qu'il fût, n'en était pas moins honnête et véridique. Un autre, Vassili Antonof, s'irritait et se montait à froid; il avait un regard effronté avec un sourire sarcastique, mais il était aussi honnête et véridique — un homme fort développé du reste. — J'en passe, car ils étaient nombreux ; Pétrof faisait la navette d'un groupe à l'autre ; il parlait peu, mais bien certainement il était aussi excité, car il bondit le premier hors de la caserne quand les autres se massèrent dans la cour.

Notre sergent, qui remplissait les fonctions de sergent-major, arriva aussitôt tout effrayé. Une fois en rang, nos gens le prièrent poliment de dire au major que les forçats désiraient lui parler et l'interroger sur certains points. Derrière le sergent arrivèrent tous les invalides qui se mirent en rang de l'autre côté et firent face aux forçats. La commission que l'on venait de confier au sergent était si extraordinaire qu'elle le remplit d'effroi, mais il n'osait pas ne pas faire son rapport au major, parce que si les forçats se révoltaient, Dieu sait ce qui pourrait arriver. — Tous nos chefs étaient excessivement poltrons dans leurs rapports avec les détenus, — et puis, même si rien de pire n'arrivait, si les forçats se ravisaient et se dispersaient, le sous-officier devait néanmoins avertir l'administration de tout ce qui s'était passé. Pâle et tremblant de peur, il se rendit précipitamment chez le major, sans même essayer de raisonner les forçats. Il voyait bien que ceux-ci ne s'amuseraient pas à discuter avec lui.

Parfaitement ignorant de ce qui se passait, je me mis aussi en rang (je n'appris que plus tard les détails de cette histoire). Je croyais qu'on allait procéder à un contrôle, mais ne voyant pas les soldats d'escorte qui vérifiaient le compte, je m'étonnai et regardai autour de moi. Les visages étaient émus et exaspérés ; il y en avait qui étaient blêmes. Préoccupés et silencieux, nos gens réfléchissaient à ce qu'il leur faudrait dire au major. Je remarquai que beaucoup de forçats étaient stupéfaits de me voir à leurs côtés, mais bientôt après ils se détournèrent de moi. Ils trouvaient étrange que je me fusse mis en rang et qu'à mon tour je voulusse prendre part à leur plainte, ils n'y croyaient pas.

Ils se tournèrent de nouveau de mon côté d'un air interrogateur.

— Que viens-tu faire ici? me dit grossièrement et à haute voix Vassili Antonof, qui se trouvait à côté de moi, à quelque distance des autres, et qui m'avait toujours dit *vous* avec la plus grande politesse.

Je le regardais tout perplexe, en m'efforçant de comprendre ce que cela signifiait; je devinais déjà qu'il se passait quelque chose d'extraordinaire dans notre maison de force.

— Eh! oui, qu'as-tu à rester ici? va-t'en à la caserne, me dit un jeune gars, forçat militaire, que je ne connaissais pas jusqu'alors et qui était un bon garçon paisible. Cela ne te regarde pas.

— On se met en rang, lui répondis-je; est-ce qu'on ne va pas nous contrôler?

— Il est venu s'y mettre aussi, cria un déporté.

— Nez-de-fer[1]! fit un autre.

— Écraseur de mouches! ajouta un troisième avec un mépris inexprimable pour ma personne. Ce nouveau surnom fit pouffer de rire tout le monde.

— Ils sont partout comme des coqs en pâte, ces gaillards-là. Nous sommes au bagne, n'est-ce pas? eh bien! ils se payent du pain blanc et des cochons de lait comme des grands seigneurs! N'as-tu pas ta nourriture à part? que viens-tu faire ici?

— Votre place n'est pas ici, me dit Koulikof sans gêne, en me prenant par la main et me faisant sortir des rangs.

Il était lui-même très-pâle; ses yeux noirs étincelaient; il s'était mordu la lèvre inférieure jusqu'au sang, il n'était pas de ceux qui attendaient de sang-froid l'arrivée du major.

J'aimais fort à regarder Koulikof en pareille occurrence, c'est-à-dire quand il devait se montrer tout entier avec ses

[1] Injure dont le vrai sens est intraduisible.

qualités et ses défauts. Il posait, mais il agissait aussi. Je crois même qu'il serait allé à la mort avec une certaine élégance, en petit-maître. Alors que tout le monde me tutoyait et m'injuriait, il avait redoublé de politesse envers moi, mais il parlait d'un ton ferme et résolu, qui ne permettait pas de réplique.

— Nous sommes ici pour nos propres affaires, Alexandre Pétrovitch, et vous n'avez pas à vous en mêler. Allez où vous voudrez, attendez... Tenez, les vôtres sont à la cuisine, allez-y.

— Ils sont au chaud là-bas.

J'entrevis en effet par la fenêtre ouverte nos Polonais qui se trouvaient dans la cuisine, ainsi que beaucoup d'autres forçats. Tout embarrassé, j'y entrai, accompagné de rires, d'injures et d'une sorte de gloussement qui remplaçait les sifflets et les huées à la maison de force.

— Ça ne lui plaît pas !... tiou-tiou-tiou !... attrapez-le.

Je n'avais encore jamais été offensé aussi gravement depuis que j'étais à la maison de force. Ce moment fut très-douloureux à passer, mais je pouvais m'y attendre ; les esprits étaient par trop surexcités. Je rencontrai dans l'antichambre T—vski, jeune gentilhomme sans grande instruction, mais au caractère ferme et généreux ; les forçats faisaient exception pour lui dans leur haine pour les forçats nobles ; ils l'aimaient presque ; chacun de ses gestes dénotait un homme brave et vigoureux.

— Que faites-vous, Goriantchikof ? me cria-t-il ; venez donc ici !

— Mais que se passe-t-il ?

— Ils veulent se plaindre, ne le savez-vous pas ? Cela ne leur réussira pas, qui croira des forçats ? On va rechercher les meneurs, et si nous sommes avec eux, c'est sur nous qu'on mettra la faute. Rappelez-vous pourquoi nous avons été déportés ! Eux, on les fouettera tout simplement, tandis qu'on nous mettra en jugement. Le major nous déteste tous et sera trop heureux de nous perdre ; nous lui servirons de justification.

— Les forçats nous vendront pieds et poings liés, ajouta M—tski, quand nous entrâmes dans la cuisine.

Ils n'auront jamais pitié de nous, ajouta T—vski.

Outre les nobles, il y avait encore dans la cuisine une trentaine de détenus, qui ne désiraient pas participer à la plainte générale, les uns par lâcheté, les autres, par conviction absolue de l'inutilité de cette démarche. Akim Akymitch — ennemi naturel de toutes plaintes et de tout ce qui pouvait entraver la discipline et le service — attendait avec un grand calme la fin de cette affaire, dont l'issue ne l'inquiétait nullement; il était parfaitement convaincu du triomphe immédiat de l'ordre et de l'autorité administrative. Isaï Fomitch, le nez baissé, dans une grande perplexité, écoutait ce que nous disions avec une curiosité épouvantée; il était excessivement inquiet. Aux nobles polonais s'étaient joints des roturiers de même nationalité, ainsi que quelques Russes, natures timides, gens toujours hébétés et silencieux, qui n'avaient pas osé se liguer avec les autres et attendaient tristement l'issue de l'affaire. Il y avait enfin quelques forçats moroses et mécontents qui étaient restés dans la cuisine, non par timidité, mais parce qu'ils estimaient absurde cette quasi-révolte, parce qu'ils ne croyaient pas à son succès; je crus remarquer qu'ils étaient mal à leur aise en ce moment, et que leur regard n'était pas assuré. Ils sentaient parfaitement qu'ils avaient raison, que l'issue de la plainte serait celle qu'ils avaient prédite, mais ils se tenaient pour des renégats, qui auraient trahi la communauté et vendu leurs camarades au major. Iolkine, — ce rusé paysan sibérien envoyé aux travaux forcés pour faux monnayage, qui avait enlevé à Koulikof ses pratiques en ville, — était aussi là, comme le vieillard de Starodoub. Aucun cuisinier n'avait quitté son poste, probablement parce qu'ils s'estimaient partie intégrante de l'administration, et qu'à leur avis, il n'eût pas été décent de prendre parti contre celle-ci.

— Cependant, dis-je à M—tski d'un ton mal assuré, — à part ceux-ci, tous les forçats y sont.

— Qu'est-ce que cela peut bien nous faire? grommela B...

— Nous aurions risqué beaucoup plus qu'eux, en les suivant; et pourquoi? *Je hais les brigands*[1]. Croyez-vous même qu'ils sauront se plaindre? Je ne vois pas le plaisir qu'ils trouvent à se mettre eux-mêmes dans le pétrin.

— Cela n'aboutira à rien, affirma un vieillard opiniâtre et aigri. Almazof, qui était aussi avec nous, se hâta de conclure dans le même sens.

— On en fouettera une cinquantaine, et c'est à quoi tout cela aura servi.

— Le major est arrivé! cria quelqu'un. Tout le monde se précipita aux fenêtres.

Le major était arrivé avec ses lunettes, l'air mauvais, furieux, tout rouge. Il vint sans dire un mot, mais résolûment sur la ligne des forçats. En pareille circonstance, il était vraiment hardi et ne perdait pas sa présence d'esprit : il faut dire qu'il était presque toujours gris. En ce moment, sa casquette graisseuse à parement orange et ses épaulettes d'argent terni avaient quelque chose de sinistre. Derrière lui venait le fourrier Diatlof, personnage très-important dans le bagne, car au fond c'était lui qui l'administrait; ce garçon, capable et très-rusé, avait une grande influence sur le major; ce n'était pas un méchant homme, aussi les forçats en étaient-ils généralement contents. Notre sergent le suivait avec trois ou quatre soldats, pas plus; — il avait déjà reçu une verte semonce et pouvait en attendre encore dix fois plus. — Les forçats qui étaient restés tête nue depuis qu'ils avaient envoyé chercher le major, s'étaient redressés, chacun d'eux se raffermissant sur l'autre jambe; ils demeu-

---

[1] Cette phrase est en français dans l'original.

rèrent immobiles, à attendre le premier mot ou plutôt le premier cri de leur chef suprême.

Leur attente ne fut pas longue. Au second mot, le major se mit à vociférer à gorge déployée; il était hors de lui. Nous le voyons de nos fenêtres courir le long de la ligne des forçats, et se jeter sur eux en les questionnant. Comme nous étions assez éloignés, nous ne pouvions entendre ni ses demandes ni les réponses des forçats. Nous l'entendîmes seulement crier, avec une sorte de gémissement ou de grognement ;

— Rebelles !... sous les verges !... Meneurs !... Tu es un des meneurs ! tu es un des meneurs ! fit-il en se jetant sur quelqu'un.

Nous n'entendîmes pas la réponse, mais une minute après nous vîmes ce forçat quitter les rangs et se diriger vers le corps de garde... Un autre le suivit, puis un troisième.

— En jugement !... tout le monde ! je vous... Qui y a-t-il encore à la cuisine ? bêla-t-il en nous apercevant aux fenêtres ouvertes. Tous ici ! Qu'on les chasse tous !

Le fourrier Diatlof se dirigea vers la cuisine. Quand nous lui eûmes dit que nous n'avions aucun grief, il revint immédiatement faire son rapport au major.

— Ah ! ils ne se plaignent pas, ceux-là ! fit-il en baissant la voix de deux tons, tout joyeux. — Ça ne fait rien, qu'on les amène tous !

Nous sortîmes : je ressentais une sorte de honte; tous, du reste, marchaient tête baissée.

— Ah ! Prokofief ! Iolkine aussi, et toi aussi, Almazof ! Ici ! venez ici, en tas, nous dit le major d'une voix haletante, mais radoucie; son regard était même devenu affable. — M—tski, tu en es aussi... Prenez les noms ! Diatlof ! Prenez les noms de tout le monde, ceux des satisfaits et ceux des mécontents à part, tous sans exception; vous m'en donnerez la liste... Je vous ferai tous passer en conseil... Je vous... brigands !

La liste fit son effet.

— Nous sommes satisfaits ! cria un des mécontents, d'une voix sourde, irrésolue.

— Ah ! satisfaits ! Qui est satisfait ? Que ceux qui sont satisfaits sortent du rang !

— Nous ! nous ! firent quelques autres voix.

— Vous êtes satisfaits de la nourriture ? on vous a donc excités ? il y a eu des meneurs, des mutins ? Tant pis pour eux !...

— Seigneur ! qu'est-ce que ça signifie ? fit une voix dans la foule.

— Qui a crié cela ? qui a crié ? rugit le major en se jetant du côté d'où venait la voix. — C'est toi qui as crié, Rastorgouïef ? Au corps de garde !

Rastorgouïef, un jeune gars joufflu et de haute taille, sortit des rangs et se rendit lentement au corps de garde. Ce n'était pas lui qui avait crié ; mais comme on l'avait désigné, il n'essayait pas de contredire.

— C'est votre graisse qui vous rend enragés ! hurla le major.

— Attends, gros museau, dans trois jours, tu ne...! Attendez, je vous rattraperai tous. Que ceux qui ne se plaignent pas, sortent !

— Nous ne nous plaignons pas, Votre Haute Noblesse ! dirent quelques forçats d'un air sombre ; les autres se taisaient obstinément. Mais le major n'en désirait pas plus : il trouvait son profit à finir cette affaire au plus vite et d'un commun accord.

— Ah ! maintenant, *personne* ne se plaint plus ! fit-il en bredouillant. Je l'ai vu... je le savais. Ce sont les meneurs... Il y a, parbleu, des meneurs ! continua-t-il en s'adressant à Diatlof ; — il faut les trouver tous. Et maintenant... maintenant il est temps d'aller aux travaux. Tambour, un roulement !

Il assista en personne à la formation des détachements.

Les forçats se séparèrent tristement, sans parler, heureux de pouvoir disparaître. Tout de suite après la formation des bandes, le major se rendit au corps de garde, où il prit ses dispositions à l'égard des « meneurs », mais il ne fut pas trop cruel. On voyait qu'il avait envie d'en finir au plus vite avec cette affaire. Un d'eux raconta ensuite qu'il avait demandé pardon, et que l'officier l'avait fait relâcher aussitôt. Certainement notre major n'était pas dans son assiette ; il avait peut-être eu peur, car une révolte est toujours une chose épineuse, et bien que la plainte des forçats ne fût pas en réalité une révolte (on ne l'avait communiquée qu'au major, et non au commandant), l'affaire n'en était pas moins désagréable. Ce qui le troublait le plus, c'est que les détenus avaient été unanimes à se soulever ; il fallait par conséquent étouffer à tout prix leur réclamation. On relâcha bientôt les « meneurs ». Le lendemain, la nourriture fut passable, mais cette amélioration ne dura pas longtemps ; les jours suivants, le major visita plus souvent la maison de force, et il avait toujours des désordres à punir. Notre sergent allait et venait, tout désorienté et préoccupé, comme s'il ne pouvait revenir de sa stupéfaction. Quant aux forçats, ils furent longtemps avant de se calmer, mais leur agitation ne ressemblait plus à celle des premiers jours : ils étaient inquiets, embarrassés. Les uns baissaient la tête et se taisaient, tandis que d'autres parlaient de cette échauffourée en grommelant et comme malgré eux. Beaucoup se moquaient d'eux-mêmes avec amertume comme pour se punir de leur mutinerie.

— Tiens, camarade, prends et mange ! disait l'un d'eux.

— Où est la souris qui a voulu attacher la sonnette à la queue du chat ?

— On ne nous persuade qu'avec un gourdin, c'est sûr. Félicitons-nous qu'il ne nous ait pas tous fait fouetter.

— Réfléchis plus et bavarde moins, ça vaudra mieux !

— Qu'as-tu à venir me faire la leçon? es-tu maître d'école, par hasard?

— Bien sûr qu'il faut te reprendre.

— Qui es-tu donc?

— Moi, je suis un homme; toi, qui es-tu?

— Un rogaton pour les chiens! voilà ce que tu es!

— Toi-même...

— Allons, assez! qu'avez-vous à « brailler »? leur criait-on de tous côtés.

Le soir même de la rébellion, je rencontrai Pétrof derrière les casernes, après le travail de la journée. Il me cherchait. Il marmottait deux ou trois exclamations incompréhensibles en s'approchant, il se tut bientôt et se promena machinalement avec moi. J'avais encore le cœur gros de toute cette histoire, et je crus que Pétrof pourrait me l'expliquer.

— Dites donc, Pétrof, lui demandai-je, les vôtres ne sont pas fâchés contre nous?

— Qui se fâche? me dit-il comme revenant à lui.

— Les forçats... contre nous, contre les nobles?

— Et pourquoi donc se fâcheraient-ils?

— Parbleu, parce que nous ne les avons pas soutenus.

— Et pourquoi vous seriez-vous mutinés? me répondit-il en s'efforçant de comprendre ce que je lui disais, — vous mangez à part, vous!

— Mon Dieu! mais il y en a des vôtres qui ne mangent pas l'ordinaire et qui se sont mutinés avec vous. Nous devions vous soutenir... par camaraderie.

— Allons donc! êtes-vous nos camarades? me demanda-t-il avec étonnement.

Je le regardai; il ne me comprenait pas et ne saisissait nullement ce que je voulais de lui : moi, en revanche, je le compris parfaitement. Pour la première fois, une idée qui remuait confusément dans mon cerveau et qui me hantait depuis longtemps s'était définitivement formulée;

je conçus alors ce que je devinais mal jusque-là. Je venais de comprendre que jamais je ne serais le camarade des forçats, quand même je serais forçat à perpétuité, forçat de la « section particulière ». La physionomie de Pétrof à ce moment-là m'est restée gravée dans la mémoire. Dans sa question : « Allons donc! êtes-vous nos camarades? » Il y avait tant de naïveté franche, tant d'étonnement ingénu, que je me demandai si elle ne cachait pas quelque ironie, quelque méchanceté moqueuse. Non! je n'étais pas leur camarade, et voilà tout. Va-t'en à droite, nous irons à gauche : tu as tes affaires à toi, nous les nôtres.

Je croyais vraiment qu'après la rébellion ils nous déchireraient sans pitié, et que notre vie deviendrait un enfer; rien de pareil ne se produisit : nous n'entendîmes pas le plus petit reproche, pas la moindre allusion méchante. On continua à nous taquiner comme auparavant, quand l'occasion s'en présentait, et ce fut tout. Personne ne garda rancune à ceux qui n'avaient pas voulu se mutiner et qui étaient restés dans la cuisine, pas plus qu'à ceux qui avaient crié les premiers qu'ils ne se plaignaient pas. Personne ne souffla mot sur ce sujet. J'en demeurai stupéfait.

VIII

MES CAMARADES.

Comme on peut le penser, ceux qui m'attiraient le plus, c'étaient les miens, c'est-à-dire les « nobles », surtout dans les premiers temps; mais des trois ex-nobles russes qui se trouvaient dans notre maison de force; Akim Akimytch, l'espion A—v et celui que l'on croyait parricide, je ne connaissais qu'Akim Akimytch et je ne parlais qu'à lui seul. A vrai dire, je ne m'adressais à lui qu'en désespoir de cause, dans les moments de tristesse les plus intolérables, quand je croyais que je n'approcherais jamais de personne autre. Dans le chapitre précédent, j'ai essayé de diviser nos forçats en diverses catégories ; mais en me souvenant d'Akim Akimytch, je crois que je dois ajouter une catégorie à ma classification. Il est vrai qu'il était seul à la former. Cette série est celle des forçats parfaitement indifférents, c'est-à-dire de ceux auxquels il est absolument égal de vivre en liberté ou aux travaux forcés, ce qui était et ne pouvait être chez nous qu'une exception. Akim Akimytch était une de ces exceptions. Il s'était établi à la maison de force comme s'il devait y passer sa vie entière : tout ce qui lui appartenait, son matelas, ses coussins, ses ustensiles, était solidement et définitivement arrangé à demeure. Rien qui eût pu faire croire à une vie temporaire, à un bivouac. Il devait rester encore de nombreuses années aux travaux forcés, mais je doute qu'il pensât à sa mise en liberté : s'il s'était réconcilié avec la réalité, c'était moins de bon cœur que par esprit de subordination, ce qui revenait au même pour lui. C'était un brave homme, il me vint en aide les premiers temps par ses conseils et ses services, mais quelquefois, j'en fais l'aveu, il m'inspirait une tristesse profonde, sans pareille, qui augmentait et aggravait encore mon penchant à l'angoisse. Quand j'étais par trop désespéré, je m'entretenais avec lui ; j'aimais entendre ses paroles vivantes : eussent-elles été haineuses, enfiellées, nous nous serions du moins irrités ensemble contre notre destinée ; mais il se taisait, collait tranquillement ses lanternes, en racontant qu'ils avaient eu une revue en 18..., que leur commandant divisionnaire s'appelait ainsi et ainsi, qu'il avait été content des manœuvres, que les signaux pour les tirailleurs avaient été changés, etc. Tout cela d'une voix posée et égale, comme de l'eau qui serait tombée goutte à goutte. Il ne s'animait même pas quand il me contait que dans je ne sais plus quelle affaire au Caucase, on l'avait décoré du ruban de Sainte-Anne à l'épée. Seulement sa voix devenait plus grave et plus posée ; il la baissait d'un ton, quand il prononçait le nom de « Sainte-Anne » avec un certain mystère ; pendant trois minutes au moins, il restait silencieux et sérieux... Pendant toute cette première année, j'avais des passes absurdes où je haïssais cordialement Akim Akimytch, sans savoir pourquoi, des bouffées de désespoir durant lesquelles je maudissais la destinée qui m'avait donné un lit de camp où sa tête touchait la mienne. Une heure après, je me reprochais ces sorties. Du reste, je ne fus en proie à ces accès que pendant la première année de ma réclusion. Par la suite je me fis au caractère d'Akim Akimytch et j'eus honte de mes bourrasques antérieures. Je ne crois pas me souvenir que nous nous fussions jamais ouvertement querellés.

De mon temps, outre les trois nobles russes dont j'ai parlé, il y en avait encore huit autres : j'étais sur un pied d'amitié étroite avec quelques-uns d'entre eux, mais pas avec tous. Les meilleurs étaient maladifs, exclusifs et intolérants au plus haut degré. Je cessai même de parler à deux d'entre eux. Il n'y en avait que trois qui fussent instruits, B—ski, M—tski et le vieillard J—ki, qui avait été autrefois professeur de mathématiques, — brave homme, grand original et très-borné intellectuellement, malgré son érudition. — M—tski et B—ski étaient tout autres. Du premier coup, nous nous entendîmes avec M—tski : je ne me querellai pas une seule fois avec lui, je l'estimai fort, mais sans l'aimer ni m'attacher à lui ; je ne pus jamais y arriver. Il était profondément aigri et défiant, avec beaucoup d'empire sur lui-même : justement cela me déplaisait, on sentait que cet homme n'ouvrirait jamais son âme à personne : il se peut pourtant que je me trompasse. C'était une forte et noble nature... Son scepticisme invétéré se trahissait dans une habileté extraordinaire, dans la prudence de son commerce avec son entourage. Il souffrait de cette dualité de son âme, car il était en même temps sceptique et profondément croyant, d'une foi inébranlable en certaines espérances et convictions. Malgré toute son habileté pratique, il était en guerre ouverte avec B—ski et son ami T—ski.

Le premier, B—ski, était un homme malade, avec une prédisposition à la phthisie, irascible et nerveux, mais bon et généreux. Son irritabilité nerveuse le rendait capricieux comme un enfant : je ne pouvais supporter un caractère semblable, et je cessai de voir B—ski, sans toutefois cesser de l'aimer. C'était tout juste le contraire pour M—tski, avec lequel je ne me brouillai jamais, mais que je n'aimais pas. En rompant toutes relations avec B—ski, je dus rompre aussi avec T—ski, dont j'ai parlé dans le chapitre précédent, ce que je regrettai fort, car, s'il était peu instruit, il avait bon cœur; c'était un excellent homme, très-courageux. Il aimait et respectait tant B—ski, il le vénérait si fort, que ceux qui rompaient avec son ami devenaient ses ennemis; ainsi il se brouilla avec M—tski à cause de B—ski, pourtant il résista longtemps. Tous ces gens-là étaient bilieux, quinteux, méfiants, et souffraient d'hyperesthésie morale. Cela se comprend; leur position était très-pénible, beaucoup plus dure que la nôtre, car ils étaient exilés de leur patrie et déportés pour dix, douze ans; ce qui rendait surtout douloureux leur séjour à la maison de force, c'étaient les préjugés enracinés, la manière de voir toute faite avec lesquels ils regardaient les forçats; ils ne voyaient en eux que des bêtes fauves et se refusaient à admettre rien d'humain en eux. La force des circonstances et leur destinée les engageaient dans cette vue. Leur vie à la maison de force était un tourment. Ils étaient aimables et affables avec les Circassiens, avec les Tartares, avec Isaï Fomitch, mais ils n'avaient que du mépris pour les autres détenus. Seul, le vieillard vieux-croyant avait conquis tout leur respect. Et pourtant, pendant tout le temps que je passai aux travaux forcés, pas un seul détenu ne leur reprocha ni leur extraction, ni leur croyance religieuse, ni leurs convictions, toutes choses habituelles au bas peuple, dans ses rapports avec les étrangers, surtout les Allemands. Au fond, on ne fait que se moquer de l'Allemand, qui est pour le peuple russe un être bouffon et grotesque. Nos forçats avaient beaucoup plus de respect pour les nobles polonais que pour nous autres Russes ; ils ne *touchaient* pas à ceux-là ; mais je crois que les Polonais ne voulaient pas remarquer ce trait et le prendre en considération. — Je parlais de T—ski ; je reviens à lui. Quand il quitta avec son camarade leur première station d'exil pour passer dans notre forteresse, il avait porté presque tout le temps son ami B..., faible de constitution et de santé, épuisé au bout d'une demi-étape. Ils avaient été exilés tout d'abord à Y—gorsk, où ils se trouvaient fort bien ; la vie y était moins dure que dans notre forteresse. Mais à la suite d'une correspondance innocente avec les déportés d'une autre ville, on avait jugé nécessaire de les transporter dans notre maison de force pour qu'ils y fussent directement surveillés par la haute administration. Jusqu'à leur arrivée, M—tski avait été seul. Combien il avait dû languir, pendant cette première année de son exil !

J—ki était ce vieillard qui se livrait toujours à la prière, et dont j'ai parlé plus haut. Tous les condamnés politiques étaient des hommes jeunes, très-jeunes même, tandis que J—ki était âgé de cinquante ans au moins.

Il était certainement honnête, mais étrange. Ses camarades T—ski et B—ski le détestaient et ne lui parlaient pas ; ils le déclaraient entêté et tracassier, je puis témoigner qu'ils avaient raison. Je crois que dans un bagne, — comme dans tout lieu où les gens sont rassemblés de force et non de bon gré, — on se querelle et l'on se hait plus vite qu'en liberté. Beaucoup de causes contribuent à ces continuelles brouilleries. J—ki était vraiment désagréable et borné ; aucun de ses camarades n'était bien avec lui ; nous ne nous brouillâmes pas, mais jamais nous ne fûmes sur un pied amical. Je crois qu'il était bon mathématicien. Il m'expliqua un jour dans son baragouin demi-russe, demi-polonais, un système d'astronomie qu'il avait inventé ; on me dit qu'il avait écrit un ouvrage sur ce sujet, dont tout le monde savant s'était moqué; son jugement était un peu faussé, je crois. Il priait à genoux des journées entières, ce qui lui attira le respect des forçats; il le conserva jusqu'à sa mort, car il mourut sous mes yeux, à la maison de force, à la suite d'une pénible maladie. Dès son arrivée il avait gagné la considération des détenus, à la suite d'une histoire avec le major. En les amenant d'Y—gorsk par étapes à notre forteresse, on ne les avait pas rasés, aussi leurs cheveux et leurs barbes avaient-ils démesurément cru; quand on les présenta au major, celui-ci s'emporta comme un beau diable; il était indigné d'une semblable infraction à la discipline, où il n'y avait pourtant pas de leur faute.

— Ils ont l'air de Dieu sait quoi! rugit-il, ce sont des vagabonds, des brigands.

J—ski, qui comprenait fort mal le russe, crut qu'on leur demandait s'ils étaient des brigands ou des vagabonds, et répondit :

— Nous sommes des condamnés politiques, et non des vagabonds.

— Co—oomment? Tu veux faire l'insolent? le rustre? hurla le major. — Au corps de garde! et cent verges tout de suite! à l'instant même!

On punit le vieillard : il se coucha à terre sous les verges, sans opposer de résistance, maintint sa main entre ses dents et endura son châtiment sans une plainte, sans un gémissement, immobile sous les coups. B—ski et T—ski arrivaient à ce moment à la maison de force, où M—ski les attendait à la porte d'entrée; il se jeta à leur cou, bien qu'il ne les eût jamais vus. Révoltés de l'accueil du major, ils lui

racontèrent la scène cruelle qui venait d'avoir lieu. M—ski me dit plus tard qu'il était hors de lui en apprenant cela :
— Je ne me sentais plus de rage, je tremblais de fièvre. J'attendis J—ski à la grand'porte, car il devait venir tout droit du corps de garde après sa punition. La poterne s'ouvrit, et je vis passer devant moi J—ski les lèvres tremblantes et toutes blanches, le visage pâle ; il ne regardait personne et traversa les groupes de forçats rassemblés au milieu de la cour — ils savaient qu'on venait de punir un noble — entra dans la caserne, alla droit à sa place et, sans mot dire, s'agenouilla et pria. Les détenus furent surpris et même émus. Quand je vis ce vieillard à cheveux blancs, qui avait laissé dans sa patrie une femme et des enfants, quand je le vis, après cette honteuse punition, agenouillé et priant, — je m'enfuis de la caserne, et pendant deux heures je fus comme fou : j'étais comme ivre... Depuis lors, les forçats furent pleins de déférence et d'égards pour J—ski ; ce qui leur avait particulièrement plu, c'est qu'il n'avait pas crié sous les verges.

Il faut pourtant être juste et dire la vérité : on ne saurait juger par cet exemple des relations de l'administration avec les déportés nobles, quels qu'ils soient, Russes ou Polonais. Mon anecdote montre qu'on peut tomber sur un méchant homme : si ce méchant homme est commandant absolu d'une maison de force, s'il déteste par hasard un exilé, le sort de celui-ci est loin d'être enviable. Mais l'administration supérieure des travaux forcés en Sibérie, qui donne le ton et les directions aux commandants subordonnés, est pleine de discernement à l'égard des déportés nobles et même, en certains cas, leur montre plus d'indulgence qu'aux autres forçats de basse condition. Les causes en sont claires : d'abord ces chefs sont eux-mêmes gentilshommes, et puis on citait des cas où des nobles avaient refusé de se coucher sous les verges et s'étaient jetés sur leurs exécuteurs ; les suites de ces rébellions étaient toujours fâcheuses ; enfin — et je crois que c'est la cause principale — il y avait déjà longtemps de cela, trente-cinq ans au moins, on avait envoyé d'un coup en Sibérie une masse de déportés nobles [1] ; ils avaient su si bien se poser et se recommander que les chefs des travaux forcés regardaient, par une vieille habitude, les criminels nobles d'un tout autre œil que les forçats ordinaires. Les commandants subalternes s'étaient réglés sur l'exemple de leurs chefs, et obéissaient aveuglément à cette manière de voir. Beaucoup d'entre eux critiquaient et déploraient ces dispositions de leurs supérieurs ; ils étaient très-heureux quand on leur permettait d'agir comme bon leur semblait, mais on ne leur donnait pas trop de latitude ; j'ai tout lieu de le croire, et voici pourquoi. La seconde catégorie des travaux forcés, dans laquelle je me trouvais et qui se composait de forçats serfs, soumis à l'autorité militaire — était beaucoup plus dure que la première (les mines) et la troisième (travail de fabrique). Elle était plus dure non-seulement pour les nobles, mais aussi pour les autres forçats, parce que l'administration et l'organisation en étaient toutes militaires, et ressemblaient fort à celles des bagnes de Russie. Les chefs étaient plus sévères, les habitudes plus rigoureuses que dans les deux autres catégories : on était toujours dans les fers, toujours sous escorte, toujours enfermé, ce qui n'existait pas ailleurs, à ce que disaient du moins nos forçats, et certes il y avait des connaisseurs parmi eux. Ils seraient tous partis avec bonheur pour les travaux des mines, que la loi déclarait être la punition suprême ; ils en rêvaient. Tous ceux qui avaient été dans les bagnes russes en parlaient avec horreur et assuraient qu'il n'y avait pas d'enfer semblable à celui-là, que la Sibérie était un vrai paradis, comparée à la réclusion dans les forteresses en Russie. Si donc on avait un peu plus d'égards pour nous autres nobles

---

[1] Les décembristes.

dans notre maison de force qui était directement surveillée par le général gouverneur, et dont l'administration était toute militaire, on devait avoir encore plus de bienveillance pour les forçats de la première et de la troisième catégorie. Je puis parler sciemment de ce qui se faisait dans toute la Sibérie : les récits que j'ai entendu faire par des déportés de la première et de la troisième catégorie confirment ma conclusion. On nous surveillait beaucoup plus étroitement que nulle part ailleurs : nous n'avions aucune immunité en ce qui concernait les travaux et la réclusion : mêmes travaux, mêmes fers, même séquestration que les autres détenus ; il était parfaitement impossible de nous protéger, car je savais que dans *un bon vieux temps très-rapproché* les dénonciations, les intrigues, minant le crédit des personnes en place, s'étaient tellement multipliées, que l'administration craignait les délations, et dans ce temps-là, montrer de l'indulgence à une certaine classe de forçats était un crime!... Aussi chacun avait-il peur pour lui-même : nous étions donc ravalés au niveau des autres forçats, on ne faisait exception que pour les punitions corporelles, — et encore nous aurait-on fouettés si nous avions commis un délit quelconque, car le service exigeait que nous fussions égaux devant le châtiment, — mais on ne nous aurait pas fouettés à la légère et sans motif, comme les autres détenus. Quand notre commandant eut connaissance du châtiment infligé à J—ski, il se fâcha sérieusement contre le major et lui ordonna de faire plus d'attention désormais. Tout le monde en fut instruit. On sut aussi que le général gouverneur, qui avait grande confiance en notre major et qui l'aimait à cause de son exactitude à observer la loi et de ses qualités d'employé, lui fit une verte semonce, quand il fut informé de cette histoire. Et notre major en prit bonne note. Il aurait bien voulu, par exemple, se donner la satisfaction de fouetter M—ski, qu'il détestait sur la foi des calomnies de A—f, mais il ne put y arriver ; il avait beau chercher un prétexte, le persécuter et l'espionner, ce plaisir lui fut refusé. L'affaire de J—ski se répandit en ville, et l'opinion publique fut défavorable au major; les uns lui firent des réprimandes, d'autres lui infligèrent des affronts.

Je me rappelle maintenant ma première rencontre avec le major. On nous avait épouvantés — moi et un autre déporté noble — encore à Tobolsk, par les récits sur le caractère abominable de cet homme. Les anciens exilés (condamnés jadis à vingt-cinq ans de travaux forcés), nobles comme nous, qui nous avaient visités avec tant de bonté pendant notre séjour à la prison de passage, nous avaient prévenus contre notre futur commandant; ils nous avaient aussi promis de faire tout ce qu'ils pourraient en notre faveur auprès de leurs connaissances et de nous épargner ses persécutions. En effet, ils écrivirent aux trois filles du général gouverneur, qui intercédèrent, je crois, en notre faveur. Mais que pouvait-il faire? Il se borna à dire au major d'être équitable dans l'application de la loi. — Vers trois heures de l'après-dînée nous arrivâmes, mon camarade et moi, dans cette ville; l'escorte nous conduisit directement chez notre tyran. Nous restâmes dans l'antichambre à l'attendre, pendant qu'on allait chercher le sous-officier de la prison. Dès que celui-ci fut arrivé, le major entra. Son visage cramoisi, couperosé et mauvais fit sur nous une impression douloureuse : il semblait qu'une araignée allait se jeter sur une pauvre mouche se débattant dans sa toile.

— Comment t'appelle-t-on? demanda-t-il à mon camarade. Il parlait d'une voix dure, saccadée, et voulait produire sur nous de l'impression.

Mon camarade se nomma.

— Et toi? dit-il en s'adressant à moi, en me fixant par derrière ses lunettes.

Je me nommai.

— Sergent! qu'on les mène à la maison de force, qu'on les

rase au corps de garde, en civils... la moitié du crâne, et qu'on les ferre demain! Quelles capotes avez-vous là? d'où les avez-vous? nous demanda-t-il brusquement en apercevant les capotes grises à ronds jaunes cousus dans le dos, qu'on nous avait délivrées à Tobolsk. — C'est un nouvel uniforme, pour sûr c'est un nouvel uniforme... On projette encore... Ça vient de Pétersbourg..., dit-il en nous examinant tour à tour. — Ils n'ont rien avec eux? fit-il soudain au gendarme qui nous escortait.

— Ils ont leurs propres habits, Votre Haute Noblesse, répondit celui-ci en se mettant au port d'armes, non sans tressauter légèrement. Tout le monde le connaissait et le craignait.

— Enlevez-leur tout ça! Ils ne doivent garder que leur linge, le linge blanc; enlevez le linge de couleur s'il y en a, et vendez-le aux enchères. On inscrira le montant aux recettes. Le forçat ne possède rien, continua-t-il en nous regardant d'un œil sévère. — Faites attention! conduisez-vous bien! que je n'entende pas de plaintes! sans quoi... punition corporelle! — Pour le moindre délit — les v-v-verges!

Je fus presque malade ce soir-là de cet accueil auquel je n'étais pas habitué : l'impression était d'autant plus douloureuse que j'entrais dans cet enfer! Mais j'ai déjà raconté tout cela.

J'ai déjà dit que nous n'avions aucune immunité, aucun allégement dans notre travail quand les autres forçats étaient présents; on essaya pourtant de nous venir en aide en nous envoyant pendant trois mois, B—ski et moi, à la chancellerie des ingénieurs en qualité de copistes, mais en secret; tous ceux qui devaient le savoir le savaient, mais faisaient semblant de ne rien voir. C'étaient les chefs ingénieurs qui nous avaient valu cette bonne aubaine, pendant le peu de temps que le lieutenant-colonel G—kof fut notre commandant. Ce chef (qui ne resta pas plus de six mois, car il repartit bientôt pour la Russie) nous sembla un bienfaiteur envoyé par le ciel et fit une profonde impression sur tous les forçats. Ils ne l'aimaient pas, ils l'adoraient, si l'on peut employer ce mot. Je ne sais trop ce qu'il avait fait, mais il avait conquis leur affection du premier coup. « C'est un vrai père ! » disaient à chaque instant les déportés pendant tout le temps qu'il dirigea les travaux du génie. C'était un joyeux viveur. De petite taille, avec un regard hardi et sûr de lui-même, il était aimable et gracieux avec tous les forçats, qu'il aimait paternellement. Pourquoi les aimait-il? Je ne saurais trop le dire, mais il ne pouvait voir un détenu sans lui adresser un mot affable, sans rire et plaisanter avec lui. Il n'y avait rien d'autoritaire dans ses plaisanteries, rien qui sentit le maître, le chef. C'était leur camarade, leur égal. Malgré cette condescendance, je ne me souviens pas que les forçats se soient jamais permis d'être irrespectueux ou familiers. Au contraire. Seulement la figure du détenu s'éclairait subitement quand il rencontrait le commandant ; il souriait largement, le bonnet à la main, rien que de le voir approcher. Si le commandant lui adressait la parole, c'était un grand honneur. — Il y a de ces gens populaires! — G — kof avait l'air crâne, marchait à grands pas, très-droit : « un aigle », disaient de lui les forçats. Il ne pouvait pas leur venir en aide, car il dirigeait les travaux du génie, qui sous tous les commandants étaient exécutés dans les formes légales établies une fois pour toutes. Quand par hasard il rencontrait une bande de forçats dont le travail était terminé, il les laissait revenir avant le roulement du tambour. Les détenus l'aimaient pour la confiance qu'il leur témoignait, pour son horreur des taquineries et des mesquineries, toujours si irritantes quand on a des rapports avec les chefs. Je suis sûr que s'il avait perdu mille roubles en billets, le voleur le plus fieffé de notre prison les lui aurait rendus. Oui, j'en suis convaincu. Comme tous les détenus lui furent sympathiques, quand ils apprirent qu'il était brouillé à mort avec notre major détesté! Cela arriva un mois après son arrivée : leur joie fut au comble. Le major avait été autrefois son frère d'armes ; quand ils se rencontrèrent après une longue séparation, ils menèrent d'abord joyeuse vie ensemble, mais bientôt ils cessèrent d'être intimes. Ils s'étaient querellés, et G—kof devint l'ennemi juré du major. On raconta même qu'ils s'étaient battus à coups de poing, et il n'y avait pas là de quoi étonner ceux qui connaissaient notre major : il aimait à se battre. Quand les forçats apprirent cette querelle, ils ne se tinrent plus de joie : « C'est notre Huit-yeux qui peut s'entendre avec le commandant ! celui-là est un aigle, tandis que notre *honi*... » Ils étaient fort curieux de savoir qui avait eu le dessus dans cette lutte, et lequel des deux avait rossé l'autre. Si ce bruit eût été démenti, nos forçats en auraient éprouvé un cruel désappointement. — « Pour sûr, c'est le commandant qui l'a éreinté, disaient-ils ; tout petit qu'il soit, il est audacieux ; l'autre se sera fourré sous un lit, tant il aura eu peur. » Mais G—kof repartit bientôt, laissant de vifs regrets dans le bagne. Nos ingénieurs étaient tous de braves gens : on les changea trois ou quatre fois de mon temps. — « Nos aigles ne restent jamais bien longtemps, disaient les détenus, surtout quand ils nous protégent. »

C'est ce G—kof qui nous envoya, B—ski et moi, travailler à sa chancellerie, car il aimait les déportés nobles. Quand il partit, notre condition demeura plus tolérable, car il y avait un ingénieur qui nous témoignait beaucoup de sympathie. Nous copiions des rapports depuis quelque temps, ce qui perfectionnait notre écriture, quand arriva un ordre supérieur qui enjoignait de nous renvoyer à nos travaux antérieurs. On avait déjà eu le temps de nous dénoncer. Au fond, nous n'en fûmes pas trop mécontents, car nous étions las de ce travail de copistes. Pendant deux ans entiers, je travaillai sans interruption avec B—ski, presque toujours dans les ateliers. Nous bavardions et parlions de nos espérances, de nos convictions. Celles de l'excellent B—ski étaient étranges, exclusives : il y a des gens très-intelligents dont les idées sont parfois trop paradoxales, mais ils ont tant souffert, tant enduré pour elles, ils les ont gardées au prix de tant de sacrifices, que les leur enlever serait impossible et cruel. B—ski souffrait de toute objection et y répondait par des violences. Il avait peut-être raison, plus raison que moi sur certains points, mais nous fûmes obligés de nous séparer, ce dont j'éprouvai un grand regret, car nous avions déjà beaucoup d'idées communes.

Avec les années M—tski devenait de plus en plus triste et sombre. Le désespoir l'accablait. Durant les premiers temps de ma réclusion, il était plus communicatif, il laissait mieux voir ce qu'il pensait. Il achevait sa deuxième année de travaux forcés quand j'y arrivai. Tout d'abord, il s'intéressa fort aux nouvelles que je lui apportai, car il ne savait rien de ce qui se faisait au dehors : il me questionna, m'écouta, s'émut, mais peu à peu il se concentra de plus en plus, ne laissant rien voir de ce qu'il pensait. Les charbons ardents se couvrirent de cendre. Et pourtant il s'aigrissait toujours plus. « *Je hais ces brigands*[1] », me répétait-il en parlant des forçats que j'avais déjà appris à connaître ; mes arguments en leur faveur n'avaient aucune prise sur lui. Il ne comprenait pas ce que je lui disais, il tombait quelquefois d'accord avec moi, mais distraitement : le lendemain il me répétait de nouveau : « *Je hais ces brigands*. » (Nous parlions souvent français avec lui ; aussi un surveillant des travaux, le soldat du génie Dranichnikof, nous appelait toujours *aides-chirurgiens*, Dieu sait pourquoi !) M—tski ne s'animait que quand il parlait de sa mère. « Elle est vieille et infirme — me disait-il — elle m'aime plus que tout au monde, et je ne sais même pas si elle est vivante. Si elle apprend qu'on m'a

---

[1] Sic. Cette phrase est en français dans l'original.

fouetté... » — M—tski n'était pas noble, et avait été fouetté avant sa déportation. Quand ce souvenir lui revenait, il grinçait des dents et détournait les yeux. Vers la fin de sa réclusion, il se promenait presque toujours seul. Un jour, à midi, on l'appela chez le commandant, qui le reçut le sourire aux lèvres.

— Eh bien! M—tski, qu'as-tu rêvé cette nuit? lui demanda-t-il.

« Quand il me dit cela, je frissonnai, nous raconta plus tard M—tski; il me sembla qu'on me perçait le cœur. »

— J'ai rêvé que je recevais une lettre de ma mère, répondit-il.

— Mieux que ça, mieux que ça! répliqua le commandant. Tu es libre. Ta mère a supplié l'Empereur... et sa prière a été exaucée. Tiens, voilà sa lettre, voilà l'ordre de te mettre en liberté. Tu quitteras la maison de force à l'instant même.

Il revint vers nous, pâle et croyant à peine à son bonheur.

Nous le félicitâmes. Il nous serra la main de ses mains froides et tremblantes. Beaucoup de forçats le complimentèrent aussi; ils étaient heureux de son bonheur.

Il devint colon et s'établit dans notre ville, où peu de temps après on lui donna une place. Il venait souvent à la maison de force et nous communiquait différentes nouvelles, quand il le pouvait. C'était les nouvelles politiques qui l'intéressaient surtout.

Outre les quatre Polonais, condamnés politiques dont j'ai parlé, il y en avait encore deux tout jeunes, déportés pour un laps de temps très-court; ils étaient peu instruits, mais honnêtes, simples et francs. Un autre, A—tchoukovski, était par trop simple et n'avait rien de remarquable, tandis que B—m, un homme déjà âgé, nous fit la plus mauvaise impression. Je ne sais pas pourquoi il avait été exilé, bien qu'il le racontât volontiers : c'était un caractère mesquin, bourgeois, avec les idées et les habitudes grossières d'un boutiquier enrichi. Sans la moindre instruction, il ne s'intéressait nullement à ce qui ne concernait pas son métier de peintre au gros pinceau; il faut reconnaître que c'était un peintre remarquable; nos chefs entendirent bientôt parler de ses talents, et toute la ville employa B—m à décorer les murailles et les plafonds. En deux ans, il décora presque tous les appartements des employés, qui lui payaient grassement son travail; aussi ne vivait-il pas trop misérablement. On l'envoya travailler avec trois camarades, dont deux apprirent parfaitement son métier; l'un d'eux, T—jevski, peignait presque aussi bien que lui. Notre major, qui habitait un logement de l'État, fit venir B—m et lui ordonna de peindre les murailles et les plafonds. B—m se donna tant de peine que l'appartement du général gouverneur semblait peu de chose en comparaison de celui du major. La maison était vieille et décrépite, à un étage, très-sale, tandis que l'intérieur était décoré comme un palais; notre major jubilait... Il se frottait les mains et disait à tout le monde qu'il allait se marier. — « Comment ne pas se marier, quand on a un pareil appartement? » faisait-il très-sérieusement. Il était toujours plus content de B—m et de ceux qui l'aidaient. Ce travail dura un mois. Pendant tout ce temps, le major changea d'opinion à notre sujet et commença même à nous protéger, nous autres condamnés politiques. Un jour, il fit appeler J—ki.

— J—ki, lui dit-il, je t'ai offensé, je t'ai fait fouetter sans raison. Je m'en repens. Comprends-tu? *moi, moi*, je me repens!

J—ki répondit qu'il comprenait parfaitement.

— Comprends-tu que *moi, moi*, ton chef, je t'aie fait appeler pour te demander pardon? Imagines-tu cela? qui es-*tu* pour moi? Un ver! moins qu'un ver de terre : tu es un forçat, et moi, par la grâce de Dieu [1], major... Major, comprends-tu cela?

---

[1] Notre major n'était pas le seul à employer cette expression, bien

J—ki répondit qu'il comprenait aussi cela.

— Eh bien! je veux me réconcilier avec toi. Mais conçois-tu bien ce que je fais? conçois-tu toute la grandeur de mon action? Es-tu capable de la sentir et de l'apprécier?

Imagine-toi : *moi, moi, major!...* etc.

J—ki me raconta cette scène. Un sentiment humain existait donc dans cette brute toujours ivre, désordonnée et tracassière! Si l'on prend en considération ses idées et son développement intellectuel, on doit convenir que cette action était vraiment généreuse. L'ivresse perpétuelle dans laquelle il se trouvait y avait peut-être contribué !

Le rêve du major ne se réalisa pas; il ne se maria pas, quoiqu'il fût décidé à prendre femme sitôt qu'on aurait fini de décorer son appartement. Au lieu de se marier, il fut mis en jugement; on lui enjoignit de donner sa démission. De vieux péchés étaient revenus sur l'eau : il avait été, je crois, maître de police de notre ville... Ce coup l'assomma inopinément. Tous les forçats se réjouirent, quand ils apprirent la grande nouvelle; ce fut une fête, une solennité. On dit que le major pleurnichait comme une vieille femme et hurlait. Mais que faire? Il dut donner sa démission, vendre ses deux chevaux gris et tout ce qu'il possédait; il tomba dans la misère. Nous le rencontrions quelquefois — plus tard — en habit civil tout râpé avec une casquette à cocarde. Il regardait les forçats d'un air mauvais. Mais son auréole et son prestige avaient disparu avec son uniforme de major. Tant qu'il avait été notre chef, c'était un dieu habillé en civil; il avait tout perdu, il ressemblait à un laquais.

Pour combien entre l'uniforme dans l'importance de ces gens-là!

---

d'autres commandants militaires l'imitaient, de mon temps, surtout ceux qui sortaient du rang. (*Note de Dostoïevski.*)

IX

L'ÉVASION.

Peu de temps après que le major eut donné sa démission, on réorganisa notre maison de force de fond en comble. Les travaux forcés y furent abolis et remplacés par un bagne militaire sur le modèle des bagnes de Russie. Par suite, on cessa d'y envoyer les déportés de la seconde catégorie, qui devait se composer désormais des seuls détenus militaires, c'est-à-dire de gens qui conservaient leurs droits civiques. C'étaient des soldats comme tous les autres, mais qui avaient été fouettés ; ils n'étaient détenus que pour des périodes très-courtes (six ans au plus); une fois leur condamnation purgée, ils rentraient dans leurs bataillons en qualité de simples soldats, comme auparavant. Les récidivistes étaient condamnés à vingt ans de réclusion. Jusqu'alors nous avions eu dans notre prison une division militaire, mais simplement parce qu'on ne savait où mettre les soldats. Ce qui était l'exception devint la règle. Quant aux forçats civils, privés de tous leurs droits, marqués au fer et rasés, ils devaient rester dans la forteresse pour y finir leur temps; comme il n'en venait plus de nouveaux et que les anciens étaient mis en liberté les uns après les autres, elle ne devait plus contenir un seul forçat au bout de dix ans. La divison particulière fut aussi maintenue ; de temps à autre arrivaient encore des criminels militaires d'importance, qui étaient écroués dans notre prison, en attendant qu'on commençât les travaux pénibles en Sibérie orientale. Notre genre de vie ne fut pas changé. Les travaux, la discipline étaient les mêmes qu'auparavant; seule, l'administration avait été renouvelée et compliquée. Un officier supérieur, commandant de compagnie, avait été désigné comme chef de la prison; il avait sous ses ordres quatre officiers subalternes qui étaient de garde à leur tour. Les invalides furent renvoyés et remplacés par douze sous-officiers et un surveillant d'arsenal. On divisa les sections de détenus en dizaines, et l'on choisit des caporaux parmi eux; ils n'avaient, bien entendu, qu'un pouvoir nominal sur leurs camarades. Comme de juste, Akim Akimytch fut du nombre. Ce nouvel établissement fut confié au commandant, qui resta chef de la prison. Les changements n'allèrent pas plus loin. Tout d'abord les forçats s'agitèrent beaucoup; ils discutaient, cherchaient à pénétrer leurs nouveaux chefs; mais quand ils virent qu'au fond tout était comme auparavant, ils se tranquillisèrent, et notre vie reprit son cours ordinaire. Nous étions au moins délivrés du major; tout le monde respira et reprit courage. L'épouvante avait disparu; chacun de nous savait qu'en cas de besoin, il avait droit de se plaindre à son chef, et qu'on ne pouvait plus le punir s'il avait raison, sauf les cas d'erreur. On continua à apporter de l'eau-de-vie comme auparavant, bien qu'au lieu d'invalides nous eussions maintenant des sous-officiers. C'étaient tous des gens honnêtes et avisés, qui comprenaient leur situation. Il y en eut bien qui voulurent faire les fanfarons et nous traiter comme des soldats, mais ils entrèrent bientôt dans le courant général. Ceux qui mirent par trop de temps à comprendre les habitudes de notre prison furent instruits par nos forçats eux-mêmes. Il y eut quelques histoires assez vives. On tentait un sous-officier avec de l'eau-de-vie, on l'enivrait, puis, quand il était dégrisé, on lui expliquait, de façon qu'il comprît bien, que comme il avait bu avec les détenus, par conséquent... Les sous-officiers finirent par fermer les yeux sur le commerce de l'eau-de-vie. Ils allaient au marché comme les invalides et apportaient aux détenus du pain blanc, de la viande, enfin tout ce qui pouvait être introduit sans risque; aussi ne puis-je pas comprendre pourquoi tout avait été changé et pourquoi la maison de force était devenue une prison militaire. Cela arriva deux ans avant ma sortie. Je devais vivre encore deux ans sous ce régime...

Dois-je décrire dans ces mémoires tout le temps que j'ai passé au bagne? Non. Si je racontais par ordre tout ce que j'ai vu, je pourrais doubler et tripler le nombre des chapitres, mais une semblable description serait par trop monotone. Tout ce que je raconterais rentrerait forcément dans les chapitres précédents, et le lecteur s'est déjà fait en les parcourant une idée de la vie des forçats de la seconde catégorie. J'ai voulu représenter notre maison de force et ma vie d'une façon exacte et saisissante, je ne sais trop si j'ai atteint mon but. Je ne puis juger moi-même mon travail. Je crois pourtant que je puis le terminer ici. A remuer ces vieux souvenirs, la vieille souffrance remonte et m'étouffe. Je ne puis d'ailleurs me souvenir de tout ce que j'ai vu, car les dernières années se sont effacées de ma mémoire; je suis sûr que j'ai oublié beaucoup de choses. Ce dont je me rappelle, par exemple, c'est que ces années se sont écoulées lentement, tristement, que les journées étaient longues, ennuyeuses, et tombaient goutte à goutte. Je me rappelle aussi un ardent désir de ressusciter, de renaître dans une vie nouvelle qui me donnât la force de résister, d'attendre et d'espérer. Je m'endurcis enfin : j'attendis : je comptais chaque jour; quand même il m'en restait mille à passer à la maison de force, j'étais heureux le lendemain de pouvoir me dire que je n'en avais plus que neuf cent quatre-vingt-dix-neuf, et non plus mille. Je me souviens encore qu'entouré de centaines de camarades, j'étais dans une effroyable solitude, et que j'en vins à aimer cette solitude. Isolé au milieu de la foule des forçats, je repassais ma vie antérieure, je l'analysais dans les moindres détails, j'y réfléchissais et je me jugeais impitoyablement; quelquefois même je remerciais la destinée qui m'avait octroyé cette solitude, sans laquelle je n'aurai pu ni me juger ni me replonger dans ma vie passée. Quelles espérances germaient alors dans mon cœur! Je pensais, je décidais, je me jurais de ne plus commettre les fautes que j'avais commises, et d'éviter les chutes qui m'avaient brisé. Je me fis le programme de mon avenir, en me promettant d'y rester fidèle. Je croyais aveuglément que j'accomplirais, que je pouvais accomplir tout ce que je voulais... J'attendais, j'appelais avec transport ma liberté... Je voulais essayer de nouveau mes forces dans une nouvelle lutte. Parfois une impatience fiévreuse m'étreignait... Je souffre rien qu'à réveiller ces souvenirs. Bien entendu, cela n'intéresse que moi... J'écris ceci parce que je pense que chacun me comprendra, parce que chacun sentira de même, qui aura le malheur d'être condamné et emprisonné, dans la fleur de l'âge, en pleine possession de ses forces.

Mais à quoi bon!... je préfère terminer mes mémoires par un récit quelconque, afin de ne pas les finir trop brusquement.

J'y pense ; quelqu'un demandera peut-être s'il est impossible de s'enfuir de la maison de force, et si, pendant tout le temps que j'y ai passé, il n'y eut pas de tentative d'évasion. J'ai déjà dit qu'un détenu qui a subi deux ou trois ans commence à tenir compte de ce chiffre, et calcule qu'il vaut mieux finir son temps sans encombre, sans danger, et devenir colon après sa mise en liberté. Mais ceux qui calculent ainsi sont les forçats condamnés pour un temps relativement court : ceux dont la condamnation est longue sont toujours prêts à risquer... Pourtant les tentatives d'évasion étaient rares. Fallait-il attribuer cela à la lâcheté des forçats, à la sévérité de la discipline militaire, ou bien à la situation de notre ville qui ne favorisait guère les évasions (car elle était en pleine steppe découverte)? Je n'en sais rien. Je crois que tous ces motifs avaient leur influence... Il était difficile de s'évader de notre prison : de mon temps, deux forçats l'essayèrent : c'étaient des criminels d'importance.

Quand notre major eut donné sa démission, A—v (l'espion du bagne) resta seul et sans protection. Jeune encore, son caractère prenait de la fermeté avec l'âge : il était effronté, résolu et très-intelligent. Si on l'avait mis en liberté, il eût certainement continué à espionner et à battre monnaie par tous les moyens possibles, si honteux qu'ils fussent, mais il ne se serait plus laissé reprendre; il avait gagné de l'expérience au bagne. Il s'exerçait à fabriquer de faux passe-ports. Je ne l'affirme pourtant pas, car je tiens ce fait d'autres forçats. Je crois qu'il était prêt à tout risquer dans l'unique espérance de changer son sort. J'eus l'occasion de pénétrer dans son âme et d'en voir toute la laideur : son froid cynisme était révoltant et excitait en moi un dégoût invincible. Je crois que s'il avait eu envie de boire de l'eau-de-vie, et que le seul moyen d'en obtenir eût été d'assassiner quelqu'un, il n'aurait pas hésité un instant, à condition toutefois que son crime restât secret. Il avait appris à tout calculer dans notre maison de force. C'est sur lui que le Koulikof de la « section particulière » arrêta son choix.

J'ai déjà parlé de Koulikof. Il n'était plus jeune, mais plein d'ardeur, de vie et de vigueur, et possédait des facultés extraordinaires. Il se sentait fort, et voulait vivre encore : ces gens-là veulent vivre quand même la vieillesse a déjà fait d'eux sa proie. J'eusse été bien surpris si Koulikof n'avait pas tenté de s'évader. Mais il était déjà décidé. Lequel des deux avait le plus d'influence sur l'autre, Koulikof ou A—f, je n'en sais rien ; ils se valaient, et se convenaient de tout point; aussi se lièrent-ils bientôt. Je crois que Koulikof comptait sur A—f pour lui fabriquer un passeport; d'ailleurs ce dernier était un noble, il appartenait à la bonne société — cela promettait d'heureuses chances, s'ils parvenaient à regagner la Russie. Dieu sait comme ils s'entendirent et quelles étaient leurs espérances; en tout cas, elles devaient sortir de la routine des vagabonds sibériens. Koulikof était un comédien qui pouvait remplir divers rôles dans la vie, il avait droit d'espérer beaucoup de ses talents. La maison de force étrangle et étouffe de pareils hommes. Ils complotèrent donc leur évasion.

Mais il était impossible de fuir sans un soldat d'escorte, il fallait gagner ce soldat. Dans l'un des bataillons casernés à la forteresse se trouvait un Polonais d'un certain âge, homme énergique et digne d'un meilleur sort, sérieux, courageux. Quand il était arrivé en Sibérie, tout jeune, il avait déserté, car le mal du pays le minait. Il fut repris et fouetté; pendant deux ans, il fit partie des compagnies de discipline. Rentré dans son bataillon, il s'était mis avec zèle au service; on l'en avait récompensé en lui donnant le grade de caporal. Il avait de l'amour-propre, et parlait du ton d'un homme qui se tient en haute estime.

Je le remarquai quelquefois parmi les soldats qui nous surveillaient, car les Polonais m'avaient parlé de lui. Je crus voir que le mal du pays s'était changé en une haine sourde, irréconciliable. Il n'aurait reculé devant rien, et Koulikof, eut du flair en le choisissant comme complice de son évasion. Ce caporal s'appelait Kohler. Il se concerta avec Koulikof, et ils fixèrent le jour. On était au mois de juin, pendant les grandes chaleurs. Le climat de notre ville était assez égal, surtout l'été, ce qui est très-favorable aux vagabonds. Il ne fallait pas penser à s'enfuir directement de la forteresse, car la ville est située sur une colline, dans un lieu découvert, les forêts qui l'entourent sont à une assez grande distance. Un déguisement était indispensable, et pour se le procurer il fallait gagner le faubourg, où Koulikof s'était ménagé un repaire depuis longtemps. Je ne sais si ses bonnes connaissances du faubourg étaient dans le secret. Il faut croire que oui, quoique ce point soit resté incertain. Cette année-là, une jeune demoiselle de conduite légère, d'extérieur très-agréable, nommée Vanika-Tanika, venait de s'établir dans un coin du faubourg; elle donnait déjà de grandes espérances, qu'elle devait entièrement justifier par la suite. On l'appelait aussi « feu et flamme »; je crois qu'elle était d'intelligence avec les fugitifs, car Koulikof avait fait des folies pour elle pendant toute une année. Quand on forma les détachements, le matin, nos gaillards s'arrangèrent pour se faire envoyer avec le forçat Chilkine — poêlier-plâtrier de son métier — recrépir des casernes vides que les soldats du camp avaient abandonnées. A—f et Koulikof devaient l'aider à transporter les matériaux nécessaires. Kohler se fit admettre dans l'escorte; comme pour trois détenus le règlement exigeait deux soldats d'escorte, on lui confia une jeune recrue, auquel il devait apprendre le service en sa qualité de caporal. Il fallait que nos fuyards eussent une bien grande influence sur Kohler pour qu'il se décidât à les suivre, lui, un homme sérieux, intelligent et calculateur, qui n'avait plus que quelques années à passer sous les drapeaux.

Ils arrivèrent aux casernes vers six heures du matin. Ils étaient complétement seuls. Après avoir travaillé une heure environ, Koulikof et A—f dirent à Chilkine qu'ils allaient à l'atelier voir quelqu'un et prendre un outil dont ils avaient besoin. Ils durent user de ruse avec Chilkine et lui conter cela du ton le plus naturel. C'était un Moscovite, poêlier de son métier, rusé, pénétrant, peu causeur, d'aspect débile et décharné. Cet homme qui aurait dû passer sa vie en gilet et en cafetan, dans quelque boutique de Moscou, se trouvait dans la « section particulière », au nombre des plus redoutables criminels militaires, après de longues pérégrinations; ainsi l'avait voulu sa destinée. Qu'avait-il fait pour mériter un châtiment si dur? je n'en sais rien; il ne manifestait jamais la moindre aigreur et vivait paisiblement; de temps à autre, il s'enivrait comme un savetier; à part cela, sa conduite était excellente. On ne l'avait pas mis dans le secret comme de juste, et il fallait le dérouter. Koulikof lui dit en clignant de l'œil qu'ils allaient chercher de l'eau-de-vie, cachée dans l'atelier depuis la veille, ce qui intéressa fort Chilkine; il ne se douta de rien et resta seul avec la jeune recrue, pendant que Koulikof, A—f et Kohler se rendaient au faubourg.

Une demi-heure se passa; les absents ne revenaient pas. Chilkine se mit à réfléchir : un éclair lui traversa l'esprit. Il se rappela que Koulikof paraissait avoir quelque chose d'extraordinaire, qu'il chuchotait avec A—f en clignant de l'œil; il l'avait vu; maintenant il se souvenait de tout. Kohler avait également frappé son attention; en partant avec les deux forçats, le caporal avait expliqué à la recrue ce qu'elle devait faire pendant son absence, ce qui n'était pas dans ses habitudes. Plus Chilkine scrutait ses souvenirs, plus ses soupçons augmentaient. Le temps s'écoulait, les forçats ne revenaient pas; son inquiétude était extrême, car il comprenait que l'administration le soupçonnerait de connivence avec les fugitifs : il risquait sa peau par conséquent. On pouvait croire qu'il était leur complice, et qu'il les avait laissés partir, connaissant leur intention; s'il tardait à dénoncer leur disparition, ces soupçons prendraient encore plus de consistance. Il n'avait pas de temps à perdre. Il se rappela alors que Koulikof et A—f étaient devenus intimes depuis quelque temps, qu'ils complotaient souvent derrière les casernes, à l'écart. Il se souvint encore que cette idée lui était déjà venue, qu'ils se concertaient... Il regarda son soldat d'escorte; celui-ci bâillait, accoudé sur son fusil, et se grattait le nez le plus innocemment du monde; aussi Chilkine ne jugea-t-il pas nécessaire de lui communiquer ses pensées : il lui dit tout simplement de venir avec lui à l'atelier du génie. Il voulait demander là si on n'avait pas aperçu ses camarades; mais personne ne les avait vus. Les soupçons de Chilkine se confirmaient. — S'ils avaient été simplement s'enivrer ou bambocher au faubourg, comme Koulikof le faisait souvent... mais cela était impossible, pensait Chilkine. Ils le lui auraient dit, car à quoi bon lui cacher cela? Chilkine quitta son travail, et sans même retourner à la caserne où il travaillait, il s'en fut tout droit à la maison de force.

Il était près de neuf heures quand il arriva chez le sergent-major, auquel il communiqua ses soupçons. Celui-ci eut peur, et tout d'abord ne voulut pas le croire. Chilkine ne lui avait communiqué son idée que sous forme de soupçon. Le sergent-major courut chez le major, qui courut à son tour chez le commandant. Au bout d'un quart d'heure, toutes les mesures nécessaires étaient prises. On fit un rapport au général gouverneur. Comme les forçats étaient d'importance, on pouvait recevoir une réprimande sévère de Pétersbourg. A—f était classé parmi les condamnés politiques, à tort ou à raison ; Koulikof était forçat de la « section particulière », c'est-à-dire archicriminel, et de plus, ancien militaire. On se rappela alors qu'aux termes du règlement, chaque forçat de la division particulière devait avoir deux soldats d'escorte quand il allait au travail ; or cette règle n'avait pas été observée, ce qui pouvait faire du tort à tout le monde. On envoya aussitôt des exprès dans tous les chefs-lieux de bailliage, dans toutes les petites villes environnantes, pour avertir les autorités de l'évasion de deux forçats et donner leur signalement. On expédia des Cosaques à leur recherche ; on écrivit dans tous les arrondissements, dans les gouvernements voisins... Enfin, on eut une peur horrible.

L'agitation n'était pas moindre dans notre maison de force ; à mesure que les détenus revenaient du travail, ils apprenaient la grande nouvelle, qui courait de bouche en bouche ; chacun l'accueillait avec une joie cachée et profonde. Le cœur des forçats bondissait d'émotion... Outre que cela rompait la monotonie de la maison de force et les divertissait, c'était une évasion, une évasion qui trouvait un écho sympathique dans toutes les âmes et faisait vibrer des cordes depuis longtemps assoupies ; une sorte d'espérance, d'audace, remuait tous ces cœurs, en leur faisant croire à la possibilité de changer leur sort. « Eh bien ! ils se sont enfuis tout de même ! Pourquoi donc nous, ne... » Et chacun, à cette pensée, se redressait et regardait ses camarades d'un air provocateur. Tous les forçats prirent un air hautain et dévisagèrent les sous-officiers du haut de leur grandeur. Comme on peut penser, nos chefs accoururent. Le commandant lui-même arriva. Les nôtres regardaient tout le monde avec hardiesse, avec une nuance de mépris et de gravité sévère : « Hein ? nous savons nous tirer d'affaire, quand nous le voulons ? » Tout le monde s'attendait à une visite générale des chefs; on savait d'avance qu'on procéderait à une enquête et qu'on ferait des perquisitions; aussi avait-on tout caché, car on n'ignorait pas que notre administration avait de l'esprit après coup. Ces prévisions furent justifiées : il y eut un grand remue-ménage ; on mit tout sens dessus dessous, on fouilla partout — et comme de juste, on ne trouva rien.

Quand vint l'heure des travaux de l'après-dînée, on nous y conduisit sous double escorte. Le soir, les officiers et sous-officiers de garde venaient à chaque instant nous surprendre : on nous compta une fois de plus qu'à l'ordinaire ; on se trompa aussi deux fois de plus qu'à l'ordinaire, ce qui causa un nouveau désordre; on nous chassa dans la cour, pour nous recompter de nouveau. Puis, une fois encore, on nous vérifia dans les casernes.

Les forçats ne s'inquiétaient guère de ce remue-ménage. Ils se donnaient des airs indépendants, et comme toujours en pareil cas, ils se conduisirent très-convenablement toute la soirée. « On ne pourra pas nous chercher chicane du moins. » L'administration se demandait s'il n'y avait pas parmi nous des complices des évadés, elle ordonna de nous surveiller et d'espionner nos conversations, mais sans résultat. — « Pas si bête que de laisser derrière soi des complices ! » — « On cache son jeu quand on tente un pareil coup ! » — « Koulikof et A—f sont des gaillards assez rusés

pour avoir su cacher leur piste. Ils ont fait ça en vrais maîtres, sans que personne s'en doute. Ils se sont évaporés, les coquins; ils passeraient à travers des portes fermées! »
En un mot, la gloire de Koulikof et de A—f avait grandi de cent coudées. Tous étaient fiers d'eux. On sentait que leur exploit serait transmis à la plus lointaine postérité, qu'il survivrait à la maison de force.

— De crânes gaillards! disaient les uns.

— Eh bien! on croyait qu'on ne pouvait pas s'enfuir... ils se sont pourtant évadés! ajoutaient les autres.

— Oui! faisait un troisième en regardant ses camarades avec condescendance. — Mais qui s'est évadé?... Êtes-vous seulement dignes de dénouer les cordons de leurs souliers?

En toute autre occasion, le forçat interpellé de cette façon aurait répondu au défi et défendu son honneur, mais il garda un silence modeste. « C'est vrai! tout le monde n'est pas Koulikof et A—f; il faut faire ses preuves d'abord... »

— Au fond, camarades, pourquoi restons-nous ici? interrompit brusquement un detenu, assis auprès de la fenêtre de la cuisine; sa voix était traînante, mais secrètement satisfaite, il se frottait la joue de la paume de la main. — Que faisons-nous ici? Nous vivons sans vivre, nous sommes morts sans mourir. Eeeh!

— Parbleu, on ne quitte pas la maison de force comme une vieille botte... Elle vous tient aux jambes. Qu'as-tu à soupirer?

— Mais, tiens, Koulikof, par exemple... commença un des plus ardents, un jeune blanc-bec.

— Koulikof? riposta un autre, en regardant de travers le blanc-bec; — Koulikof!... Les Koulikof, on ne les fait pas à la douzaine!

— Et A—f! camarades, quel gaillard!

— Eh! eh! il roulera Koulikof quand et tant qu'il voudra. C'est un fin matois.

— Sont-ils loin? voilà ce que j'aimerais savoir...

Et les conversations s'engageaient : — Sont-ils déjà à une grande distance de la ville? de quel côté se sont-ils enfuis? de quel côté ont-ils plus de chance? quel est le canton le plus proche? Comme il y avait des forçats qui connaissaient les environs, on les écouta avec curiosité.

Quand on vint à parler des habitants des villages voisins, on décida qu'ils ne valaient pas le diable. Près de la ville, c'étaient tous des gens qui savaient ce qu'ils avaient à faire; pour rien au monde, ils n'aideraient les fugitifs; au contraire, ils les traqueraient pour les livrer.

— Si vous saviez quels méchants paysans! Oh! quelles vilaines bêtes!

— Des paysans de rien.

— Le Sibérien est mauvais comme tout. Il vous tue un homme pour rien.

— Oh! les nôtres...

— Bien entendu, c'est à savoir qui sera le plus fort. Les nôtres ne craignent rien.

— En tout cas, si nous ne crevons pas, nous entendrons parler d'eux.

— Crois-tu par hasard qu'on les pincera?

— Je suis sûr qu'on ne les attrapera jamais! riposte un des plus excités, en donnant un grand coup de poing sur la table.

— Hum! c'est suivant comme ça tournera.

— Eh bien! camarades, dit Skouratof — si je m'évadais, de ma vie on ne me pincerait!

— Toi?

Et tout le monde part d'un éclat de rire; d'autres font semblant de ne pas même vouloir l'écouter. Mais Skouratof est en train.

— De ma vie on ne me pincerait — fait-il avec énergie. Camarades, je me le dis souvent, et ça m'étonne même. Je passerais par un trou de serrure plutôt que de me laisser pincer.

— N'aie pas peur, quand la faim te talonnerait, tu irais bel et bien demander du pain à un paysan !

Nouveaux éclats de rire.

— Du pain ? menteur !

— Qu'as-tu donc à blaguer? Vous avez tué, ton oncle Vacia et toi, la mort bovine[1], c'est pour ça qu'on vous a déportés.

Les rires redoublèrent. Les forçats sérieux avaient l'air indignés.

— Menteur ! cria Skouratof — c'est Mikitka qui vous a raconté cela; il ne s'agissait pas de moi, mais de l'oncle Vacia, et vous m'avez confondu avec lui. Je suis Moscovite, et vagabond dès ma plus tendre enfance. Tenez, quand le chantre m'apprenait à lire la liturgie, il me pinçait l'oreille en me disant : Répète : « Aie pitié de moi, Seigneur, par ta grande bonté », etc. Et je répétais avec lui : « On m'a emmené à la police par ta grande bonté », etc. Voilà ce que j'ai fait depuis ma plus tendre enfance.

Tous éclatèrent de rire. C'est tout ce que Kouratof désirait, il fallait qu'il fît le bouffon. On en revint bientôt aux conversations sérieuses, surtout les vieillards et les connaisseurs en évasions. Les autres forçats plus jeunes, ou plus calmes de caractère, écoutaient tout réjouis, la tête tendue ; une grande foule s'était rassemblée à la cuisine. Il n'y avait naturellement pas de sous-officiers, sans quoi l'on n'aurait point parlé devant eux à cœur ouvert. Parmi les plus joyeux je remarquai un Tartare de petite taille, aux pommettes saillantes, et dont la figure était très-comique. Il s'appelait Mametka, ne parlait presque pas le russe et ne comprenait guère ce que les autres disaient, mais il allongeait tout de même la tête dans la foule, et écoutait, écoutait avec béatitude.

[1] C'est-à-dire qu'ils ont tué un paysan ou une femme, qu'ils soupçonnaient de jeter un sort sur le bétail. Nous avions dans notre maison de force un meurtrier de cette catégorie. (*Note de Dostoïevski.*)

— Eh bien ! Mametka, *iakchi.*

— *Iakchi, oukh iakchi!* marmottait Mametka, en secouant sa tête grotesque. — *Iakchi.*

— On ne les attrappera pas ? *Iok.*

— *Iok, iok!* Et Mametka branlait et hochait la tête, en brandissant les bras.

— *Tu as donc menti, et moi je n'ai pas compris, hein ?*

— C'est ça, c'est ça, *iakchi!* répondait Mametka.

— Allons, bon, *iakch,* aussi.

Skouratof lui donna une chiquenaude qui lui enfonça son bonnet jusque sur les yeux, et sortit de très-bonne humeur, laissant Mametka abasourdi.

Pendant une semaine entière, la discipline fut extrêmement sévère dans la maison de force ; on se livrait à des battues minutieuses dans les environs. Je ne sais comment cela se faisait, mais les détenus étaient toujours au courant des dispositions que prenait l'administration pour retrouver les fugitifs. Les premiers jours, les nouvelles leur étaient très-favorables : ils avaient disparu sans laisser de traces. Nos forçats ne faisaient que se moquer des chefs, et n'avaient plus aucune inquiétude sur le sort de leurs camarades. « On ne trouvera rien, vous verrez qu'on ne les pincera pas », disaient-ils avec satisfaction.

On savait que tous les paysans des environs étaient sur pied et qu'ils surveillaient les endroits suspects, comme les forêts et les ravins.

— Des bêtises ! ricanaient les nôtres, pour sûr ils sont cachés chez un homme à eux.

— Pour sûr ! — ce sont des gaillards qui ne se hasardent pas sans avoir tout préparé à l'avance.

Les suppositions allèrent plus loin ; on disait qu'ils étaient peut-être encore cachés dans le faubourg, dans une cave, en attendant que la panique eût cessé et que leurs cheveux eussent repoussé. Ils y resteraient peut-être six mois, et alors ils s'en iraient tout tranquillement plus loin...

Bref, tous les détenus étaient d'humeur romanesque et fantastique. Tout à coup, huit jours après l'évasion, le bruit se répandit qu'on avait trouvé la piste. Ce bruit fut naturellement démenti avec mépris, mais vers le soir il prit de la consistance. Les forçats s'émurent. Le lendemain matin, on disait déjà en ville qu'on avait arrêté les fugitifs et qu'on les ramenait. Après le dîner, on eut de nouveaux détails : ils avaient été arrêtés à soixante-dix verstes de la ville, dans un hameau. Enfin on reçut une nouvelle authentique. Le sergent-major, qui revenait de chez le major, assura qu'ils seraient amenés au corps de garde le soir même. Ils étaient pris, il n'y avait plus à en douter. Il est difficile de rendre l'impression que fit cette annonce sur les forçats ; ils s'exaspérèrent tout d'abord, puis se découragèrent. Bientôt je remarquai chez eux une tendance à la moquerie. Ils bafouèrent, non plus l'administration, mais les fugitifs maladroits. Ce fut d'abord le petit nombre, puis tous firent chorus, sauf quelques forçats graves et indépendants, que des moqueries ne pouvaient émouvoir. Ceux-là regardèrent avec mépris les masses étourdies et gardèrent le silence.

Autant on avait glorifié auparavant Koulikof et A—f, autant on les dénigra ensuite. On les dénigrait même avec plaisir, comme s'ils avaient offensé leurs camarades en se laissant prendre. On disait avec dédain qu'ils avaient eu probablement très-faim, et que ne pouvant supporter leurs souffrances, ils étaient venus dans un hameau demander du pain aux paysans, ce qui est le dernier abaissement pour un vagabond. Ces récits étaient faux, car on avait suivi les fugitifs à la piste ; quand ils étaient entrés sous bois, on avait fait cerner la forêt dans laquelle ils se trouvaient. Voyant qu'il n'y avait plus moyen de se sauver, ils se rendirent. Ils n'avaient rien d'autre à faire.

On les amena le soir, pieds et poings liés, escortés de gendarmes ; tous les forçats se jetèrent sur la palissade pour voir ce qu'on leur ferait. Ils ne virent que les équipages du major et du commandant qui attendaient devant le corps de garde. On mit les évadés au secret, après les avoir referrés; le lendemain ils passèrent en jugement. Les moqueries et le mépris des détenus pour leurs camarades cessèrent d'eux-mêmes, quand on sut les détails : on apprit alors qu'ils avaient été obligés de se rendre, parce qu'ils étaient cernés de tous côtés; tout le monde s'intéressa cordialement au cours de l'affaire.

— On leur en donnera au moins un millier.

— Oh! oh! ils les fouetteront à mort. A—f peut-être ne recevra que mille baguettes, mais l'autre, on le tuera pour sûr, parce que, vois-tu, il est de la section particulière.

Les forçats se trompaient. A—f fut condamné à cinq cents coups de baguettes; sa conduite antérieure lui valut les circonstances atténuantes, et puis, c'était son premier délit. Koulikof reçut, je crois, mille cinq cents coups. Comme on voit, la punition fut assez bénigne. En gens de bon sens, ils n'impliquèrent personne dans leur affaire et déclarèrent nettement qu'ils s'étaient enfuis de la forteresse sans entrer nulle part. J'avais surtout pitié de Koulikof : il avait perdu sa dernière espérance, sans compter les deux mille verges qu'il reçut. On l'envoya plus tard dans une autre maison de force. A—f fut à peine châtié; on l'épargna, grâce aux médecins. Mais une fois à l'hôpital, il fit le fanfaron et déclara que maintenant il ne reculerait devant rien et ferait encore parler de lui. Koulikof resta le même homme, convenable et posé; une fois de retour à la maison de force, après son châtiment, il eut l'air de ne l'avoir jamais quittée. Mais les forçats ne le regardaient plus du même œil : bien qu'il n'eût pas changé, ils avaient cessé de l'estimer dans leur for intérieur, ils le traitèrent désormais de pair à compagnon.

Depuis cette tentative d'évasion, l'étoile de Koulikof pâlit sensiblement. Le succès signifie tout dans ce monde...

X

LA DÉLIVRANCE.

Cette tentative eut lieu pendant ma dernière année de travaux forcés. Je me souviens aussi bien de cette dernière période que de la première, mais à quoi bon accumuler les détails? Malgré mon impatience de finir mon temps, cette année fut la moins pénible de ma déportation. J'avais beaucoup d'amis et de connaissances parmi les forçats, qui avaient décidé que j'étais un brave homme. Beaucoup d'entre eux m'étaient dévoués et m'aimaient sincèrement. Le pionnier avait envie de pleurer lorsqu'il nous accompagna, mon compagnon et moi, hors de la maison de force; et quand nous fûmes définitivement en liberté, il vint presque tous les jours nous voir dans un logement de l'État qui nous avait été assigné, pendant le mois que nous passâmes en ville. Il y avait pourtant des physionomies dures et rébarbatives, que je n'avais pu gagner. Dieu sait pourquoi! Nous étions pour ainsi dire séparés par une barrière.

J'eus plus d'immunités pendant cette dernière année. Je retrouvai parmi les fonctionnaires militaires de notre ville des connaissances et même d'anciens camarades d'école avec lesquels je renouai des relations. Grâce à eux, je pouvais recevoir de l'argent, écrire à ma famille et même posséder des livres. Depuis plusieurs années, je n'avais pas eu un seul livre; aussi est-il difficile de se rendre compte de l'impression étrange et de l'émotion qu'excita en moi le premier volume que je pus lire à la maison de force. Je commençai à le dévorer le soir, quand on ferma les portes, et je lus toute la nuit, jusqu'à l'aube. Ce numéro de Revue me parut être un messager de l'autre monde : ma vie antérieure se dessinait avec relief et netteté devant mes yeux : je tâchai de deviner si j'étais resté bien en arrière, s'ils avaient beaucoup vécu là-bas sans moi ; je me demandais ce qui les agitait, quelles questions les occupaient. Je m'attachais anxieusement aux mots, je lisais entre les lignes, je m'efforçais de trouver le sens mystérieux, les allusions au passé qui m'était connu ; je recherchais les traces de ce qui causait de l'émotion dans mon temps ; comme je fus triste quand je dus m'avouer que j'étais étranger à la vie nouvelle, que j'étais maintenant un membre rejeté de la société ! J'étais en retard ; il me fallait faire connaissance avec la nouvelle génération. Je me jetai sur un article, au bas duquel je trouvai le nom d'un homme qui m'était cher... Mais les autres noms m'étaient inconnus pour la plupart ; de nouveaux travailleurs étaient entrés en scène ; je me hâtais de faire connaissance avec eux, je me désespérais d'avoir si peu de livres sous la main et tant de difficulté à me les procurer. Auparavant, du temps de notre ancien major, on risquait beaucoup à apporter des livres à la maison de force. Si l'on en trouvait un lors des perquisitions, c'était toute une histoire ; on vous demandait d'où vous le teniez. — « Tu as sans doute des complices ? » Et qu'aurais-je répondu ? Aussi avais-je vécu sans livres, renfermé en moi-même, me posant des questions, que j'essayais de résoudre, et dont la solution me tourmentait souvent... Mais je ne pourrai jamais exprimer tout cela...

Comme j'étais arrivé en hiver, je devais être libéré en hiver, le jour anniversaire de celui où j'étais entré. Avec quelle impatience j'attendais ce bienheureux hiver ! avec quelle satisfaction je voyais l'été finir, les feuilles jaunir sur les arbres, et l'herbe se dessécher dans la steppe ! L'été est passé... le vent d'automne hurle et gémit, la première neige tombe en tournoyant... Cet hiver, si longtemps attendu, est enfin arrivé ! Mon cœur bat sourdement et précipitamment dans le pressentiment de la liberté. Chose étrange ! plus le temps passait, plus le terme s'approchait, plus je devenais calme et patient. Je m'étonnais moi-même et je m'accusais de froideur, d'indifférence. Beaucoup de forçats, que je rencontrais dans la cour quand les travaux étaient finis, s'entretenaient avec moi et me félicitaient.

— Allons, petit père Alexandre Pétrovitch! Vous allez bientôt être mis en liberté! Vous nous laisserez seuls, comme de pauvres diables.

— Eh bien! Martynof, avez-vous encore longtemps à attendre? lui-demandai-je.

— Moi? eh! eh! Sept ans à trimer!...

Il soupire, s'arrête et regarde au loin d'un air distrait, comme s'il regardait dans l'avenir... Oui, beaucoup de mes camarades me félicitaient sincèrement et cordialement. Il me sembla même qu'on avait plus d'affabilité pour moi, je ne leur appartenais déjà plus, je n'étais plus leur pareil; aussi me disaient-ils adieu. K—tchinski, jeune noble polonais, de caractère doux et paisible, aimait à se promener comme moi dans la cour de la prison. Il espérait conserver sa santé en prenant de l'exercice et en respirant l'air frais, pour compenser le mal que lui faisaient les nuits étouffantes des casernes. « J'attends avec impatience votre mise en liberté, me dit-il un jour en souriant, comme nous nous promenions. Quand vous quitterez le bagne, je *saurai alors* qu'il me reste juste une année de travaux forcés. »

Je dirai ici en passant que, grâce à la perpétuelle idéalisation, la liberté nous semblait plus libre que la liberté telle qu'elle est en réalité. Les forçats exagéraient l'idée de la liberté; cela est commun à tous les prisonniers. L'ordonnance déguenillée d'un officier nous semblait être une espèce de roi, l'idéal de l'homme libre, relativement aux forçats; il n'avait pas de fers, il n'avait pas la tête rasée, et allait où il voulait, sans escorte.

La veille de ma libération, au crépuscule, je fis *pour la dernière fois* le tour de notre maison de force. Que de milliers de fois j'avais tourné autour de cette palissade pendant ces dix ans! J'avais erré là derrière les casernes pendant toute la première année, solitaire et désespéré. Je me souviens comme je comptais les jours que j'y devais passer. Il y en avait plusieurs milliers. Dieu! comme il y a longtemps de cela! Dans ce coin avait végété notre aigle prisonnier; je rencontrais souvent Pétrof à cet endroit. Maintenant il ne me quittait plus; il accourait auprès de moi, et comme s'il devinait mes pensées, il se promenait silencieusement à mes côtés et s'étonnait à part lui, Dieu sait de quoi. Je disais adieu mentalement aux noires poutres équarries de nos casernes. Combien de jeunesse, de forces inutiles étaient enterrées et perdues dans ces murailles, sans profit pour personne! Il faut bien le dire : tous ces gens-là étaient peut-être les mieux doués, les plus forts de notre peuple. Mais ces forces puissantes étaient perdues sans retour. A qui la faute?

Oui, à qui la faute?

Le lendemain de cette soirée, de bon matin, avant qu'on se mît en rang pour aller au travail, je parcourus toutes les casernes, pour dire adieu aux forçats. Bien des mains calleuses et solides se tendirent vers moi avec bienveillance. Quelques-uns me donnaient des poignées de main en camarades, mais c'était le petit nombre. Les autres comprenaient parfaitement que j'étais devenu un tout autre homme, que je n'étais plus un des leurs. Ils savaient que j'avais des connaissances en ville, que je m'en irais tout de suite chez des *messieurs*, que je m'assiérais à leur table, que je serais leur égal. Ils comprenaient cela, et bien que leur poignée de main fût affable et cordiale, ce n'était plus celle d'un égal; j'étais devenu pour eux un monsieur. D'autres me tournaient durement le dos et ne répondaient pas à mes adieux. Quelques-uns même me regardaient avec haine.

Le tambour battit, et tous les forçats se rendirent aux travaux. Je restai seul. Souchilof s'était levé avant tout le monde, et se trémoussait afin de me préparer une dernière fois mon thé. Pauvre Souchilof! il pleura quand je lui donnai mes vêtements, mes chemises, mes courroies pour les fers et quelque peu d'argent. — « Ce n'est pas cela... ce n'est pas cela..., disait-il, en mordant ses lèvres tremblantes. — C'est vous que je perds, Alexandre Pétrovitch! que ferai-je maintenant sans vous?... » Je dis adieu aussi à Akim Akimytch.

— Votre tour de partir arrivera bientôt! lui dis-je.

— Je dois rester ici longtemps, très-longtemps encore, murmura-t-il en me serrant la main. Je me jetai à son cou, et nous nous embrassâmes.

Dix minutes après la sortie des forçats, nous quittâmes le bagne, mon camarade et moi — pour n'y JAMAIS revenir. Nous allâmes à la forge où l'on devait briser nos fers. Nous n'avions point d'escorte armée; nous nous y rendîmes en compagnie d'un sous-officier. Ce furent des forçats qui brisèrent nos fers, dans l'atelier du génie. J'attendis qu'on déferrât mon camarade, puis je m'approchai de l'enclume. Les forgerons me firent tourner le dos, m'empoignèrent la jambe et l'allongèrent sur l'enclume... Ils se démenaient, s'agitaient; ils voulaient faire cela lestement, habilement.

— Le rivet! tourne d'abord le rivet, commanda le maître forgeron. — Mets-le comme ça, bien!... Donne maintenant un coup de marteau...

Les fers tombèrent. Je les soulevai... Je voulais les tenir dans ma main, les regarder encore une fois. J'étais tout surpris qu'un moment avant ils fussent à mes jambes.

— Allons, adieu! adieu! me dirent les forçats de leurs voix grossières et saccadées, mais qui semblaient joyeuses.

Oui, adieu! La liberté, la vie nouvelle, la résurrection d'entre les morts... Ineffable minute!

FIN.

TABLE

PREMIÈRE PARTIE

		Pages.
I.	— La maison des morts.	7
II.	— Premières impressions.	25
III.	— Premières impressions (suite).	45
IV.	— Premières impressions (suite).	63
V.	— Le premier mois.	82
VI.	— Le premier mois (suite).	97
VII.	— Nouvelles connaissances. — Pétrof.	113
VIII.	— Les hommes déterminés. — Louka	128
IX.	— Isaï Fomitch. — Le bain. — Le récit de Baklouchine.	136
X.	— La fête de Noël.	155
XI.	— La représentation.	175

DEUXIÈME PARTIE

I.	— L'hôpital.	199
II.	— L'hôpital (suite).	215
III.	— L'hôpital (suite).	231
IV.	— Le mari d'Akoulka (récit).	252
V.	— La saison d'été.	265
VI.	— Les animaux de la maison de force.	285
VII.	— Le « grief ».	300
VIII.	— Mes camarades.	320
IX.	— L'évasion.	337
X.	— La délivrance.	353

PARIS. — TYPOGRAPHIE E. PLON, NOURRIT ET Cie, RUE GARANCIÈRE, 8.

www.ingramcontent.com/pod-product-compliance
Lightning Source LLC
Chambersburg PA
CBHW050535170426
43201CB00011B/1436